王振忠 刘道胜

◎ 主编

行走于
黄山白岳之间

徽州研究论文选集

上海人民出版社

徽州

徽州古城

屯溪老街

歙县棠樾牌坊群

徽州区呈坎宝纶阁

歙县许村

歙县北岸廊桥

婆源西南乡清代店铺遗迹

徽州文书

清代休宁鱼鳞图册，抄本，安徽博物院收藏

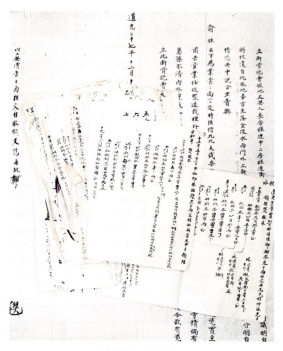

清代婺源木商文书

太平天国前后的绩溪典当商文书

竊維
先大父承辨醖務以來就業業未敢意荒百務皆
躬親紀理數十年如一日守成創業在在敬勞追
緬前徽恩維住訓未嘗不感歎噓嘘殆至咸豐八
年頤養之餘即欲理料分晰事宜親立賢產草稿
輕重必富分派惟均是年冬抱病在床聚家咸侍

咸豐八年十二月初一日立分賢產薄江仲馨

大戶啟叙戶產業錢粮並余受分薫承戶田畝手置
馨泰戶祝產志承戶田租錢粮歸管年完納其薫承
戶志承戶田租歸管年經收添作食米各處護坟山
地麥豆祖無幾歸兩家分收以誌保　祖之意門戶
支應明正為始兩家輪管另立則例一簿挨照經辦
日後或各立門戶再各支持惟　祖先祭祀坟山修
理公事批輪舊往來承官輪管畫一節省立此一
樣二簿各執恪守惟……以光前烈勉之望
之

清代歙县盐商《二房赀产清簿》，原件孙承平收藏，后收入王振忠主编《徽州民间珍稀文献集成》

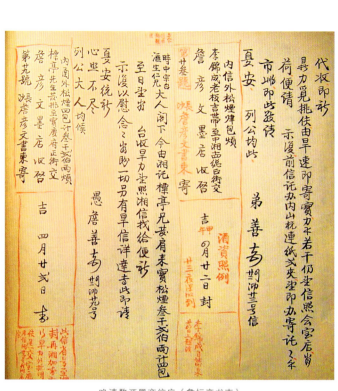

晚清婺源墨商信底《詹标亭书柬》

清朝光绪二十八年（1902）徽商合同

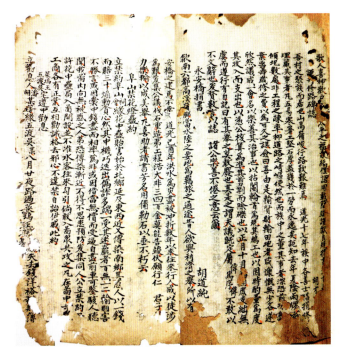

晚清民间日用类书《预备碎锦》，抄本

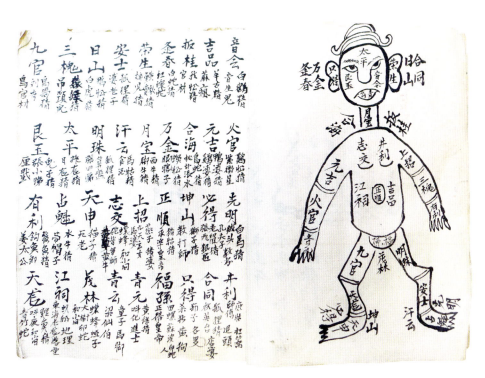

民国年间徽州花会文献，抄本

学术会议

20 世纪 90 年代，在安徽屯溪举办的徽学国际学术研讨会

2017 年 6 月 3 至 4 日，在上海举办的首届"徽州文书与中国史研究学术研讨会"，图为与会代表合影。后排左起邹怡（3）、周炫宇（4）、黄忠鑫（7）、冯剑辉（12）、张小坡（13）、李甜（15）、董乾坤（17）；前排左起王振忠（4）、陈瑞（9）、刘道胜（10），皆为本书作者

王振忠在首届"徽州文书与中国史研究学术研讨会"上发表论文，研讨会由唐力行先生主持

邹怡在首届"徽州文书与中国史研究学术研讨会"上发言

董乾坤在首届"徽州文书与中国史研究"学术研讨会上发言

2018 年 3 月，第二届"徽州文书与中国史研究"学术研讨会在安徽芜湖举办

黄忠鑫在第二届"徽州文书与中国史研究"学术研讨会上发言

2019 年 9 月 15 日，第三届"徽州文书与中国史研究学术研讨会"在安徽大学召开。图为刘道胜在开幕式上致辞

张小坡在第三届"徽州文书与中国史研究学术研讨会"上发表论文

二朝奉；三曰品三朝奉。其二公俱各无传，惟旭一朝奉有一子，讳方景荣公，即

□事俱系舍一朝奉承管，有三子：长曰汪童，字谷仁；次曰玄童，字谷让；又次

□荫之隆，俱有三子。虽然弟兄子侄各已顶绍前人户籍，而产土一切，念自高曾

□一库，凡百有需分给，而无计较强弱之私。故表吾兄弟之字曰"谷仁""谷

□实……吾今行年五十有九，亦恐难寿坚于金石，复睹子侄纯纯，禀性不一，户

□已置田山并用己财力开垦田土各自管业外，今将公堂所共各处田段□□亩，

□期方氏孟宗世系一览

	七世
	茂辉（1406-1464）、茂职（1409-1455）、茂靖（1420-1□
	茂广（1413-1491）、茂新（1418-1492）、茂春（1426-15□

自幼离世，无传

2023 年 9 月，刘道胜在第七届"徽州文书与中国史研究学术研讨会"上发表论文

研究生培养

2003 年，王振忠与其指导的硕士研究生赵力在论文答辩会后

2007 年 6 月，吴媛媛、陶明选博士学位论文答辩后与导师及答辩委员会委员（前排左起为马学强教授、王家范先生、樊树志先生、邹逸麟先生、唐力行先生）合影

外出考察

1998 年，王振忠在歙县岑山渡

2002 年 1 月，王振忠
与婺源县水岚村民詹
庆良合影

2004 年 7 月 3 日，邹怡在婺源思溪考察时，查看振源堂墙上的 1935 年洪水线标记

2004 年 11 月 13 日，王振忠与叶显恩、赵华富、栾成显及鲍树民先生在歙县棠樾座谈

2009 年 5 月 31 日，王振忠与文史学者柯灵权在歙县南乡"芳溪草堂"查阅徽商江氏文书。中间所立者为芳坑江氏后人江怡稠先生

2009 年 3 月 23 日，王振忠在婺源岭脚村采访旧时徽州墨工詹钦元（中）

2009 年 10 月 10 日，王振忠与法国学者劳格文在歙县义成考察

2009 年 10 月 10 日，李甜与劳格文教授在歙县考察

2013 年 11 月 25 日，王振忠与栾成显先生、翟屯建研究员及日本学者臼井佐知子教授一起在屯溪中国徽州文化博物馆查阅徽州文书

2017 年夏，叶舟在婺源考察

2023 年 7 月 19 日，王振忠在参加"地域、族群、国家：历史人类学的中国经验与理论探索"学术研讨会期间，与郑振满、冯贤亮教授等在歙县昌溪考察

2023 年 9 月 24 日，邹怡在祁门马山采访目连戏老演员（李甜摄）

2023 年 9 月 24 日，黄忠鑫与日本学者伊藤正彦教授在祁门履和祠

目　录

前　言

王振忠

一

时序频更，转眼又到了岁末，静思往昔，忆记纷纭……

2023 年是我入职复旦三十一年的日子。回想 1992 年的此时，我正紧张地准备翌年元月的学位论文答辩。在此前后，我开始陆续修改博士论文中可以单独成篇的部分，先后在《盐业史研究》《中国史研究》《江淮论坛》《中国经济史研究》《历史地理》和《复旦学报》等杂志上发表，这些论文，皆与徽商及区域研究有关。1996 年，经朱维铮先生、唐力行先生和业师邹逸麟先生的鼎力推荐，我的《明清徽商与淮扬社会变迁》一书被收入"三联·哈佛燕京学术丛书"第三辑，由生活·读书·新知三联书店正式出版。此后，"徽学"便成为我的重点研究领域之一。1998 年，我在皖南意外发现大批徽州文书，在此之后，收集、整理和研究徽州文书更成了个人学术生涯中最为重要的部分。

1995 年 5 月，我晋升副教授，稍后便开始在复旦大学中国历史地理研究所招收硕士研究生。1998 年 5 月我晋升教授，翌年受聘担任博士研究生导师，开始招收历史地理专业的学生。此后，曾应复旦大学历史系副主任黄洋教授之邀，兼任该系博士生导师，在历史系先后招收过三届学生。另外，我还应马学强教授之邀，兼任上海社会科学院历史研究所研究生导师。2018 年，我应安徽大学副校长兼徽学研究中心主任程雁雷教授之邀，受聘兼任安徽大学讲席教授，并担任该校徽学研究中心研究生导师，迄今为止已招收了五届硕士研究生，并已有三届研究生顺利毕业。

在过去的数十年里，我主要从事历史地理、明清以来中国史、域外文献与东亚海域史研究，重点关注地域文化差异及区域社会之变迁，在学术研究中，重视田野调查与文献分析相结合，重视对传统人文背景下区域社会变迁的综合性研究。受我个人的学术兴趣和研究方向之影响，不少学生也从事"徽学"研究。也正因为如此，复旦大学史地所已成为国内培养"徽学"研究人才最多的学术单位之一。从 1995 年起，我先后指导过 30 余名博士、硕士研究生撰写学位论文，其中有相当一部分毕业生已在国内高校和各地科研机构从事学术研究工作，迄今已有十数篇博士学位论文正式出版。

本书聚焦于"徽学"研究，收录我与自己指导、合作过的博士后、博士以及个别硕士的代表性论文，以期从一个侧面呈现历年来此一研究领域教学相长的学术面貌。

二

收入本书中的第一篇文章，是我的《徽州文书与传统中国研究》，该文为我历年在复旦大学史地所开设研究生课程"徽州社会史专题研究"上的第二节课之讲稿。该文亦曾以"徽州文书的世界"为题在国内外不同场合演讲过数次。最早一次是十多年前在复旦大学文史研究院主持（与葛兆光教授等合作）"第二届两岸历史文化研习营——徽州"时的讲题，后曾于 2018 年 1 月在北京国家图书馆"文津讲坛"、2019 年 10 月在法国巴黎中国地方史学术会议以及 2021 年 3 月在山西大学民间文献整理与研究中心"云端讲坛系列讲座"上发表，每次所讲，皆根据新见史料及论著做了一些补充，也得到过诸多师友的指教。此外，该文曾刊《上海书评》2022 年 5 月 2 日，另被译成法文，刊载于法国远东学院华澜（Alain Arrault）教授、米盖拉（Michela Bussotti）博士主编的《远东亚洲丛刊》"中国史研究的新视野？地方社会与民间档案"专辑（Cahiers d'Extrême-Asie 31, 2022）。其中提到了徽州文书两次较大规模的发现：第一次是在 20 世纪 50 年代，第二次则是 20 世纪八九十年代（特别是1998 年以后）。本文集收录的论文，或多或少都得益于这两次大规模的民间文献之新发现，故将此文冠于全书之首，以志其来源明其梗概。

我在复旦大学史地所指导的第一位博士研究生是邹怡，收入本书的《产业集聚与城市区位巩固：徽州茶务都会屯溪发展史（1577—1949）》，原文刊载于台湾《"中央研究院"近代史研究所集刊》。该文细致探究了新安江流域茶业中心城市屯溪的崛起及其发展历程，溯流寻源，叙次详密，揭示了在经济的空间布局中所存在的与制度演进相似的"路径依赖"现象。

吴媛媛本科阶段就读于安徽大学历史系，考入复旦大学史地所后，从我研习"徽学"，她先后于 2004 年、2007 年分别获得硕士、博士学位。此次提交的论文《明清时期徽州民间水利组织与地域社会——以歙县西乡昌堨、吕堨为例》，聚焦于徽州重要的水利设施——堨之管理，分析皖南水权分配与用水额度的纠纷、农业灌溉用水与水碓等经济用水的矛盾，以及不同灌溉系统之间的分水冲突等，揭示了堨务管理在清代趋于日常化、专门化和特权弱化的过程。论文所涉，是徽州具有悠久水利传统的区域，对于今后丰乐河流域综合性的研究，具有较为重要的学术价值。

2005 年，张小坡从南京大学考入复旦大学史地所，由我指导攻读博士学位，毕业后则专攻"徽学"。收入本书的论文《清代江南与徽州之间的运棺网络及其协作机制》，勾勒了江南各地以徽州善堂、惟善堂和登善集三者构成的完善、有序之运棺网络，分析在其长期运行过程中形成的内外联动协作机制，考察此一网络及协作机制对解决旅外徽人的后顾之忧并发挥徽商群体优势的作用等，是研究徽州会馆及相关慈善设施的最新成果。

2006 年，李甜从兰州大学考到复旦大学史地所，攻读硕士、博士学位，并于 2013 年 6 月获得历史学博士学位，其博士论文题目为《丘陵山地与平原圩区：明清宁国府区域格局与社会变迁》。他所关注的宁国府，与皖南的徽州府相毗邻，在传统时代，两地人群结成的"徽宁商帮"闻名遐迩，江南各地的徽宁会馆及其附属的相关慈善组织（尤其是上海的徽宁思恭堂）更是相当著名。

因此，对徽州毗邻地区的研究，显然有助于"徽学"研究的拓展。李甜毕业后，曾任职于复旦大学社会发展与公共政策学院，协助著名学者张乐天教授收集、整理当代书信史料，在资料库建设方面成绩突出，使得复旦大学当代中国社会生活资料中心在海内外颇负盛名。在此过程中，他特别留心与徽州相关的现代档案文献。2017年，我受聘担任《安徽大学学报》编委会委员。在此前后，作为该刊"徽学"栏目（教育部高校文科学报名栏建设工程）特约主持人，曾多次主持学报的"徽学"专栏。收入本书的《徽州人在芜湖：以20世纪50年代芜湖市总工会资料为中心》一文，即列入《安徽大学学报》2017年第6期由我所主持的"社会史专题"。此文从职业选择、行业结构和职业介绍方式等方面，考察了1949年前后旅芜徽商和徽州人的生活变动，揭示了社会主义改造与城乡二元结构体制确立之后旅外徽商及徽州人的土著化进程，以及传统籍贯观念的消弭和徽商群体之最后消失，这在以往的"徽学"研究中尚少涉及，无论是在资料发掘还是论文选题方面皆颇具新意。

与李甜相似，2007年9月至2013年7月，黄忠鑫在复旦大学史地所连续攻读硕士、博士学位。他毕业后，任职于暨南大学历史地理研究中心。他于博士学位论文《在政区与社区之间：明清都图里甲体系与徽州社会》的基础上，进一步搜集图甲文书，探讨明清时期都图里甲制度的区划形式与运作实态，分别于2014年、2016年获教育部人文社会科学研究一般项目和国家社科基金青年项目的立项资助。目前，他围绕着相关问题所发表的一批学术论文，在学界有较高的评价。收入本书的《明清婺源乡村行政组织的空间组合机制》一文，将历史地理与社会史研究相结合，探讨县以下空间组合，基本厘清了基层社会中保甲、图甲和乡约等错综复杂的关系，并用地图加以形象展示，在研究上富有新意，大大推进了相关的研究。

董乾坤于2012年从厦门大学考入复旦大学史地所，其博士学位论文为《传统时代日常生活的空间分析：以晚清胡廷卿账簿为中心的考察》。此次提交的论文《晚清生员的技术性知识与传统乡村社会》，即源自其博士学位论文中的一部分。在他看来，在传统乡村社会中，处于王朝体系最底层的生员群体，出于谋生和求名的需要，往往将塾师当作首选职业，成为传授知识的重要载体和王朝权力深入乡村的媒介之一。除此之外，他们还会通过学习各种类书，从而掌握许多在乡村中有着广泛用途的"技术知识",扩大了收入来源。而这些知识的运用,与他们所处的地方社会密切相关。此文所涉具体而微,对账簿类文书的专题研究具有一定的探索意义。

周炫宇于2014年考入复旦大学史地所,2018年1月获得博士学位。他提交的《近代上海徽馆业的变迁》一文,利用民国时期《申报》和《微音月刊》等报刊杂志中有关上海徽馆的详细记载,探讨近代旅沪徽馆业的变迁,指出:"徽菜的入沪不仅影响了上海餐饮业市场及饮食观念习俗,还在一定程度上促成了城市多元文化空间的形成。"这是一篇从历史地理角度探讨传统商业与城市空间的文章,也是迄今为止徽馆业研究方面较具学理性的学术论文之一。

何建木是我在复旦大学历史系指导的第一位博士研究生。他以《商人、商业与区域社会变迁——以清民国的婺源为中心》为学位论文选题,在读期间,他通过细致爬梳方志史料,结合徽州文书,对婺源的商人、商业与区域社会变迁,做了多侧面的分析和研究。在此过程中,他还多次前往实地调查,收集文献和口碑资料。此次收入书中的《一个上海徽商的经营及其家庭生活》一文,就是他在2005年采访木商后裔俞昌泰的口述史。在此次口述访谈中,何建木围绕着家乡与侨寓地的网络链条、商业经营活动与家庭生活等三方面进行提问,还参考了民国丙寅《星源西冲俞氏宗谱》、2005年新家谱以及上海档案馆庋藏的木业档案等,广采见闻,考订折衷,以臻信实。此稿经俞氏本人审订,符合口述史之学术规范,具有很高的资料价值。有鉴于此,何建木虽然也有其他研究性的论著,但我仍然觉得该文的学术价值更高,收入书中亦显别具一格。

继何建木之后,陶明选是我在本校历史系指导的第二位博士研究生,他以《明清以来徽州民间信仰研究》为学位论文选题。本书收录的《张王、太子及相关诸神——徽州文书所见民间诸神信仰》,即其博士论文的一个重要组成部分。此文利用了我所收藏的《新旧碎锦杂录》以及未刊资料集等,考察了徽州民间诸神信仰的多重性与复杂性。该文补苴罅漏,质疑求是,以新史料纠正了徽州民间信仰研究方面的一些混乱认识。

叶舟是我在复旦大学历史系指导的第三位博士研究生,他以《清代常州城市与文化：江南地方文献的再发掘及其阐释》为其博士论文选题。如所周知，常州是江南重要的城市，也是徽商活动频繁的场所。叶舟在从事江南史研究的过程中，也兼涉徽州研究的相关问题，发表过多篇相当扎实的徽商研究论文。此次收入本书的《从新馆到高车头：绍兴五思堂鲍氏徽商家族研究》一文，利用家谱及相关材料，探讨鲍氏盐商家族的发展。此一研究，颇为细致地揭示了徽商世族昭著、派衍流长，从祖籍地缘转向新的社会圈的轨迹，以及徽州移民家族对侨寓地社会的影响。

三

在过去的二十年间，复旦大学历史学博士后流动站还接收过不少博士后。其中，刘道胜于 2007 年 3 月开始在此从事博士后研究工作。他长期关注明清赋役制度与地方社会应对问题，潜心著述，成就突出。此次收入本书的《〈实征册〉所见的清代图甲户籍与村族社会》一文，发掘利用王鼎盛户自雍正至咸丰期间的 6 种归户《实征册》，并搜集与该户相关的家谱、保甲册和文会簿等文献，相当深入地剖析了图甲户籍之设置、功能及其实际运作，并考察清代图甲户籍与村族社会治理等问题，较此前的研究多所推进。

继刘道胜之后，陈瑞也于翌年进入复旦大学从事博士后研究工作，他的出站报告题为《明清徽州保甲组织与地方社会》。此次收入书中的《明清时期徽州的宗族与保甲推行》一文，即与当年的研究有关。该文指出：明清时期徽州境内的保甲推行得到当地宗族组织的支持与配合，具有浓厚的官方背景。明清时期徽州宗族与保甲之间的良性互动，实质上是徽州族权与封建政权之间良性互动关系的一种反映。此一研究亦以具体而微的丰富史料，涉及基层组织与社会治理，可以与前揭的论文比照而观。

冯剑辉是与我合作的第三位博士后，他提交的论文《明代中期徽州盐商个案研究——〈尚贤公分书〉剖析》最早发表于《中国史研究》。该文聚焦的《尚贤公分书》是明代正德年间两淮盐商吴德振所立的阄书，其中保存了大量明代中叶徽州盐商的珍贵史料。以此为中心，剑辉分析了此一盐商家族的资本规模、增值速度以及土地经营等方面的特点，从一些方面管窥明代中叶徽州盐商的基本状况。此一研究，对于揭示徽商在两淮盐业中优势地位的逐渐形成、徽商成为具有全国性影响的商帮的过程，具有重要的学术价值。

梁诸英为农史研究出身，于2011年进入复旦大学史地所做博士后，主要从事徽州农业地理的研究。在他看来，迄今为止有关徽州棚民的研究，大多注意到棚民垦殖玉米对当地生态的破坏以及地方社会的禁止性措施，但并未有人对清代徽州玉米经济实态作系统性的整体考察。在这方面，对徽州文书资料的利用还相当有限。有鉴于此，他撰写了《清代徽州玉米经济新探》一文，指出："在清代徽州农村社会，玉米种植并没有做到令行禁止，玉米实物租大量出现，反映出民众对玉米这一粮食种类的认可。清代徽州玉米垦殖的收益分配方式颇为多样，一些山主通过出租山场可获得大量玉米实物收益。此外，清代徽州地区玉米种植虽然对山地生态有所破坏，但也有促进林木种植的一面，这在以往研究中尚未受到关注。"此文重点发掘徽州文书，主要观点具有相当的新意。

收入书中的最后一篇，是安徽师范大学历史学院博士生陶良琴的论文。陶良琴是我在安徽大学指导的第一位硕士研究生，本科就读于安徽医科大学，虽然不是历史学科班出身，但进入徽学研究中心后勤读不辍，从文书标点、整理的基本训练做起，凡遇我所布置的作业，每次都能不折不扣地准时完成。2018年，由我主编的《徽州民间珍稀文献集成》30册正式出版。由于她平素就对妇女史研究抱有浓厚兴趣，故选择其中的汪宝瑜相关书信加以整理和研究。在此过程中，前后标点、整理了十数万字的书信资料，作为其学位论文的核心史料。当年，这批书信经其初步识读之后，由我逐字逐句加以批改。在此基础上，她撰写了硕士学位论文。此次收入书中的《一位大家闺秀的守节生活——以〈民国歙县节妇汪宝瑜往来书信〉为中心》，便是她根据硕士学位论文中的部分内容修改而成，刊载于《社会史研究》杂志。作者虽初出茅庐，但该文却是她学术生涯中迈出的最为重要的一步，故特予收录以示嘉勉。

四

在过去的三十多年间，我在复旦大学先后开设过不少课程，也曾为上海社会科学院、安徽大学等相关专业研究生授课。特别是在史地所开设的"徽州社会史专题研究"专业课程，始终重视对基本功的训练。在此一课程上，除了讲授我自己的研究心得之外，最重要的部分便是徽州文书的识读训练。在课程学习中，甄选最新发现的文书史料，对研究生展开文献阅读训练，指导他们面对具体、鲜活史料如何开展深入研究。每周一次从原始状态的文献史料入手，识读文字，辨析疑义，补缀成文，经过课堂内外持续不断的训练，选课研究生的文书研读水平皆有不同程度的提高，同时也培养了他们对新史料的敏感、对文献史料丰富性的认知。

在指导研究生从事学术研究中，我始终强调学术为立身之本，注意培养研究生的学术热情及创新能力。在我看来，以民间文献为基本线索，应鼓励年轻人前往历史文献所涉的现场，徒步履其境地，奔走于山林田亩之间，在田野中重新认识和解读各类文献。这既可以让他们立足于历史地理学的学科本位刻苦钻研，在社会实践中发现问题、解决问题，同时也有助于培养年轻一代对于广土众民之国情的深入了解，在实地走访中知人阅世，于历史发生的现场体会乡村社会的巨大变革，加深对于研究对象的感情，增强多学科综合研究的素养，为日后独立开展学术活动打下坚实的基础。

我与本书中的其他各位作者皆有师生之谊，在多年的相处中，我始终尊重个人的学术兴趣。邹怡毕业留校后，除了修改博士学位论文并出版之外，也申请了与此前积累相关的研究项目。除此之外，他还有多方面的学术兴趣。例如，他所撰写的《民国市镇的区位条件与空间结构——以浙江海宁硖石镇为例》一文，曾连载于《历史地理》第二十一辑、第二十二辑。这篇长达四万五千字的论文，通过多次实地考察，访问了见证当年景象的数十位健在居民，对民国时期全镇日常商业布局做了系统复原。此一成果，除文字叙述之外，分别采用了地图的形式加以展示，以尽可能充分表达单纯文字所未逮的空间信息。该文曾得到明清史前辈王家范先生的赞赏，认为此一研究极大地推进了明清以来江南市镇的探讨。此后，他还花了不少时间，撰写过一篇《1391—2006年龙感湖—太白湖流域的人口时间序列及其湖泊沉积响应》。该文可算是历史自然地理方面的专业力作，曾获第五届"谭其骧禹贡基金"优秀青年历史地理论文一等奖……多方面的研究兴趣，在目前的考核制度下未必讨好，但其研究常能呈现出综合性的学术特色。

在研究生的成长过程中，如何根据个人的特点，鼓励他们勇于挑战学术难题，也同样相当重要。黄忠鑫来自华中师范大学，本科阶段即崭露头角、表现优异。当年，我收集到一批都图文书，深感这批资料对于明清经济史研究具有重要的学术价值，遂希望他从事相关问题的探讨。此后，他从历史地理的角度，以《在政区与社区之间——明清都图里甲体系与徽州社会》为题，从事博士学位论文的写作。他曾深入皖南山区，通过多次的田野调查，在歙县璜尖发现了一批珍贵的徽州文书，后以此为核心史料，撰写并出版了《明清民国时期皖浙交界的山区社会——歙县廿五都飞地研究》一书，从诸多方面推进了历史社会地理的研究。

五

"水云刻刻长流走，寒暑年年自在还"，我在复旦四十余年，年复一年，于象牙塔中送旧迎新……在我的这批学生中，有的目前已脱离学术界从事其他工作，有的则转换研究方向，涉足其他领域，但他们在从我攻读硕士、博士学位期间，皆能奋然自勉，认真阅读核心史料，深造学识，研精技艺，在此基础上撰写出了相关的学术论文。此次收聚的论文，皆非潦草成章的浮泛之作，在相关领域的研究上也都有着或多或少的推进，故而一并收入，作为当年刻自砥砺、日就月将的点滴印迹，亦可从一个侧面反映"徽学"研究的历年成长。

虽然现在普遍提倡团队合作，但我始终认为，人文社会科学的研究主要还在于个人独立的思考，端赖于每个人内心对学术的基本敬畏以及学问上的默会心解，成就得失自在本心。在我看来，数年的研究生生涯，意静心闲好读书，头脑清醒的求学者重在广拓见闻，陶养性情乃至变化气质，而不必谨乎步趋，时时紧跟导师进退周旋，抑或面对外部诱惑趋时起舞。眼前的这部书，大概可算是我与众多学生合作的第一部著作，书中的每篇论文都是独立署名，且文责自负。今值此书付梓前夕，目之所及皆是回忆，心之所想都是过往，我聊述大略，备识本末，以此追溯年华，且作多年师生缘的一种纪念吧。

癸卯岁末于浦东张江

徽州文书与传统中国研究

王振忠

一、徽州、徽商与徽州文书

从公元 3 世纪初开始，安徽省南部先后依次设置新都郡、新安郡和歙州，及至 12 世纪前期的北宋宣和三年（1121），始将歙州改称徽州，下辖歙县、绩溪、黟县、休宁、祁门和婺源六县。此后迄至民国元年（1912），这一以"徽州"命名的统县政区，前后存在的时间长达 791 年。如果再算上唐朝大历五年（770）一州（歙州）六县格局的实际形成，前后历时更长达 1142 年。由于一州（府）六县格局的长期稳定，使得徽州在长江中下游的地域版图中自成一体，独具特色。

在明清时代，徽商和晋商是中国实力最为雄厚的两大商帮。明代中叶以后，徽商以整体力量登上历史舞台，除了经营传统的茶叶、竹木、瓷土、生漆以及"文房四宝"之外，还重点经营盐业、典当、布业和海外贸易等诸多行当，其足迹不仅遍及国内各地，而且还远至海外的日本、东南亚等地。清代慕悦风雅的扬州盐务总商，绝大多数出自歙县的徽商。对此，徽州文书抄本《杂辑》记载：

> 吾徽六邑山多田少，人民大半皆出外经商。吾歙邑有清两淮盐商为我

独揽，棠樾鲍氏家资多至三千余万，外此八大商皆拥厚资，不下千万。

《杂辑》一书是晚清民国时期有关歙县茶商方氏家族的珍稀文献，内容颇为丰富。其中就提到，棠樾鲍氏家资多达三千余万，这是 18 世纪乾嘉时代中国最为富有的商人家族。

随着徽商财力的如日中天，徽州文化之发展也颇为引人瞩目。在明清时代，大批徽州人外出务工经商，他们人数众多且持续不断，对于中国社会特别是长江中下游一带具有重要的影响。

迄至今日，徽州仍然遗存有众多的地表人文景观，大批精美的牌坊、宗祠和古民居仍随处可见，这在全国均颇为罕见。公元 2000 年，以安徽黟县西递和宏村为代表的"皖南古村落"，被联合国教科文组织列入"世界文化遗产保护名录"。

除了地表人文景观外，徽州素称"文献之邦"，当地遗存的传世历史文献特别丰富，方志、族谱、文集以及民间文书等可以说是汗牛充栋。

从历史文献来看，徽州人的商业活动至少可以上溯至南宋时期。12 世纪前期南宋政权定都临安（今浙江杭州），皖南的茶、漆、竹、木等土特产品，便通过徽州的母亲河——新安江源源不断地输出，此类的贸易及交流，既为徽州积累了早期的商业资本，也培育出初步的契约意识。

及至明清时代，徽州更是中国著名的商贾之乡，频繁的商业活动和社会流动，培养出徽州人强烈的契约意识，这使得皖南一域生产出大量的契约文书。此外，商业之发展也极大地重塑了徽州社会。当时，除了旅外的商业活动，在徽州当地，一般民众之间的经济交往亦相当频繁，田土交易推收过割，以及乡土社会秩序之维持，在很大程度上也是以"契约和理性"来支撑，即使是亲族之间也不例外。此种"契约与理性"，又反过来更强化了徽州人在商业上的竞争能力，这使得黄山白岳之间的这一方水土，成了闻名遐迩的商贾之乡，成为"徽州朝奉"的温床。也正因为这个原因，明清以来的徽州遗留下目前所知国内为数最多的契约、文书，这些反映徽州社会传统规则（或可称为"民事惯例""民间习惯法"）的乡土史料，几乎涵盖民众日常生活的各个侧面，其规则之严密、措辞之细致，可以说是达到了无微不至的程度。

从地理环境来看，徽州地处万山之中，除了唐末黄巢起义、北宋方腊起义和19世纪中叶太平天国之兵燹战乱曾给它带来一定程度的破坏之外，历朝历代，这一区域基本上皆远离战乱，这种封闭且相对太平的环境，使得大量的契约文书得以较好地保存。此外，徽州在传统上属于长江中下游一带诉讼极为频繁的"健讼"之地，围绕着各类土地、房产、赋役以及人身依附关系的文书，作为发生纠纷和诉讼时的有力证据，也有长时期保存之必要。再加上历史时期善书的广泛流行，"敬惜字纸"之观念更是深入人心。凡此种种，都促成了徽州契约文书的巨量遗存。

1949年中华人民共和国建立后，因徽州文书反映的产权关系时过境迁，于是开始大批流向社会。

二、民间传说中的"徽州文书"

最近二十多年，我在皖南做过上百次村落人文地理考察，其间，收集到为数可观的徽州文书，其中有一些属于颇为珍稀的文献。与此同时，在田野调查中，我也听到过不少民间故事和传说。其中，在徽州，时常听到的一个传说故事，内容大同小异——

明清时期，甲地有一女子嫁给乙地男子为妻。有一年，女儿回娘家省亲，在娘家住了数天后，想回婆家去了。临行前，女儿向母亲讨要点菜籽，好回婆家种菜。母亲不识字，顺手就将一张地契包了菜籽交给女儿。女儿回到婆家，将包菜籽的纸包交给丈夫，丈夫打开一看，竟然是一张地契，于是，就将这张地契偷偷地藏了起来。第二年春节，女儿和丈夫一起前往娘家拜年，与他们同行的正好有一位风水先生。风水先生走到村前，站在一块地上说，这块地是风水宝地，来龙去脉清爽，谁家人死了葬在这里，必定会大发。这个女婿很有心计，到丈母娘家一打听，原来，这正好是包菜籽的地契所对应的那块土地。于是，女婿就暗暗记在心里，想谋夺这块风水宝地。不久，女儿的公公死了，女婿就将自己父亲的棺材抬到这块风水宝地上安葬，娘家看到这种情形，自然不肯。于是，翁婿两家便打起了官司。官司打到县衙门，县官老爷说："空口无凭，各自拿出证据来！"结果，女婿拿出了地契作为证据，打赢了这场官司，就将父亲的棺材从乙地抬到甲地这块风水宝地上，顺利地安葬下来。乙地婿家葬了这棺风水，果然后代有人做官，兴旺发达起来了……

当然，各地的传说故事并不完全相同，有的结尾还有一些小插曲，比如说，因女婿心眼不好，生出的儿子没有"屎窟"（屁眼）。或者说是后来遭了报应，棺材被雷电劈了，等等。不过，故事的总体结构都是大同小异的。虽然揆情度理，此一故事并不十分严密，其中也还有一些破绽：因为按照常理，契约上总有当事人的名讳以及花押之类，对此，那位女婿究竟是如何变造以及篡改？在众人的讲述中并没有告诉我们相关的细节。然而，这个故事在徽州各地广为流传，人们也始终深信不疑。它的主要用意显然在于告诉世人，契约文书（地契）对于一个家庭至关重要。有了地契也就有了产权，地契之重要性异乎寻常。所以在徽州，人们在平常要很好地保管自己家的契约，将它深藏不露，并根据自家的条件，做各种各样的防虫处理。祠堂、文会和其他组织的契约，还要放在公匣（也就是专门的盒子或箱子）里，由专人妥善保管。发生战乱时，还要带着这些命根子逃难。

上述的契约，就是一般人（甚至是一些学界同仁）通常所理解的"徽州文书"。

三、"徽州千年契约文书"

2010年前后，日本学者中岛乐章曾综合周绍泉先生等的前期研究成果，为徽州文书下了一个定义：

> ……所谓徽州文书，原则上指徽州地域残存的或徽州出身者书写的全部史料。其形式上既有一张一张的"散件"，也有装订成册子的"簿册"，内容方面除狭义的契约文书外，也包括诉讼、行政文书和各种账簿类、备

忘录、杂记账、日记、书简等，但照原样抄写刊本的抄本并不包括在文书范畴内。另一方面，因内容的关系，诉讼案卷等原文书印刷成册的刊本，也视作文书。族谱的刊本、抄本暂且不作为文书看待，但其中经常有多种文书史料被引用，这种编纂文献引用的原文书，似乎应该被视作广义上的徽州文书。

对此，封越健研究员也认为："徽州文书包括徽州人在本地形成的官私文书，徽州人在外地形成的文书，及外地人在徽州形成的文书。"上述二者的定义，可以互为补充，也就是说：徽州文书既指历史时期残留在徽州当地，或者由徽州人手写的所有史料，也包括旅外徽州人在各地活动形成的相关史料。

从内容上看，除了狭义的契约文书之外，徽州文书还包含日记、书信（包括原件、信底及活套）、账册、杂抄（或亦称"碎锦""杂录"）、启蒙读物、日用类书和诉讼案卷等。

从形式上看，既有单张的"散件"，又有装订成册的"簿册"。关于簿册文书，北宋大文豪欧阳修曾经指出：

> （歙州）民习律令，性喜讼，家家自为簿书，凡闻人之阴私毫发、坐起语言，日时皆记之，有讼则取以证……

徽州于北宋宣和三年（1121）改歙州而置，而欧阳修主要的活动时代是在北宋仁宗年间（1023—1063），所以当时还只能称为"歙州"。这一条史料是说——歙州百姓努力学习法律条文，非常喜欢打官司，当地人家家户户都会准备一些本子，平日里就将他人的言行隐私记录在本子里，到诉讼时就作为证据加以利用。这当然是一个相当可怕的社会，不过，由此亦可看出，徽州的簿册文书由来已久，只是宋元时代的此类文书，未能保存至今。

1. 宋代以来的徽州文书

一般认为，迄今发现最早的徽州文书是南宋嘉定八年（1215）的卖山地契，此件为北京中国国家图书馆收藏的抄白。但若论原件，最早的应是中国社会科学院历史研究所收藏的淳祐二年（1242）休宁李思聪的卖田、卖山赤契。

这些指的都是契约，倘若包括其他的档案，根据安徽档案学者的看法，现存最早的徽州档案还要更早。具体说来，就目前已收藏的徽州档案而言，可以分为抄件和原件两种：如果是论抄件，最早的是黄山市档案馆收藏的五代十国南唐保大三年（945）的谕祭抄件；若论原件，则最早年代的档案为黟县档案馆收藏的南宋嘉泰元年（1201）之家祭龙简，距今已有八百多年。

1991年前后出版的《徽州千年契约文书》中收录的南宋契约仅有两件，其中之一就是淳祐二年（1242）的卖田、卖山赤契。近年来，南宋时代的契约文书在民间仍偶有所见，如数年前屯溪某书商就在当地发现了一张咸淳四年（1268）的地契（红契）。

2014年2月，我曾在皖南收集到一份《扬溪板桥凝德酒坊帐务》，该文书的版幅、墨色以及文字书写格式等，均与此前出版的《宋人佚简》所收诸文书极相类似。《宋人佚简》收录的纸背文书为舒州酒务文书，其年代自南宋绍兴三十二年（1162）至隆兴元年（1163），而《扬溪板桥凝德酒坊帐务》涉及的地点为徽州绩溪，此件虽无明确纪年，但因与《宋人佚简》在形式上完全相同，故其年代应属相近。只是此件之来历以及传承脉络目前尚不清楚，所以不敢擅断，聊记于此待考。

宋元时代的徽州文书，除了保存下来的契约散件之外，在一些誊契簿、族谱、家族文献中也颇有所见。例如，最近我在续编《徽州民间珍稀文献集成》，陆续读到一些新的资料。在新见的婺源《鱼充山文墨》抄本中，见到淳熙七年（1180）、庆元三年（1197）的契约，这些，较现存最早的卖山地契在年代上都要早一些。又如，美国哈佛燕京图书馆收藏的"《婺源沱川余氏族谱》"（该书其实并非"族谱"，而是家族文献抄本）中，收录有南宋咸淳七年（1271）的《千九上舍公兄弟关帐序》，这是目前所见徽州最早的一份南宋分家书。再如，《歙县项氏族谱》有淳熙十一年（1184）的《推官淳熙甲辰登科拜坟祝文》，其拜坟祝文与明代中叶以后相对定型之"徽礼"中的文本颇多差别。此外，上海图书馆收藏的《高岭祖茔渊源录》抄本中，也抄录了一些宋元时代的契约。另据阿风、张国旺教授的研究，《珰溪金氏族谱》中载有多件宋元时期的公文书，对于研究家族变迁、公文制度及相关史事皆有着重要的学术价值。

至于现存徽州文书年代的下限，根据近年来的诸多发现，1949年以后仍有不少反映当时社会变动的文书，因其格式基本上与明清时代的徽州文书一脉相承，故仍可列入"徽州文书"的范畴。

综上所述，现存的徽州文书时间跨度长达 800 年，倘若加上其他的档案则长达千年，故称"徽州千年契约文书"并非夸大其词。这些文书，是研究 12 世纪至 20 世纪——南宋以后（特别是明清以来）中国历史的珍贵史料。

2. 海内外徽州文书的收藏状况

徽州文书主要是徽州民众在日常生活、商业活动和其他社会活动中形成的原始档案，它们原先除了珍藏在私人手中之外，还有的是保存于宗祠、文会以及各种社会组织的管理者手中。此后，随着时代的变迁，这些文书档案逐渐散落出来。其中，最早引起世人注意的大概是书画、尺牍以及那些与艺术史研究相关的抄本。目前所知从徽州外流最早的文书，就是现藏于美国哈佛燕京图书馆的明代歙县方氏信函七百通。这批信函于日本明治时期（当清光绪年间）以前就已流入日本——这是目前所知最早的徽州文书之外流。不过，从当时的情况来看，收藏者应当是将之视作艺术品，亦即从书法鉴赏的角度去认识这批徽州文书。

在徽州，最早认识到民间文献重要性的是著名画家、歙县潭渡人黄宾虹。清末民初，他和书画收藏家邓实一起，编辑出版了 40 辑的《美术丛书》，其中，就收录了一些民间抄本，如太平天国前后潭渡人黄崇惺之《草心楼读画集》，这是研究明清时代徽州艺术史的重要史料。而与黄氏过从甚密的许承尧，更因主编民国《歙县志》和辑录《歙事闲谭》等，开始有意识地收集徽州（尤其是歙县）的历史文献。从安徽博物院收藏的《王立中寄许承尧函稿》来看，在 20 世纪 40 年代，仅黟县一地，就有大批珍贵的徽州文献为许承尧所购藏。

在 20 世纪 30—40 年代，徽州的一些旧藏已流散到杭州、南京等城市。抗日战争结束之初，当时的首都南京就有人设摊出售徽州文书，历史学家方豪收集了其中的部分文书，并于 1971 年至 1973 年间撰写了十数篇论文，发表于台湾的《食货月刊》复刊上，这是目前我们所知学术界对徽州文书的第一次收集。

除了方豪之外，1948—1949 年，在南京的中央研究院社会研究所（现中国社会科学院经济研究所之前身）的梁方仲，也购入了契券、票据和簿记等史料

306 件，其中绝大多数为徽州文书。

1949 年以后，徽州书画古董继续流入北京、上海、香港和广州等地。而在徽州当地，屯溪是古玩中心，也有一些书籍字画的买卖活动。

20 世纪 50 年代，正值中国的土改时期，在徽州各地都抄出成批的古籍，这些古籍通常被用来烧火、造纸、制作鞭炮或包装农产品。时任中华人民共和国文化部副部长的郑振铎，通过书商韩世保了解到相关情况，马上就在各种场合，呼吁主管单位要从废纸中抢救文献资料。1958 年，书商余庭光前往徽州祁门县供销社废品收购站寻觅古籍，意外购得整整 30 只麻布袋的徽州文书。这批原始的徽州文书，通过《屯溪古籍书店契约目录》之介绍，流向全国各地，引起学术界的极大轰动。此后，徽州文书被不少图书馆、博物馆、档案馆和大学研究机构收藏，其中，中国社会科学院历史研究所、经济研究所和南京大学历史系等，成为此后徽州文书收藏的主要单位。这可以说是徽州文书第一次大规模的发现。

徽州文书的第一次大规模发现，随着中国"文化大革命"的发生而结束。此后，这批资料静静地躺在国内的各大收藏机构中，并没有引起多少人的关注。不过，民间在拆房、建筑施工中，在墙缝、地窖里经常发现成批的历史档案，这些资料陆续被文物部门征购。

自 80 年代以来，随着中国大陆改革开放的推进，商业史成为史学研究中的热门课题，徽商研究愈益受到学界瞩目，这促进了对徽商史料的广泛收集，除了方志、族谱、文集和笔记之外，徽州文书的价值也受到更多的重视。在这种背景下，徽州文书得到大批的发掘、整理和研究。

在海外也偶尔可见徽州文书的收藏，但迄今为止并没有做过系统而细致的调查。美国方面，除了前述的哈佛燕京图书馆收藏的明代徽州书信之外，1971 年，哈佛大学杨联陞教授将哈佛燕京图书馆所藏的《典业须知》一书之内容悉数标点整理，发表于台湾的《食货月刊》复刊第 1 卷第 4 期。根据我的研究，《典业须知》是有关清代徽州典当业运作记载最为系统、内容最为丰富的一份商业文献，但在 20 世纪 70 年代杨氏标点此书时，因徽商研究尚未充分展开，故而此书的内容及其学术价值并未得到应有的认识。

另外，"荫余堂"原是安徽省黄山市休宁县黄村的一幢徽派民居，后搬往美国马萨诸塞州赛伦市（Salem，Massachusetts），成为碧波地·益石博物馆（Peabody Essex Museum）的一个重要组成部分。据了解，在荫余堂整体拆迁时，曾发现约一百件（册）的徽州文书，目前这批文书尚未公布。

在欧洲，荷兰莱顿大学也藏有与哈佛燕京图书馆相关的方氏资料。另外，在英国的档案中也有一些徽州茶商的资料，关于这一点，中国台湾学者陈国栋等有相关研究。在日本长崎等地，也保留了一些徽州海商的文书。如所周知，在江户时代（1603—1867），日本奉行闭关锁国政策，但开放长崎一地与荷兰和中国通商。当时，在中国苏州的虎丘山塘有嘉惠局，主管日本铜务。在这种背景下，有不少从事中日贸易的商人定居于苏州，他们受政府特许，每年都扬帆东去，前往日本采办洋铜。这些铜商，有不少是徽州的商人，有的是由在扬州的徽州盐商兼任。

太平天国时期，一些徽商凭借着先前的商业人脉从苏州辗转逃往长崎。其中，以程稼堂及其家族最为引人瞩目。程稼堂是长崎三江帮（江南、江西、浙江）的首领，1860 年 7 月 13 日（清咸丰十年五月廿五日），太平军攻克苏州后一个多月，程稼堂就带着家属逃到日本长崎。当时，程稼堂家族 10 人和仆人 2 名，共计 12 人，乘美国蒸汽船到达长崎，得到长崎奉行冈部骏河的特许，得以上陆并进入唐馆。程稼堂从道光年间就开始来往于长崎，咸丰年间逃到日本后，曾写过一篇文章，以亲身见闻，记述了太平天国时期兵燹战乱对苏州的破坏，受到日本幕府方面的重视。

在日本长崎历史文化博物馆等机构，就收藏有程稼堂的一些文书，这些，对于研究徽州海商的活动及其衰落，有着重要的学术价值。具体说来，关于徽州海商的衰落，以往虽然也有学者提及，但却难以成为定论。例如，20 世纪 50 年代，日本学者藤井宏认为：明清时代徽商的海外贸易活动以"徽王"王直的活动为其顶点，明末以后走向衰落，到清朝则主要倾其全力经营国内商业。不过，这一看法，在 20 世纪 80 年代中叶以后受到质疑。1984 年，日本学者松浦章发表《清代徽州商人与海上贸易》一文，利用中日交涉中的海事资料，揭示了清代徽商利用沿海来扩大其商业范围，并以巨额资本从事海外贸易的事实。1999 年，我发表《〈唐土门簿〉与〈海洋来往活套〉——佚存日本的苏州徽商资料及相关问题研究》一文，广泛收集中日两国的文集、笔记、随笔、碑刻、族谱和尺牍等资料，勾稽中日贸易中的徽州海商史迹，从中可见，在清代的东亚，徽州海商仍然极为活跃。这些研究表明，藤井宏关于徽州海商在明末以后走向衰落的说法，显然可以再加斟酌。因此，徽州海商最后衰落的过程，仍然是值得进一步探讨的问题。而从长崎收藏的程稼堂相关文书来看，在19世纪60年代，东亚海域世界的国际形势发生了重大的变化。而中国国内太平天国的兵燹战乱，又对中日贸易造成剧烈冲击，从而加速了徽州海商之衰落。从这一点上看，徽州文书还是我们研究东亚海域史的重要资料。

除了长崎历史文化博物馆之外，根据笔者零星所见，在日本的其他一些机构也保留有少量徽州文书，但其整体收藏的情况还不是非常清楚，有待于今后的进一步调查。

四、徽州文书的特点及价值

近数十年来，中国各地都陆续发现了一些文书档案，比较著名的如福建闽北的明清契约文书、广东珠江三角洲的土地文书、香港土地文书、贵州清水江文书、浙江石仓文书、闽东文书、畲族文书等民间文献，以及台湾淡新档案、江苏太湖厅档案、四川巴县档案、安徽南陵档案、顺天宝坻档案、冕宁司法档案等州县档案，但还没有一个区域的文书档案有徽州文书那样数量庞大、历时长久且内容丰富。无论是绝对数量还是内容质量，徽州文书都是目前国内最具学术价值的资料宝库之一。周绍泉先生曾指出"徽州文书以其数量大、种类多、涉及面广、跨越历史时代长、学术研究价值高而倍受人们关注"，并认为"徽州文书有启发性、连续性、具体性、真实性和典型性的特点"。以下，我拟根据此后的调查以及个人的经验略作申说。具体说来，徽州文书具有以下六个方面的特点：

1. 数量庞大

一般估计，目前已发现的徽州文书在100万件（册）左右，这在迄今为止发现的各地民间文献中，就其绝对总数而言，可谓无出其右。

2. 历时长久

徽州文书反映的年代跨越宋、元、明、清、民国，甚至到 1949 年以后，是研究 12 世纪至 20 世纪，特别是明清时代中国历史的珍贵史料。就其持续的时间长度而言，目前发现的其他各类地域文书，都不能与徽州文书相提并论。

3. 类型多样

在传统时代，徽州具有"贾而好儒"的悠久传统，因商业发达滋生出极为浓厚的契约意识，以及凡事必记、有闻必录的日常生活习惯，使得徽州文书的种类繁多，内容具体而微。从形制上看，徽州文书主要有簿册和散件两种形式，其版本形态则有原件、抄件（抄白）、刊印件等。而从书立格式来看，有程式文书和非程式文书。从文书性质来看，大致可分为官文书和私文书两种类型。总之，除了狭义的文书（即契约）之外，还包括其他各类的文书。就现存文书类型的多样化来看，没有一个区域的文书可以与徽州文书相提并论。

4. 内容丰富

2018 年，由我主编的《徽州民间珍稀文献集成》30 册出版。该丛书在原则上不收录此前常见的土地契约，主要辑录徽州日记、商书（商业书和商人书）、书信尺牍、诉讼案卷、宗教科仪、日用类书、杂录和启蒙读物等，所收文献皆具有较为重要的学术价值。文献的现存形态既有稿本、抄本，又包括具有徽州特色的刊本、富有学术价值的印刷品等，以及一些成规模的抄件。

徽州文书涉及的范围很广。从涉及的领域来看，举凡政治、经济、社会、文化、风俗等诸多侧面，徽州文书皆有所涉及。正因为如此，历史学、文学、哲学、法律学、语言学、民俗学、宗教学、医学以及艺术、教育、人口、武术等诸多学科，皆在不同程度上关注着徽州文书新史料的发掘。

从涉及的阶层来看，明清时代的徽州，精英文化与通俗文化同生共荣，故而徽州文书之所涉极为广泛，不仅有反映文人士大夫社会生活的内容，而且还有医卜星相百工技艺者流的诸多史料。特别是后者，以往我们在传统中国研究中，涉及基层社会和民众日常生活时，常常感到心有余而力不足。因为在传统文献学的视野中，反映民众生活的史料颇为零散乃至缺乏，这使得我们对于一般民众的生存状态所知甚少。而徽州遗存有众多的民间文献，其中，有关下层民众社会生活的史料极为丰富。

从涉及的地域来看，不仅有旅外商人及其经营的丰富史料，而且本土的经济活动（田主更易、推收过割、赋役征敛）、社会生活（婚丧报聘、休闲娱乐）也有相当多的反映。徽州文书反映的地域范围极为广阔，这与明清时代徽商之无远弗届以及徽州文化极强的辐射能力密切相关。明清以来，长江中下游地区素有"无徽不成镇"之谚，在这一广大的区域范围内，处处都有相关文书的遗存。可以说，研究南宋以来的中国史，特别是明清时代南中国的社会历史，徽州文书之重要性难以忽视。

5. 成规模的文书典型

20 世纪 80 年代以后发现的徽州文书，有不少具有相当的规模。特别是一些家族文书，极富史料价值。例如，1984 年前后发现的芳坑江氏文书，就典型地反映了这一点。

芳坑位于安徽歙县南乡，与新安江畔的重要市镇薛坑口相距不远。此处经新安江上达歙县、屯溪，往下则可至长江三角洲的杭州等地。而由陆路，亦可直接前往屯溪，交通颇为便利。当地的江氏，自明代起就开始外出经商，最早的记载见于 15、16 世纪之交，其经商地在山、陕一带，可能与开中制度下的粮、盐贸易有关。及至 17 世纪的晚明，江氏的经商地改往辽东，主要活跃于平岛（今朝鲜的椵岛），这与明末毛文龙割据皮岛有关。直到清乾隆时代，江氏家族还有成员前往辽东运销茶叶。此后，该家族长年贩茶入粤，转销外洋。太平天国兵燹战乱之后，转运茶叶至上海。除了从事茶业经营之外，芳坑江氏还独资或与人合股开设转运公司、荤油行、米行、布店、百货店、南北杂货号等。在长年的商业贸易中，江氏茶商积累了丰富的经验，他们"贾而好儒"，特别注意将经商心得撰述成文，并保存与商业经营相关的各类契约文书。

该批文书的发现，是 20 世纪徽州文书新发现的一个标志性事件，具有广泛的知名度。自 20 世纪 80 年代迄今，这是一批保留颇为完好的徽商家族文书，具有重要的学术价值。它的发现，刺激了徽州文书继 20 世纪五六十年代第一次大规模发现后的"再发现"热潮，也间接影响了中国国内地域性文书的收集、整理和研究（如清水江文书之再度发现等）。除了歙县芳坑江氏文书之外，1998 年发现的歙县上丰宋氏家族文书，大约有数百件（册），也是极为珍稀的历史文献。上丰宋氏在清代前期是两淮盐务八大总商家族之一，虽然在嘉庆、道光年间一度有所衰落，但他们在太平天国战事尚未结束时就重操旧业，从盐业经营开始，在扬州以及苏北的盐城、汉口等地经营盐业、茶业、典当等。在现存的这批文书中，既有众多的散件，也有不少汇集成册的簿册文书。对于研究清代后期徽商与两淮盐务运作，以及盐商家族的商业网络等，具有重要的史料价值。

就目前的徽商研究而言，宏观描述已几近饱和，在此背景下，新史料的开掘，特别是对系统文书史料的收集、整理和研究，将是徽商研究纵深拓展的重要途径。

6. 学术价值高

在 20 世纪 90 年代，周绍泉在论述徽州文书的学术价值时曾预言："徽学研究将给宋代以后的中国古代史特别是明清史带来革命性的变化。"日本学者斯波义信则认为：中国史（尤其是明清史史料学），20 世纪 80 年代以后发生了根本性的改变，突然变得非常接近理想的状态。特别是在 40 年代以前只有少数人能接触到的地方性历史史料，目前已经公开。得益于这场"史料革命"最多的恐怕是中国社会史的研究。此后，以这批新出史料为基础全面审视，有可能对既有的社会史议题，重新认识和做出大幅度的修正。在这场所谓的史料革命中，徽州文书与大内档案（明清宫廷档案）、州县衙门档案（如四川巴县档案、南部县档案等）并驾齐驱，尤其是明至清代前期，在其他地方，没有看到能与徽州文书相提并论的重要史料。大批徽州文书的发现，历史学者得以深入了解中国社会文化的诸多细节，厘清原本面貌模糊的问题。

例如，赋役制度是明清经济史上的核心问题，在这方面，户帖、黄册底籍、鱼鳞图册、经理保簿等的实物，以徽州文书为独多，这为推进相关研究的进展，提供了第一手的史料。以明代黄册制度研究为例，虽然历来备受学界重视，但迄至 70 年代末，学者并未见过黄册原本，所论大多皆据文献资料。1983 年起，中国社科院历史研究所栾成显先生经过多年的调查，先后发现了一批明代黄册抄底散页、成册的黄册底籍抄件，以及有关黄册的田土与税粮归户册、实征册、编审册等。在扎实史料的基础上，他就黄册制度与相关问题作了一系列专题性的实证研究，概述了黄册攒造及其遗存文书，考证了明代黄册制度的一些基本问题，解决了黄册制度与制度史研究中一些存疑和有争议的难点，并在此基础上，探讨了徽州的家族构成、宗法关系之遗存、析产分户的诸种形态，分析了封建国家、地主、农民三者的关系。对此，吴承明先生认为，栾氏的研究具有"革新"意义，他"使黄册的研究突破制度和制度史的范围，扩大视野，走上一个新的阶段"。

徽州文书的学术价值，不仅表现在它是研究徽州区域的一手资料，而且还在于，由于徽商活动之无远弗届，徽州文书还提供了跨区域研究的诸多线索。例如，在贵州清水江流域，徽州木商、临清商人（江西临江府清江县商人）和陕西商人是当地最为活跃的三大商帮。而近年来新发现的三种徽州商编路程抄本，因其涉及婺源木商在清水江流域的木业经营，从而将徽州文书与清水江文书这两大区域性的重要文书紧密地联系起来，为跨区域的综合性研究提供了重要的基础，因此具有特别重要的学术价值。

综前所述，无论就其绝对数量还是学术价值，徽州文书无疑都是近数十年来各地域文书中内容最为丰富的文书群。

五、小结

徽州文书是第一手的原始资料，对于中国史研究的学术意义重大。《中国历史研究手册》（*Chinese History: A New Manual*）的编者 Endymion P. Wilkinson（魏根深）在谈及中国的历史档案时指出：徽学与甲骨学、简牍学、敦煌学和明清档案学，共同构成以原始史料为基础的中国史学研究的五大领域。他认为，包括徽州文书在内的原始资料未曾经过儒家历史著述者、官方历史编纂者之手，反映了其他历史文献中难以展现的各种制度实态和极具地方特色的生动细节。中岛乐章也认为，"在明清时期地方社会研究中，徽州地域无疑具有最好的史料条件""明代至清代前期，没有可以与徽州相匹敌的史料群"。

具体说来，较之其他区域的民间文书而言，徽州文书所独具的优势在于——具有相当规模的同类文书前后接续、自成体系，而且，各类文书又可彼此补充、相互印证。因此，徽州文书的大批发现，为人们开启了明清以来中国史研究中的许多新课题，使得以往无从着手的许多研究，一下子增添了不少内容翔实而生动的新史料，这将极大地推动明清社会文化史、经济史研究的深入。

1988 年以来出版的大批徽州文书资料集，提供了许多无微不至的史料，但迄今对这些资料的利用还相当有限。而且，新的文书资料仍在源源不断地发现和出版。在这种背景下，有相当多的文书还没有得到充分的利用，学术界的相关研究还远远没有跟上。因此，有必要大力加强对徽州文书的利用与研究。我在 2016 年倡议召开"徽州文书与中国史研究"学术研讨会，从 2017 年开始，复旦大学历史地理研究中心和安徽师范大学历史学院、安徽大学徽学研究中心，连续召开过七届"徽州文书与中国史研究"学术研讨会，希望通过定期的聚会、讨论，见识新材料，交流新见解，以推进民间历史文献与中国历史的深入探讨。

在推进学术研究的同时，各类徽州文书资料也在陆续出版。今后，在数据库建设方面，如何对徽州文书加以全面地整理、揭示、发布以及提供网上检索，可能是利用互联网技术的发展方向之一。由于现存的部分徽州文书辗转来自市场，通过徽州文书数据库之建立，可以找出彼此之间的联系，提高各类散件的利用价值。与此同时，应加大对土地契约之外其他类型文书的披露，建设开放性的"徽州文献数据库"，以共同推动徽州文书与中国史研究的深入。

最后，我想引用中山大学陈春声教授在《徽州文书研究与中国底蕴学术体系建设》一文中的一段话。他指出：

> 利用徽州文书开展的学术研究已蔚然而成大国，可以毫不夸张地说，几代徽学研究者的学术成就，都离不开对徽州文书的搜集、整理与分析。……经过几代中国民间历史文献学研究者的不懈努力，已经发展出一套较为系统的解读民间社会各种资料的有效方法。这种或许可被称为"民间历史文献学"的独具特色的学问和方法，是传统的历史学家、人类学家或汉学家都没有完全掌握和理解的，在某种意义上，也是我们这些从事地域历史文化研究的学者们，即使是面对着欧美最好的研究，也仍一直保持有学术自信心和创造力的最重要基础之一。……民间历史文献研究的深入，

是有助于中国底蕴的学术体系和话语体系建设的。（2019 年 6 月徽学大会之主题报告，合肥）

此一论述，反映出包括徽州文书在内的民间历史文献研究与支撑构建中国特色人文社会科学的关联。当然，要达致此一目标，仍然需要今后长时段、持续不断的艰苦努力。

产业集聚与城市区位巩固：徽州茶务都会屯溪发展史（1577—1949）

邹　怡

　　内容提要：本文回顾了徽州新安江流域茶业中心城市屯溪的崛起与发展历程。明代弘治年间，屯溪还只是一个小小的街市。明代后期，源自休宁的松萝茶带动了休宁茶业的兴盛，屯溪作为县内水路中枢，成为政府茶叶引票管理机关巡检司的驻地，而当时位于屯溪下游的歙县茶产，一般并不过境屯溪。18世纪以后，广州外销兴起，在政府一口通商政策的背景下，下游的茶产也逆流过境屯溪转运广州，从而推动屯溪的进一步发展。茶业周边产业随之大量集聚，更加巩固了屯溪的茶业中心地位。1842年上海开埠之后，即便下游茶产可以直接运往上海，屯溪以其产业服务优势，依然吸引了下游茶产逆流而上至屯溪精制，再集中转运上海。同时，产业移民的集中也进一步推动了屯溪生活服务产业的繁荣和城区的扩大。统观屯溪的发展历程，最初的崛起乃基于其所处的腹地交通中心地位，然而随着屯溪实力的增强，辐射面的扩大，其实在位置日益偏离新的腹地中心，但已有的产业基础继续巩固加强着屯溪的城市区位。这一经验表明，经济的空间布局中同样存在着与制度演进相似的"路径依赖"现象。1929年遭土匪洗劫焚毁的屯溪，在三年之内迅速恢复，这一事件作为屯溪城市发展史的浓缩版，不啻为以上结论提供了又一有力证据。

　　关键词：徽州；屯溪；茶；路径依赖；城市史

一、导言

　　徽州，在今安徽省南部，大体包括今天安徽省黄山市的歙县、休宁、祁门、黟县，宣城市的绩溪，以及江西省上饶市的婺源。这六县在北宋宣和三年（1121）至民国元年（1912）的791年间，稳定地同属于徽州这一个统县政区。[①]

　　明清时期，徽州以"无徽不成镇"的徽商而闻名，"盐、典、茶、木"是徽商的四大经营强项。早在唐代，当地就已成为茶叶的大宗出产地，杨晔所著《膳夫经手录》中提到："歙州、婺州、祁门、婺源方茶，置制精好，不杂木叶，自梁、宋、幽、并间，人人皆尚之，赋税所入，商贾所赍，数千里不绝于道路。其所出之含膏，亦在顾渚之亚。"[②] 五代时期，茶课甚至成为藩镇割据势力与当地豪族武装自卫的养命之源，并为此而展开了对茶叶垄断权的争夺。[③] 明代以后，中国茶叶全面进入炒青时代。[④] 隆庆年间，徽州茶人引进苏州虎丘茶的炒青工艺，创制了松萝茶。[⑤] 在同期兴起的徽州商人及交游文人的推波助澜之下，徽州茶成为风雅生活的象征而备受推崇，至明末清初跃居全国一线名茶之列。[⑥] 及至20世纪20年代，在日本人的中国观察记录中还提到，当时市

[①] 北宋的统县政区为"州"，故"徽州"一词中"徽"为专名、"州"为通名。此后，各朝统县政区的通名发生变化，"徽州"一词演化为一个完整的专名，在作为行政区划名时，"徽州"一词后又叠加上当时的政区通名，如元至元十四年到至正十七年（1277—1357）称为"徽州路"，元至正二十四年至民国元年（1364—1912）称为"徽州府"。其间，仅至正十七至二十四年（1357—1364）曾短暂地改称为"兴安府"。参见安徽省徽州地区地方志编纂委员会编：《徽州地区简志》，黄山书社1989年版，第54页。

[②] （唐）杨晔：《膳夫经手录》，北京图书馆藏清初毛氏汲古阁抄本，第5页上，《续修四库全书》子部第1115册，上海古籍出版社1997年版，影印本，第525页上。

[③] ［日］山根直生：《唐末五代の徽州における地域發達と政治の再编》，《東方学》第103辑，2002年1月，第80—97页。

[④] 陈祖槼、朱自振编：《导言》，《中国茶叶历史资料选辑》，农业出版社1981年版，第21页。

[⑤] 陈椽：《扬名中外的琅源松萝》，《安徽茶经》，安徽人民出版社1960年版，第41—44页。

[⑥] 吴智和：《明代僧家、文人对茶推广之贡献》，《明史研究专刊》第2期，1980年9月；邹怡：《松萝山、松萝茶与松萝法——清中叶以前徽州名茶历史的初步梳理》，《史林》2010年第6期，第69—79页。

面上，武夷、龙井、雨前、松萝和萝山是茶叶铺招牌上最常见的几种茶名，其中，松萝就是徽州茶的一种。[①]

大航海时代开启了中西贸易的巨流，其中，茶叶是中国最重要的出口商品之一。那个时代，徽州成为专供出口的洋庄绿茶的重要产区，19世纪70年代，祁门县又创制了蜚声中外的祁门红茶，成为洋庄红茶的特色产区。1875年，英国皇家学会亚洲分会的专家曾对中国茶区进行了一次全面调查。在专家开列的绿茶名目中，有一种英文名为Twankay的茶叶，该名字即来源于著名的徽州茶市——屯溪。[②]

屯溪所在的徽州地处万山之中，海拔400米左右的丘陵雁行阵列，[③]全年≥10℃积温在4800—5200℃之间，年降雨量约为1200—1600毫米，地表覆盖着pH值4.0—6.0的弱酸红壤。[④]总体而言，该地区的水热、地貌和土壤理化性质，均处于茶树生长所需自然条件的最佳值域之内。[⑤]

将观察尺度缩至徽州内部，茶业在当地的具体分布，基于山形水势，又可分为两大区块。有一段清末安徽乡土地理的描述，用平实的语言概括了皖南的地貌大势：

皖南地面，既分四府一州，[⑥]有两府靠着长江，[⑦]其余两府一州，不靠

---

① 《支那の字號、招牌、門票牌子に就て》，上海日本商業会議所，《経済月報》总第1期，1927年1月，第4页。作者将"雨前"标为安徽省徽州产的名茶。实际上，"雨前"是绿茶的一个通名，指采摘于"谷雨"前的绿茶，许多地方的绿茶均有雨前的名称。当然，徽州绿茶中也有"雨前"的名号。同时，作者误将松萝的产地标为"安徽省婺州"，婺州为今之浙江金华，故此处可能应指"安徽省婺源"，婺源为徽州绿茶的重要产地。另有可能与前面所提"雨前"的产地相同，实应为"安徽省徽州"。

② H. G. Hollingworth, "List of the Principal Tea Districts in China and Notes on the Names Applied to the Various Kinds of Black and Green Tea," *Journal of the North China Branch of the Royal Asiatic Society*, Vol.X, 1875, p.12.

③ 中国科学院南方山区综合科学考察队第三分队：《安徽省南部丘陵山区国土开发与整治研究》，华东师范大学出版社1987年版，第264—267页。安徽省徽州地区地方志编纂委员会编：《徽州地区简志》，第57—59页。

④ 中国科学院南方山区综合科学考察队第三分队：《安徽省南部丘陵山区国土开发与整治研究》，第76—77页。

⑤ 安徽省屯溪茶业学校编：《茶树栽培学（茶叶专业适用）》，上海科学技术出版社1964年版，第46—58页。

⑥ 四府一州为太平府、池州府、宁国府、徽州府和广德州。

⑦ 指太平府和池州府。

长江，多在山中，所以人货往来，不能有靠长江两府的便当了。但是宁国县、旌德县、太平县、黟县诸处，有一带狠〔很〕高的山，这种山在地理学家讲起来，叫他为分水脊，因为这种高山，必将流水分向两面。所以皖南一部，太平府、宁国府、池州府的水，多系流往长江。徽州一府，歙县、绩溪县、休宁县的水，却系流入浙江省的钱塘江，祁门县、婺源县、黟县的水，① 那系流入江西省饶州府地方的鄱阳湖，再流入长江。这些水道所以分流的原故，全系被山势隔断的。看官，你若晓得皖南各处水流的原故，也就明白皖南各处很有许多山，更可以明白皖南各地出入的路了。②

若结合现代地理科学的语言进行解释，这段话的意思是说，整个徽州地区外围，天目山—白际山山系、黄山山系和五龙山脉首尾连通，形成一个分水岭包围圈，其中黄山山系西南段和五龙山脉又并不完全居于徽州边境，而是分别绵延于祁门—休宁和婺源—休宁县界一线。由此，徽州内部被这两段山脉分隔为两个流域：歙县、休宁、绩溪和黟县的大部属新安江流域，祁门和婺源则位于分水岭西侧而属于鄱阳湖流域。其中，东部新安江流域生产洋庄绿茶，以屯溪为制造中心，③ 而西部鄱阳湖流域的婺源和祁门两县，分别以洋庄绿茶和红茶而闻名，但是其制造散布县下各村镇，没有形成单一的产业中心。④

这样的产业布局与流域地貌特点密切相关。相对而言，鄱阳湖流域的水道比较散漫。阊江、大北河、新安河及文闪河，在分水岭西北侧的祁门县境内各自成流，进入江西境内后，渐次汇入杨村河，注入鄱阳湖。分水岭南侧的婺源县，清华水、段莘水和江湾河逐渐汇成乐安江后，沿县境西流，途中

---

① 此处有误，黟县因黄山山脉贯中穿越，南北两麓水系分属青弋江流域和新安江流域，青弋江注入长江，故青弋江流域实为长江流域之一部。参见黟县地方志编纂委员会主编：《黟县志》，光明日报出版社1989年版，第51页。

② 《安徽地理说略》，《安徽俗话报》第12期，1904年9月，第13—14页。

③ 参见安徽省立茶业改良场编，傅宏镇撰：《皖浙新安江流域之茶业》，安徽省立茶业改良场1934年版。

④ 参见金陵大学农学院农业经济系：《祁门红茶之生产制造及运销》，金陵大学农学院1936年版。

又有高砂水、横槎水和赋春水陆续汇入，由于各河道间有山脉阻隔，河口相距较远，故整个水系亦呈松散局面。而新安江流域的格局与之相反，发源于流域东端的率水、横江在屯溪汇流成渐江，源出流域北部的丰乐水、富资水、布射水和扬子水在歙县县城，也就是明清两代徽州府的府城——徽城镇——附近合流为练江，练江与渐江在徽城镇南邻的浦口汇合成新安江，东流过街口，穿越天目山脉与白际山脉之间的缺口，进入浙江境内。总体言之，在新安江流域内，屯溪以上的率水和横江沟通了黟县和休宁，而练江沟通了绩溪和歙县，两水汇总成为新安江，入浙西，往杭州，成为歙县、休宁、黟县和绩溪四县通过水路突破分水岭屏障的总通道，构成一个集束型水系。因此，婺源和祁门两县多中心式的茶业布局可归因于徽州鄱阳湖流域的散漫型水系结构，与之对应，新安江流域屯溪单中心局面的形成则根源于该流域集束型的水系结构。①

但是，细究其中的分析逻辑，实际上只是回答了徽州新安江流域的茶业何以会偏向于形成单中心格局。若进一步追问，这一中心为何会选择在屯溪，依然没有令人信服的解释。甚至若仅从水系结构观之，新安江流域内渐江和练江合流点附近的徽城镇，更具有新安江上游总锁钥的地位。而且在历史上，徽城镇也确实长期担当了徽州地区行政中心的角色。布罗代尔（Fernand Braudel）曾将包括地理架构的静默的长时段要素视为界限人类历史活动的包络线，②并提醒史学工作者要谨慎地对待时间，不要只考虑短时段，不要只相信最吵闹的演员，而需将目光更多投射于那些长期默默无声的演员。③但屯溪与水系总锁钥位置的相离，恰恰暗示了在该研究中若仅从地理要素出发，不足以解释该历史现象。故本文将在地理分析的基础上，回身反观在历史进程中最吵闹的角色，尝试对这一未尽之课题作出合理的分析。

---

① 徽州地区新安江流域和鄱阳湖流域茶业布局及其与水系结构关系的详细分析，可参见邹怡：《徽州六县的茶叶栽培与茶业分布——基于民国时期的调查材料》，《历史地理研究》第3辑，复旦大学出版社2010年版，第157—205页。

② ［法］费尔南·布罗代尔（Fernand Braudel）：《历史学和社会科学：长时段》，刘北成、周立红译：《论历史》，北京大学出版社2008年版，第34页。

③ ［法］费尔南·布罗代尔（Fernand Braudel）：《历史学和社会科学：长时段》，《论历史》，第41页。

二、远在广州的拉力

　　屯溪是今黄山市市政府所在地，大体相当于旧徽州地区的行政中心。但是，迟至 1932 年 12 月 1 日，安徽省第十行政督察公署暨保安司令部在屯溪成立，[①] 屯溪才成为徽州地区的行政中心，第十行政督察区的管辖范围即旧徽州府六县。而屯溪的建市是在 1949 年 5 月 13 日，目前的政区格局，屯溪作为地级黄山市市政府所在地则始于 1987 年 11 月。[②] 总之，屯溪在行政级别地位上的确立，是近半个多世纪内的事情。回望历史，在更长一段时间内，屯溪并不是徽州地区的行政中心，甚至不是休宁县的行政中心。明弘治《休宁县志》关于屯溪的专门记载只有短短的一条："屯溪街，在县东南三十里"，[③] 与目前屯溪的地位形成巨大反差，这不禁令我们对近四百多年内屯溪所发生的变化及其动因产生无限的好奇。

　　在清中叶以前徽州名茶的发展史中，发源于休宁松萝山的松萝茶对徽州茶业具有强大的推进作用。[④] 松萝茶创制后，休宁县内各山纷纷仿效松萝制法，形成南源、北源等名色。虽然乾嘉之际的江依濂、江绍莲在《歙风俗礼教考》中谈及当时的松萝茶"胥贩之于歙，而休山转无过问者矣"，[⑤] 但歙县茶大行于市，是较为晚近的事情。据民国《歙县志》的回忆，"歙土宜茶，而道光八年

---

① 屯溪市地方志编纂委员会主编：《屯溪市志》，安徽教育出版社 1990 年版，第 8 页。

② 其间屯溪的行政等级多次上下调整，参见屯溪市地方志编纂委员会主编：《屯溪市志》，第 30 页。

③ （明）程敏政纂修：《休宁县志》卷五，页 7 上，明弘治四年（1491）刻本，《北京图书馆古籍珍本丛刊》，史部·地理类，第 29 册，书目文献出版社 1997 年版，第 491 页。

④ 参见《松萝山、松萝茶与松萝法——清中叶以前徽州名茶历史的初步梳理》，《史林》2010 年第 6 期，第 69—79 页。

⑤ （清）江依濂、江绍莲撰：《歙风俗礼教考》卷一八，许承尧纂，李明回、彭超、张爱琴点校：《歙事闲谭》，黄山书社 2001 年标点本，第 603 页。

022　　　　　　　　　　　　　　　　　　　　行走于黄山白岳之间：徽州研究论文选集

前出产无多"，^①故明隆庆年间创制的松萝茶首先带动发展的是休宁的茶业。明清两代，茶叶的运销实行引由专卖制度，茶引由户部颁发给安徽布政司，再由布政司发给徽州的办茶商人，茶叶贩运出境时，由设于水路要冲的巡检司对引票验实截角后放行。^②故巡检司的设立对当地茶业的繁盛有一定的指示作用。休宁的太厦巡检司原设于白际岭附近，万历五年（1577）移设休宁县城内，但很快便移驻于屯溪，就民居而设。^③据我对松萝茶的研究，万历一朝（1573—1619）正是松萝创制之后迅速名扬海内的第一个高峰时期。太厦巡检司在这时移驻屯溪，清晰地表明以屯溪为中心的休宁茶业在当时已经具有了一定的规模。关于当时屯溪的城市规模，在天启《休宁赋役官解全书》中留下了这样一段记载："屯溪系一邑总市，商牙辏集，米船络绎相继。"^④

从新安江上游的水系组织来看，屯溪正处于来自黟县的横江与东西横贯休宁县大部的率水交汇之处，两水共同汇为渐江，东流入歙县境内，构成新安江上游的干道。徽州西部的祁门和婺源两县，又分别与黟县和休宁隔山而望，因而，屯溪扼守新安江上水至休宁和黟县，以及祁门、婺源两县的要冲，以上四县若从新安江下水入江南，亦须取道屯溪。除了歙县和绩溪位于休宁下游，两县茶产相当部分顺新安江而下，由街口巡检司查验引票外，其余四县茶引多由休宁的巡检司查验。早在元代末年，便有休宁的榷茶使者及其属下到黟县境内

---

① 许承尧纂，楼文钊、石国柱修：《歙县志》卷三《食货志》，1937 年铅印本，《中国地方志集成·安徽府县志辑》第 51 册，江苏古籍出版社 1998 年版，影印本，第 131 页。道光八年为 1828 年。另外，从康熙年间颁布的徽州各县茶自变量来看，歙县额请茶引 10518 道，休宁额请茶引 9662 道，歙县引额高于休宁，但是，绩溪县"出产茶斤，向不请引，由歙引营销"，歙县的引额实际上包括了歙县和绩溪两县。参见（清）马步蟾纂修：《徽州府志》卷五之一《食货志·赋役》，道光七年（1827）刻本，《中国地方志集成·安徽府县志辑》第 48 册，江苏古籍出版社 1998 年版，影印本，第 402 页。

② （清）张佩芳修，刘大櫆纂：《歙县志》卷六《茶纲》，页 2 上，清乾隆三十六年（1771）刻本，《中国方志丛书·华中地方》第 232 号，（台北）成文出版社有限公司 1975 年版，影印本，第 329 页。

③ （清）何应松修，方崇鼎纂：《休宁县志》卷二《廨署》，页 4 下，注引万历《休宁县志》，清道光三年（1823）刻本，《中国地方志集成·安徽府县志辑》第 52 册，江苏古籍出版社 1998 年版，影印本，第 46 页。

④ 天启《休宁赋役官解全书》，转引自赵本一：《屯溪水运拾零》，中国人民政治协商会议安徽省屯溪市委员会文史资料研究委员会编：《屯溪文史》第 2 辑，中国人民政治协商会议安徽省屯溪市委员会文史资料研究委员会，1989 年版，第 67 页。

勒索茶商的现象发生。①同治《祁门县志》在回顾徽州茶税历史时提到，太厦巡检司移驻屯溪后，"徽属……向章新茶出山，皆归休邑屯溪办理，由休宁县派承查验给引，由太厦司勘合切角放行，其税每引不过分厘"，这样的情形一直持续到咸丰三年（1853），徽州茶厘开征，茶引制度自然瓦解。②在茶业及当地其他山林特产的带动之下，至康熙年间，屯溪街已经"镇长四里"，成为休宁县下各市镇中规模最大的一个，③沿岸船行如梭，帆樯林立，开始出现"屯浦归帆"的盛景。④当时，出身吴江的学者潘耒曾游历徽州，自休宁腹地顺水往歙县，途经屯溪时，他不禁感慨"井里俄繁盛，山川更郁苍"。⑤海宁藏书家吴骞祖籍休宁厚田，乾隆三十九年（1774），吴骞回乡省墓，上水临近屯溪时，正是清明当日，但见"两岸人家益增台榭之胜。是日风色晴明，上冢者船中悉载弦管，翠幙纱窗，笙歌嘹亮，数十里往来不绝。临水之家则有凭栏下瞰，飘然欲仙者。"见此繁华盛景，吴骞惊呼："宋人所作清明上河图，未审视此何如耳。"⑥

从前揭同治《祁门县志》一条记载的行文来看，似乎徽州的全部外运茶产均由屯溪的太厦巡检司查验引票，也就是说，连屯溪下游的歙县茶叶也会上水至屯溪办理勘合手续。从水道流向来看，歙县茶逆流而上令人感到奇怪。这一反常的现象，必须置于更大的历史背景中才能加以理解。

16世纪之后，欧洲开始进入大航海时代，葡萄牙人依靠其航海技术的优

---

① （元）赵汸：《黟令周侯政绩记》，（清）吴甸华修，程汝翼、俞正燮纂：嘉庆《黟县志》卷一四《艺文》，页19上，清道光五年（1825）刻本，《中国地方志集成·安徽府县志辑》第56册，江苏古籍出版社1998年版，影印本，第440页。

② （清）汪韵珊纂，周溶修：《祁门县志》卷一五《食货志》，页6，清同治十二年（1873）刻本，《中国地方志集成·安徽府县志辑》第55册，江苏古籍出版社1998年版，影印本，第149页。

③ （清）廖腾煃修，汪晋征等纂：《休宁县志》卷一《坊市》，康熙三十二年（1693）刻本，《中国方志丛书·华中地方》第90号，（台北）成文出版社有限公司1970年版，影印本，第204页。

④ （清）廖腾煃修，汪晋征等纂：康熙《休宁县志》卷一《图说》，影印本，第106—107页。

⑤ （清）潘耒：《水口至屯溪入休歙界》，《遂初堂诗集》卷一二《楚粤游草》，页2下，清康熙刻本，上海古籍出版社2002年版，《续修四库全书》集部第1417册，影印本，第306页下。

⑥ （清）吴骞：《愚谷文存》卷一四，页2下，上海辞书出版社图书馆藏清嘉庆十二年（1807）刻本，《续修四库全书》第1454册，上海古籍出版社2002年版，影印本，第316页上。

图 2-1　屯浦归帆

图片来源：康熙《休宁县志》卷一《图说》，影印本，第 106—107 页。

势，占据了东方贸易的先头。明嘉靖十四年（1535），广州市舶司移驻澳门，与来自葡萄牙以及东南亚各国的客商进行交易。徽州的茶叶很有可能在当时已经往澳门出售给海外商人，嘉庆《黟县志》即载有：当地所产之茶，"北至口外，南至澳门"。[①] 英国东印度公司在 1600 年从政府获得远东经营的特许证书后，也开始逐步扩展它在东方的贸易范围。东印度公司的舰队首先到达今印度尼西亚境内的邦汤姆（Bantam）、印度的苏拉特（Surat）、甘贾姆（Ganjam）、马德拉斯（Madras）等地，从葡萄牙商船处间接购入中国茶叶。[②] 此后，东印度公司的商船逐步接近中国本土，1676 年，在厦门设立商馆，购买中国茶叶；1702 年时，曾经应英国国内订货之需，采购了一整船茶叶，"其中配新罗茶（Singlo）三分之二、圆茶六分之一、武夷茶七分之一"。[③] Singlo 此处译为

---

① （清）吴甸华修，程汝翼、俞正燮纂：嘉庆《黟县志》卷三《地理》，页 62 上，影印本，第 89 页。

② ［美］威廉·乌克斯（William H. Ukers）著，中国茶叶研究社社员集体翻译：《茶叶全书》上册，（上海）中国茶叶研究社 1949 年版，第 38、41 页。

③ ［美］威廉·乌克斯（William H. Ukers）：《茶叶全书》上册，第 42 页。

"新罗茶"，实为误译，Singlo 应系 "松萝" 之音译，① 因而很有可能，当时已经有徽州绿茶被客商运往厦门出洋。② 1715 年之后，东印度公司的英国商人通过与广州地方官员反复交涉，终于得到允许将商船驶入黄埔停泊，开始在广州通商，并凭借英国政府的特许，长期垄断中英之间的贸易。③ 在鸦片输入中国之前，茶叶是中英贸易之间绝对的大宗。那么，徽州茶叶在东印度公司的广州贸易中能占到多大的份额呢？东京大学总合图书馆内收藏有一份 1824 年 1 月的 *The Edinburgh Review*，No LXXVIII，其中记录了 1822 年东印度公司广州贸易中各类茶叶的经销量，其中，武夷（Bohea）2419045 磅、工夫（Congou）18569472 磅、拣焙（Campoi）196729 磅、小种（Souchong）115738 磅、屯溪（Twankay）4036445 磅、皮茶（Hyson-skin）130420 磅、熙春（Hyson）396697 磅，共计 25874546 磅。④ 屯溪无疑是徽州绿茶，熙春指长条且略带卷曲的绿茶，诸多绿茶产区均有此名目。徽州的熙春也非常有名，当时洋商中有传说，"熙春" 的创制与康熙时的休宁茶商李亦馨有关，故此处熙春为徽州茶的可能性很大。⑤ 皮茶，据其英译 Hyson-skin，应该是制作熙春茶时筛拣出来的轻薄叶片，即熙春中的皮茶，因此也可能是徽州茶。若保守估计，屯溪茶占当年东印度公司广州一地茶叶总经手量的 15.6%。若屯溪、熙春和皮茶三类合计，则占 17.64%。

从徽州到广州虽然路途遥远，但是获利丰厚，远在广州的利源吸引了徽州商人运茶南下。从长江中游地区到广州，自鄱阳湖沿赣江南下，翻越大庾岭

---

① 参见［日］内田慶市：《近代における東西言語文化接触の研究》，関西大学出版部 2001 年版，第 250 页。

② 但是，此处 Singlo 是否一定指徽州的松萝茶，笔者尚无绝对把握。因为，清代人吴振臣曾提到福建武夷山的茶叶在采用松萝法之后，时有 "武夷松萝" 之称（吴振臣撰：《闽游偶记》，《中国茶叶历史资料选辑》，第 360—361 页）。但鉴于松萝是明清时代徽州最有名的茶产，此处 Singlo 系徽州绿茶的可能性还是非常大。

③ ［美］威廉·乌克斯（William H. Ukers）：《茶叶全书》上册，第 43 页。

④ ［日］田中正俊：《〈東インド会社の独占——茶の価格〉（一八二二年）について》，收入中嶋敏先生古稀記念事業会記念論集編集委員会编：《中嶋敏先生古稀記念論集》下卷，中嶋敏先生古稀記念事業会 1981 年版，第 513 页。

⑤ H. G. Hollingworth, "List of the Principal Tea Districts in China and Notes on the Names Applied to the Various Kinds of Black and Green Tea," *Journal of the North China Branch of the Royal Asiatic Society*, Vol.X, pp.12—13.

是一条传统的古商道。[①] 在广州外销引力之下，以往习惯走新安江水路外运的徽州松萝茶，也开始"悉由江西内地贩运来粤"。[②] 同时，从徽州到广州，另有一条便捷的道路便是沿东南海岸线海运至广州。嘉庆年间，台湾早已平定，"洋面平靖"，于是，商人开始尝试海道运茶，嘉庆十八年（1813）后尤其盛行。但两广总督蒋攸铦认为，如果任凭商人自由贩茶出洋，一方面缺少了一个从贸易上钳制洋人的手段，另一方面也难保商人出洋夹带违禁物品，因此他奏请朝廷命令福建、浙江和安徽的督抚，晓谕各大茶区商人，自嘉庆二十三年（1818）起，"仍照旧例，令由内河过岭行走，永禁出洋贩运"。[③] 这一条令发出后，仍有茶商自上海江海关出洋，南下运茶。因为江海关一直允许沙船运茶北赴山东、奉天等省，商人便利用这一空子，待出洋后再转为南下。政府觉察到这一漏洞后，不惜损失江海关的茶叶税，严禁一切茶船出洋，"只准由内河行走，以裕内河各关商税，即将江海关茶叶税则永远豁除，无令茶船出口"。[④]

因此，在政府严加禁令之下，徽州茶叶南下广州外销，只有鄱阳湖—赣江—大庾岭一条道路可以选择。徽州西部祁门和婺源两县属鄱阳湖流域，与东部新安江流域诸县以分水岭相隔，徽州东部进入南下商道的最便捷道路便是溯新安江而上，翻越分水岭进入鄱阳湖流域。因而，屯溪下游歙县的茶叶若要往广州外销，便会上水过境屯溪。歙县芳坑江氏茶商留有一份《道光二十六年丙午进广誉清账册》，记载了他们赴广州卖茶的路线，自歙县篁墩挂号运货至屯溪，在屯溪雇船至黟县渔亭，从渔亭上岸，改走旱路，开始翻越鄱阳湖流域和新安江流域之间的分水岭，用银元雇了三四百人的挑夫，用肩挑背驮，经过62华里的山间小道，把茶箱运至祁门，再从祁门雇驳船、竹筏沿阊江运茶至饶州，雇佣了三板七仓船3艘、六仓船1艘运至赣州，正式进入赣江——大庾岭

① 陆玉麒：《论赣江流域空间结构的演化过程及其规律性》，中国地理学会历史地理专业委员会历史地理编辑委员会编：《历史地理》第21辑，上海人民出版社2006年版，第115—130页。
② （清）梁廷枏纂：《粤海关志》卷一八《禁令二》，页3下，粤东省城龙藏街业文堂刻本，《近代中国史料丛刊续辑》第183种，（台北）文海出版社有限公司1975年版，影印本，第1268页。
③ （清）梁廷枏纂：《粤海关志》卷一八《禁令二》，页3上—4下，影印本，第1267—1270页。
④ 《户部尚书英和等为遵旨会议江海关无令茶船出口事奏折》，道光元年（1821）二月二十五日，收入中国第一历史档案馆方裕谨编选：《道光年间茶课史料续编》，《历史档案》1998年第3期，第18—20页。

图 2-2　祁门船

注：为适应祁门至上饶一段阊江水浅流急的状况，祁门船的船底呈扁平状，其载货量也随阊江枯水、丰水而变化，丰水期可载货 100 担，枯水期仅能装载 20 担（第 250 页）。徽州茶商过境祁门雇佣的祁门船应该就是这一种。

图片来源：［日］東亞同文会著：《支那省别全志・第 12 卷　安徽省》，東亞同文会 1919 年版，第 249 页。

商道。^①另一份《万里云程》抄本，可能也是芳坑江氏的路程手册，记载了相似的运茶路线：由歙县自新安江上水至屯溪，溯横江而上至黟县渔亭，翻越分水岭入祁门，顺阊江而下，过饶州进入赣江商道，翻越大庾岭南下广州。^②因为远在广州的拉力，屯溪也成为歙县洋庄茶叶的过境要冲，与原有休宁本地茶业的影响力相互叠加，市面日趋繁荣。

　　通过上文对明后期至清末屯溪发展历程的考察，可以看到两个因素先后对屯溪的发展产生重大影响。明后期源自休宁的松萝茶带动了休宁茶业的兴盛，屯溪以其水路中枢地位，成为休宁县茶产沿新安江进入国内市场的汇集之地，政府对茶叶引票实行管理的巡检司也移驻屯溪，要求商人运茶出境前就而勘合。

① 　江怡桐：《歙县芳坑江氏茶商考略》，张海鹏、王廷元主编：《徽商研究》，安徽人民出版社 1995 年版，第 588—589 页。

② 　王振忠：《徽州社会文化史探微——新发现的 16—20 世纪民间档案文书研究》，上海社会科学院出版社 2002 年版，第 436—445 页；另参见王振忠：《清代徽州与广东的商路及商业——歙县茶商抄本〈万里云程〉研究》，中国地理学会历史地理专业委员会历史地理编辑委员会编，《历史地理》第 17 辑，上海人民出版社 2001 年版，第 297—315 页。

位于屯溪下游的歙县茶产在内销时代一般并不过境屯溪，但是 18 世纪之后，广州外销兴起，在政府对南下路线严加限定的条件之下，远自广州的拉力吸引了歙县外销茶也开始过境屯溪，进一步促进了屯溪的发展。自然与制度的交织力量，带动了屯溪茶业的早期发展。

三、周边产业的集聚

上海开埠之后，徽州新安江流域的洋庄茶渐渐过渡为就近往上海出口，至少歙县的茶叶无需溯水过境屯溪。徽州鄱阳湖流域的茶产在太平天国战争阻隔了南下商路之后，也开始结束其往广州出口的历史，取道九江，转向上海售与洋商。同时，太平天国期间，徽茶一律抽收过境厘金，茶引制度随之消亡，前往屯溪截角勘验成为了历史。这些因素都会对屯溪的茶业中心地位产生一定的削弱作用。

但是，历史发展的结果，却是屯溪社会经济的日趋繁荣，清道光时，杭州人夏之盛在游历徽州后，便感叹"屯溪隆阜间，民生素殷沃"，[1] 至光绪年间，屯溪已经"为休邑之冠，各行业既备且多，四方穷民来觅食者踵相接"。[2] 这需要从地方经济民生的变化中寻找答案。太平天国战争在徽州地区反复拉锯，据推测人口损失在 60% 左右。[3] 地方民生缓慢变化的长期累积，以战后重建为契机，表现于新的地方经济格局中，这也在当时地方时尚的流变中透露出一些端倪。战争以前，徽商资本最为雄厚的产业为盐业，从业者又以歙县人居多，歙县盐商云集的扬州，时有诗云："鹾客连樯拥巨资，朱门河下锁葳蕤。乡音歙语兼秦语，不问人名但问旗。"[4] 因此，同期的徽州本土，歙县"通邑以西乡为

---

① （清）夏之盛：《四月十六日挈眷之新安壬寅》，氏著《留余堂诗钞二集·新安纪行草》，页 1 上，道光二十七年（1847）钱塘夏氏刻本，上海图书馆藏。

② 《新安屯溪公济局征信录·禀呈》，页 3 上，光绪二十七年（1901）刻本，婺源县图书馆藏。

③ 曹树基：《中国人口史·第 5 卷 清时期》，复旦大学出版社 2001 年版，第 500 页。

④ 《扬州竹枝词》，转引自张海鹏、王廷元主编：《徽商研究》，第 166 页。

最华，当年槎业大盛，扬州靡俗逐渐输入"。① 但太平天国前夜道光年间陶澍的盐政改革，打破了徽州商人在盐业的垄断，盐商走向衰微。日渐失却流寓地商人外来滋润的徽州，地方物产的运销日趋重要，屯溪作为徽州土产的集散中心，其地位也日益提高，成为当地时尚的新前沿。据时人记载，"自发逆乱平，徽属商务聚于屯溪。一冠履之时趋，一袍袴之新样，其自江浙来者，休首承之，次即及歙之西乡。近少妇好效沪妆，年长者犹带鬏（扬州旧制），此今昔习染之大验也。"② 屯溪代替歙县西乡成为徽州的时尚之都。

云集屯溪的各类土产中，以茶叶最为重要。内销时代，屯溪即作为休宁、黟县两地茶产沿新安江外运的集中节点，至广州外销时代，屯溪除继续保持作为休宁县茶业中心的地位外，又叠加了屯溪下游歙县等地洋庄茶进入江西—广州商路的过境节点地位。在这两个阶段先后延续的 200 年左右时间里，与茶业相关的周边产业逐渐在屯溪聚集。清末宣统年间，直隶静海人刘汝骥主政徽州时，③ 曾进行过一次全府的民情调查，据访察，休宁县内的"职业趋重之点"，"屯溪、率口、黎阳、阳湖一市，茶之区也。朱明节届，男妇壮幼业此者数以万计，茶号藉钱庄以资助之。……工匠缺乏，又召江西人以伐木烧炭矣。"④ 此时的屯溪，业已成为"茶务都会"，⑤ 时人有诗云："皖南巨镇首屯溪，万户居民本富庶。商贾辐辏阛阓盛，茶客年年竞来去。"⑥

徽州茶叶的加工过程中，洋庄、本庄绿茶和红茶均需经过初制和精制两大工序，初制由茶农自行完成，精制由茶号完成。初制的工具较为简单，且竹

---

① （清）刘汝骥撰：《陶甓公牍》卷一二《法制科》，页 7 下，清宣统三年（1911）安徽印刷局排印本，官箴书集成编纂委员汇编：《官箴书集成》第 10 册，黄山书社 1997 年版，影印本，第 581 页。

② （清）刘汝骥撰：《陶甓公牍》卷一二《法制科》，页 7 下，《官箴书集成》第 10 册，影印本，第 581 页。

③ 刘汝骥的传记，另可参见周骏富辑录：《清代传记丛刊·学林类》第 16 册，（台北）明文书局 1985 年版，第 526 页。

④ （清）刘汝骥撰：《陶甓公牍》卷一二《法制科》，页 17 上，《官箴书集成》第 10 册，影印本，第 586 页。率口、黎阳和阳湖都是屯溪城区周边紧邻的自然村镇，在屯溪发展过程中，逐渐被屯溪城区吸纳，到抗日战争时期，这几个村镇，以及周边的高阳、隆新，已经共同构成今日屯溪市的雏形。参见屯溪市地名委员会办公室编：《安徽省屯溪市地名录》，1985 年版，第 1 页。

⑤ 赵尔巽、柯绍忞等撰：《清史稿》卷五九《志三十四地理六》，中华书局 1976 年版，标点本，第 8 册，第 2010 页。

⑥ （清）戴启文：《抵屯溪》，氏著《新安游草》卷上，页 8 上，光绪二十一年（1895）徽州屯溪下街黄茄古堂刻本，复旦大学图书馆藏。

笸、灶头等不必专门置办，均为一般农事的常用工具。精制茶号所需工具则复杂得多，其中焙笼、茶筛、风车等均须专门置办，但相对而言，这些工具使用寿命比较长，一次投资，可以使用多年。[①] 但是，在茶叶精制中，我们还可以看到大量的易耗品。在茶叶包装时，锡罐、木箱和篾篓等都是随用随耗，每年茶季的需求量都非常大。其次，农村资本枯竭，单靠农村集资无法凑出茶号正常运营所需的足够资本，因而需要从通商口岸城市获得贷款，于是，金融服务也是每年茶季所必需的。

茶叶精制中的易耗品和所需的流动资本，需要固定而方便的周边产业给予及时的补充。屯溪在前述内销和广州外销阶段，便开始了此类周边产业的逐步积累。进入上海外销时代后，虽然歙县的茶叶更容易偏向于直接顺新安江而下，无需过境屯溪，但是休宁的茶叶始终保持高产，故屯溪作为休宁茶业中心的最基本地位没有任何动摇，历经两百年左右的发展，屯溪形成完备的茶业周边产业群。

洋庄绿茶制成匀堆后，首先需要装入铅罐。所谓铅罐，实际为铅、锡合金制成，故茶业中称铅罐者有之，称锡罐者亦有之。铅罐制作需要专门的熔炉，因而茶号无法自制，必须直接使用外来的制成品，屯溪街头的铅罐作坊便应运而生，民间习称为"锡栈"。据 20 世纪 30 年代中期的多份调查，当时屯溪共有锡栈 4 家。

表 2-1 所列 4 家锡栈皆为经营多年的老店，其中，和丰锡栈经营此业最久，开业于 19 世纪中期。锡栈中茶罐的制作分为熔锡、铸片、剪形、过秤、焊接和糊纸六个步骤。铅锡原料为锭状，长条形或圆锥形，要铸成茶罐薄壁，首先需入炉熔化，这一工作一般由锡栈中的学徒工完成，每日清晨 2 时许开炉，经过 1 小时左右，全炉四五百斤锡业已熔化，为白天的制罐工作做好准备。铸片需要高明的技术，锡栈技师将已熔化之锡，匀取少许，倒入木制糊有凋样纸的模具中，凋样纸用表芯纸做成，每个木模具内糊有凋样纸 12 层，倒

---

① 比如祁门茶号所使用的茶号有两大类，河口筛和婺源筛，婺源筛经久耐用，可以使用八、九年，河口筛质量较差，但也可以使用二、三年。红、绿茶筛分所用茶筛实际为同一种。参见《祁门之茶业》，《安徽省立茶业改良场丛刊第一种》，（上海）中国纺织印务有限公司 1933 年版，第 11 页。

表 2-1　20 世纪 30 年代中期屯溪的锡栈

牌名	经理姓名	帮别	地址	资本额（元）	熔炉数	雇工人数				估计产量（只）			
						1933	1934	1935	1936	1933	1934	1935	1936
成泰	江星郎	黟县	后街	2000	4	30	22	26	28	25000	10000	14000	16000
和丰	胡次培	黟县	后街	2500	2	20	12	12	12	20000	16000	6000	10000
道源	余福来	黟县	观音山	5000	4	30	24	24	24	30000	16500	16600	14000
公和	吴品三	黟县	观音山	3000	4	30	20	20	20	27000	15000	15000	17000

数据来源：安徽省立茶业改良场编，傅宏镇撰：《皖浙新安江流域之茶业》，第 24 页；建设委员会经济调查所统计课编：《中国经济志·休宁县》，南京建设委员会经济调查所 1935 年版，《民国史料丛刊》第 9 种，（台北）传记文学出版社 1971 年版，影印本，第 2 册，第 43 页；实业部国产检验委员会、上海商品检验局合编：《屯溪茶业调查》，上海实业部国产检验委员会、上海商品检验局 1937 年版，第 15 页。三份材料之记载有若干不同，择其相对合理者入上表。

图 2-3　锡罐的制作

图片来源：《农村合作》第 2 卷第 3 期，1936 年 10 月，插页。

入锡汁后，压实后连纸揭起便成锡片，1 副木模能铸片 100 张左右。刚铸成的锡片，四缘并不规则，此时便需根据锡罐大小，衬上硬纸板制成的大样，用剪刀将锡片修剪均匀，此为剪形。一个锡罐由 19 块锡片拼成，为控制成本，完成一套锡片后，锡栈会称量一套锡片的重量，若分量过重，有亏锡栈血本，老板宁可将这些锡片回炉重铸。重量符合规定的一套 19 块锡片，由 2 人分工焊接成茶罐，一人围成罐身，另一人焊接茶罐的底和面。由于锡栈对锡片用料成本控制甚严，罐身多孔镴，不仅有碍观瞻，茶叶亦会泄漏，故锡栈会在锡罐外加糊纸张，一般先糊表芯纸一张，再以绵纸糊其上，考究一点的锡栈会在中间再加一层牛皮纸，糊纸干透后，即为茶罐成品。锡罐最后的封口，一般由锡栈工人前往茶号完成。

从以上工序中可以看到，锡栈最主要的原料是铅锡锭，这类金属多出产于东南亚，五口通商之后，徽州所用铅锡锭由上海和宁波进口而来，[①]1896 年 9 月后，杭州海关开通，宁波的地位被杭州取代。不过，徽州从宁波和杭州输入的铅，绝大部分也是从上海转口而来。[②]衬模和糊罐用的表芯纸多由江西和黟县等地运来，绵纸则从歙县运来。茶叶在装入锡罐后，需外套木茶箱，故锡罐的形状也要与木箱配套，分大方、三七和放方三种。除锡栈自办原料，出售成品给茶号外，也有茶号自行将原料配齐，委托锡栈加工，以降低成本。屯溪锡栈的茶罐不仅供应本地茶号，歙县渔梁、深渡等地洋庄茶号亦向屯溪锡栈采办茶罐。[③]

从表 2-1 来看，全屯溪仅此 4 家制作茶罐的锡栈，因而营业稳定。除工资外，锡栈工人膳宿全包，不论当天是否轮到工作，每日配有肉食 4 两，阴历的初一和月半肉食加倍。工作时，以 6 人为一班，每工作 4 日，休息 1 日，工作时间自午夜 2 时熔锡开始，至当天制成锡罐 60 只为止，其时一般也不过中午 12 时左右而已。稳定的营业得益于 4 家锡栈的公同议定，锡罐的用料分量和价格均预先协商确定。工人也有类似工会之组织，议定每班每日制罐数量不能超过 60 只，否则便有驱逐出会之惩罚，如工期较紧，亦不许同一班头连续加班，必须更换另一班继续工作，以便利益均沾。

屯溪的锡栈业能在业主和工人两个层面达成利益共享的同业联盟，离不开这一行业的地缘背景，从表 2-1 看，4 家锡栈全为黟县人所开，同乡、同业双重

---

① 杭州开埠之前，宁波浙海关进口的铅大部分运往徽州制作茶叶罐。可参见 1870—1896 年宁波浙海关历年贸易报告，"进口之铅大部运往徽州制作茶罐"，这几乎是每年浙海关税务司都会提到的。中华人民共和国杭州海关译编：《近代浙江通商口岸经济社会概况——浙海关、瓯海关、杭州关贸易报告集成》，浙江人民出版社 2002 年版。

② 可参见李必樟译编，张仲礼校订：《上海近代贸易经济发展概况：1854—1898 年英国驻上海领事贸易报告汇编》，上海社会科学院出版社 1993 年版，第 158 页。民国中期以后，各口岸之间锡锭块的转口情况，可参见郑友揆、韩启桐编纂：《中国埠际贸易统计 1936—1940》，中国科学院 1951 年版，收入《中国科学院社会研究所丛刊》，第 1 种，第 640—647 页。

③ 建设委员会经济调查所统计课编：《中国经济志 歙县》，南京建设委员会经济调查所 1935 年版，《民国史料丛刊》第 9 种，（台北）传记文学出版社 1971 年版，影印本，第 2 册，第 60 页；《屯溪茶业调查》，第 14 页。

关系，强有力地维持了从业者对本行业的垄断和利益的均分，"万不容第二者插足"。屯溪曾有茶号认为黟人锡栈制作的锡罐牢度不够，自行仿制坚固的锡兰洋铁皮茶箱，以防止罐破茶漏，影响外销。这本是一件有利于茶业的好事，但锡栈唯恐此类茶箱一流行，本业势必破产，于是以全体罢工相要挟，逼迫谋求改良之茶号将置办的洋铁皮茶箱全部退还上海。[①] 屯溪黟县帮锡栈的势力之大，可见一斑。[②] 屯溪是黟县取道新安江，前往苏沪杭的第一站，在屯溪佣工经商的黟县人不少，自流寓地返回家乡的黟县人也多在屯溪停留。1919 年，由旅居上海和屯溪的黟县籍绅商牵头，旅屯黟人集资在屯溪的珠塘铺创建了思安堂。思安堂的建设以上海的徽宁思恭堂为蓝本，主要负责起停自外地运屯的客死黟人棺柩，并辟有义冢，殓埋外运而来和客死屯溪的无主黟人材柩。[③] 思安堂董事会中专门有"屯埠锡业董事"3 人，胡云卿、吴品三和余镜如，分别代表了和丰、道源和公和 3 家锡栈。[④] 1918 年思安堂筹建集资时，和顺锡栈、成泰栈、道源栈和公和栈各捐洋 10 元，和丰栈捐洋 5 元。[⑤] 思安堂建成后不久，寓居屯溪的黟县绅商于 1920 年成立旅屯古黟同乡会，锡栈业的胡云卿和吴品三被选为特别会董，[⑥] 成泰、公和、和丰、和顺、道源 5 家锡栈均乐输会费。[⑦]

---

① 建设委员会经济调查所统计课编：《中国经济志·休宁县》，南京建设委员会经济调查所 1935 年版，《民国史料丛刊》第 9 种，（台北）传记文学出版社 1971 年版，影印本，第 2 册，第 44 页。

② 民国《黟县四志》也有相关记载。舒斯笏、程寿保纂，许复、吴克俊修：民国《黟县四志》卷七，1923 年黟县蔡照堂刻本，《中国地方志集成·安徽府县志辑》第 58 册，江苏古籍出版社 1998 年版，影印本，第 91 页。人物志尚义类中"赵有贵"一条："赵有贵，字钰堂，屏山人，幼孤贫，随母赁舂糊口，稍长习商，旋赴屯溪，学锡罐业。锡罐者，储茶之器。徽茶为欧美所贵重，而屯溪又徽茶聚汇之地，故锡罐业颇盛。有贵铢积寸累，遂开专号，家称小康。宗祠年久倾圮，独立修葺，其他公益，不吝赀财，人以是多之。"

③ 《休宁县公署布告》，《新安思安堂征信录·告示》，页 2 上—3 下，屯溪刻本，1920 年第一刻，上海图书馆藏。

④ 《新安思安堂征信录·董事》，页 5 下。

⑤ 《新安思安堂征信录·特别捐》，页 13 下—14 上。除上文提到的 1930 年代中期的 4 家锡栈外，又多了一家和顺锡栈，也是黟县人经营。页 13 下，另有"裕元栈"，也有可能是锡栈，但不能确定，因为同一捐款名单中，除锡栈外，另有布栈和纸栈，均有可能简称为栈。

⑥ 《旅屯古黟同乡会征信录·会长会董》，页 1 上，屯溪刻本，1920 年第一刻，上海图书馆藏。不过，"吴品三"书中作"吴品山"，可能为手民误植，或为别名亦未知。

⑦ 《旅屯古黟同乡会征信录·乐输》，页 1 下—2 上。

从中可见锡栈从业者对于同乡联谊之重视，锡栈能在议价和反对竞争等方面轻易达成共谋，实现集体行动，这一层共同的乡土基础绝不可忽视。[①]20世纪30年代的调查中谈到4家锡栈为多年老号，对照1918—1920年间黟县同乡团体的记录，所言不虚。

装入茶叶的锡罐外面需要套上木制的茶箱，从事木箱制造的作坊称为箱栈。屯溪的箱栈远较锡栈为多，据民国时期的调查，全镇共有箱栈23家（见表2-2）。

对照锡栈和箱栈的资本额，便不难理解为何箱栈的数量远多于锡栈——小额资本就足够开设箱栈。箱栈所需板料多来自渔亭、五城、汉口和昌溪等地，运来时板料已经制成箱用大小，箱栈只需将其拼钉成箱，略加绵纸、油漆之类即成。除个别箱栈业主籍贯不明外，大部来自江西。他们在屯溪雇佣的工人，除极少数本地人外，绝大多数来自江西抚州之临川、丰城二县。其中一小部分常年在山中负责原木采伐，其余大部每年阴历二月由家乡来到屯溪，到阴历七月间茶季结束，完工返乡。总计约有半年时间在屯溪，另外半年在家乡从事耕耘或其他工作。在箱栈内工作的工人分为木匠和漆匠两类，木匠的工作是将箱板装钉成箱，称为"抖箱"或"拼箱"，漆匠负责钉箱、糙箱和油箱三道工序，糙箱系对箱板的打磨，便于上漆。箱栈除给工人工资外，还供给膳食。一批茶箱完工时，还另给额外酬劳，称为"圆工"，木匠得2元，而漆匠可得5元。箱栈所制茶箱不能完全封口，俟茶号打官堆时，会请箱栈将茶箱送至茶号，放入装茶锡罐后，当场封箱。因此，匀堆装箱时箱栈工人又可以从茶号处获得钉箱封口的工钱，称为"酒资"，一般木匠得7/10，漆匠得3/10，两类工人所得酒资的多少正好与箱栈所给圆工钱相反，估计不同工序中两类工匠的出力多少有别。但从箱栈挑运茶箱至茶号的送箱费，仍由箱栈另外计件支付给工人。

匀堆装箱时，另有茶号支付箱栈工人工资，尚可理解。但箱栈已经支付给工人工资，却还要在挑箱时另外计件支付，于经营管理角度言之，不免显得繁

---

① 刘石吉对上海徽帮墨匠罢工风潮的研究，也表明了地缘对同业集体行动的促成作用。参见刘石吉：《一九二四年上海徽帮墨匠罢工风潮——近代中国城市手艺工人集体行动之分析》，"中央研究院"近代史研究所编：《近代中国区域史研讨会论文集》上册，（台北）"中央研究院"近代史研究所1986年版，第411—429页。

表 2-2　20世纪30年代中期屯溪的箱栈

栈名	经理姓名	地址	帮别	资本额(元)	雇工人数 1934	雇工人数 1935	雇工人数 1936	销售数量(只) 1932	销售数量(只) 1933	销售数量(只) 1934	销售数量(只) 1935	销售数量(只) 1936
永聚	张阶源	下街	江西	500	9	10	11	5600	5000	8800	10200	13800
源盛	邹宝生	下街	江西	350	6	6	6	4800	4000	6000	4500	5000
恒发	甘守中	下街	江西	300	9	10	11	4000	3000	7200	8000	9000
长成	傅生源	下街	江西	400	5	4	4	5300	4300	4800	2800	4200
裕隆	甘焕章	下街	江西	350	5	6	6	4500	3000	6100	5400	7000
乂丰	黄鸿喜	下街	江西	300	5	5	5	4000	2800	5800	5000	5900
立顺	不明	黎阳	不明	350	不明	不明	不明	4600	3900	不明	不明	不明
源聚	不明	黎阳	不明	500	不明	不明	不明	5200	5000	不明	不明	不明
德丰	祝守真	黎阳	江西	350	6	5	6	4400	3100	3300	3400	5600
同兴	不明	黎阳	不明	350	不明	不明	不明	4500	3100	不明	不明	不明
同福	吴俊德	阳湖	江西	500	7	7	8	6000	5010	不明	不明	不明
同福兴	周清波	柏树	江西	400	7	7	不明	5000	4000	4000	3300	4000
永隆	张议斋	柏树	江西	350	5	5	4	4500	3500	6700	2130	2600
美聚	王星辉	柏树	江西	300	2	2	不明	4000	3000	2800	2850	3500
洪义	苏德源	长干埠	江西	350	9	不明	不明	5600	4600	8300	不明	不明

栈名	经理姓名	地址	帮别	资本额（元）	雇工人数				销售数量（只）				
					1934	1935	1936	1932	1933	1934	1935	1936	
志成	章文良	罗汉松	江西	不明	不明	不明	不明	不明	不明	不明	1600	不明	
恒记	吴义生	长干塝	江西	不明	不明	8	7	不明	不明	不明	3400	4900	
亿隆	邹园发	下街	江西	不明	不明	4	5	不明	不明	不明	1800	1100	
同丰	余守周	阳湖	江西	不明	不明	不明	7	不明	不明	不明	不明	不明	
邹源泰	邹友生	长干塝	江西	不明	不明	不明	3	不明	不明	不明	不明	2400	
志成昌	章文良	柏树	江西	不明	不明	不明	4	不明	不明	不明	不明	3000	
裕顺	章南生	下街	江西	350	不明	不明	不明	5000	4100	不明	不明	不明	
聚盛	魏宝生	下街	江西	300	不明	不明	不明	4000	3000	不明	不明	不明	

数据来源：安徽省立茶业改良场编，傅宏镇撰：《皖浙新安江流域之茶业》，第 12—13 页；《屯溪茶业调查》，第 23—24 页；建设委员会经济调查所统计课编：《中国经济志·休宁县》，第 44—45 页。三份材料之记载有若干不同，择其相对合理者入上表。

琐。这样的工资体系，实际上与江西籍箱栈的同乡组织有关。箱栈的工作虽然简单，但业中仍习惯学徒须三年方能满师，三年中的工资，必须全部充为屯溪江西会馆的入会费。幸而箱栈食宿全包，故学徒生活尚属无虞，但现金收入，就得全靠挑运茶箱往茶号时所得的挑箱费和茶号支付的封箱酒资了。三年学徒期满后，便成为正式的"箱司务"，又称"箱师"，除工资提高外，抖箱、送箱和封箱的收入均可自行支配。

与锡栈业一样，屯溪的箱栈出品不仅供应本地茶号，也向外输出。歙县的渔梁、深渡等地也从事洋庄绿茶的制造，但产量远不及屯溪，这两处茶号所用茶箱，"其板料统由屯溪'茶箱作'制就，只需装钉糊色即可装用"。[①] 这种茶箱由茶号预先向箱栈订购，不上油漆，称为"白坯箱"。

洋庄绿茶有多种花色，常以茶箱外不同的千金藤打法作为区别，[②] 当然，千金藤与茶箱之间衬放的篾篓对茶箱也有一定的保护作用，屯溪的篾篓业因此应运而生。

篾篓作所用的原料是竹子，产于屯溪附近乡村，顺水放竹排而来，此外，还有箬皮，也来自附近村庄。"篾篓作"产品成本不高，全系手艺，因而作坊大小均有，分别被称为"大老板"和"小老板"。大老板因其资本较大，直接与茶号联系，确定大宗订单。小老板则属小作坊性质，规模仅一二人，或系兄弟，或系父子，或系师徒，编成篾篓后，批售与大老板，由大老板转售与茶号。大老板在本作坊出货供不应求时，往往向小老板收购以敷应用。篾篓作内工人工资计件给付，食宿全包，每月可食肉8次，每次4两。茶号匀堆装箱时，篾篓作工人亦前往茶号打包，工资另给。

在1936年的调查中，列出了屯溪12家篾篓作坊的情况。从表2-3来看，开设篾篓作的至少有1/3是江西人。[③] 其余的来自徽州和浙西的一些县份，籍贯成分较锡栈和箱栈凌乱，笔者推测这与篾篓作所需资本短小，原料购置方便

---

① 建设委员会经济调查所统计课编：《中国经济志·歙县》，第61页。

② 建设委员会经济调查所统计课编：《中国经济志·休宁县》，第32页。

③ 1934年9月—1947年8月，徽州六县之一的婺源划归江西省管辖，参见唐立宗：《省区改划与省籍情结——1934至1945年婺源改隶事件的个案分析》，胡春惠、薛化元主编：《中国知识分子与近代社会变迁》，（台北：政治大学历史学系2005年版，第519—546页。）若将表2-3中的婺源列入江西，则至少有1/2的篾篓作为江西人所开设。

的因素有关。因为没有强有力的同业或同乡制约力，篾篓作在茶季时会扩编一些人手，据《中国经济志·休宁县》调查，全屯溪共有篾篓作十余家，"依此为生之工人，总达二百余人，茶市过后，均返原籍工作，或改营他业"。[①] 留守屯溪的篾篓作，在茶季过后，便成为编制日常用具的竹器店。

表 2-3　20 世纪 30 年代中期屯溪的篾篓作

号名	号主姓名	地址	籍贯	雇工人数			产品数量（只）		
				1934	1935	1936	1934	1935	1936
同德顺	周汝金	长干塝	遂安	15	15	15	9400	7000	9200
顺泰	江柏寿	长干塝	婺源	3	3	4	1500	1500	2500
汪生泰	汪学达	长干塝	歙县	6	6	6	3000	2400	4300
洪德昌	洪德昌	长干塝	不明	不明	不明	8	不明	不明	5800
柏义隆	柏荫成	长干塝	休宁	8	8	7	5000	3000	4000
汪照林	汪照林	长干塝	婺源	2	2	2	210	200	300
程怡顺	程桂祥	长干塝	浮梁			5			2400
杨源和	杨其麟	栗树园	玉山	6	6	5	3900	3500	4800
马永茂	马庆林	乐善里	乐平	4	5	4	2400	4700	4700
汪永生	不明	黎阳	不明	不明	不明	不明	不明	不明	不明
余永生	余永生	后街	都昌	10	10	10			6200
隆盛	不明	后街	不明	不明	不明	不明	不明	不明	不明

数据来源：《屯溪茶业调查》，第 16 页。

屯溪的洋庄茶号，多为合股而成，但是，本地集资所得尚不能应付毛茶收购和箱茶精制的庞大开支，需要金融机构协助吸引更多的外来资本投入。屯溪洋庄茶号林立，金融市场就此而形成。清末至民国，屯溪的金融业为三家钱庄所操控（见表 2-4）。

屯溪钱庄的营业全在茶市，平时其他商号鲜有与其往来者。徽州洋庄茶外销的主要目的地是上海和杭州，屯溪钱庄的通汇地也集中于沪杭两地，汇水、利息等惟沪市马首是瞻。允达钱庄的主人洪朗霄为青阳人，本身即兼营茶业，

---

① 建设委员会经济调查所统计课编：《中国经济志·休宁县》，第 46 页。

在屯溪开有专门收购外来毛茶的茶行两家——洪永泰和洪忆泰，分别设于中街和河街，是当时屯溪营业量最大的两家茶行，经售的毛茶量分别是排名第三的程广昌茶号的3倍和4倍，[1] 此外，洪朗霄名下还有牌号为"永达祥"的洋庄茶号一家，规模也不小。[2] 大康钱庄在1933年歇业，这与1931年中国银行支行入驻屯溪有关。屯溪中行的资本依托总行巨额，行内周转远较钱庄同业周转灵便。其业务与原有钱庄重叠，同样以茶市汇兑为主要业务，储蓄则未经营，由此亦可见当地民间资本之短小。而中国银行对屯溪钱庄最大的冲击还在于汇兑的手续费问题，茶季期间的汇兑，经由中行外地汇入屯溪，汇水约5—6元，自屯溪汇出，则免收汇水，而钱庄的汇水较中行高数倍，在银行竞争的压力之下，钱庄不得不自行抑减，大康钱庄首先在竞争中失败歇业。[3] 此后，中国农民银行、安徽地方银行等相继入驻屯溪，为屯溪茶业吸纳外来资本提供了不少手续上的便利。[4]

表2-4　20世纪30年代中期屯溪的钱庄

牌号	地址	创立时间	钱庄主	组合性质	资本额（元）	营业额（元）		
						1931	1932	1933
允达	梧冈巷	宣统元年（1909）	洪朗霄孙烈五	合资	50000	800000	700000	600000
致祥	中街	光绪二十二年（1896）	吴蝶卿	独资	50000	850000	740000	700000
大康	不明	不明	不明	不明	不明	不明	不明	不明

数据来源：建设委员会经济调查所统计课编：《中国经济志·休宁县》，第62页。

　　以上，笔者详细研究了与屯溪洋庄茶业密切相关的四大周边产业：锡栈

---

[1] 建设委员会经济调查所统计课编：《中国经济志·休宁县》，第28页；安徽省立茶业改良场编，傅宏镇撰：《皖浙新安江流域之茶业》，第6页。

[2] 安徽省立茶业改良场编，傅宏镇撰：《皖浙新安江流域之茶业》，第65页。

[3] 建设委员会经济调查所统计课编：《中国经济志·休宁县》，第61—62页。

[4] 1936年4月6日，中国农民银行在屯溪设立办事处，同年5月，安徽地方银行在屯溪设立分行，参见中国银行经济研究室编：《全国银行年鉴（1937年）》上册，1937年版，第27、28、102页，《近代中国史料丛刊三编》第239种，（台北）文海出版社有限公司1987年版。

业、箱栈业、篾篓业和金融业。锡栈、箱栈和篾篓吸引了大量外来人口,锡栈为黟县人把持,箱栈业多为江西人所从事,篾篓业兼有皖浙赣籍业主。这批外来务工人员,一部分仅在茶季半年中来屯溪做工,另半年返回家乡务农,另有相当部分就此定居屯溪,开始了固定恒久的生计。黟县和江西都在屯溪成立了各自的同乡组织,前者应势新生,后者强制同乡学徒入会,均反映了同乡之间关系的紧密,而同乡组织也正是一个外来人口激增的城市中,短暂流寓与定居土著化之间一种中间状态的表征。[①] 同乡组织的发达,表明这一城市外来人口的增长,暗示这一城市正经历着成长壮大期,清末民国的屯溪正处于这一阶段。

从各产业出品的销路看,锡罐、茶箱不仅供应屯溪茶号,也供应下游歙县的洋庄绿茶精制中心深渡和渔梁。金融方面的服务,各大银行首先将分行或办事处设于屯溪,统摄整个徽州,乃至皖南地区。

仔细揆究锡栈、箱栈和篾篓作的制造工序,还可以发现一个细节,锡罐、茶箱的最后封口,篾篓的最后打包都需要派工人前往茶号完成。周边产业是为茶业服务而产生,但这样的工作安排,又反过来形成一种促进主产业集聚的拉力,吸引茶号集中于屯溪,以便得到密集周边产业的周到服务。有一现象值得特别注意:除与休宁临近的黟县外,屯溪下游的歙县、绩溪,乃至浙江的淳安、遂安等地毛茶也溯新安江而上,入屯溪洋庄茶号精制,[②] 这正是周边产业促成主产业集聚的一个明证。

---

① Clifford Geertz 通过对早期西方资本主义社会的研究,将同乡组织视为传统社会向资本主义社会转变过程中出现的一种"过渡型组织"(intermediate institutions),并认为同乡组织是资本主义文化世界的产物。参见 Clifford Geertz, "The Rotating Credit Association: A 'Middle Rung' in Development," *Economic Development and Cultural Change*, Vol.10, No.3, April, 1962, p.260。其后,Hamilton 比较了中国和西非的同乡组织,发现中国的同乡组织在资本主义社会之前便已经出现,据此,他认为与其说同乡组织是资本主义的产物,不如说是城市商业和制造业发展的产物。Hamilton 认为同乡组织的存在有三个要件:1. 城市需要大量劳动力的集中,农村劳动力向城市汇集;2. 这批入城劳动力依然大量保留了与乡村的社会关系;3. 且多为短期移居。参见 Gary G. Hamilton, "Regional Associations and the Chinese City: A Comparative Perspective," *Comparative Studies in Society and History*, Vol.21, No.3, July, 1979, pp.346—361。
② 建设委员会经济调查所统计课编:《中国经济志·休宁县》,第 27 页。

四、生活服务产业的跟进

屯溪成为茶务都会后，每年茶市便有大量务工人员涌入。洋庄茶号中，有来自安庆六邑的焙工、筛工，来自婺源、歙县的茶师，还有从附近乡村赶来的拣茶女工。周边产业中，锡栈的黟县人，箱栈的江西人，等等。同时，还有前来采购的茶叶客商，包括来自通商口岸的洋庄商人、华北和江南的本庄商人。明末清初的屯溪，"辖八百户"，[①] 至 1919 年前后，仅常住人口便增至约 15000，户数 3000 上下。[②] 当时，徽州府城徽城镇的人口仅 9000 左右，[③] 徽州地区其他县份的县城人口则更少，例如，休宁县城人口约有 3000，户数为 500 左右，[④] 祁门县城的人口约有 2000，户数在 400 上下，[⑤] 黟县县城约有 5000 人，[⑥] 绩溪县城规模较小，人口仅 1000 上下。[⑦] 显然，在当时徽州地区各城市中，屯溪居于翘楚之位。明清四大镇之一的江西景德镇，位于徽州左近，同期城市人口也仅 20000 左右，户数在 3000 上下。[⑧] 以上各城市的人口数字均采自《支那省别全志》，该书对城市人口的估计常有偏低的倾向，[⑨] 但以相同出处史料的横向比较来推断屯溪在各城市中的相对地位，应当不致有大的偏差。

人流会带来更多的商业机会，除茶叶外，徽州及其邻近的皖南、赣东一些县的特产也逐渐汇集于屯溪。桐油、木材、柏油、生漆、蜜枣、香菇、砚台、

① 《休宁县风土志》，转引自屯溪市地方志编纂委员会主编：《屯溪市志》，第 36 页。
② ［日］東亞同文會：《支那省别全志·第 12 卷　安徽省》，東亞同文會 1919 年版，第 73 页。
③ ［日］東亞同文會：《支那省别全志·第 12 卷　安徽省》，第 67 页。日人在调查时发现，在当地人的一般印象中，徽城镇号称人口有 20000，户数 7000。但日人在实地调查后，认为城内实际人口仅 9000 上下。笔者认为，当地人一般印象与实地调查资料间的差别，也正暗示了徽城镇此期地位的下降。
④ ［日］東亞同文會：《支那省别全志·第 12 卷　安徽省》，第 70 页。
⑤ ［日］東亞同文會：《支那省别全志·第 12 卷　安徽省》，第 77 页。
⑥ ［日］東亞同文會：《支那省别全志·第 12 卷　安徽省》，第 80 页。
⑦ ［日］東亞同文會：《支那省别全志·第 12 卷　安徽省》，第 81 页。
⑧ ［日］東亞同文會：《支那省别全志·第 11 卷　江西省》，東京：東亞同文會 1918 年版，第 82 页。
⑨ 曹树基：《中国人口史·第 5 卷　清时期》，第 810 页。

墨品、雪梨、药材、爆竹以及景德镇的瓷器等都在屯溪集散。[①] 不同的农产和山货各有上市季节，时间相错相重，构成屯溪持续的输出货物流。交易的要义在于交换，互通有无，屯溪的土产输出带动了其他货物的流入，"闻其每年输入货值总额可达八百余万元，而输出额亦得七百余万元"。"输入以油盐南货等项为最巨，闻每年进口盐之总值，计达一百五十万元以上，油与南货二项共值一百二、三十万元，此外纸烟消耗，亦占百余万元，殊足惊人。……布匹、洋货及南广货等输入亦可观，前者年达九十万元左右，后者约四十万元，余若煤油、锡箔等项，各仅二、三十万"。[②] 繁忙的货物进出催生发达的运输，屯溪桥一带帆樯林立，有"无船三百只"之谚。[③] 今屯溪滨江西路一带位于率水、横江交汇处的新安江上游北岸，俗称为"河街"，清光绪年间铺设街面石板，商行、客栈和运输行等云集于此，大量船民、簰工在此居住。[④] 寓居江苏泰州的休宁人程畯僧在 1928 年向子辈介绍家乡时谈道："屯溪……位六邑之中央，商务极盛，市肆林立，人烟稠密，号称皖南第二巨埠。"[⑤] 屯溪以洋庄茶业为主产业，带动锡栈、箱栈等生产服务产业的兴起，进而推动各类土产和日用品的出入交流，城市规模逐步扩大，常住人口日渐膨胀，为庞大人口提供生活服务的产业，见缝插针，充分运用城区在茶业及其周边产业优先发展后的一切时机。至 1934 年时，屯溪有商店 417 户，从业人员 4346 人，归为 60 个行业，除去当年统计中的 14 家茶行、茶号外，其余生活服务性行业计 59 个，共 403 户（见表 2-5）。[⑥]

---

① 可参见财政部直接税处屯溪分处：《皖南特产调查》，《直接税月报》第 1 卷第 12 期，1941 年 12 月，第 35—39 页；黄河滨：《徽州走马》，《旅行杂志》第 27 卷第 12 期，1953 年 12 月，第 29 页（该文作者黄河滨为休宁蓝溪村人）；中国土产公司编：《中国土产综览（初稿）》，出版地不详，1951 年版，第 105—140 页；建设委员会经济调查所统计课编：《中国经济志·休宁县》，第 58 页。
② 洪素野：《皖南旅行记》，中国旅行社 1944 年版，第 101 页。
③ 张燕华、周晓光：《论道光中叶以后上海在徽茶贸易中的地位》，《历史档案》1997 年第 1 期，第 98 页。
④ 参见屯溪市地名委员会办公室编：《安徽省屯溪市地名录》，第 9 页；屯溪市地方志编纂委员会主编：《屯溪市志》，第 33、109 页。
⑤ 程嵩龄编：《程氏遗稿四种》，程大千 1976 年重印本，《近代中国史料丛刊续辑》第 308 种，（台北）文海出版社有限公司，1976 年版，影印本，第 167 页。
⑥ 14 家茶行、茶号系低估，因为茶号仅在茶季开设，当时的统计难以确定准确数字。

表 2-5 1934 年屯溪的生活服务性行业

行业	家数	行业	家数	行业	家数	行业	家数	行业	家数
药材	9	鲜亥	9	纸店	5	酱园	8	灯笼店	3
盐业	5	车行	3	锡匠铺	3	官秤	3	茶食店	7
布店	9	纸扎	5	钟表	5	鞋店	10	古玩	2
南货	17	木作	9	炉厂	3	铜匠店	4	漆铺	4
百货	20	茶庄	5	棉花	5	做花业	1	山货店	25
银楼	8	瓷器	5	米业	13	织带	3	墨店	3
轿行	5	爆竹	2	面吃食店	30	笔店	5	衣庄	8
成衣业	28	镶牙	5	旅馆	9	绳索	4	煤油	4
书店	9	糟坊	2	染坊	5	烟筒店	4	对联店	4
铁匠铺	4	铁行	1	银行	1	织袜	2	丝线店	5
裱画	2	洋铁	5	钱庄	2	肥皂厂	2	典业	1
电池	1	黄烟	10	理发	14	豆腐店	18	共计	403

数据来源:《屯溪市志》,第 110 页。

　　1929 年 4 月 4 日至 6 日,正当屯溪茶市大忙之时,皖南土匪朱老五纠集流氓地痞百余人,自祁门窜至屯溪,因向当地商团勒索武器钱财未果,遂将屯溪街市精华付之一炬,浩劫之后,"屯溪已不闻鸡犬之声"。[①] 遭此劫难,屯溪一年之内几无贸易可言,但是此后三年,"少数浙帮及徽人,鉴于屯埠市场之阨要,认为前途可臻繁荣,于是联合一般投机□的资本家,在断风颓垣之大街残址,建筑起高大华洋折半式之商店房屋,将劫后破碎不全旧有市场之痕迹于最短期内掩没了",整个城市焕然一新。并趁着当时洋庄茶市的大好局面,连年"俱获厚利,各地农民居户以所入见丰,对商货之购买力,较前加强,创后再造之屯埠商业,得茶业景气之推动,渐回复民十八以前状态。"[②] 从这一段《中央日报》的报导中,可以清楚地看到茶业在屯溪各产业中的火车头地位。前文

---

① 《皖匪窜扰徽属详情》,《中央日报》1929 年 4 月 14 日,第 7 版。朱老五本名朱富润。关于此次屯溪劫难,可详见《中央日报》中的一系列报导:《茶业正忙中,屯溪忽遭匪劫》,1929 年 4 月 13 日;《芜湖快信(四月十二日)》,4 月 14 日;《芜湖快信》,4 月 17 日;《芜湖快信》,4 月 23 日;《皖南巨匪朱老五已生擒》,4 月 26 日;《巨匪朱老五在皖斩决》,4 月 29 日。

② 《皖屯溪商业之今昔》,《中央日报》1933 年 2 月 13 日,第 6 版。

回顾了自明代后期至民国中期屯溪在茶业带动之下的发展历程，1929 年朱老五一劫后屯溪的迅速恢复，不啻为这一历程的浓缩版本。潘光旦在 1934 年春间游历屯溪时，曾对那几年的恢复原因做了恰如其分的描述："朱老五的一劫，来势虽然凶险，元气却未大伤，因为匪势所及得到的不过是财货一时所积聚的总汇，而不是财货的来源。所以烧杀摧毁以后，不久就复了旧观，在不明历史的人看去，谁也不会知道它是不久以前经过匪灾的。"① 屯溪虽然在劫后迅速恢复，但前述《中央日报》和潘光旦的游记中，也同样对 1932 年后屯溪的再度衰落惋叹不已，而这一次的不景气，起源于洋庄茶市的疲软，潘光旦对此评论道："最近一二年间的不景气，……已根本影响到了四乡的繁荣，于是来源既竭，而总汇也就日就枯涸，一时要图恢复，就大非易事了。"② 这一段颓势历程又再次从反面证明了茶业对屯溪城市发展的龙头作用。1936 年，昭蔚在《徽州鸟瞰》中对屯溪市面总结道："屯溪为本属一大商埠，四通八达，市廛栉比，以茶叶农产品之市价高低，以定本埠商业之盛衰。"③

屯溪茶业的发展吸引了大量的外来客商，商人手头丰绰，又是短期停留，传统伦理道德的约束力在充斥金钱和陌生人的商业社会中被击溃。屯溪洋庄茶号内拣茶女众多，江明恒在《做茶节略》中便特意告诫："拣场、看拣、秤架之人必须正气为主，不可与妇女谈笑搅舞，恐生是非口舌。"④ "若不是浮梁茶客十分醉，怎奈何江州司马千行泪"，⑤ 这出与茶商相关的著名悲剧也同样在茶

① 潘光旦：《杭徽公路道中》（屯溪通信之二），该文原载《华年》第 3 卷第 18 期，1934 年 5 月，署名"坎侯"，收入潘乃穆、潘乃和编：《潘光旦文集》第 11 卷，北京大学出版社 2000 年版，第 94—95 页。
② 潘光旦：《杭徽公路道中》（屯溪通信之二），《潘光旦文集》，第 95 页。
③ 昭蔚：《徽州鸟瞰》，《绸缪月刊》第 2 卷第 2 期，1936 年，第 107 页。
④ 江明恒：《做茶节略》，胡武林编著：《徽州茶经》，当代中国出版社 2003 年版，第 163 页。该史料亦见于李琳琦、吴晓萍：《新发现的〈做茶节略〉》，《历史档案》1999 年第 1 期，第 114—117 页。李琳琦、吴晓萍一文的介绍只引用了《做茶节略》的部分原文，作者著录为江明恒。胡武林的《徽州茶经》将《做茶节略》全文抄录，但标题改为《屯绿做茶节略》，作者著录为江耀华。据李琳琦、吴晓萍文中的考证，耀华系江明恒的字，故应为同一人。另外，从李琳琦、吴晓萍一文的介绍来看，胡武林在整理时加上"屯绿"倒也没有歪曲原意。但对照李琳琦一文中的节录和胡武林所录的全文，两者字句出入不少，因一时无法找到更为原始的版本，未能对勘，笔者在使用《做茶节略》的部分字句时，将斟酌选择李、胡两个版本中意思相对明确的一种，并在引用该史料时，统一著录为江明恒，《做茶节略》。
⑤ （元）马致远：《江州司马青衫泪》第三折，傅丽英、马恒君校注：《马致远全集校注》，语文出版社 2002 年版，标点本，第 51 页。

务都会的屯溪上演，清末戴启文有感于当地淫风，曾作《估客妻》一首：

> 昔非倡家女，今为估客妻。
> 估客久不返，只影成孤栖。
> 空房独宿怜寡鹄，弱质葳蕤难自守。
> 遂令荡子舍家鸡，野鹜纷飞求匹耦。
> 莫谓良人本不良，轻离重别亦寻常。
> 谁教荆布蓬门女，学步邯郸大道倡。

这首诗是戴启文《屯溪新乐府四首》之一，另三首同样揭露了清末屯溪迷乱的
纵乐场景。

> 先生旦　鄙士习也
> 贱业众所轻，胡为乃有先生名。
> 先生自矜贵，胡为混迹优伶队。
> 先生弃书偏爱曲，不作雄飞作雌伏。
> 舞态蛾眉妙入时，歌声莺舌调尤熟。
> 红氍毹上一登场，如堵来观兴若狂。
> 谁信读书真种子，甘心学样女儿妆。

> 卖曲人　警荡子也
> 手自弄风琴，口自歌新曲。
> 歌成一曲能几钱，夜夜街头行踯躅。
> 道旁啧啧闻欢嗟，旧是温饱中人家。
> 倾囊弗惜买歌舞，金钱浪掷如泥沙。
> 青蚨飞去回不得，坐令生涯弃货殖。
> 可识今宵卖曲人，即是当年冶游客。

> 朝呼卢　惩博徒也

朝呼卢，暮喝雉，渺渺迷津甘溺死。

饥无食，寒无衣，空空妙手将安归。

游民麕集赌风盛，广场大开争角胜。

如蝇逐臭蚁附膻，梦到沉酣终不醒。

博徒贻患须创惩，堂皇高远如不闻。

科条布告有例禁，藐视官法成虚火。①

商业的兴盛催生娱乐业的发达，读书人甘愿加入艺人的队伍，市井大众在工余以赌博为乐，赌场和风月场的游戏促成了一桩桩生意的成功，也沙汰着沉迷于玩乐的意志不坚者，从一个特殊的途径实现了社会的上下流动。

　　1934年潘光旦的屯溪一游是与林语堂、郁达夫、叶秋原、全增嘏和金彭年等八人同行的。在郁达夫的纪行中，一行人在酒店中因为是生面孔而被敲去了两块大洋，好心人告诉他们，"屯溪市上，无论哪一家大商店，都有讨价还价，就连一盒火柴、一封香烟，也有生人熟面的不同。"与清末的情况相同，1934年的屯溪夜生活也充满了香艳之气，一个来自上海有着白相人气质的小商人，带他们去屯溪的游艺场逛了一圈，② 又到一家旧相识的乐户，听了一个"相貌倒也不算顶坏"的姑娘唱几出徽州戏。街上还遇见了"三位装饰时髦到了极顶，身材也窈窕可观的摩登美妇人"，他们原本是从上海来屯溪游艺场献艺的坤角，几番波折后成了街头的"神女"。白相人还津津乐道着："这里有几家头等公娼，几家二等花茶馆，几家三等无名窟，和诨名'屯溪之王'的一家半开门。"夜游归来的郁达夫，与朋友卧谈起屯溪的街景百态，在朦胧的梦里念成了一首："新安江水碧悠悠，两岸人家散若舟。几夜屯溪桥下梦，断肠春色似扬州。"③ 不知是有心还是无意，郁达夫取扬州与屯溪作比，清代的徽州盐商成就了扬州的春色，而此时，茶商将春色搬到了徽州的屯溪桥下。

---

① （清）戴启文：《新安游草》卷下，第27页上—28页上。

② 屯溪的游乐场，其正式名称为"屯溪劝业场"，民间又呼为"屯溪劝业场游乐园"，1933年开业，模仿上海大世界，从外地聘请话剧和魔术演员进行表演，故址在今屯溪市新安北路人民影都。参见宁尔蕃：《屯溪劝业场话旧》，《黄山》1990年第4期，第34页。

③ 郁达夫：《屯溪夜泊记》（1934年5月），收入《郁达夫散文全编》，浙江文艺出版社1990年版，第485—486页。

图 2-4　屯溪桥鸟瞰

图片来源：韩尚玉撰，卢施福摄影：《山城春色——屯溪市的新面貌》所配题图，《安徽画报》1960年第 3 期，第 25 页（原画报无页码，该页数为笔者计数所得）。画面中上部来水为横江、左下角为率水，右下角临江房屋是屯溪河街的一部分，这一带正是屯溪城市发展的原点，详见下文。

　　抗战全面爆发后，1938 年，国民政府设皖南行署于屯溪。上海、苏南、浙北及安徽大部沦陷后，徽州处万山之中，而日军的占领区集中于大交通线两侧，因而屯溪暂时成了前线中的一隅偏安之地。安徽省主席行署、省党部皖南办事处、省直属屯溪区党部、省保安司令部和国民党第三战区司令部等，都曾设于屯溪，苏浙沪的大批官员和商人纷纷来屯溪躲避战火。[1] 洋庄茶叶作为外销物资，由国家统购统销，继续出口。抗战时期的屯溪，受地理位置的佑护，没有遭受战火的直接袭击，反而成为苏、浙、沪财富的战时集中地。而党政军机关的设立，在屯溪经济中心的定位上，又添加了政治中心的标签。抗战期间，屯溪的经济中心地位没有被削弱，反而为日后逐渐升格为皖南徽州地区的政治中心搭建了基本的平台。

　　城市发展的一个明显指标是城区空间的变化，从屯溪空间扩展的进程来看，明代中期的屯溪在今屯溪桥东塅至老街口的一小段曲尺形街道，旧称"八家栈"。明嘉靖十五年（1536），屯溪桥建成，八家栈与桥西的黎阳西部地区

---

① 参见屯溪市地方志编纂委员会主编：《屯溪市志》，第 1 页；屯溪市地名委员会办公室编：《安徽省屯溪市地名录》，第 3 页。

相连通。① 自此，屯溪在率水、横江交汇为渐江的"丫"字相交处开始了城市发展的起步阶段。总的发展方向是沿着渐江，即新安江的流向，在屯溪桥东堍、渐江北岸，自西向东、由南至北，逐步扩大，河街、正街、后街，渐次成形。② 至清末民初时，城区主体南抵江畔河街，北至后街，东西向以西镇街和屯溪正街为主体，黎阳桥至屯溪桥为西镇街，屯溪桥至镇东阁为屯溪正街。③ 民国时期，屯溪城区主体南北方向跨度受渐江岸线与华山岭及杨梅山的限制，变化不大，东西方向顺新安江流水继续向东扩展，大体至今天的跃进路一线。1949 年后，尤其是 80 年代后，屯溪城区向东继续大规模延伸，大体至原屯光乡里前村、外前村一线，南部通过屯溪新大桥，连通江心洲和渐江南岸的阳湖，北界推至铁路一线。

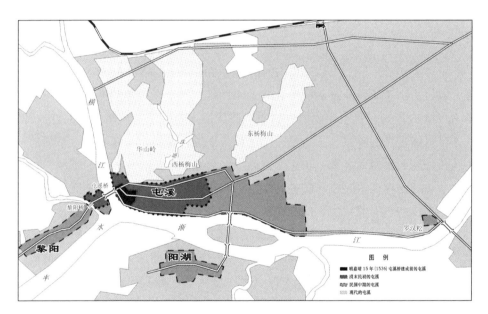

图 2-5 明代中期以降屯溪城区的扩展

---

① 屯溪市地方志编纂委员会主编：《屯溪市志》，第 32 页。
② 河街，就是今滨江西路的下马路口以东段；正街，即今屯溪老街枫树巷南口以西段；后街，大体相当于今延安路。据 1985 年 11 月屯溪市地名委员会办公室编《安徽省屯溪市地名录》中的多条记载及 2006 年《黄山（屯溪）市区交通图》（屯溪 2006 年版）确定，繁琐考证此处从略。
③ 屯溪市地名委员会办公室编：《安徽省屯溪市地名录》，第 3 页。镇东阁大致在今屯溪老街东段，枫树巷南口以东 85 米处，考证从略。

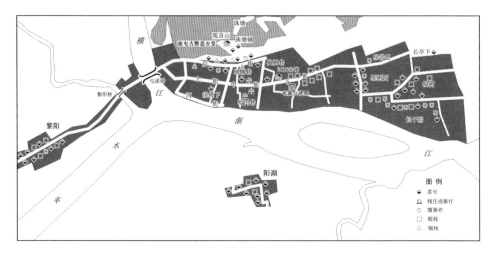

图 2-6　20 世纪 30 年代洋庄茶业及其周边产业在屯溪的布局

注：因数据源中各种机构地址的精确度仅至街区，故笔者上图时，只能在各街区内平均布点。

　　对照表 2-1 至 2-3 所示 20 世纪 30 年代中期锡栈、箱栈和篾篓作的开设地点，锡栈集中于城区北部的后街和观音山一带，锡栈业为黟县人所垄断，旅屯黟人设立的新安思安堂和旅屯古黟同乡会就位于观音山与后街之间的珠塘铺，这一带可能是当地黟县务工者的一个居住集中地。箱栈多分布于城区东部的下街、长干塝和柏树。屯溪正街东至江西会馆为止，江西会馆以东为下街，[①] 绝大多数箱栈由江西人开设，箱栈在下街的聚集与江西会馆的位置不无关系。长干塝和柏树基本上是民国期间向东部新拓展的城区，这一带已渐渐过渡为城郊接合部。此外，箱栈也开设于更偏远的黎阳、阳湖和罗汉松，这些地方原为屯溪附近村镇，在民国期间屯溪城区扩展的过程中，逐渐相连而被纳入城区之内。与箱栈相似，篾篓作的集中地点也在城区东部的长干塝、乐善里、栗树园，此外，北部的后街和西部的黎阳也有少量分布。以上为茶业周边产业的分布地点，那么，屯溪的洋庄茶号又是开设于城市的哪一个角落呢？《皖浙新安江流域之茶业》中留存了一份 1933 年的休宁县茶号统计，除贩客和少数茶号

---

① 现在的屯溪老街其实只是原来屯溪正街的东段延伸，随着民国时期老街的兴盛，当时人们已经渐渐将正街向东自然延伸的下街也视为正街的一部分。1984 年 6 月 1 日，屯溪市政府颁布《关于加强保护屯溪老街》的公告，确定屯溪桥至青春巷口（1949 年前名为公济局巷）为老街保护区，将原江西会馆以东至公济局巷口的下街正式纳入老街范围，参见屯溪市地方志编纂委员会主编：《屯溪市志》，第 186 页。

表2-6　1933年休宁茶号一览

牌号	经理	箱额	地址
吴怡和	吴俊德	2259	屯溪阳湖
永达祥	洪朗霄	1790	屯溪石桥头
慎兴永	夏再富	1563	屯溪石桥头
人和永	苏紫陶	4979	屯溪长干塝
谦吉东	汪秋圃	1103	屯溪后街
华胜	吴佩昕	7776	屯溪洪楼下
怡新祥	孙友樵	4837	屯溪地棚巷
六泰怡	孙绍尧	2822	屯溪后街观音山
永泰新	孙绍尧	2458	屯溪后街观音山
震昌隆	姚锦波	1350	屯溪栗树园
广大	程启孙	552	屯溪大来巷口
万福祥	吴泽民	4879	屯溪柏树园
慎诚祥	胡俊和	1325	屯溪后街仁丰庄
吴永源	吴蝶卿	1061	屯溪阳湖
余馨祥	李荟渔	407	屯溪柏树
咸有礼	王礼周	761	屯溪下黎阳
永大祥	姚文英	670	屯溪罗汉松
大华	吴俊卿	1333	屯溪柏树
永昌祥	莫凤山	1978	屯溪后街
吴茂记	吴子安	2828	屯溪里盐厂
复昌	吴庭槐	1197	屯溪阳湖
一大	孙启乐	903	屯溪后街
源记	姚渭黄	1533	屯溪下黎阳
永生昌	江仰山	1891	屯溪下黎阳
进祥	余进春	408	屯溪婵楼前
宏大	胡鲁芹	108	不明
发芬源	贩客	97	屯溪栗树园
永源公	张财贵	699	屯溪栗树园
日日馨	贩客	149	不明
振华新	贩客	38	不明
永华芳	贩客	307	不明
楚记	贩客	44	不明
永大	贩客	360	不明
永兴	贩客	139	不明
如松	王翼云	442	屯溪栗树园
恒德	胡悦斋	272	不明
同泰祥	曹寿珍	1447	屯溪上黎阳
大源祥	张彦昭	1556	屯溪下黎阳九相公庙
耀记	贩客	82	屯溪下黎阳九相公庙
双龙	贩客	142	不明
永祥	贩客	128	不明
康恒馨	贩客	127	不明

牌号	经理	箱额	地址	牌号	经理	箱额	地址	牌号	经理	箱额	地址
公兴	余守周	636	屯溪阳湖	怡祥隆	许紫华	1444	屯溪柏树下	余记	贩客	674	不明
裕大	孙毓山	1342	屯溪阳湖	振华	俞劲纯	543	屯溪柏树下	正祥元	贩客	103	屯溪后街
振源	孙列五	1163	屯溪阳湖	同和馨	江凌臣	989	屯溪柏树下	姚毅记	姚毅全	103	
永华公	曹纯卿	4054	屯溪下黎阳河边	升芳永	程宝长	1388	屯溪长干塝中行	佰利永	贩客	9	不明
忠兴昌	曹政卿	1347	屯溪阳湖	震泰峰	贩客	658	不明	余永祥	贩客	35	不明
义芳祥	孙竹庵	2243	屯溪黎阳打铁程	森泰永	洪会卿	573	屯溪栗树园	公同永	贩客	492	不明
致昌祥	吴玉川	253	屯溪长亭下	公和兴	贩客	269	不明	公成祥	洪步丹	1202	屯溪阳湖
怡怡	姚毅全	2053	屯溪后街	三益祥	詹礼鸿	175	不明				
致中和	谢在山	1630	屯溪长干塝	胡永芳	贩客	117	不明				

数据来源：安徽省立茶业改良场编，傅宏镇撰：《皖浙新安江流域之茶业》，第65—67页。其中，广大所在的大来巷口，即枫树巷口。吴俊德和茶号经理吴俊德的事迹，另可参见王珍：《吴俊德茶坡发迹》，《黄山》总第17期，1986年1月，第27页；吴俊德最盛时拥有吴怡和、怡春、华座（后转让给吴佩珩）等6、7家茶号，为屯溪茶界之魁首。

精制地点不明外，其余茶号均有地址记录，从表 2-6 中可见，休宁茶号全部集中于屯溪。洋庄茶号的分布地点同样以城区东部的长干塝、柏树，以及北部的后街为多，与前述各周边产业的分布地点相似。

总体观之，屯溪的洋庄茶号以及三大周边产业——锡栈、箱栈和篾篓作——均偏重分布于城市的边缘：锡栈分布于北部，箱栈和篾篓作多集中于东部，洋庄茶号在北部和东部均有。其中，锡栈数量较少，且强有力的地缘、业缘垄断限制了同业的增加，同时，城市的向北拓展也受到了山地的阻碍，故锡栈的分布地点呈现出相对稳定的态势。而箱栈和篾篓作数量较多，开业所需资本较少，同业的限制也较小，因而有着更大的流动性，新入的从业者会依据当时城市功能布局的态势来选择开业地点。值得注意的是，箱栈和篾篓作的集中地正是当时城市拓展方向的最前沿。这一现象的背后，与其说是箱栈和篾篓作选择了城市的新拓区，不如说是箱栈和篾篓作逐渐向城郊的推移，确定了城市空间的拓展方向。洋庄茶号每年临时组设，因而开业亦相对易于随城市发展而变动，表 2-6 所见洋庄茶号集中地也在城市的新拓区域。以制造为特长的主产业和周边产业缔造了城市中心的胚胎，但是，在城市中心商务区日渐成熟，转变为以生活消费为主之后，主产业和相关周边产业又会向城郊推移，从而孕育出新的城市胚胎。

五、分析和结论

通过以上研究，我们看到了一个城市的发展进程。屯溪以绿茶精制为发轫动力，随着这一主产业的壮大，为绿茶精制服务的周边产业围绕中心产业而集聚。中心产业和生产服务性产业的运行，吸引了大批外来务工人员汇集于此，并且由季节性务工逐渐过渡为定居土著化，屯溪城市人口因此而不断膨胀。人流带来商机，加之屯溪本身所具有的交通优势区位，其他皖南特产与外来商品也渐渐偏向运往屯溪集散。日渐庞大的定居人口和来往的客商需要稳定的生活保障以及更高的享受追求，生活服务性产业便自然而然地契合人们的生活，在空间上填充了城市在中心产业、生产服务性产业和连带产业优先分布之后所剩余的空间。笔者曾对民国时期浙江硖石镇的空间布局进行过专门的研究，从中得到与之相似的结论，核心产业支撑起城市空间范围的基本骨架，生活服务产业完成对城市空间的繁荣填充，这是一种以特定产业带动城市发展的模式。①笔者针对硖石的研究在时段上集中于清末和民国，在这一时段内，硖石的城区范围几乎没有拓展，而本项屯溪研究清理出一个明显的城市空间拓展过程。明末至民国的四百年左右时间里，屯溪的社会经济发展以茶业为先导，落实到具体的城市空间，其拓展同样以主产业及其周边产业为先头部队。主产业孕育了城市的胚胎，待胚胎成熟之际，它又转向边缘，开始新的孕育。成熟的城市中心，因人口集中而以生活消费服务和土地利用集约的金融服务为主，制造业为控制成本，受级差地租的挤压，逐渐向城市边缘迁移，但它是城市社会经济发轫的动力，是城市新空间成长的酵母。

屯溪与硖石还有一段相似的发展历程，两个城市原本均非本县治所，但在特定产业的主导下，逐渐发展成为本县的首镇和经济中心，吸引了区域行政机关的设立，在经过一段特定历史时期的外力强制变动后——例如抗日战争——最终确立其行政中心的地位，实现经济中心与行政中心的重合。北京和东京等大都市力图实现经济中心和行政中心的分离，这是因为这些大都市拥有广大的辐射面，经济机构和行政机构相应庞大，两种功能的重叠造成了城市的不堪重负。而硖石和屯溪只是一个县级或"府"（地区）一级的中心，相应机构数量有限，叠合分布不至于造成城市机能的瘫痪，反而有利于经济与行政间的及时沟通和互动。特定的历史时期只是为重合提供了一个变化的契机，加速了重合的进行。传统中国的城市，若不是政区治所，不是军事要地，便没有城墙建筑，屯溪和硖石两个个案展现了中国无城墙城市成长为本区域政治经济中心的一种模式。

以上是从屯溪城市单体发展角度入手进行的分析，如果将关注的目光转向屯溪所处的交通区位，又可以发现有意思的现象。上文利用民国时期的调查材料，已经指出以屯溪为徽州洋庄绿茶中心，在区位上仍有不尽合理的地方：歙县、绩溪，乃至浙江淳安和遂安的大量毛茶需沿新安江溯水而上，运至屯溪完

---

① 邹怡：《民国市镇的区位条件与空间结构——以浙江海宁硖石镇为例》（上）（下），中国地理学会历史地理专业委员会历史地理编辑委员会编：《历史地理》第 21、22 辑，上海人民出版社2006 年版，第 145—171 页，2007 年，第 31—57 页。

成精制，再依原路顺水而下，运往杭州、上海销售。新安江上游水流湍急，逆流而上困难重重，尤其是浙江淳安与歙县街口之间的天皇滩、梅花滩，"险恶难上"，街口至深渡间的米滩，亦是"乱石纵横，状多怪特，舟行其间，如入八阵图中，目为之眩焉。"[①] 从深渡上水至屯溪的一段河道，总长约 55 公里，"河道曲折，滩多水急，……河床多为卵石夹沙和岩石，有浅滩 16 处，河床落差 42 米"，深渡至街口一段尚可通行 100 吨级的船舶，但深渡以上就只能通行几十吨的木帆船，枯水季节，甚至只有 5—10 吨的小木帆船可以航行。[②] 因而，从运输便利的交通区位条件来看，屯溪下游的渔梁、深渡等地更适合成为徽州地区的洋装绿茶精制中心，那样的话，歙县、绩溪的毛茶便可以避免一段艰苦的上水以及制成后外运的一段回头路，同时，黟县和休宁的毛茶也可以轻易地顺新安江而下，在渔梁、深渡一带完成精制，再顺水销往沪、杭。

图 2-7　新安江过滩

图片来源：《安徽画报》1975 年第 2 期，第 29 页（原画报无页码，该页数为笔者计数所得），原题为：《穿过激流险滩，迅速流放》，为安徽画报记者摄影报导《集材与放水》所配插图。图中场景尚为下水过滩，上水过滩之难可以想见。

　　但是，历史的选择就是在屯溪。在屯溪城市发展的起步阶段，自然条件和制度条件互相交织，共同奠定了屯溪在徽州茶业中的地位。明代后期创制的松萝茶带动了休宁茶业的发展，屯溪控休宁茶产重地率水与北来横江的交汇之

① 钱兆隆：《钱塘江上流游记》，《地理杂志》第 4 卷第 2 期，1931 年 3 月，第 4 页。关于这一段航道逆水而上的险恶，徽州诸方志和徽州民间路程书中的诗歌描写俯拾皆是，此处不赘。
② 徽州地区交通志编纂委员会编：《徽州地区交通志》，黄山书社 1996 年版，第 172 页。

处，为黟、休两县水口，自然成为休宁茶业的总汇，就休宁一县，甚至休、黟两县而言，以屯溪为茶叶精制的集中地均十分合适。18 世纪之后，中西贸易兴起，外贸的拉力吸引着徽州茶产的外运；但政府出于政治安全的考虑，将对外贸易限制于广州一地，连南下广州的路线也限制于内河航线。对徽州来说，最合适的路线就是翻越黟县与祁门间的分水岭，进入赣江航线，越大庾岭南下广州，屯溪下游歙县的外销茶产不得不舍新安江顺水不用，反而上水过境屯溪，往黟县越岭进入赣江航线。此外，明清两朝实行茶叶专卖制度，规定茶叶运销的凭证引由需前往屯溪的太厦巡检司截角勘合。以上自然和制度的双重交织力量，将屯溪下游的产茶大县歙县也纳入其辐射范围，屯溪开始被塑造为徽州地区，确切地说，是徽州地区新安江流域部分的洋庄茶业中心，与原有的休宁茶业中心地位互相交叠。

上海开埠之后，歙县的茶叶有了就近下水往上海的可能，无需上水过境屯溪，这对屯溪的徽州洋庄茶中心地位有一定的削弱作用。在清末上海的海关报告中有一个细节，徽州茶、屯溪茶和婺源茶一度三者分列，各有价格，显然，在当时的上海市场上，这是三种茶叶。① 对照当时徽州各县茶叶的外运路线，三种茶叶分列的现象便很容易理解。婺源的茶叶，受太平天国战事以及九江开埠的影响，在 1859 年之后取道九江，转口至上海出洋，婺源之所以不沿新安江下水往上海而选择长江航线，完全是出于水路方便的考虑，因为婺源属鄱阳湖流域，与长江水路相连。徽州茶，在当时其实并不是徽州地区茶叶的总称，而是指歙县茶叶，歙县为徽州附郭县，因此徽州也常常成为歙县的代称。② 歙

① 例如 *Shanghai Trade Report for the Year 1885* 中开列了当年上海市场洋庄绿茶的价格："Green tea: Moyunes, Fts. 16.50 to Fts. 32.50; Tienkais, Fts. 18 to Fts. 28; Fychow, Fts. 16.75 to Fts. 27.50…" 参见中国第二历史档案馆、中国海关总署办公厅、中国旧海关史料编辑委员会编：《中国旧海关史料（1859—1948）》，京华出版社 2001 年版，影印本，第 11 册，第 204 页。此处，Moyunes 即婺源茶，Tienkais 即屯溪茶，Fychows 即徽州茶，均为复数形式，Fts 是 HK. Fts 的缩写，海关两之意。三种茶叶分列的记载在清末上海的历年海关报告中多有出现，此处不一一条列。
② 例如，祝玉琴的《闲话徽州》，实际上就在讲述徽城镇的故事，收入大江编：《战时皖南行政资料》，中国文化服务社皖南分社 1946 年版，第 337—339 页。该文的第一句话便是："徽州虽然是一个比不上小上海（屯溪）、小屯溪（淳安）那样似的繁荣场面"，取徽州与屯溪相对比，可见，狭义的徽州就是指徽州的府城徽城镇。

县居于屯溪下游，歙县的茶叶运往上海，完全可以直接从新安江顺流而下，不经屯溪，从而在上海市场上形成了徽州茶的单独称呼。[①] 屯溪茶，顾名思义，就是来自屯溪的茶叶，代表了屯溪上游休宁和黟县的出产，因为这两县的洋庄茶叶集中于屯溪精制。

　　但是，屯溪的洋庄茶中心地位并没有因为暂时失去歙县茶的过境而衰落。其中，关键的一点在于休宁茶叶在徽州新安江流域保持了产量的优势。据调查，1933年，徽州新安江流域四县，休宁县的茶叶产量为29300担，歙县为18000担，黟县和绩溪分别为6800担和5500担，[②] 歙县产量仅及休宁的2/3左右，休宁一县所产大体相当于歙县、黟县和绩溪三县的总产量。有休宁县的优势产量作保证，屯溪的洋庄茶业便能保持稳步发展的态势，因为屯溪作为休宁本县的茶业中心，有着水系结构上的天然优势。屯溪背后稳定的休宁基础，使得屯溪在广州外销时代逐渐形成的中心地位在上海通商时代依旧能够保持，并以其完备的周边产业再度吸引下游茶叶入屯溪精制。至民国中期，屯溪历年茶叶出口恒在7、8万箱，其中来自休宁以外各县的约有2、3万箱。[③] 此时，"歙

---

① 在清末的对外贸易中，徽州经常不能直接等同于整个徽州府。洋商在交易实践中，实际已经区分出狭义的徽州，有一个细节性的证据，在 *Kiukiang Trade Report for the year 1891* 中提到："Green tea shows a better record. Although the gains were not large, yet no losses were reported. This business is in the hands of Hui-chou and Moyune Natives, who prepare the leaf at their homes…" 中国第二历史档案馆等编：《中国旧海关史料（1859—1948）》，影印本，第17册，第178页。请注意，Hui-chou 和 Moyune 之间所用的连接词是 "and"，并列关系，这表明在当时的洋商眼中，徽州人和婺源人是两个地方的商人。笔者推测，这里的徽州商人可能指歙县商人，也可能指除婺源、祁门之外，徽州府新安江流域的商人，因为婺源、祁门属鄱阳湖流域，徽州其余四县属新安江流域，九江是鄱阳湖流域的长江入口，徽州新安江流域前来的商人相对较少，可能会统称为徽州商人，以示与鄱阳湖流域婺源、祁门商人之区别（1891年时，祁门已改制红茶，所以在商场中与专做绿茶生意的婺源商人区别明显）。洋商在交易实践中有了区分，中国人反而受政区统属关系的影响，忽视了海关报告英文本中的这个细节，该年九江关海关报告的中文本翻译为："业此项绿茶生意者，系徽州婺源人居多，其茶亦俱由其本山所出。"（《九江口华洋贸易情形论略》，《中国旧海关史料（1859—1948）》，影印本，第17册，第128页）"and"的并列关系在此并不明显，中文本没有句读，熟悉徽州者反而很容易将其判读为"徽州的婺源人"。

② 李焕文：《安徽祁门婺源休宁歙县黟县绩溪六县茶叶调查》，《工商半月刊》纪念号，1936年1月，第81页。安徽省立茶业改良场编，傅宏镇撰：《皖浙新安江流域之茶业》，第8页。经对勘，李焕文一文中数字有印刷错误，径改。

③ 安徽省立茶业改良场编，傅宏镇撰：《皖浙新安江流域之茶业》，第6页。

县所产之茶，大部运往屯溪，为洋庄茶号所采购"。歙县本地的洋庄茶业以渔梁和深渡两地最为集中，但是规模要小得多，以洋庄茶周边产业观之，仅深渡有福泰和、同盛生两家锡罐栈和章裕顺、大兴两家茶箱作坊，其余锡罐、茶箱等还得倚赖屯溪的供给。① 可见，歙县的茶叶不仅大量以毛茶形式运往屯溪精制，即便留存于本地的洋庄茶业，也在生产资料的供给上融入了屯溪的辐射范围。上海通商时代，屯溪再度成为徽州洋庄绿茶中心，吸纳下游茶产的势头很有可能始于 19 世纪六七十年代前后，当时《上海新报》中的茶叶报价单，绿茶分婺源茶和徽州茶两项，婺源茶从九江转口而来，徽州茶代表了自新安江运来的上游茶产。② 对照前文所揭同时代的上海海关报告，或有徽州茶、屯溪茶的分列，或有徽州茶的统称，故这一时代应该是上海通商背景下，屯溪由休宁茶业中心再度回复为徽州新安江流域茶业中心的过渡时期。

在逐渐完成对徽州新安江流域部分洋庄绿茶业的整合后，屯溪以其产业集聚优势，又将吸引力扩大至分水岭以西的另一洋庄绿茶大县——婺源。何润生1896 年的《徽属茶务条陈》中言及："婺源洋庄绿茶……均由鄱阳湖行运抵江西之姑塘关"，再沿长江航线进入上海。③ 但两年后程雨亭的《整饬皖茶文牍》已经明确提到："婺源运浙之茶，道出屯溪，向有休宁分局查验，太厦巡检衙门挂号之举。"④ 这一变化表明，大约在 19 世纪 90 年代，婺源一部分毛茶开始越过五龙山脉入屯溪精制，一部分洋庄箱茶也开始由屯溪转口沿新安江出境。但根据上文的研究，又不得不在此指出，绝不能高估当时婺源茶叶进入屯溪的数量。婺源茶叶开始大规模进入屯溪集散在 1930 年之后，其间有战乱导致乐安江商路阻滞的原因，也有江西省在九江高额征收茶叶转销税的原因。至此，屯溪成为名副其实的徽州地区洋庄绿茶中心。

屯溪从休宁茶业中心演化为徽州地区的洋庄绿茶中心，其交通区位随着辐射范围的扩大，也由合理变为不尽合理。歙县、绩溪的毛茶需要克服滩多水急

---

① 建设委员会经济调查所统计课编：《中国经济志·歙县》，第 60—61 页。
② 《上海新报》，1868 年 7 月 30 日—1872 年 12 月 31 日，隔日出版，第 3 版或第 4 版。
③ （清）何润生：《徽属茶务条陈》，光绪二十二年（1896），《中国茶叶历史资料选辑》，第 433 页。姑塘关即江西九江新关。
④ （清）程雨亭：《整饬皖茶文牍》，原载《农学报》，连载于光绪二十四年（1898）二月下旬至闰三月中旬，收入叶羽编著：《茶书集成》，黑龙江人民出版社 2001 年版，标点本，第 545 页。

的困难，逆水而上，并在完成精制后原路运出，婺源的茶叶需要翻越高耸的五龙山脉。但是，屯溪以其产业魅力，克服交通阻力，吸收了这几个地区的茶产。屯溪的魅力来自松萝茶创制后休宁茶业的发轫，屯溪基于水系结构自然而然成为休宁县的茶业中心，并以本县茶叶的产量优势为坚实后盾，借助政策变迁所带动建立的良好产业基础，长期稳步发展，形成产业的积累效应，由主产业至周边产业及生活服务产业，规模逐渐扩大，成长为专业的制造中心。而这一含纳生产、生活配套服务的中心，又成为相邻地区相同产业共同利用、依赖成长的一条快捷方式。产业集聚优势超越基于运费的交通区位优势，造就了一个从运费的几何力学结构而言并不合理的经济中心布局方式。

表 2-7　屯溪区位条件演变的三个阶段

编号	时段	茶业腹地范围	区位评价
I	明中期至清前期	休宁、黟县（合记为 A）	屯溪位于天然最优交通中心
II	清中期以后	A +歙县、绩溪、婺源、祁门 （合记为 B）	歙县、绩溪需逆水而上； 婺源、祁门需翻越分水岭
III	民国时期	A +B + 浙西淳安、遂安，赣东景德镇	承 B 所记； 浙西淳安、遂安需逆水而上； 赣东景德镇需翻越分水岭

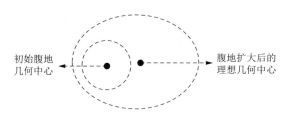

初始腹地
几何中心

腹地扩大后的
理想几何中心

图片说明：笔者绘制。

图 2-8　腹地扩大后理想几何中心的偏移

回顾经济地理学的发展大势，从杜能（Thüen）圈到韦伯（Alfred Weber）的工业区位论、廖什（August Losch）和克里斯塔勒（Walter Christaller）的中心市场论，人们对区位的关注角度，从原料成本到运输成本，以至市场引力，其本质都是运用力学关系来选择合理的区位，屯溪成为休宁的茶业中心，应该说符合了这类基于力学的布局方式。但是，从屯溪发展的历史经验中，我们又可以看到，在力学几何中心形成后，其特殊地位将带来它与周围其他地点不同的经济社会积累效应，带来日益扩大的辐射能力，会推动该中心演化为一个更大区域范围的中心。新中心的实在地理位置并没有改变，在扩大的新空间，它实际上已经偏离了这个更大空间范围内的最优几何区位。不过，历史日积月累形成的产业集聚效应，将锁定这种几何意义上并非最优的布局方式，并且在区域经济发展中继续维护和发展该中心的集聚优势。在经济史领域，学者已经注意到经济发展中的"路径依赖"现象，新的经济发展模式，即便完全属于外生强加，也必然无法彻底脱离旧有模式。因为新模式的发展必然会依托旧模式中的某些积极因素，而旧模式中的正负效应往往源于同样的自然、社会基础，同生同灭。旧模式中的负面因素，在其自然、社会基础尚未完全消失前，必须被新模式妥协纳入，并加以维持，以获得与它同根而生的正面效应，从博弈演进的角度来看，人们不会为了躲避坏的效应就全盘放弃好的效应，而是愿意为了获取好的效应，暂时同时接受坏的效应。①本文对屯溪发展历史的经验研究表明，经济的空间布局中同样存在着与制度演进相似的"路径依赖"现象，空间布局所依赖的路径由原有产业的积累效应所形成。然而从本项研究来看，积累效应的开始仍然带有很强的历史偶然性，如松萝茶的创制、广州一口通商政策的制定、南下商路的政策限定等等，远非屯溪一地、徽州一地所能解释，但是，一旦积累为偶然事件所触发，其后的发展将依赖着这条路径而前进。

这种依赖并非完全基于理性的考虑，其原因中同时也有感性的成分。小区域内的几何经济中心，在扩大的新区域内虽然成为一个几何意义上不尽合理的中心，但是它在小区域中心时代形成的交易习惯，会使人们在很长一段时间内保持对这一中心的合理感知，直到这份合理感知的地理基础被完全破坏，而屯溪还远远没有达到这一地步，横江和率水依旧在屯溪汇为渐江，休宁依然保持

① 参见［美］道格拉斯·C.诺思（Douglass C. North）著，刘守英译：《制度、制度变迁与经济绩效》，生活·读书·新知三联书店 1994 年版，第 144—157 页；《经济史中的结构与变迁》，陈郁、罗华平等译，生活·读书·新知三联书店 1994 年版；《制度变迁理论纲要》，《改革》1995 年第 3 期，第 52—59 页，该文是诺思于 1995 年 3 月在北京大学中国经济研究中心成立大会上演讲的录音整理稿。

着茶叶的高产。相反地，在新的历史条件下，屯溪开始了新的优势积累，它已经从茶业中心发展为徽州地区多种产业的经济中心，进而取代徽城镇，成为这一地区的政治中心。笔者前文认为屯溪在整个徽州地区中的区位条件未能达到最优，是从水路运输角度得出的结论，但是，当代公路、铁路和高速公路等交通网的构建，完全以屯溪为中心，依赖历史路径的后续发展，又为这一路径的巩固维持，拉起了更强有力的新的保险索。这段屯溪的现代发展历程已经超出了本项历史研究的时段范围，但它作为历史的延续，同样验证了本文经验研究所见的"路径依赖"发展模式。

（原载台湾《"中央研究院"近代史研究所集刊》第 66 期，2009 年 12 月）

明清时期徽州民间水利组织与地域社会

——以歙县西乡昌塌、吕塌为例

吴媛媛

内容提要："塌"是南方丘陵地区常见的水利设施。明清时期，徽州的小型水利多由民间倡修，塌首、塌甲、董事和塌众组成相对松散的水利组织，组织经费来源于塌基产业和按户摊派，但遇岁修往往由董事、业主垫付。水利维修与春祈秋报是水利管理的主要内容。当地存在水权分配与用水额度的纠纷、农业灌溉用水与水碓等经济用水的矛盾，也存在不同灌溉系统之间的分水冲突。塌渠大修时所订立的用水条例，成为仲裁各种水利争讼的公约。歙县西乡昌塌与吕塌开凿者的后世子孙通过不断强调对其开塌祖先的祭祀，始终参与塌务的实际管理，以确保家族的用水特权。经过长期博弈，塌务管理权逐渐由单姓独占演变为邻近大姓分享。当地官府积极倡导和参与塌务管理，有公信力的地方士绅对水利组织的影响重大。塌务管理在清代趋于日常化、专门化和特权弱化。

关键词：徽州；歙县；昌塌；吕塌；水利；乡绅；宗族

　　20世纪90年代中期以来，明清水利社会史研究在国内蓬勃兴起，成为区域社会史研究的重要领域之一，石峰从文献评述、张爱华和张俊峰从理论演进的角度进行过学术述评[①]。确实，在传统中国，农业水利是超村庄的地方社会

---

① 石峰：《"水利"的社会文化关联——学术史检阅》，《贵州大学学报》（社会科学版）2005年第3期；张爱华：《"进村找庙"之外：水利社会史研究的勃兴》，《史林》2008年第5期；张俊峰：《明清中国水利社会史研究的理论视野》，《史学理论研究》2012年第2期。

构成的主要渠道。从水利角度研究中国社会，最早可追溯至民国，1935年冀朝鼎就在其英文版的《中国基本经济区与水利事业的发展》中从水利区的角度提出"基本经济区"这一中层概念，来解释中国社会历史的变迁规律①。20世纪80年代，以弗里德曼和弟子巴博德为代表的人类学家对华南地区农业灌溉与宗族的关联进行了探讨②，稍后的美国学者杜赞奇融合国家政权与地方社会的"文化网络"对华北的水利组织及其祭祀体系展开考察和说明③。在地域方面，北方地区吸引了行龙、赵世瑜、杨念群、韩茂莉等众多大家的关注，学者们研究的区域包括关中、山西、河北、河南，尤以对山陕地区的"泉域社会"研究为多④。相较而言，南方湖湘"库域社会"、浙江"江河水利"的研究在总体数量上显得相对薄弱⑤。在研究角度方面，有基于扎实的田野调查形成的资料集⑥，也有基于历史时期水案和民间争水故事来探讨水权分配、祭祀体系的作用、水利共同体的结构变迁等。

　　总体而观，在蔚为大观的明清水利社会史研究中，南方山地丘陵地区的个案研究凤毛麟角。皖南徽州作为传统中国最有特色的地域社会之一，也是水旱灾害频发的地区⑦，对其水利组织与地域社会的研究必能为南方水利社会史的研究提

①　冀朝鼎：《中国的基本经济区与水利事业的发展》，朱诗鳌译，中国社会科学出版社1981年版。
②　[英]莫里斯·弗里德曼：《中国东南的宗族组织》，刘晓春译，上海人民出版社2000年版。
③　[美]杜赞奇：《文化、权力与国家》，王福明译，江苏人民出版社2001年版。
④　[英]沈艾娣：《道德、权力与晋水水利系统》，《历史人类学刊》2003年第1期。行龙：《明清以来山西水资源匮乏及水案初步研究》，《科学技术与辩证法》2000年第6期；《多村庄祭奠中的国家与社会：晋水流域36村水利祭祀系统个案研究》，《史林》2005年第8期；《明清以来晋水流域的环境与灾害——以"峪水为灾"为中心的田野考察与研究》，《史林》2006年第2期。张俊峰：《明清时期介休水案与"泉域社会"分析》，《中国社会经济史研究》2006年第1期；《率由旧章：前近代汾河流域若干泉域水权争端中的行事原则》，《史林》2008年第2期。赵世瑜：《分水之争：公共资源与乡土社会的权力和象征》，《中国社会科学》2005年第2期。王建革：《河北水利与社会分析（1368—1949）》，《中国农史》2000年第2期；《清末河套地区的水利制度与水利适应》，《近代史研究》2001年第6期。谢湜：《利及邻封——明清豫北的灌溉水利开发和县际关系》，《清史研究》2007年第2期。
⑤　钱杭：《均包湘米——湘湖水利共同体的制度基础》，《浙江社会科学》2004年第6期；《论湘湖水利集团的秩序规则》，《史林》2007年第6期；《共同体理论视野下的湘湖水利集团——兼论"库域型"水利社会》，《中国社会科学》2008年第2期。冯贤亮：《清代江南乡村的水利兴替与环境变化——以平湖横桥堰为中心》，《中国历史地理论丛》2007年第3期。
⑥　《陕山地区水资源与民间社会调查资料集》，中华书局2003年版。
⑦　参阅吴媛媛《明清徽州水旱灾害研究》，《安徽史学》2008年第4期。

供一个典型案例。有鉴于此，本文以安徽省图书馆古籍部所藏水利文书《昌堨源流志》^①和《吕堨南北两渠图》^②为基本资料，从社会史的角度对徽州歙县西乡的水利组织在明清两代的变迁作一勾勒，以探寻在这样一个万山环绕的宗族社会里，其农田水利组织与地域社会的关系。

徽州地处丘陵地带，地势起伏，地形破碎，溪涧源短流急，骤涨骤落，水土流失严重，引水难度大^③。当地人因地制宜地创设了多种水利设施，或引水，或蓄水，或自流，或提水灌溉，其中"堨"是当地最常见的引溪河水灌溉农田的形式。堨的建造方法与灌溉原理是："堨水取之于大溪，溪低而田高，筑坝丈许，断木为架，名曰木苍，内塞石块，外覆沙草，横绝中流，尽弥罅漏。必至一二日始水蓄而入甽，入甽而灌田矣。"^④也就是在溪流中横向用树木和石块建起堤坝，堵塞水流，抬高水位，使之经一二日蓄水后，漫入人工开挖的小沟渠，将水引入溪边高田中灌溉。堨水灌溉系统具有节省人力、不受水源远近限制的优点。在当地，引堨水浇灌的田地称为"堨田"。昌堨与吕堨位置相近，均在歙县西部的西溪南（今黄山市徽州区西溪南镇）。歙县西乡位于休屯盆地，是徽州农业生产条件最为优越的地区之一，方志称歙县"惟西土壤沃野，家号富饶，习尚亦视诸乡为较侈"。该区南部为丘陵，北部地势稍高，徽州重要的大河之一丰乐河自北而南流经此处，昌堨、吕堨皆拦丰乐河而筑。可以说，昌堨、吕堨的水利机构与组织是徽州地区较为发达、完善，且具典型性的个案，并反映了水利组织在元、明、清以来时间序列上的变化。

---

① 《昌堨源流志》为正方形黄毛边纸手抄本，共11页，约3500字，文字后附手绘昌堨田地形势图10页。包含开凿人、堨水灌溉田土经理人、开凿时间、灌溉面积、堨税分担、水利纠纷和祭祀等内容。此份文书虽为清同治八年以后所辑，但所录内容有南宋开凿情况和元初、明初的记或榜文，一定程度上反映了昌堨所在的歙西三都乡村水利关系的长期演变。

② 《吕堨南北两渠图》，刻本，全文3万余字。辑录上自南朝梁，下迄清咸丰年间关于吕堨的诗、记、碑、士绅上禀、官府告示、条例24篇，图3幅，内容涉及吕堨开凿、历代重浚、用水规则及纠纷解决，官府与士绅的水利行为等方面。时间跨度长，尤以清代的记载最为详实。

③ 徽州水利的相关研究有梁诸英《明清时期徽州地区灌溉水利的发展》，《南京农业大学学报》（社会科学版）2006年第1期。关于南方的农田水利，可以参阅张建民《试论中国传统社会晚期的农田水利——以长江流域为中心》，《中国农史》1994年第2期；张芳《中国传统灌溉工程及技术的传承和发展》，《中国农史》2004年第1期。

④ 《沙溪集略》卷二《水利·堨论》。

一、昌堨与吕堨的修筑及管理

1. 昌堨与吕堨的修筑

昌堨开凿于南宋宁宗年间。当时朝廷颁谕，"民间某水为害，则制造堤坊圩岸；某水顺流，则开通沟渠灌溉，筑水积蓄，开坝塘池，以防旱涝"。于是，莘墟人吴大用（字德庸）与儿子吴永年"割己田捐重赀"，"雇请石匠吴元四公夫妇一家子侄凿开石渠四十七丈"，建成昌堨。传至元初至元年间，近百年的时间里，"堨地渠塘税粮俱是吴、余二姓输纳，并充堨首"。明代依前朝旧制。及至清同治年间，仍由吴大用后裔经管、修浚①。

《昌堨源流旧记》中记到："本里孝悌乡莘墟、荆林、胡村、钱村、金村、吴家庄、江祈寺、上项、江祈、铺后、深林、潘邨、江村、富山，忠鹄乡琶墩、笙桥、琶村、舒村、陈村、谷山等处居民田土，每遇亢旱之期，缺水灌溉，民常患之。"这也是昌堨最初设定想要灌溉的区域。从行政区划上区分，这些村庄分属歙西十七、十五和二十都，但对比歙县志中的"都鄙"条，灌溉区域并未包含这三都所属的全部村庄，与行政区域并不完全吻合。从三都地势位置比较来看，十七都地势最高，多旱地与塘田，居于昌堨堨头，昌堨的堨基山林也位于此都；十五都位置居中，村庄稠密，田地众多；二十都位于堨尾，地势最为低平。三都的北部地势皆高，多高基塘田。昌堨于十七都七保金竺岩前立坝，水道自西向东沿灌十七都、十五都，至二十都富山渠尾畈，经涉田土12里，灌田3700余亩②。

吕堨是歙西民间规模最大、灌溉面积最广的堨坝。吕堨的开凿时间，文书中追溯到梁大通元年（527），由官员吕文达和妻兄郑孟洪开浚。吕文达原为西晋时期声势显赫的南阳官宦之家，后代齐武帝之子新安王萧昭文到新安治事。

---

① 《昌堨源流旧记》、《刊图细集昌堨源流后记》，《昌堨源流志》，第3、5页。

② 《昌堨源流旧记》，《昌堨源流志》，第2—3页。

及至齐高宗明帝（494—497）得位，吕家失势，吕文达遂居留徽州，并娶当地大姓郑思公女儿仲娘为继室，"依岳氏居"。郑氏祖于东晋永昌元年（322）到徽州，吕文达落户徽州时，郑氏已在当地繁衍了170余年。吕文达所居之处有吕湖，"潴水以浇湖下之田，岁得有秋"。后来吕湖堙塞，浇灌无资，"民有叹石田者"。为获得收成，梁大通元年（527）。吕文达与妻兄郑孟洪开堨10余里，"渠约高五丈有奇，横阔二十余丈，南渠地势差高，灌田一万余亩；北渠地势差低，田则倍之经始"①，合而"溉田三万七千余亩"②。吕堨自开浚后，灌溉面积屡有盈缩。及至乾隆大修之后，仅有5000余亩，其中北渠灌田3187亩，南渠灌田1600余亩，又有支渠黄堨分水灌田百余亩③。两渠灌溉面积之所以有巨大差别，是因为北渠位于山地，地势高，水流大，而南渠所在则为丘陵，水势平缓。

吕堨灌溉面积的大量缩减，应与山水泛涨，沙壅流浅，堨口淤塞，反复重浚，并被迫下移有直接关系。唐宋以降，开浚者不一其人，首事者不一其姓。尤其到了明初，"蛟水骤发，沙壅渠平，开浚始难"。成化时新凿黄堨，堨口移到下游上溪头，嘉靖、万历朝更下移于溪南长虹桥侧（即新桥）。明代各次修浚，"功虽易而水仅及半焉，在堨之田半为污莱"。清代吕堨迭废迭兴，康熙末、乾隆初、嘉庆和咸丰有四次大修，堨口主要在"去横溪之上数里"的上溪头附近。堨坝出水坝口的选择很重要，坝口的高低关系到堨水流量的大小、各村用水量的分配、工程的难易度，堨口的调整与堨众利益的调整相联系。总体而言，吕堨口是自上向下不断下移。"虽沿溪尚有旧址可寻，而究难复其故"的原因，最主要的在于上游水流湍急，堨口易塞难通，下游开口工程较易、花费较小。不过受地势高低、水流速度的影响，堨口位置有一定下限，和工程难易等因素相结合，稳定在上溪头的时间最久。

2. 管理组织的构成：堨首、堨甲、董事

已有研究认为，水利"共同体"以共同获得和维护某种性质的"水利"为前提，是以共同利益连接起来的一个区域性的整体，或者是有整体意义的区

---

① 《吕堨记》，《吕堨南北两渠图》，第6页。

② 《吕堨记》，《吕堨纪实序》，《吕堨南北两渠图》，第6、18页。

③ 《吕堨碑记》，《吕堨南北两渠图》，第16页。

域①。昌堨与吕堨的资料显示，与传统社会的其他地区一样，徽州地区围绕某个水利设施而拥有共同利益的村庄，也往往自发形成一个松散的组织机构，并通过从堨众中推举出来的堨首和堨甲来保障组织的运转。

材料中所见堨甲的选举规则与职责范围经历了一个从简单到详实的过程。

南宋孝宗乾道元年，徽州知府吕广问就江河流域的农田水利问题上奏，其中一条为"诸塘堨合轮知首之人充，虽田少不该，亦均给水利，不得阻障"②。意思是管理塘堨的"知首"，若"田少"则没有资格担任，但不论田产多寡，均享有使用堨水之权。显示徽州地区早期堨甲多由水利共同体内各户推举家业殷实有威望者担任。

昌堨的资料显示，在元明时期徽州堨务不十分复杂的中小型水利组织中，堨内种田之家构成堨众，堨首与堨甲往往职务合一，堨首由堨众轮值，主要职责是催叫用工。昌堨自宋吴大用开渠至至元二十四年（1287）吴氏五世孙吴仁撰写《昌堨源流旧记》的百余年间，"其堨地渠塘税粮俱是吴、余二姓输纳，并充堨首"，堨首"每年依时唤集堨内种田之家疏渠、筑坝、浇灌田禾"。吴、余二姓负责的灌溉村落正是其宗族聚居的村落，富山余氏属堨尾的二十都，"富山、江村、项家边、潘村、深林、江祈村、铺后、江祈寺、上项三村、竹业、吴家庄，至枧塘闸止，渠南田土及金竺坑渠水灌田俱系富山余门拘唤用工修筑"，堨甲三名③。莘墟钱村吴氏主要居于堨身中段的十五都，负责两处："枧塘闸下渠、北渠田土，金村、钱村、沙园、里村至沙磜坑止"，定堨甲一名；"沙磜撼坑庄、上黄荆林、琶村、墩笙桥、琶村"，定堨甲二名。而近十七都位于堨水上游的"舒村、陈村、郑村、谢家庄、谷山种田之家，俱系沿渠车水灌禾"，原定堨甲一名。

吕堨在乾隆、嘉庆和咸丰大修时，均留下细致的章程条例，各章程在内容上前后相继，按时间顺序进行纵向的比较分析后，清晰地显示清代徽州的水利

---

① 钱杭：《共同体理论视野下的湘湖水利集团——兼论"库域型"水利社会》，《中国社会科学》2008 年第 2 期。
② 徐松辑：《宋会要·食货八·水利下》，《续修四库全书》第 782 册史部政书类，第 76 页 b—77页 a。
③ 《昌堨源流旧记》，《昌堨源流志》，第 2 页。

组织较前代管理更规范。

其一，堨首、堨甲的分工、职责更为细致具体，并明确规定其正当收入来源。吕堨北渠按浇灌区域分为四塥，乾隆《吕堨条例》规定每塥各设堨首与堨甲执行堨务，管理堨众。堨首按年排值以司其事，职责包括放水日期的议定、公示放水规矩、监督按期放水、查看水路通塞、组织支吲开浚，其烛火饭食按每亩纹银二分向堨内业主收取。堨甲负责具体工作，"昼夜巡看水路，挨期开闭水堀"，一般择老成熟识水路者充当，其烛火工食按每亩派纹银一分由堨内佃种之人计田给付。

其二，在章程中增加了堨首、堨甲违背职责的处罚条款。咸丰吕堨《公议章程》规定，堨首要清查堨内田亩，堨甲不得卖水渔利。强调堨首、堨甲原为巡视河坝塥口水道而设，并非定役世业，倘有徇情作弊、任意疏懒者，随即改换另选。

除了管理的规范，清代徽州的水利组织较之前代在结构上也更为完善，这主要体现"董事"的设置上。首先看董事的来源。咸丰条例中记载，吕堨董事会由 16 人组成。在现代公司管理中，董事一般由股东大会选举产生，代表股东对公司事务进行管理。徽州水利组织中的"董事"在性质上与之有相似之处，吕堨董事会中两人病故后，"凡业主中有愿出为董事者，随时可入公所合办"。可见，凡是灌溉区的业主，均有资格出任董事。但事实上，出任董事者往往是具有地方声望的有功名者，如吕堨北渠董事为"监生郑时辅、职员汪家礼、生员江尔准、生员鲍瑞麟、生员鲍浚、童生鲍瑞鸣、童生汪宗颖、职员汪允恒、监生郑隆江等"[1]。其次，董事的职责。与堨首负责放水、查看水路相区分，董事主要参与堨坝工程的督办、水利章程的公议、水利设施的日常维护，包括与官府的沟通、堨内业主费用的收取与管理等，收支各账每年完工后"除抄呈宪电外，仍贴公处，以便众览"，必要时还需布措筹垫工程经费。再次，董事的待遇。董事没有薪资，"惟办事日给少许饭食钱"，"轿金"即车马费不再另付。且为节约开支，咸丰时在外办事的董事每日伙钱由 120 文降至 60 文。不仅如此，业主的利益被放在了董事之前，如"秋所收之谷归还前垫尚属不

---

① 《具禀歙县二十一都四、五郡吕堨北渠董事监生郑时辅等禀为叩恩赏示》，《吕堨南北两渠图》，第 39 页。

敷，除董事所垫未归外，其各业主垫项一概归清"。

由堨众中产生的董事、堨首、堨甲各司其职，维持着徽州水利组织的正常运转。

3. 管理经费来源及筹措方式

水利组织除了日常维护水利设施的花费，堨渠淤塞或山洪冲决后的大修更是所需不菲。从资料看，经费来源一是堨基产业。如吴大用在初开昌堨之时，就置有堨基山地一片，"东阔八十步，西广一百二十步，南边临田阔四十步，北广九十四步，计该二十七亩九分一厘七毫，于上养树木柴篠，每年于其山上搬土斫柴作堨"①。二是堨众按户摊派出资，这是最为常见也是最为持久的一种方法。早期多以实物为算，主要是按亩出谷物，如昌堨车水高地，"与堨相近，议免用工，每亩田出小麦拾斤买办楗草作堨……计麦支用"。乾隆、嘉庆时按亩派银，及至咸丰年间，"田成地者多……且历年俱受干涸"，"田少则摊费多，干涸则租息亏折，征银难以齐全"，故而又改为业主按亩输谷。事实上，咸丰征收堨费方式的改变与时局不无关系。咸丰年间太平军与清军在徽州扎营对峙多年，当地深受战乱之苦，民生凋敝，徽州士绅亦多卷入其中。如吕堨报功祠中供奉的咸丰倡修吕堨的监生郑时辅，"以粤匪犯境防剿，忧劳疾终任所"。

经费的征收方式，从文书来看，不管是日常堨费还是大修年份的经费，从乾隆到嘉庆再到咸丰，先由士绅大族及业主、董事垫付，秋后再向未交人户追讨成为主要方式。

按原则，维修工费垫付人应为所有业主，但实际堨务管理中根据情况并不强求。咸丰年间郑时辅主管北渠事务，北渠"虽有田将参千亩，无如业主繁多，且田数多寡不一，更有祠祀社众各田，无从垫资，可垫者不上乙千余亩"，于是规定"其至少之户以及不足之家皆不强其垫费"，其大修之资，"今冬每田一亩垫洋银贰钱，来春每亩垫洋银贰钱，余皆董事之人布措筹垫"。

追讨工费是吕堨管理者们面临的难题。嘉庆九年（1804）《吕堨善后章程》是乾隆条例的再次确认与补充②，着重点仍是岁修之费的征收与管理。乾隆大

---

① 《刊图细集昌堨源流后记》，《昌堨源流志》，第5页。
② 《府经厅潘详定公议吕堨善后章程》（嘉庆九年六月），《吕堨南北两渠图》，第30页。

修时工费由士绅垫付，如前所述，后期的工费追讨颇为困难，章程提出参照鲍南塥成例，按亩出谷分摊，其应出谷数因放水田和车水田而异，每岁赢余"储存公处"，以为石塥闸坝卸损坏的修砌之费，"倘遇大工，不足所用，另议公办"。这体现了吕塥管理者将管理日常化的决心。事实上，规则的制定并不代表问题的解决，嘉庆四年修浚仍大多由董事筹垫，4年之后吕塥修浚完工，朱誉、鲍景璿、郑抢元三人仍在为田主拖欠工费叩请地方官府帮助追款①。

咸丰元年（1851）大修时，七月十三日秋收前夕，郑时辅及各业主垫洋四百余元。咸丰《公议章程》规定，"每年秋季由该塥首催农人送交公处，给以收票，以凭在该业主租内抵算，逐年收谷，逐年修浚，一俟工竣，即行议减"。董事们希望在秋收时由塥首催塥农送到公所，以公所统一记账、发给收据、消抵租谷的方式，保证吕塥大修工费的征收。但追讨效果也不佳。七月二十九日，歙县知县下发告示，严令"业户、农佃赴公所交收清算……俾得速归垫款"②。但从《后续章程》中知道，咸丰元年秋收时，"所收之谷归还前垫尚属不敷，除董事所垫未归外，其各业主垫项一概归清"。此后，从咸丰二年直至咸丰七年郑时辅退任，每年秋收将至，必有歙县官府告示重申业户农佃"遵照章程，每亩交谷壹升伍斗，送交公所"。

4. 管理组织的日常事务与管理

昌塥与吕塥的日常渠务管理主要有两大部分：水利维修与春祈秋报。

体现在水利章程中的工程维修管理具有如下特点：

第一，注重开浚挑修工程的可操作性。如咸丰《公议章程》③中有许多可称为"细节"的详细规定。章程制定时，"已是四月，农事已兴，故先急紧要处挑挖、开通"，"塥口五处及分各日眼水口四十余处，当视其壅塞倾倒者赶紧挑挖修砌"，"各塥支甽为田畴引水要道，须急开通"。

第二，注重渠身的日常维护及秋后后续工程计划。咸丰《公议章程》要求

---

① 《生员朱誉、鲍景璿、郑抢元等禀为恭谢宪恩叩饬善后农田利赖永沐供仁事》(嘉庆八年十二月初三日)，《吕塥南北两渠图》，第28页。

② 《署江南徽州府正堂加十级纪录十次周为晓谕事》(咸丰元年七月二十九日)，《吕塥南北两渠图》，第38页。

③ 《监生郑时辅等禀为公议章程，禀恳宪裁赏示晓谕事》(咸丰元年四月十八日)，《吕塥南北两渠图》，第32—35页。

洪水退后即当"挑挖污泥",使其不致壅塞。待秋后水浅,"各业主将塌内各处工程逐细公估明确,禀呈宪电核夺"。《公议章程》公布后,工程进展迅速,至七月,"除重大石工再筹外,所有渠甽悉已疏通,塌水流畅,为多年所未有,盈盈浇灌,未动桔槔而年成丰稔"。及至初冬十月,郑时辅等董事、塌首又公议冬令工程,并制定了《增议章程》①。

第三,塌务管理的不断细化。咸丰春季《公议章程》仅规定公所收支各账每年完工后"除抄呈宪电外,仍贴公处,以便众览",冬季《增议章程》便完善为"各账归襄办诸人公同登记,以五日之收支书牌悬挂公处,轮流挨换,年终完工后缮呈宪电"。

每年春祈秋报的祭祀是水利组织的一项重要活动。祭法曰:法施于民,则祀之;能御大灾、捍大患,则祀之。不管昌塌还是吕塌,每年都会举行春祈秋报的祭祀活动,祭祀塌内各社土谷之神、塌坝渠闸土神。值得注意的是,两塌的开凿者都享有后代祭祀,原开昌塌石渠的石匠吴元四与肇开吕塌的吕文达俨然成为塌坝的保护神。

昌塌的春祈于每年三月举行,秋报于七月举行。届期要买办全猪、果子等物,诚心恳祷,置酒散祚。"永祈塌坝坚固,水利通济,田禾丰稔,官赋足共,民食充裕,永保无疆"②。

直接体现吕塌灌溉区祭祀崇拜的是吕塌报功祠,祠内中座供奉吕塌创开者、历代于吕塌维修有功之官宦;西过座配供的是明清以来首倡、捐助吕塌,打理祀事的士绅、富民,作各种纪、疏以记吕塌的文人。而其中屡为后人祭祀、提及的是肇开吕塌的吕文达。

吕文达与妻弟肇开吕塌,"民食公德,择地立亭,刻像其中",以郑姓郑思公、郑孟公配享,岁时奉祀。郑姓"借塌以传不朽",并拥有水利灌溉的特权,南北二渠任从浇灌,而修堤作坝则不必参与,亦不必缴纳岁修费用。

每岁秋成之后,"塌首以香仪迎公暨夫人神像至生家祭享,饮福受祚,崇

① 《具禀歙县二十一都四、五图吕塌北渠董事监生郑时辅等禀为叩赏示俾早观成事》(咸丰元年十月十一日),《吕塌南北两渠图》,第39—41页。
② 《昌塌源自十七都》,《昌塌源流志》,第4页。

德报功"①。在长期供奉中，吕文达逐渐被神化，被赋予诸多灵异之事，如郑姓子孙郑任曾记载："予尝涉履河渠间，渠势较河流差高，水之入汩汩焉，逆而行之。乡民之伺水也，夜视田间灯光隐隐，若有导之流者。"当地人"凡有疾病以祷公，无弗谬也"。吕文达俨然是吕塥地方的保护神，其祠庙"历代相承修葺者五矣"②。

二、民间水权分配与水利纠纷

水利设施效益的发挥涉及方方面面，由于相关方面的利益都和同一水体联系着，互相间往往存在各种各样的矛盾。从明初迄清末，昌塥、吕塥册内田亩争水（同一塥水上下游的分水争讼、车水田与浇水田的矛盾），册外之田与册内正田争水的冲突，上游高基塘田的泥沙壅塞下游河道从而影响下游用水的矛盾，为逃避修浚负担隐匿灌溉面积而引发修浚负担分配的矛盾，水碓业等用水与农业用水的纠纷，丰乐河上不同塥坝之间的分水比例之争等一直存在，而塥甲卖水渔利、徇情作弊之情亦从未断绝。

1. 水权分配与用水额度的纠纷

在靠天吃饭的传统农业社会，水权的分配是水利组织各成员的核心利益所在，包括分水口大小、浇灌时间、轮输天数、水碓的开放等。在徽州，"此塥之水不能灌彼塥之田，以其高低异形，流派异用，而税额有输将者，疏浚有管摄者也"③，而在天旱需水之时，处于塥尾的畈田之家与塥渠中上游的高基塘田之家难免有争水纠纷。

先看昌塥文书中记载的纠纷。按照习俗，因地势与渠道走向之异，昌塥"沿渠南边田俱系塥水灌溉"，"自十七都谷山至二十都潘村沿渠北边田地俱系高基塘田"，"止容一第车车水，二第高基塘田不系塥水原报定额"。文书中抄

---

① 《康熙十八年五月初十日徽州府告示》，《吕塥南北两渠图》，第19页。
② 《吕塥报功祠碑文》，《吕塥南北两渠图》，第15页。
③ 《沙溪集略》卷二《水利·隆塥记》。

录有洪武二十七年"徽州府歙县为农务水利事"的榜文①，就是关于十五都吴姓与二十都余姓连名上告堨水上游的十七都高基塘田之家，"倚近地势，竞放多车，抢堨水灌塘田"，致使二十都渠尾畈末之田禾旱伤。按徽州的水利惯例，判"（二第车至）高基塘田之家趁时开掘池塘，浚深贮水灌禾作种，低基堨田开通渠道，取水灌禾，塘堨两得便利"。同时，经官府作出的决定，奉徽州府帖文，并奉"工部水字一百一十九号勘合批差"，行文下发，由昌堨里老张贴于十五都、十七都、二十三都地方，同时"随发榜文一道，即于昌堨所辖地方常川张挂，毋许强徒横车昌堨水利，如有违者，许地方里老、堨首人指名呈禀，以凭惩治，决不宽恕"。

再看吕堨的例子。乾隆《吕堨条例》内容详实，体现了盛世水利管理的成熟，其间制定的诸多规制成为"旧制"为后世所遵从。吕堨《乾隆条例》中不乏水权分配与争端裁决的规定。首先包括吕堨南、北渠之间的分水，规定按照渠水的浇灌比例，堨口分水石坝等工程用工比例皆为北渠二股、南渠一股。放水日期仍遵乾隆二十年（1755）徽州知府何达善所定成例。

其次，南北渠下各堨村庄间的分水。以北渠为例，将《吕堨条例》中所列各堨下各村灌田亩数和时辰整理成表 3-1：

表 3-1　吕堨北渠各村分水表

分　段	总溉田	放水田	车水田	轮　输
头堨衡坪	621 亩 7 分	552 亩 4 分	69 亩 3 分	八日一轮
第二大吕堨	810 亩 2 分	740 亩 7 分	69 亩 5 分	十日一轮
第三宴堨	854 亩	770 亩 4 分	83 亩 6 分	南畈七日一轮，北畈十日一轮
第四小里堨	446 亩 4 分	415 亩 9 分	30 亩 5 分	六日一轮
第五庄堨	455 亩 1 分	421 亩 7 分	33 亩 4 分	八日一轮

车水田一般地势较高，从表中放水田与车水田的亩数来看，北渠的田地普遍地势不高，灌溉较易。轮输天数与溉田亩数并没有必然的正比关系，可见是各方力量综合博弈后的结果。而这一结果直至清末仍被遵从。

实际堨务管理中也存在堨首与堨众的矛盾。规则的制定与下发并不等于其

---

① 《徽州府歙县为农务水利事》（洪武二十七年），《昌堨源流志》，第 4 页。

能被完整地执行，在缺乏监督、依赖个人自律的传统民间社会，存在个别堨首滥用特权而又疏于职守的现象。乾隆二十四年徽州府知府何达善下发的告示就指出，一方面"强梁阻霸，奸黠堨首卖水渔利，苦乐所以不均也"；另一方面，堨众应"遵照旧制，按例引水"①。

2. 灌溉用水与其他用水的纠纷

这类纠纷有时又被归结为农业用水与其他商业用水行为的矛盾。在昌堨与吕堨的案例中，都体现为在渠身处安装水碓，致使水碓与农田灌溉争水。

水碓主要用于粮食加工，在传统社会通常只是农家经济中的附属。徽州的水碓加工规模不大，水碓房大多沿河修建。昌堨二十四都五保程县尉家，于昌堨内的黄荆林置立庄所，又在笙桥破缺下和莘墟沙磴坑下各建造水碓一所，决泄水利，致使二十都堨末田禾旱伤。这一事件曾在元至顺三年（1332）由余姓赴宣尉司处陈诉，以"折毁水碓，并将程家以违论罪论"而结案。

对于水碓与农田灌溉争水的情况，乾隆《吕堨条例》规定，堨内水碓一般在夏至后封闭，但倘若春夏之交需水莳种，则"筑坝开浚，封闭水碓，不必定在夏至"。水碓主往往是当地的大姓，但农事重于水碓的规定暗示了在水资源有限的情况下，徽州民间大姓在用水中受到制约。

对因不满分水规则引发的争端，规定由堨首共同商定解决。例如，官井以下即衡坪头堨处放水堀，位置非常重要，其分寸大小关系北渠其余各堨的水量，于是规定"遵旧制为一尺八寸"。一旦发生因增减而起的争端，由四堨堨首共同查核验实，"公同呈究"。

3. 水利组织与外部的纠纷

材料中体现的水利组织作为整体与外部发生的纠纷，主要有两类：

一是其他地区对水利设施的损坏。昌堨资料中一则洪武二十七年（1394）榜文记载："因二十都渠尾畈末田禾浇溉不敷，于十五都莘墟三坪渠闸低基畈内开塘一口，助济二十都渠尾畈末田禾"，十五都、十七都高基塘田，土名东坑、毛石坑、新塘坑，"每年洪水生发，沙泥冲涨，堨渠深为远害"②。如前所

---

① 《府正堂何谕堨田各村文会绅士》（乾隆二十四年四月初十日），《吕堨南北两渠图》，第 21 页。
② 《徽州府歙县为农务水利事》（洪武二十七年），《昌堨源流志》，第 4 页。

述，昌堨十五都居于渠身中段，二十都地势低平，处于渠尾，为了补充堨水不足，于十五都"低基畈内"开水塘一口，蓄水灌溉。但一遇雨天，十五、十七都北部山地的东坑、毛石坑和新塘坑沙泥俱下，淤积田塘，引发矛盾。

二是与其他水利组织的争水纠纷。丰乐水是徽州的主要河流之一，沿河村庄皆引河水灌溉。嘉庆九年《吕堨善后章程》重申与上游雷堨的分水协议："吕堨南北两渠共灌田五千余亩，堨口上游即雷堨河路，仅隔一里，应照向例，旱时雷堨于大河拦筑横坝留放三尺流通，俾下游泽渠水有来源，不得通河拦筑，皆有田禾，共推仁爱，毋使下堨断流，水无涓滴"，并恳请官府批准"勒碑以垂久远"。

三、徽州宗族、官府与水利组织的关系

吕堨大修过程中的波折，文书记载较为详细，此处以吕堨为例，探讨徽州宗族、官府在水利组织演变过程中的作用。

1. 徽州宗族在水利维护管理中的博弈

清代吕堨的大修有四次，均是在官督民办下开展的，下面以家族为对象按时间顺序作一梳理：

（1）康熙末年郑氏独修。康熙五十九年（1720）夏旱，连旬不雨，百姓告灾。六月，在知县蒋振先的倡议下，郑氏子孙以内阁中书郑永为首，会同"各堨头事诸君子暨予族人"，"择吉祭告，运石鸠工，日数百人，畲捐从事浚瀹，旬余而水流通"。经此次整修，直至乾隆九年间，"田无旱潦之虞，家有仓箱之庆"，颇有成效①。

（2）乾隆初年郑、潘两姓共修。乾隆九年，吕堨"复为蛟水所害"，而"人心不一，莫敢为倡"。及乾隆十六年大旱，徽州知府何达善"集诸父老堨首

---

① 《重开吕堨造祠碑记》(雍正二年)，《吕堨南北两渠图》，第 14 页。

共议修筑"，按渠水之流经，北渠事宜交由塥田郑孝谦，南渠事宜嘱岩镇潘贡士，"相度工程，计田匀费"。修整后，北渠灌田 3187 亩，南渠灌田 1600 余亩，又有支渠黄塥分水灌田百有余亩[①]。

（3）嘉庆初年鲍、郑、朱三姓重开北渠。嘉庆四年，生员鲍景璿、郑抢元、朱誉负责承办，每年"冬令水涸之际"兴工[②]，前后 4 年，但始终"未修理妥善"。根据各户灌溉田地的性质，确定每亩摊分的钱银数量："放水田每亩出银七钱，车水田每亩出银五钱五分，干料田俟水到日议补。"

（4）咸丰初年郑姓统理下的众姓共修。道光三十年（1850）的秋旱是咸丰重浚的直接起因。是年，"秋不雨，渠甽断流，数千亩田禾黍将槁，远近十里男号女泣，纷纷聚诉业主，而塥首等皆避匿不面"，塥首与业主、佃农的矛盾激化。以监生郑时辅为首的郑家 4 个有功名者"急邀同志捐赀往浚"，先救了一时之急。然而"渠虽稍通而水流不畅"，于是咸丰元年（1851）正月，郑时辅上言徽州府，乞"迅饬吕塥北渠塥首，会同各业主即速妥议章程，趁早开浚，并鸠工修砌"[③]。可是修渠事关各方利益与义务，关系难以协调，至三月仍不能开工。及至四月十八日，才最终由徽州府强制任命郑时辅为统理，并汪、鲍、江、郑四姓共 16 名业主襄办。此次重修，定有《公议章程》与《增议章程》，是清代历次重修中最彻底、效果最显著的一次。

在这样一个由独姓修浚向众姓分摊的演化过程中，一幅地方大族的利益博弈长卷在我们眼前徐徐展开，而郑姓无疑是其中的主角。郑姓的祖上即是开凿吕塥的吕文达之妻族，当年吕文达与妻弟郑孟洪肇开吕塥，后人在论及吕、郑二人于吕塥之功时，有这样一段话："吕塥之浚也，亦原其外舅郑思启之思。……惜乎塥以吕名，人皆知为内史，而绝忘其所自来也。然内史立名于前，而守之勿替者，仍郑氏之裔，则又思之流惠孔长矣"[④]。郑氏传至清代，仍为当地大族。郑氏通过两种方式维持其地位：其一，通过祭祀强化郑姓的首开之

---

① 《吕塥碑记》（乾隆二十一年），《吕塥南北两渠图》，第 16 页。
② 《特授江南徽州府正堂加七级随带加一级纪录十次峻为遵谕禀覆等事》（嘉庆四年九月初八日），《吕塥南北两渠图》，第 28 页。
③ 《监生郑时辅、监生郑隆钜、廪生郑宗诰、监生郑隆江禀为塥渠久淤、田畴易干、民食无资，叩饬筹办事》（咸丰元年正月二十八日），《吕塥南北两渠图》，第 31 页。
④ 《摘录邑志·载拾遗集》，《吕塥南北两渠图》，第 6 页。

　　　　　　　　　　　　行走于黄山白岳之间：徽州研究论文选集

功。每岁秋成，"堨首以香仪迎（吕）公暨夫人（郑氏）神像至生家祭享，饮福受胙，崇德报功"①。其二，通过参与堨务管理不断巩固现实中的用水特权。例如，在官方认可的水利条例和官府发布的告示里，郑氏因祖上首开堨渠而拥有"在堨之田任凭浇灌，修筑工费概不派及"的特权不断被重申。

不过，从以上清代吕堨重浚的历程中，可以看到郑姓不断面临着其他大姓的挑战，不断在各种场合重申特权正是因为其特权受到质疑。官府告中关于"内史吕公暨夫人郑氏神像，以及郑氏祖先思公、孟公神位，附近居民不得亵渎污秽"的规定，正说明了乡民对年代久远模糊记忆的不敬。而在现实中，咸丰大修郑时辅虽不断强调"郑姓在堨之田历来不派修筑之费"，但仍不得不"自愿照众输谷"。可见，在水利组织的发展中，权力下移与分散化已是一个不争的事实。

应该说，咸丰年间吕堨北渠卓有成效的运作，除了长期管理的经验积累，与郑时辅个人的威望与品格也有着密切的关系。郑氏是歙县的知名乡绅，徽州知府曾两次上门拜访。郑氏对吕堨北渠的经营带动了邻近地区水利设施的复兴。当时吕渠南渠堨首程长春叩请徽州府宪，援照工程成式、经费旧章，"疏通（南渠）以资蓄泄"②。郑遂协同严镇徐林芬等"尽力经营，吕堨始复其初"。之后，吕堨上游之昌堨，"渠田亦废，群农起羡，吁饬兼办"。

2. 地方官府与水利组织的关系

官府在吕堨运行中的作用主要体现在以下三个方面：

（1）督促收取修堨工费。先是通过堨首向业户收取。乾隆二十一年二月，徽州府令各埧堨首收取、追缴各业户应出工费，交往工所，并授权将"未缴银两各户开册送查，以凭带追"③。虽然言明"倘月内收银不齐，定带堨首，究处不贷"，却并未直接导致费用的顺利收取。半年后的八月，徽州府不得不"仰役前去四埧、五埧，协同该保遵照单开，即将各业户应欠修堨费逐工催交工所"，即由府役协同地保，逐户催交④。

---

① 《康熙十八年五月初十日徽州府告示》，《吕堨南北两渠图》，第 19 页。
② 《特授江南徽州府正堂加十级纪录十次达为叩赏示俾早观成事》（咸丰元年十月十六日），《吕堨南北两渠图》，第 41 页。
③ 《府正堂何为饬催事》（乾隆二十一年二月十六日），《吕堨南北两渠图》，第 26 页。
④ 《府正堂何为饬催事》（乾隆二十一年八月初七日），《吕堨南北两渠图》，第 26 页。

（2）共同制定用水规则，以政令的形式下发各佃种农户，并对违规者实施惩处。这是维持吕塥秩序运转的重要保证，重视程度甚至超过对工费的追缴。乾隆二十二年二月的告示中言，放水日期乃"本府与任事诸君几经核阅筹谋审度而定"，"倘有放水揆越，车水过时不止者，一经塥首禀报，除差押罚工开挖畚挑外，仍枷号示惩，断不宽贷"[①]。此话并非危言耸听，六月便有了惩治宋升实、毕奎两人之例[②]。

（3）协调不同水利灌溉系统之间的关系。以雷塥与吕塥之关系为例。雷塥与吕塥同筑于丰乐河上，居于吕塥上游一里处。上、下游争水的解决往往兼顾官方、地方传统等各方面因素，故而官府在告示中谆谆告诫：雷塥塥首、农人应于来塥大河所拦之坝中流，留放三尺不筑，俾吕塥下游水有来源；而吕塥塥首、农人亦当恪守旧章，不得妄希多开尺寸，致滋争端[③]。

四、结语

"塥"是南方丘陵地区常见的水利设施，通过在溪河中筑坝蓄水，导水入田间沟渠，灌溉受水源远近限制小，受益田亩面积大。长达十余里的塥水沟渠在村庄田间环绕，穿流的塥水及各灌渠支流系统将处于不同行政区划的村庄按地形串联起来。

为保持灌溉收益，灌溉区内的业主在大户倡导下自发形成相对松散的水利组织，这种水利组织与行政区划不完全吻合，与宗族聚居有一定的契合。塥水浇灌区的田地业主均享有灌溉的权利，水权的界限由具有一定公众约束力的水利章程予以确定。徽州夏季多山洪，渠身极易淤塞，秋季多旱，争水严重，水利管理因此而变得具体且重要。由水利日常管理所需而产生的常设机构在一定

---

① 《府正堂何谕吕塥佃种农民知悉》（乾隆二十二年二月初五日），《吕塥南北两渠图》，第27页。

② 《府正堂何谕吕塥各塥首、塥甲、捕保等知悉》（乾隆二十二年四月十九日），《吕塥南北两渠图》，第27页。

③ 《府正堂何为饬遵事》（乾隆二十二年六月初一日），《吕塥南北两渠图》，第27页。

程度上是既得利益集团的代表，由负责管理的竭首、董事和负责具体事务的竭甲组成。清代前期竭首、竭甲是享有分水特权的大业主，咸丰以后，管理层特权趋于弱化，水利管理向日常化、专门化发展。徽州传统社会水利组织的功能，已经初具现代水利行政部门功能的雏形，如水利政策章程的制定与监督实施、统一管理、水资源保护、水政监察与行政执法、水土保持、防汛抗旱等。在徽州，小型水利的兴修，官府并不出面，主要通过民间召集，其岁修之费主要来源于竭基产业和业主分摊，往往由董事及业主垫付，但事后追讨工费是管理中的难题。"春祈秋报"是徽州水利组织的常规活动，具有首开之功的当地大姓子孙往往通过对开渠祖先的祭祀强化水利共同体的历史记忆，又通过参与竭渠的实际管理事务不断巩固家族的用水特权。当官府与士绅再三强调祠庙的重要性，并力图通过反复修庙的行动强化、贯彻其权威与秩序时，面临的却是民间社会轻视的怠慢态度。与修祠祭祀相比，水利设施的兴修与维护是水利组织更重要的职能，得到竭田业主及佃户的广泛重视。然而在长期的使用过程中，首开竭渠的家族对水利工程的独占往往逐渐演变为与邻近的大姓分享，修浚经费的承担亦在权利义务相统一的社会规则下转为众姓按溉田面积分摊。

竭水依地势由高处流往低处，沿水路上下存在水权分配与用水额度的纠纷、农业灌溉用水与水碓等经济用水的矛盾，也存在不同灌溉系统之间的分水冲突。由于当地雨量丰富，水利纠纷的表现形式相对温和。水利共同体中现实矛盾的处理和解决依赖于强有力的官方权威、有公信威望的地方士绅的共同协调与努力，制定详细而相对公平的条例是这种努力的表现形式之一。水利条例以水利实践中的惯例为基础，用条约的形式固定下来，并往往经过官方的审批，以加强其稳定性、威慑力和权威性。虽然还没有上升到水法的高度，但能够大体协调各方利益，提高水资源综合利用的效益，也是当地水利事业发展的重要标志。

水利组织以民间化的形式产生和存在，随官府控制力的变化而在官方与民间力量之间有着此消彼长的动态过程。随社会之治乱变化，水利管理亦有个大致相应的兴废变迁。士绅阶层对水资源进行直接管理——从堰渠开凿、筹集资金、工程组织、规章制定到水利事务管理与监督，只是在诸如颁定规章、协调不同水利组织的矛盾、惩治违规者等必要场合，才借助于官方权威。而官方对控制水利的士绅阶层保持着一种形式上的领导权，更多的是一种督促、倡导的作用。在咸丰这样的动荡年代中，由于大业主郑时辅的领导，吕堨的维护管理较之嘉庆年间反倒更有成果，使得我们有理由推论：由于徽州相对闭塞的地理环境，个别士绅作为基层社会的实际操控者，对水利组织的影响往往大于社会大环境的影响。

（原载《安徽大学学报》2013 年第 2 期）

一个上海徽商的经营及其家庭生活
——末代徽商子女俞昌泰口述史

俞昌泰口述　何建木整理

　　整理者引言：明清时期，徽商是中国最著名的商帮，曾经诞生了诸多成功的大商人，其中盐、典、茶、木是传统徽商经营的四大行当，其中歙县多盐商、休宁多典当商，婺源则多茶商、木商和墨商。晚清以后，徽商在盐业和典当业的经营上逐渐走向衰弱，在茶业和木业这两大行当依然保持有一定的优势。至民国时期，徽商则更加衰弱，大部分徽州人已经不再像明清时代那样驰骋全国商场，而是选择回归默默地躬耕垄亩。不过，我们却惊喜地看到，民国时期在上海这样的大城市，依然可以发现一些徽州商人的活跃身影，他们可以说是"末代徽商"，传承和发扬其祖辈所秉持的徽商经营理念，同时结合现代经营谋略，在徽商式微衰亡时期创造了一个中小商人所能成就和达到的辉煌。他们的家庭生活，也是一个普通上海人家曾经拥有的生活，从中可以见证时代与社会的变迁。笔者对他们的后裔进行了采访，以下是部分采访内容。本次录音和访谈时间是 2005 年 4 月 20 日、10 月 30 日，分两次进行，地点均为口述者俞昌泰先生居住的老旧公寓小区，地点在闵行区莘庄镇。为保留历史的真实面貌起见，也为了了解口述者（本节中，均书"俞昌泰"）的真实心理状态，本文基本依照口述者原本的叙述内容和叙述顺序进行整理，仅在某些叙述中何建木认为必须加以说明之处，以注脚形式给予注释。本次口述访谈整理的参考资料包括民国丙寅年（1926）俞崇瀹等人纂修的《星源西冲俞氏宗谱》、2005

年俞昌泰编纂的《西冲俞氏正和堂家谱》等文字材料，以及上海档案馆馆藏的民国时期木业档案资料等文字材料。整理稿业经口述者本人审订。

口述者的父亲俞仁耀，安徽省婺源县人（今江西省婺源县），1896年出生，字子良，号龙甫，乳名秉烛。8岁在乡下私塾就读3年，11岁（1907）在婺源县西冲村的村头杂货店学徒6年，17岁务农4年，21岁（1917）到上海，在陈家渡（今北新泾）一带的达亨昌木行学徒3年，24岁在曹家渡的裕丰木行和源昌盛木行（老板均为婺源长滩人俞子标）就职，7年后该木行因亏损歇业。31岁转与他人合股，开设协泰祥木行，其中金绍香（恭治、恭安、俞品佳、花瀛为代表）一股、刘瑞昌与张玉清合一股，各出资一千银元，合股开设协泰祥木行。经股东们同舟共济，齐心协力，业务得到空前发展。扩大了的协泰祥，已不满足于本地市场，派张玉清去常州与当地李姓经理开设协大祥棉布号，刘瑞昌赴康脑脱路（现康定路）主持协和木行，俞仁耀则仍在本行坐镇，以后又抽资金和别人开设协义木行。1943年，俞仁耀用拆股所得资金，回乡置业，合并祖传田产，共计11亩田地。抗日战争胜利后，独资在协义木行原址（今万航渡路，抗战前称为"极司菲尔路"1466—1468号）开设协泰祥良记木行。1956年公私合营。1962年退休，1989年病逝于上海。

口述者为俞昌泰，俞仁耀第三子，1933年出生于上海，1957年考入中国医科大学，毕业后到青海省从事医务工作，后回沪，在上海市纺织局担任主治医师直至退休，现仍居住在万航渡路其父亲开设木行的原址上修建起来的公寓住宅。截至2023年11月9日，俞昌泰先生几位兄妹均健在。

俞昌泰先生热爱文史研究，对历史研究有着深刻的认识和理解，加上较好的文字功底，在青年时期还有写日记的习惯（其日记今已悉数散佚），曾经创作过不少有关乡土知识的小册子，同时身体健康、具有惊人的记忆力，因此笔者在结束整理其录音内容之后，曾结合其他档案文书等资料对其口述加以印证，结果发现其口述的内容可信度极高，应当视为第一手的历史资料。同时，因为笔者在访谈时，均围绕着家乡与侨寓地的网络链条、商业经营活动与家庭生活等三方面进行提问，确保口述者不致随意发挥、离题太远，与目前一般新闻采访的谈话方式不同，因此符合严格意义上的"口述史"研究方法。

一、婺源：我的故乡

何建木：俞先生，您父亲是婺源人，您却是在上海出生的，那么您对家乡、西冲村落和俞氏家族等方面的情况，有所了解吗？能不能跟我们讲讲？

俞昌泰：我们婺源呢，我是年长了之后才知道得多一点，以前是什么都不清楚的。我们家，讲起来既业儒，也经商，又是农，三者相结合。我太公的太公建了一个正和堂。我太公的太公，乡下的名字是节斋公，族谱上也叫俊礼公。他的父亲，也就是正和堂堂主的父亲[①]，一开始也是一个读书人，既经商，也务农。传到正和堂时，俊礼公比较用心，他那个时间曾经在族谱上查得，有从五品的官衔，但实际上他没有正式上任过，书是读过，也通过考试获得功名，但主要是靠捐献得来。那时，我的家乡婺源县西冲村，不是怎么开发，比较穷，也不富裕，生活上也不太好，所以乡村里的建设应该说比较原始简陋。节斋公有两个儿子，大儿子叫本仁、小儿子叫本仲，南京的木行主要是从节斋公开始的。开了木行以后，生意不够兴隆，也只是一般性的经营，只能一般地维持生活，并不富裕。自从节斋公回乡以后，大儿子本仁公接替金陵木材业，他的经营方式也没有太大起色。本仁公有个儿子，叫做光治公，他的脑子比较灵活。应该讲，开始的时候他也并不灵活，据祖先传下来讲，我们乡下由于有很多水井，其中有一口水井叫石壁井，据说人喝了这个井水，思想会活跃起来，聪明起来，所以这个井就叫做"开窍井"，也叫"窍泉"。光治公本身生在金陵，也就是今天的南京，他成长是在金陵的。小时候回乡据说是独爱喝窍泉水，从此变得灵活起来，于是经营方式开始大大改变，组织生意有一定的

---

① 按《星源西冲俞氏宗谱》暨《西冲俞氏正和堂家谱》，此处所言正和堂堂主的父亲，即西冲俞氏 32 世孙俞士荣（1723—1784）。节斋公则指士荣之子俞俊礼（1742—1810），士荣生子六人，俊礼为次子。俊礼生子二人，即 34 世本仁（1762—1843）、本仲（1770—1842）。本仲生子六人，第三子名光灏（1799—1835）。光灏生子两人，明造（1820—1849）、明逌（1825—1885）。明逌生子两人，即崇法（1862—1903）、崇熿（1869—1944）。崇法生子五人，第五子即俞仁耀。仁耀生、养子女多人，仅存四男一女，即 39 世孙金泰（1930—　，养子）、阳泰（1931—　）、昌泰（1933—　）和荣泰（1944—　），女一人，爱美（1940—　）。

魄力。①

　　以前从长江上游漂流下来的木材抵达金陵上新河，然后零售出去。光治公接手之后，思想上比较开拓，他想，我们接受这个木材，木材在上游价格一般很贱，生长在山间的树则更贱，那么直接去山上购树是否更便宜？假如从山上砍伐下来，到下游可以挣取更大的利润。他想，自己是不是应该从上游去发展，因此他大胆组织了一些人，想这样做，可是去上游直接参与采伐木材，自己资金很不足，于是就向俞老四②借钱，这个人碍于上一代人有所交往的面子，就想借给他，但不知道光治公的理财能力怎样，就把光治公叫到面前，见到光治公前额开拓，颇有生气，就问他要借多少钱、派什么用场，光治公就说要三万元，想到上游伐木，计算了利润之后，感到此事可行的，俞老四觉得他讲得很符合逻辑，就马上拿了三万块钱给他。于是光治公组织人力到长江上游贩运木材。光治公对一路风险作出了谨慎的准备，如万一碰到强盗、自然灾害等各种危险都考虑到了。由于风险意识强，事事小心，所以一切顺利。果然不出所料，经过两三次以后，本钱马上翻倍，过了两三年就还了此债。借钱的人觉得他还钱爽快，光治公很讲究信誉，正因为讲究信誉，所以下回借钱就不难。人家说有借有还，再借不难。因此光治公以后手头非常活，只要开口，就会应声到手。龙腾的俞老四过去挣钱也是很多，他们之间是不是有亲戚关系，在家谱上看不

---

① 笔者在 2005 年 8 月对婺源西冲进行实地调查时发现，西冲村落的大多数古迹面貌保存完好且民风甚为淳朴，从中可以感受到徽商聚居村落所具有的传统人文特征，其流风遗韵依然存在的事实。明清时期，西冲俞氏木商的终极人生理想是发家致富、光宗耀祖，因此在西冲至今还流传有种种与此理想相关的传说。石壁井传说是西冲最古老的水井，它是一口天然岩井，位于村溪中央，与远处传说与吴太子有关的吴王井遥遥相对，夏日珠水涟涟，凉风嗖嗖，神清气爽，飘然若仙；冬天井水冒气，暖流如春，长虹通贯，茅塞顿开。据说喝了此水会使人开窍，金陵大木商俞本仁次子光治（1784—1838），生在南京，幼时并不显出多么聪明，少年回乡，就专爱饮此井水，他说："服用石壁水，夜夜香甜睡。梦中见范蠡，谆谆陶朱说"。结果真的在他接掌木行时，独当一面，拓宽思路，打破常规的经营手法，发了大财，因而此井被称为开窍泉。村中有志上进的青少年，纷纷效法，以至编成了一首民谣："石壁流水滴叮当，壁水养了俞家郎。经书求学非做官，不为明堂进庙堂。"时至今日，略带传奇色彩的诸多古迹，依然静静地屹立在西冲，笑迎来往行人。关于婺源西冲村落的古迹、历史与传说等方面的研究，笔者已发表有初步成果，详见何建木《徽州木商世家——婺源西冲俞氏》，载《寻根》2005 年第 6 期。

② 按《星源西冲俞氏宗谱》卷一四《传文·光治公暨德配胡恭人合传》的记载，俞老四是婺源北乡龙腾人，与西冲俞氏有宗台之谊，在金陵以放贷为业。龙腾距离西冲甚近，龙腾俞氏与西冲俞氏，同出婺源长田派。

到，估计财务上的往来从祖上就有的。经过几次经营，光治公挣了很多钱，他就能够从四面八方调动资源，在生意场上更加活跃，因此他的信誉和经营方式都很完善。徽商实际上也是继承了乡下人过去传的范蠡的一些经商思想，他的发家致富经验传授给了徽商，徽商接受了范蠡的传统。估计光治公听到了这回事，也灵活运用这些传统，发了大财。当时节斋公两个兄弟还没有分家，大概有十三户的样子，分家共十三份，第一次分家，每一家就分到了一万二千两的银子。前几年我一个住在江湾镇的八十多岁的老乡，给我讲当时光治公的家财超过百万。那个时候，本仁公有六个儿子，本仲公也是六个儿子，十二个儿子，加上本仁、本仲以及他们的祖父节斋公，尽管节斋公已经去世，但他还有一个后房李氏一份，总共有十三份，或者十五份，那个时候真的发家了。一直到后来分完银子之后，我们家直系祖先本仲公一房，也参与管理金陵木业。

　　我这里再讲一下本仁公和本仲公。光治公虽然挣钱多，但是命不长，只有五十多岁就过世了，医学不发达，也就不清楚是什么原因导致去世，全家族都很悲伤，他的父亲就说"钱树儿倒了"①。本仲公也有一个奇遇，他在开木行的时候，他选择的一个地方是在长江边上，做了一个像码头一样的点，作批发，又到城里做零售，有一年发大水，上游的木材都漂到了他的那个码头上，那时木排遭风雨袭击，一旦散开，就没法收拾，恰恰被本仲公捞起来，就趁机发了一个意外的财。木材的长途贩运充满了风险，有时候自然灾害也是很可怕的。我们西冲俞氏家族的木材贩运有过厄运，有一年，木材在经过洞庭湖时，正好发大水，大风大浪，木材被打散了，那一次灾难，全家族有三十多人命丧洞庭湖②。至于详细的死亡情况及其善后事宜，就不得而知了。但这次灾难之后，

① 关于俞光治的木业经营活动，拙著《多元视角下的徽商与区域社会发展变迁研究——以清代民国的婺源为中心》一书的第三章第一节有较为详尽的论述。

② 按《星源西冲俞氏宗谱》人物传记以及世系图等部分内容所透露的信息，西冲俞氏家族的木材贩运曾经遭遇两次大灾难，第一次发生在乾隆戊戌年（1778）七月二十六日，同一天的死亡人数有六人，且多为二十多岁的年轻子弟。西冲俞氏木商所遭遇的第二次死亡灾难发生在第35世大木商俞光治（1784—1838）去世之后没多久，具体时间不清楚："金陵木业，房弟承接不数年，排过洞庭湖，风浪大作，讶云：'缆变蛇。'然耶？否耶？而排散矣，本家死于是役三十余人，亦一大数也。众家生意歇，兄弟各自持家计，有兴土木者，有入捐纳者，或盐、或茶、或木，分道扬镳。……"详见《西冲俞氏宗谱》卷一四《传文·光治公暨德配胡恭人合传》。口述者此处所述，当为第二次死亡灾难。

又经历了一次家族的分家，拿了这些钱之后，有些人去做生意，卖茶叶的也有，继续卖木材的也有，捐官的也有。本仲公就在家乡造房子，主要就是村头上造了三幢房子，大房子，现在基本保留完好。这个房子有四进，有前堂、二堂、三堂和后进。前堂是招待客人用的，婚丧嫁娶等事情都在前堂举办，二进是住宿的，三进是厨房，四进是关押牲口和厕所用的。这些房子现在比较完好的存在，除了以前烧掉一座房子之外，还剩有两幢房子。

　　这是讲我的祖上到本仲公为止。本仲有六个儿子，我家是三房，叫做光灏，造房子的时候出力很大，由于过度劳累，四十岁不到就死了。我的高祖母养了两个儿子，明造和明迢，明造一支，现在基本都无传了。明迢既是士人，又是商人，还懂得医术。他曾经做过实官，据族谱记载，是在江苏的扬中一带做县丞，时间不是很长，而更多的时间是从医，由于医术高明，四乡八邻来求医的人很多①。明迢是家族中引以为豪的人。明迢生两房，崇法和崇镶。崇法和崇镶的子女也比较多，人气旺，但是在学术文化上，崇镶要比崇法高一些，崇法也只活了五十多岁，崇镶六十多岁就过世了。崇法养了五个儿子，其中大儿子早殇，三儿子、四儿子就不怎样了，据传有的吃过鸦片，没有什么出息。二儿子先到上海经商，后来把我的父亲也带到上海来。我的祖父来也做过生意，就在村口八只坎开过一个杂货店，我的父亲从小在杂货铺帮过小工，后来跟着我的大伯父秉辉到上海来了②。

---

① 按《星源西冲俞氏宗谱》卷一四《传文·云圃公传》和《云圃公元配继配合传》的记载来看，此处口述者所叙明迢的情况，恐不确。《云圃公传》有云："云圃俞公，讳明迢，字秀成，册名星采，附贡生，指发江苏补用县丞，敕授修职郎，按察司知事，光灏公之次子也。少负才名，读书所过成诵，尤熟于《春秋》，作文独出己见，力去凡庸，工诗词、善书法，进士宪文吴公一见奇之，妻以女。太史少霞汪公，西谷婿也，幼从父读书西谷，倜傥不群，服公如戴良之服叔度，相契甚深，自少至老，云泥判隔，而心志相孚无少异。乃汪公登贤书、成进士、入词林，公独战艺再北，终以一衿老，岂非命耶？公自知文星易暗，转而就贾，以茶业自娱。……公失怙最早，事母能竭其力，诸弟侄赖以成人，设茶庄于村半〔畔？〕，提携子侄，欲其各有职业，孝友洵无愧矣。居乡无众寡、无小大、无敢慢，精医术，虽昏暮召必至，酬以金，固辞不受……"《云圃公元配继配合传》亦云："乱离后，公辄读书贾，往来浔阳沪海间，家事悉相委孺人。"由此两篇传文可知，俞明迢的主要身份乃是茶商兼医生，且其茶业经营的主要地点是九江、上海。
② 按《西冲俞氏正和堂家谱》，崇法生子六人，长子仁煊（1880—1891）早殇，二子仁荣（1882—1940），字子欣，号春甫，乳名秉辉，1940年前卒于沪，与母洋氏同柩返乡。因仁煊已殇，故口述者称秉辉为大伯父。

二、上海：徽商的经营及其家庭生活

何建木：您能不能更详细地讲讲您父亲经商的情况呢？

俞昌泰：我的父亲一开始比较艰苦，从小生下来的时候身体比较壮实，族谱上叫做仁耀，乳名叫做秉烛，乡下人叫他胖烛，因此我这十几年来经常回婺源，乡下人就称呼我为胖烛家的人。后来长大之后到上海经营木材。其实徽商那个时候茶业是第一，木材是第二，其他开典当、或者做其他生意是很少、很零碎的。木材为我们俞氏家族挣了很多钱，因此我的父亲开始帮人家干活。一到上海，也是先帮人家撑木簰。他常说，用竹篙撑木簰，冬天撑竹篙就像捏一个蜡烛，很凉，手脚都开裂了，那个苦头也吃了好几年。当时不懂得保养，大概是因为那个原因，他就得了心脏病。我是学医的，他五十几岁的时候，我陪他去看病，发现就有此病。几年之后，有一个老板，婺源龙腾的俞子标老板，我父亲小时候念过几年私塾，稍通文墨，就帮俞子标做伙计，先做营业员，后来做会计，会计做的时间比较长，大概有十年光景。看到木材有利可图，我父亲从乡下想办法筹来一千块银元，与金绍香，又找到张玉清和刘瑞昌，分三股，金一股，我父亲一股，刘、张合一股，由于我父亲当时年轻，人也灵活，因此木行主要由他主持，木行的名字叫做协泰祥，这个木行的名字也成了孩子们名字中的一个字，我的大哥金泰，二哥阳泰，我叫昌泰，我的弟弟叫荣泰，而实际上木行就是以我父亲为主要负责人的。木行的店址在兆丰公园（今名中山公园）后门以东大约一百米的样子，当时叫做极司菲尔路，今名梵航渡路，门牌号是 1468 号 [①]，前面有个店堂，是营业店面，后面是洽谈生意的场所，有沙发电话，我记得非常清楚，号码是 22367，而整个楼上是卧房。1466

[①] 据档案资料记载，协泰祥良记木号，代表人俞子良，籍贯婺源，年龄 51 岁，地址在梵皇渡路一四六八号，电话二二三六七，注册资金为五百万元，且俞子良在民国卅五年一月十一日加入上海木材商业同业公会，详见《上海市木材商业同业公会 1950 年会员名册》，1950 年，上海市档案馆藏，卷宗号：S145-4-4。

号也属于木行，是木材进出口的运输通道，紧挨苏州河的支流，后面有堆场大约 300 平方米。店堂的大门朝北 50 米，就是横卧的苏州河，大门东边紧邻着苏州河的一条支流，即现在的华阳路，现在那个支流已填起来了，小河成了排水沟，上面铺成马路。这条河过去对木行非常有利，店边就是一条，涨潮时可以靠它将木材运输到场地，节约了劳力。过去这条河对穷人来讲，也是一条悲惨的河，那个时候死猫、死狗，甚至死的小孩也扔进去，有的时候很臭。当时的苏州河，虽然并不是清澈见底的，但也能捞起一些鱼虾。我们解决饮水的办法是在店堂的后面挖了一口井。木行南面是圣约翰青年中学和附属小学，也就是现在的现代职业学校，我们兄妹五人，都曾在此就读。这个木行大概存在了十二年，一直到日本鬼子八一三侵略[①]的时候，百业凋零，民不聊生，工商业都很萧条，办不下去了，只好关门歇业。那个时候困难到什么程度呢？拿我们家讲，当时我们家在上海算是中等生活水平，原来也不十分困难，但这个时候也维持不下了。木行解散后，由我父亲盘下来。我们原来堆放木料的地方，就被迫种菜了，有些自力更生的意味。独资前，我们一家是住在曹家渡康福里，分店之后才迁到 1468 号楼上居住的。堆场西北角朝右的地方原有三间平房，后边还建有一个走廊，大概有三十几米长，平房从东边算起，依次是储藏室、饭间、灶间。这些房间，给师傅们（运输木料的师傅）住宿，也作为小仓库存放一些小工具什么的，厨房有架有两口大锅的烧稻草的灶。后来又在西边并入土屋六间，曾经给我哥金泰做新房，也给胡德新一家[②]居住，后来又有部分出租，这么大的规模，在木业同业中，也算是有一席之地了。我们木行地处沪西，按照当时市区范围来算，是城乡接合部，所以那时候常常听到老辈人，把到南京路说成去"到上海去"，或者说"到东海去"。

何建木：您印象中木行里那些师傅和学徒怎样？

---

① 八一三事件，指 1937 年 8 月 13 日日军悍然向上海发动进攻。

② 胡德新本人现仍健在，居住曹家渡，由上海电磁线厂退休。德新是西冲隔壁村庄汪村人胡肇文的养子，小时候随父母来沪。胡肇文原为西冲隔壁村落读屋泉人孙开济（孙海）所开设木行的会计，孙氏所开木行，位于今普陀区内。孙开济为俞仁耀的第一个学徒，后来自立门户，现已去世。据档案资料记载：信一木号代表人孙海，籍贯婺源，年龄 30 岁，地址在今梵皇渡路长宁支路口，注册资金五百万元，且于民国卅五年一月十日加入上海木材商业同业公会，详见《上海市木材商业同业公会 1950 年会员名册》，1950 年，上海市档案馆藏，卷宗号：S145-4-4。

俞昌泰：这些师傅有的比较正气，有的也不行，吃喝嫖赌什么都干。

何建木：这些人是长期聘用呢，还是临时工？

俞昌泰：有些是长期聘用的。我父亲有"老板气"，与手下人有争执时，他曾说"找一百条狗不容易，找一百个人容易。"这句话的意思是，要找到一个人力极其容易，当时在上海想务工的人员极多，不缺人力，如果你不想干，想走的话，随时都可以走人。

何建木：木行找到的伙计以哪里的人为主？有苏北人吗？

俞昌泰：主要是崇明岛、海门、启东等地的。

何建木：为什么崇明岛的多呢？

俞昌泰：因为他们找事做的人多，大概是先来的崇明人以后介绍同乡来的关系。在店堂门口总是有一些手推车，这些车子都是拉活的，只要招手就来了。

何建木：为什么不聘苏北人呢？

俞昌泰：苏北也有，但过去主要嫌弃他们有些不正气，正式聘用的苏北人极少。主要还是崇明的居多。自从我父亲盘下木行之后，用婺源家乡人比较多。我父亲对婺源人还是好的，因为在上海做生意已经有了一定规模，对家乡有感情，家乡来的人，也总是来这里住宿，吃饭，想走就走了。但是我父亲在旧社会受到的压力也多：一个是政府机关，苛捐杂税；另一方面，是地痞流氓多。当时木行的窗口都用铁栏杆拦了起来，有的白相人①把枪放在窗口，说"俞老板，我想借你几个钱花花"，借口要结婚、生孩子、过生日、做寿，甚至为已亡故的父母做阴寿。当时抢劫、盗窃都很多。那个时候极不安全，于是父亲就到曹家渡康福里，顶了一幢房子。上海话顶下来就是买下来。他认为住在曹家渡比较安全，时间大致是1937到1940年的样子，我那个时候也就五六岁。我们晚上到曹家渡睡觉，离木行有一公里半的样子。

何建木：你们怎么到曹家渡去的？

俞昌泰：我父亲常带着我坐黄包车去的，主要是为了躲避不必要的麻烦。冬天的时候，我在路上常见有很多被冻死的人，里边属小孩冻死得多。在中山

① 当时上海人常把一些地痞无赖称作白相人。

公园和政法学院之间有一条路，常见有很多死人。我亲眼见过芦席中包裹着一个尸体，或者草席子包裹着尸体，扔在马路边上，由普善山庄的工人踏着三轮车来收尸。那个时候政法学院叫做圣约翰大学，中山公园叫做兆丰公园，围墙是用竹篱笆编起来的。那条路晚上不能走，一旦走路经过，常常会被抢劫。有人被抢得只剩下一条短裤，甚至被打死了扔在那里。

何建木：收埋尸体的慈善局，有没有工作制服呢？

俞昌泰：有的，有制服，上面好像还写着"普善"两个字。收尸体的车是三轮车，也就是后面有一个车厢的三轮车，就拉走了。所以当时是比较乱的。

何建木：上面您说了一些关于父亲的事情，能不能再具体讲讲您母亲的情况呢？

俞昌泰：我的母亲叫做潘金翠，在婆家的名字叫烛意，大概是助意的意思①。光绪壬寅年（1902）12月16日出生，孔村潘益宜公长女。13岁嫁来西冲，25岁随父到上海，一生中怀了13胎，一开始都夭折了，只有在我大哥金泰过继到我家后，才连续留下了我二哥阳泰和我，再下来就剩下爱美和荣泰。母亲生活上克服困难，节俭、能吃苦，有自我牺牲精神。记得在抗日战争时，我们住在曹家渡康福里，有一天，有日本兵在附近被人杀死，为了报复中国人，鬼子突然进行区域封锁，妄图以此来搜捕抗日分子，既不准人员往来，又断绝粮油食品的供应。我们母子四人都被圈进。"民以食为天"，现在突然遭到这件事，自然尴尬万状，幸好爹爹在外围，他利用金钱贿赂伪警，母亲则考虑我们两个小孩年幼，决定将我们——送走，自己则担当起留守责任。三个月后，戒严解除，初见到母亲时，与前时候判若两人，形容消瘦，头发已经

---

① 此处口述者的理解恐怕过于牵强。俞仁耀乳名秉烛、潘氏取名烛意，大概是从夫名的习俗使然，而非"助意"的意思。在徽州族谱中，我们发现诸多女性的名字，第一个字均与丈夫的第二个字相同，比如根据康熙四十九年（1710）续修的《汝南项氏宗谱》，西乡项村项氏26世娶入的妇女均随夫名而带有"娥"字，项茂桶（1655—？）娶妻彰睦乡贡进士程千仞女、名桶娥，26世项茂相（1629—1702）娶妻娶云川继显王公女、名相娥。又比如，根据宣统元年（1909）续修的《韩溪程氏梅山支谱》，西乡盘山程氏亦有不少世代娶入的妇女随夫名，如58世程美绩（1786—1842）娶妻虹川文庠生洪亦幼女、名绩容，美绩之弟美琳（1791—1847）娶妻虹川国学生洪志牲长女、名琳容，等等。而本章詹福熙家谱中也记载詹福熙本人娶"莘源汪小棠公之长女，闺讳湶好"，也是这种情况。不过必须指出，因为族谱上对于妇女名字的记载极少，因此这种从夫名的现象是否普遍，尚待进一步考证。

灰白！这时候她也不过刚刚四十岁而已。据说受围地区饿死几百人。我母亲在处事上冷静决断，很有主见，大概在我两岁的时候，家里夜里有盗贼闯入，总共六七人，两个贼用铁针刺我父亲的耳朵，以逼财物，其他的贼则到处翻箱倒柜，大人都不敢动，母亲就借着抱小孩的机会，故意让我哭闹，以扰乱盗贼的情绪。事后她说："强盗是见不得人的，他们的心很虚，怕招风，所以一旦小孩大哭小叫，他们就会忐忑不安，草草收场。"这件事可以见到我母亲的智慧。母亲虽然不识字，但相夫教子却依守古训，丝毫不减，对父亲总是让他吃得最好，穿得最好，因为她认为父亲是家庭的顶梁柱；对孩子则严格要求，经常向我们高举那个家法棒，当时我们都恨她，长大后才知她是恨铁不成钢，"少壮不努力，老大徒伤悲"的道理，她似乎很有深切领会，为避免下一代不会成为败家子，她就对我们严厉了一些，我直到现在想当年，更能体验她内心的亲情。

何建木：请您继续讲述抗战期间家庭生活的其他情况。

俞昌泰：日本鬼子占领之后，其实在上海生活一点也不安全。我们全家曾一度逃到法租界，现在的淮海路，当时叫霞飞路，租别人的房子。那时我已经五六岁了，记得我母亲到了那个地方之后就把猪肚子煮好，切成一条一条的，做成熟食，很好吃的。我母亲做菜的手艺很好。

日本鬼子进上海之后，木行的路对面有一个地方，他们叫做小会里堂，我到现在也不知道是什么，也不知道是不是教堂，当时里面有一个红色砖头砌成的三四层楼房子，日本鬼子就占领了这个地方，建立了岗哨，所有的中国人经过那个地方都要向日本鬼子哈腰敬礼鞠躬，要不然抓起来打你，就在我家木行的对面。这个地方还不算很严厉的情况，在过铁路的地方，岗哨更加严厉，稍有不慎，日本鬼子就把你甩起来成为大背包。我亲眼见到一个鬼子将一位五十多岁的妇女甩出去，一下子从地上起不来，话也说不出来。木行的小河对面，就是一个荒滩，死的人就堆在这个荒滩上，一旦棺材破裂，里面的尸骨白惨惨的，都看得见。

抗战前期总体而言，我们一家虽然谈不上锦衣美食，但一日三餐却是有保证的，每月初一、十五还有荤，基本生活算是平稳，境况恐怕可以算是中等。抗战后期由于国内无序，外患破坏，使我们失去了安定。我家那个时候吃粮食都很困难。在沦陷区内，为了生活，也为了辅助家庭生计，我和哥哥不惜以幼弱的体躯，走过以铁路为界的封锁线，一天一次，买两斤贱价米回家，以减轻家庭支出。那个时候我家附近的火车站叫做西站，仅离我家一公里，不是现在的西站。西站那边买的粮食比较多，有一种叫做六谷粉（玉米），比较便宜，因为好大米比较贵，也不充裕。粮食在铁路那边要便宜很多，而市区这边很贵，我和哥哥那时也就是七八岁的样子，经常到铁路对面买米，把米塞在两个大衣口袋里拿回家，每个口袋里放一斤。六谷粉不好吃，穷苦的人只能吃那个米。我们还能够吃到大米，但为了减轻生活负担，有时也就去买六谷粉了。有时候，我们小孩还和婺源同乡汪观全，到杭州去，利用孩子不容易被人注意的空子，将布捆在身上，运回上海，再卖出去，赚些差价钱贴补家用。那些不如我们家的人，自然得付出更多的劳动，有时还必须冒点险，才能维持生计。想起当年俞金泉，就是在我家跑生意的那个堂兄俞金泉，因为夜闯封锁线时，自行车连米一起给人抢走，头部、面部给歹徒砍了将近十来斧，后来主要是在我家的援助下，才脱离生命危险。日本鬼子的侵华，几乎使他家破人亡。

上海的生活非常艰难，也看不到希望，于是我父母亲那个时候就动了心，觉得在上海不安全，应该为老年生活做打算。他们想起了古训"树高千丈，叶落归根"，想起了故乡，于是来了一个战略大转移，打算回乡置些产业，在乡下买点田地，打算做养老用的，可以保障下半辈子，能平安度日。我父亲专程到乡下，自置一些田地，加上祖先传下来的，大概有十一亩三分地，这个时候是1942年。这一年，我父亲与孙敬辉等三人从婺源回上海的时候，途经安徽广德一带，被强盗抢了，到家的时候只剩下单衣衫裤，所有随身的东西都被抢光了。

我是在12岁的时候，也是在1944年，由我母亲带着我回到家乡，这是第一次回家乡。我记得那个时候，从上海到婺源，是先从上海乘坐大约7个小时的火车到杭州，一路上受尽拥挤和窘困，就是说到了杭州之后，就住在姓汪的同乡家里，他开了一个小店。我记得在杭州待了五六天，改坐木船，由小火轮拖着，叫做拖轮，沿着钱塘江、入富春江往上行，大约两三天，到一个地方，大概是桐庐吧，有个严子陵钓鱼台，那个地方很陡峭。过了桐庐，才算离开沦陷区，就进入国民党的势力范围，听说河的对面是共产党，我第一次听说共产党。这时候是 1944 年。我记得船老大不时要给岸边的人钱，好几个地方都要收费。晚上歇脚的时候，我年轻不懂事，吃饭之后寻开心，敲起碗，船上的人就吓唬我们说："你们还开心敲碗，等会儿枪就打过来！"我们就被吓唬住了。新安江非常清澈，还可以看到水中的鱼儿。我们就沿着新安江一路上徽州。慢慢地水浅了，又是逆流，所以船行极慢，船主要是靠人牵背拖，才得以前进。一路上关卡林立，在一个地方碰到国民党的兵，就上来问带有什么私货，我们说没有，他们就放我们的船走了，不过船上的盐却被没收了。说盐是私货，他们当作违禁品 ①，因此国统区的盐价飞涨，穷苦百姓常常因缺盐而脸色黄肿。到了徽州，看到脸黄肌瘦，据说是缺盐的。为什么要禁盐，听人说是为了保证国民党的税收。国民党很腐败，国统区不时受到军警、地痞的骚扰。一路上走走停停，好不容易才达屯溪，船就停了，从屯溪到婺源那时候没有公路，就只能靠漫长的陆路步行了。从屯溪到我家乡西冲，最短的路程是经过休宁翻越浙岭，然后从浙源，经清华、思口，然后到西冲。母亲专门雇请了一个农妇来背我走路。我才 12 岁，因此人家就说这个小孩怎么这么没用，需要人背。过了休宁，就翻越浙岭了。浙岭是国民党管辖的区域，在浙岭头上有个界碑，上面一边写着安徽省，一边写着江西省，这个石碑断成了几截，听人家说是婺源人不愿意划到江西，因为安徽的赋税比较江西要轻一些，就把界碑打断了 ②。

从上海动身到婺源，差不多走了一个月。交通不便，也实在累。我的家乡西冲，离婺源县城有四十华里，我们是从黄山经过休宁、翻越浙岭，经过沱川，再到清华，这么走的，跟从县城走不一样。如果从县城走，就要从浙江衢县 ③ 翻越十八跳，从南边进入婺源。但两种走法，大约单程都需要一个月的样子。正因为山深闭塞，因此日本鬼子还没有到过我们家乡西冲这个穷山沟。我

---

① 据《中央日报》1933 年 2 月 13 日第 6 版《皖屯溪商业之今昔，茶号木业多半均亏本，南货业纸业更形不振》一文中介绍当时徽州一带的盐业供应情况："因赣境驻军封锁匪区食盐，徽属盐斤加价，本外埠盐贩，裹足不来，销路锐减，获利微薄。"此足与抗战时期口述者所经历的情形相仿。

② 1934 年，蒋介石因为军事需要，将婺源划归江西省第五行政督察区管辖，婺源人、徽州人极力反对。后来在胡适等人和徽州人民的努力下，1947 年婺源重新划归安徽，隶属第七行政督察区管辖。这场关于婺源归属问题的纷争，亦称"回皖运动"。1949 年，婺源又被划归江西，直到今天。

③ 衢县，今名衢州。

在乡下的时候，看到国民党的兵或者过路的难民，到菜园子里面去摘菜。村民看到穿黄颜色衣服的人来了，就赶紧到菜园子里面先把菜拔了。有时村民就叫国民党的兵来交涉，村民给长官钱，他们就出面不让难民进村，因为村民有迷信思想，以为难民会使用法术，将家里的东西搞走。我在乡下读了一年不到的私塾，老师是80多岁的老学究，也不讲，只是让我们背书。私塾背诵的东西还是一些《三字经》什么的，《中庸》，四书五经，村里面只有一个私塾，没有小学堂，还背诵过一首诗，好像叫做"慈母手中线，游子身上衣。"唯一的教师就是这个老头，他是村里唯一的教师。

何建木：您觉得当时的乡村面貌怎样？

俞昌泰：那时候的乡村面貌非常原始，自然。如果那个时候你懂得古董，就发财了。那个时候我们家乡油灯什么的，都是些古董了。

何建木：请您介绍一下你父亲一家的成员情况。

俞昌泰：当时我们家的情况嘛（见图4-1）[①]，我们家属于中等下游的平民，吃穿不算缺，好也谈不上，但生存率很低，我母亲生过十三胎，剩下来的只有四个人。我大哥是从江苏领养来的。当时流行一个说法是，如果老大命硬，下面的弟妹就好养了。后来剩下的小孩就只有二哥、我、妹妹和弟弟，只有四个人成活。我大哥现在76岁，我73岁，我弟弟小我11岁，我妹妹小我7岁。我大哥是从高姓家里领养的，因为他家养了太多小孩，养不起，就卖一个到我家。

我奶奶是我一岁的时候死的，我竟然有些模糊的印象，他们把我抱到奶奶面前，我一下子哇哇大哭，好像奶奶的脸不像平时的脸，让我很害怕。这个时候是1934年。我大伯[②]也死在上海，结果棺材就放在徽宁会馆。我家每年都去祭扫，我记得我是和乡下请来的师傅，读屋泉的孙敬辉，他在我家时间最长，大概有十几年，每次祭扫就是由他负责的，领着我到徽宁会馆。清明节，我母亲做好清明粿，孙敬辉带着我祭扫，祭扫完了，我们就吃了。棺材一口一

---

① 插图4-1《俞仁耀一家（1929年，上海）》，后排自右向左：俞秉经（1891—1946，学名仁灿）、俞秉书（1882—1940，学名仁荣）、俞秉章（1885—？，学名仁焕）、俞秉烛（即俞仁耀）、江氏经意（1895—1944，仁灿之妻）、江氏手中抱着的孩子姓名不详；前排从右向左：俞开流（1914—2005，仁荣次子）、潘氏（1860—1934，俞仁耀之母）、接娣（仁耀长女，早殇）、潘氏手中抱着金泰（1930—　　，仁耀养子）。
② 大伯即俞秉辉，亦即秉书，在婺源方言中，辉书同音。

图 4-1　俞仁耀一家（1929 年，上海）

口，并排放在长凳上。新棺和旧棺是分开的。清明粿我吃得少，孙敬辉吃得
多。这个祭扫一直坚持到日本鬼子打进来之后好几年，后来我父亲就把奶奶和
伯父的棺材运回到乡下了，也是经过黄山①、浙岭运回到家乡的，也是依靠我
父亲做生意才有这个能力的，一般人家就把棺材扔在外乡，不要了。

何建木：抗战期间，你们家庭的日常生活情况过得怎样？

俞昌泰：我记得那个时候黄鱼最便宜。现在大黄鱼值钱，那时候黄鱼不值
钱，吃它称小荤。每天中午有一条大黄鱼，大约一斤重，有时也有小黄鱼。吃
肉只能一个礼拜才能吃一回，称大荤。家里和师傅一起吃饭的。那个时候总
共大约要开两桌，家人、师傅和家乡来的人，都在我家吃饭。我父亲生活有
规律，烟酒不沾，也不乱搞②。蔬菜是到菜市场买来的，后来我家自己种菜了。
那个时候有个炊事员，叫做福荣，我们叫他福荣伯爷，他比我父亲还大十来

---

① 即今黄山市，市政府驻地屯溪区。

② 此处应该是指抽大烟和嫖娼之类的事。徽商在客居地出入风月场所，从明清小说以及其他文
学作品中所反映的情况来看，应该不在少数。民国初年，旅居汉口的婺源茶商汪素峰"为了
排遣生活的岑寂，时常与同乡一起外出消遣应酬。根据日记的记录，他曾多次出入风月场所
打茶围，也就是由妓女陪同围坐在一起喝茶、说笑及调情。"据此可知，旅居异地的婺源徽商
同乡出入风月场所者，为数应该不少。详见王振忠《徽商日记所见汉口茶商的社会生活》，载
复旦大学文物与博物馆学系编《文化遗产研究》（集刊）第 2 辑，上海古籍出版社 2001 年版。

岁，是爷爷辈的人物了，我看到他常有鼻涕眼泪流下来，是抽大烟变成这副样子的，我见过他吸食白粉的样子。

在家里，我父亲的威信不如我母亲，他待我们和蔼，不凶，没有威严。我们找他要钱，比如儿童节的时候，大约是四月四号，国民党定的儿童节，我们就找他要钱，扯着他要钱买东西，他就给了。我母亲不一样，她很厉害，不会给，而且还会揍我们一顿。我们考试不好的话，就挨母亲的鞭子。我母亲经常说一个道理，"筷头上出逆子，棒头上出孝子。"就是说教育小孩的时候，不能宠坏小孩，如果总是给他好吃的，他就会变成逆子，只有经常打，打了才会变成孝子。我母亲还非常节俭，连落在地上的米粒都要捡起来，她这个性格倒是正好和我父亲互补。当然，她对人也很和气，出手大方，自己呢，高消费场所却去得非常少，我们一家很少看戏，只有几个月才去戏院一次。我当时读的小学是万航渡小学，好像叫第一小学什么的，大约有三四间教室吧，有好几个班合起来上课的情况。我记得有个马老师，他的父亲跟我父亲是朋友，经常在一起打麻将。我父亲有时候也跟买主①打麻将，输赢不大，当然对穷人来说不算小，对商人这个阶层输赢却不算大。过年过节倒是要大赌，赌牌九，现在叫做二八杠子吧。我父亲有个原则，就正月初一到初五赌，过了初五，绝对不大赌。我父亲经常告诉我们一个原则，就是"早起三朝顶一工，喝酒赌钱量身价。"就是叫我们要勤劳，叫我们不要赌博的意思。

何建木：那个时候你家木行的顾客多不多？有没有做大宗木材贸易，还是只有零售呢？

俞昌泰：因为资金不够，不做批发，只是做零售，顾客买了回去做家具或者做建材。他们有些自己扛回去，有些就从门口雇些人力扛回去，也有叫辆车子的，门口有很多人力在接活。我家附近还有一家木行，叫做达生昌②，生意做得比我家大，老板叫做洪小开，不是婺源人，但用的伙计里有婺源人。他家木行离中山公园更近，也就是说中山公园附近有我家协泰祥和达生昌两家

---

① 此处指木行的顾客。

② 据档案资料记载，达生昌木号，代表人朱礼良，年龄53岁，籍贯平湖，地址为梵皇渡路一五一一号，电话二〇六九八，民国卅五年七月十二日加入上海木材商业同业公会，详见《上海市木材商业同业公会1950年会员名册》，1950年，上海市档案馆藏，卷宗号：S145-4-4。

木行^①。木料来源，一个是从钱塘江或者长江漂流下来的国产木料，另外一个来源是洋货^②，从海路运来的，如洋红松、柳桉。我家木行两种货都卖。从钱塘江过来的木材，是我家木行的主要来源，徽州本地出产，从钱塘江泛流下来，然后沿着杭州湾，经过黄浦江，运到上海的。以前我的祖先在金陵做的木材，则主要是沿长江漂下来的。我父亲平时大约每个礼拜有两三天要到社会^③去，主要是到那里去招揽生意的，找同行朋友，聊天，谈生意，比如进货等活动，都是在同业公会完成的，有时候也带我去。一般是下午去，傍晚回来的时候，路上就给我买一些好吃的东西，有时候就在外面馆子里吃饭，有时候就去浴室，那时大都在公用澡堂洗澡。那时候公用澡堂很多，我家附近的曹家渡五角场就有，我们主要是在那里洗澡的。

三、走向新时代

何建木：我记得您以前跟我讲过你母亲在上海解放前夕差点被子弹击中的

---

① 据档案资料记载，当时中山公园旁边除达生昌木号和协泰祥良记木号两家木号之外，应该还有一家勤记木行，代表人程勤方，年龄41岁，籍贯平湖，地址为梵皇渡路一一七〇弄二九号，于民国卅五年七月十二日加入上海市木材商业同业公会，详见《上海市木材商业同业公会1950年会员名册》，1950年，上海市档案馆藏，卷宗号：S145-4-4。

② 关于外国木料运至沪上的记载颇多，兹随择取一条消息加以印证。《中央日报》1933年2月28日第六版《中苏贸易渐恢复，大批木材将运抵上海，四百万砖茶起运赴俄》报道："（上海通讯）中苏复交，两国贸易恢复，而中俄航运，亦开始通班，俄货到沪，日见增多，亟将详情，由记者切实调查，报告如下：……六脑船运木材：苏联之堪察坎沿海岸之森林甚富，木材出产甚多，去岁沪上大木行三家，定购俄国木料五百万元，又有最佳之火柴梗木，其质料超胜劣货，沪上火柴厂、亦定购价值百万元之梗木原料，苏联商船队，特在沪租用脑威国商船载量三千吨者六艘，专运此项木料至沪，先后已到九批，明日又有二百万尺到此，尚有大批火柴梗装来，至今已装半数以上，大致四月底前可以运毕。"而洋木料倾销中国，对徽州木商的经营，造成严重影响。比如据《文汇报》1946年6月14日第5版《处徽木材淤塞杭州》的报道，"【本市讯】丽龙木材（即处木）徽州木材，近以市价步跌，去路不良，加以洋松价软，闽木源源而来，处徽木材，益感脚地不稳，闻杭州方面，木材淤塞。木商既无法收茝，山客更不愿斩价求观，而产地雇工，及放排费用，反日益增涨，故一般处徽木客，莫不左右为难。"

③ 社会，即上海木材商业同业公会。据档案资料记载，俞仁耀于民国卅五年一月十一日加入上海木材商业同业公会，详见《上海市木材商业同业公会1950年会员名册》，1950年，上海市档案馆藏，卷宗号：S145-4-4。

事情，您能不能跟我们详细讲一讲呢？

俞昌泰：上海解放前，1949 年 4 月，解放军还没有进来，上海郊外到处都可以听到炮声。那个时间我已经十五岁了。我家就在店后的场地里挖了一个防空洞，上面架粗圆木三层再覆土二三次，下面就形成一个掩体。那时国民党用木头做成像栏杆一样的东西，将上海围了一圈，称为木城。国民党的兵就直接到木行来，拖走很多木材，假名军需，无偿征用①。我们楼下是店堂，楼上是住家。四五月上海的天气有些冷，有一次我母亲就想把楼上的被头拿到楼下防空洞里。当时她到楼上背被头，拿下来的时候，正好苏州河对岸就驻扎着国民党的兵，可能是为了壮胆吧，哨兵到处乱开枪，于是就有子弹打到我母亲背后的被头里面。那时楼房墙壁上和大橱上的枪洞也有很多。幸好我母亲是背了好几床被头下楼，被子是叠起来的，因此没有穿透被头，不然就没命了。

---

① 具体征用部门为上海工事构筑委员会，有几份档案反映了这一事件，现择取其中的两份加以介绍。
以下为公函一：信纸为"上海工事构筑委员会"。
事由：上海工事构筑委员会代由
受文者：上海木商业同业公会陆理事长
正文：
一、本会为赶筑上海警备工事，所需木料，除购备部分已尽发各地区使用外，尚差二百万尺。
二、为应急起见，已饬材运组向沪市各木行依量征用，至折付价款，抑［仰］发还现品，并饬向本会陆顾问根泉（住圆明园路一六九号）洽办。
三、特电查照。
兼主任：陈　　　日期：民国卅八年元月卅一日
驻地：上海市溧阳路京沪中学内
以下为公函二，信纸为"淞沪警备司令部上海工事构筑委员会材运组用笺"。
径启者：
一、本会为工事急需以洋松向
贵会掉换杉木，除已由
贵会办妥者外，不敷之数，因工事赶速进行，需用之亟。
二、此项不敷之数，奉
令即由本组派员径向未曾换掉之木商直接洽换，不再行之
贵会，以免公文周转延误。
三、相应函请
查照为荷。
此致
上海市木商业同业公会
淞沪警备司令部上海工事构筑委员会材运组　启
中华民国卅八年三月九日

何建木：您能不能讲讲你们家在新中国成立初期的情况呢？

俞昌泰：还是先跟你讲讲我父亲在抗战期间所考虑到的养老的打算吧。我家的房子在曹家渡五角场，康福里有个房子。1943 年，就是我第一次回家乡的前一年，有个日本鬼子被打死了，日本鬼子就封锁了五角场，所有弄堂不许人进出，给你拴在里头，这事是突然之间来的，一般家庭存粮有限，几天后就有人饿死了。邻居也不会把粮食给你吃，因为他们也不知道什么时候会解除封锁。我大哥、二哥和我母亲都被关在里头，眼看着粮食越来越少，我父亲没有办法，拿钱买通了伪警察，在晚上偷偷把我们接出去，当时别人讲，不知道以后还会遇到什么事情呢。为了以后有个退路，因此就想到回到乡下。我父亲1943、1944 年的时候回去买了几亩地，连祖先的产业，总共就有十一亩三分地，这十一亩地对于后来我们的人生也产生了重要影响。

我大哥是新中国成立后才从乡下走出来的，先到人家当学徒，1950 年参加解放军的军政大学，在部队气象台工作，大概工作了十几年，转业到甘肃糖业烟酒公司工作，直到退休。我二哥因为表现积极，高中毕业之后留校当辅导员，后来到上海外国语学院上大学，学俄语，随后到部队当兵。再后来中苏关系恶化，觉得俄语没用，改学英语了，成为高级工程师，现已退休在杭州。我是在 1951 年初当兵的，1952 年回来，进上海中学上学，1957 年考入中国医科大学，毕业之后分配到青海一家医院工作，因为我们家的成分不好，只能分配到青海这种偏远地方。后来我就回到上海，就等于失业了，先在纺织厂工作，1984 年干本行进医务室工作，直到退休。我妹妹也是医科大学毕业的，毕业后到浙江湖州人民医院上班，当上了主任医师，直到退休。我们家戴右派等帽子的倒是没有一个。这些就是我们家几个子女的情况。

何建木：作为一个徽商的后代，您认为你们同家乡徽州之间的感情还存在吗？作为上海移民，你们对家乡的感情已经彻底断裂了，还是对家乡依然有深厚感情？

俞昌泰：尽管家乡我不是很满意，但我对家乡感情还是很深的，特别是我在深入探索我的家史以后。我大哥娶的老婆就是婺源人，由于姻亲关系，所以也还是有些感情。我父母亲都是婺源人，我大哥的妻子和我母亲都是婺源孔村人。我父亲曾经带过十来个学徒的，投我父亲门下的，先后有孙开济（孙海）、王茂林、金镇中、吴烈华、钱云清、孙开趣、戴昌龙、王鉴湖和俞开创等，不下十人之多[①]。我大哥带着他一家人，回过一次婺源，我在1999年也带着老婆回过一次婺源。总之，从我们一辈来说，对祖上有情谊，这在对待我整理家谱的态度上就可以表现出来。个别人对家谱漠视，但愿他们今后不要因为一包烟而去挖自己的祖坟，我太公的坟就是被这样一种人扒掉的。

我们家50年代划分的成分是工商地主，这个成分是由婺源乡下划分的，因此把我们家的土地财物都没收了。当时据说只要有八亩地就被划为地主。我在婺源县城碰到秉魁[②]的大女儿，她就跟我说，"你妈妈做了件大空事，从老远地方搬点东西，来给村里人分了。"她所讲的，就是十来亩田地被没收、从上海拿回来放在祖屋的一点财产也被没收的事情。婺源当地有个谚语说"八山一水一分田"[③]，田地显得非常少。

何建木：您认为在你的一生中，父母亲对您影响最大的方面是什么？

俞昌泰：我认为我父亲对我最大的影响有两个：一个是节俭和诚信，另外一个就是徽商的骆驼理念。我说的骆驼理念，就是吃苦耐劳、坚韧不拔的工作精神。

何建木：您对新中国成立后你家木行的情况讲得比较少，能否详细讲一讲呢？

俞昌泰：新中国成立后，我家的木行就变成公私合营了。公私合营后，父亲成为新华路木材店的一员。我记得我父亲被分配在延安路和江苏路附近的地

---

① 孙开济，西冲隔壁村落读屋泉人，学徒后数年，自立门户，在普陀区开设木行，详见前注。王茂林，婺源南乡梅林人，新中国成立前即回婺源。金镇中，西冲隔壁村落延村人，新中国成立前回婺源。吴烈华，浙江平湖人，其后亦帮其他木行做生意，新中国成立后在建材商店（木材店）当职工，1993年去世。钱云清，江苏无锡人，其后亦帮其他木行做生意，随后曾到解放区做新四军，新中国成立前夕返沪，新中国成立后分配至上海电机厂（在今闵行区）工作，1989年去世。孙开趣，读屋泉人，开济之堂弟，曾参加蒋经国的"戡乱大队"，1949年去台湾，90年代初回上海，在南汇区置有房产，晚年亦多次返回婺源，本文口述者俞昌泰曾在读屋泉村中见过此人，现仍健在。戴昌龙，浙江宁波人，亦曾参加"戡乱大队"，1949年去台，1992年去世。王鉴湖，西冲隔壁村庄黄余源人，因其为独子，故新中国成立初即回婺源，现仍健在。俞开创（1933—1989），其父名仁圣，俞昌泰之堂叔，过继给房叔崇祥为嗣，后全家定居上海，新中国成立后在建材商店（水泥砂石店）当职工，1989年因癌症去世。
② 俞昌泰的族伯，同属本仲支孙，学名仁蔚，乳名秉魁。
③ 原文应该为"八分半山一分田，半分水路和庄园"。

　　　　　　　　　　　　　　　　行走于黄山白岳之间：徽州研究论文选集

方，管理一个小仓库。公私合营之后，他的定息是两千多块钱，分期付给我父亲。当时我父亲的工资有六十六块钱，我母亲没有工作。

何建木：您觉得拿六十六块工资的时候，您家的生活水平比起新中国成立前如何呢？

俞昌泰：那个时候的生活水平，除了三年自然灾害之外，当然是稳定了许多，不再那么动荡了。

何建木：您父亲在新中国成立之后的生活有没有很大的改变？

俞昌泰：我父亲吗，还是老样子，生活比较有规律。晚年主要是待在家里，保养得也好，所以才能活到1989年，差点成了世纪老人。

何建木：新中国成立前那些老师傅、老伙计都到哪里去了，他们的命运如何，您知道吗？

俞昌泰：他们大多回到乡下了，也有些留在上海的。新中国成立初期，我家木行主要的、固定的人力，除了我父亲之外，还有四个人，一个是我堂兄俞开流，一个是学徒，就是俞开创，两个是师傅，这两个师傅是干体力劳动的。俞开创算是工会的积极分子，后来他转进建材店，卖水泥黄沙等。两个师傅，一个在新中国成立前曾参加过保安队，被遣送回乡，另一个不知去向了。

何建木：您家里现在是不是还留存有一些关于木行经营情况的文字资料呢？

俞昌泰：没有了，哪里还能保留到现在，都烧掉了。

何建木：太可惜了。你们在新中国成立后，政府给你们分过房子吗？

俞昌泰：是的，国家给过我们房子。这个时候已经是50年代初了，国家为解决城市排水困难，征用万航渡路住地建立泵站，于是全家搬迁到愚园路1112弄20号3楼。房子挺好的，是别墅区的洋房。虽然条件好了许多，可是一层楼面里住了五六家，很多人家挤住在一起，邻里关系也较为紧张，经常发生矛盾，比如争地盘吵架等等。上下楼梯使我母亲的体能负担加重，因为我母亲是缠足的。尽管如此，她还是关心家里的每个成员，操持家务，为我父亲分忧，一如以往。常年的勤劳，使她积劳成疾，又遇到"文革"期间无休止的各种运动，经常胆战心惊，加重了精神的创伤，终于在1969年因为高血压、动脉硬化，并发脑溢血，跌倒在家，即转同仁医院，抢救无效去世，较早地离开了人世，享年 68 岁，葬地祖籍西冲，与父亲同墓。与父亲的天年相比，整整差了 20 年。我父亲为了我们全家的安稳生活，受尽了人间辛酸，不断抗争外界的压力，使我兄弟姐妹都能顺利成长。

何建木：你们家庭在新中国成立前后曾经受过什么挫折没有？

俞昌泰：新中国成立后对私营工商业者曾有过一次评议，当时分"守法户"、"基本守法户"、"违法户"和"严重违法户"四种。因为我二哥思想比较积极，经常对家里进行监督和警示，因此我们家被评为"基本守法户"。新中国成立前，上海常有传染病发生，我的脑海里面记得最多的是伤寒和霍乱。我父亲在 40 年代初得过一次伤寒症，差点丧了命，我母亲就求神拜佛，结果好了起来。当时青霉素和磺胺这些消炎药的价钱都很贵，没有什么好药，当时除了伤寒、霍乱之外，肺结核也没有办法处理。我父亲生病时，以中医治疗为主，由于他自身抵抗力比较好，所以身体才恢复过来。我母亲在 1952 年也无故生病，全身无力，不思饮食，病了大约一年多，骨瘦如柴，遍访名医，都不得要领，全家已经为她准备了后事，据说还是经过烧香之后，才时来运转，慢慢起色的。究竟如何好起来，现在已经无从查考，不过我认为可能是思念过度的癔病造成的。现在医疗条件已经非常好，很多传染病都被控制住了，这些病在城市里不容易发生了。

何建木：您认为，现在再回忆你们全家在民国时期以及更后来时期的生活，对于你们全家而言有什么意义？同时，您认为从像您父亲这样的徽商身上，我们能够学习到什么呢？

俞昌泰：世上的事物，总是处在不断运动之中，生死无常，命运也无常。1989 年，父亲临终前就嘱咐我："等我故世后，将骨灰盘回乡下，与你母亲放在一起，有时间常回去看看，顺便也可以到西冲走走。"可见我父亲至死也没有忘记那块生他养他的土地。1989 年元月十八日，我父亲在上海万航渡路 1486 弄 19 号 404 室病故，享年九十三岁。我们应该做的是怎么才能更加合乎他老人家的意愿。我觉得，人是一种有理念和感情的动物，只有安排好他们的后事，给儿孙们作个榜样，他们也才能得到后人的尊重，这个也是我父亲和我这一辈持有的相同观点。我在 1990 年清明节，将父亲骨灰盒运回婺源县思口乡，与我母亲同墓。我在 90 年代也经常回婺源扫墓，我们是几个兄弟姐妹轮流回乡扫墓的。在 1999 年，我回乡扫墓。2000 年，又同家乡的亲戚商量迁坟的事情。后来在 2000 年 9 月白露节，回到婺源的乡下，将我父母亲的坟墓从思口乡迁回到西冲村的冲头岭，也迁徙了我祖先士荣公和俊礼公的坟墓，将他们所有人都安置在一起。我也在祖坟旁边为自己安排好了葬地，我在身后也会回到家乡的。

我们徽州人是讲究叶落归根的，这就是在变化很快的时代里我们所拥有的慎终追远的感情了。我想这也是很重要的。我父亲的各种品质，对我的人生产生了影响，我希望我自己的子孙后代也能够发扬徽骆驼精神，将我父亲等一代徽商的优秀品质代代相传，保留下去。

（原载《史林》2006 年第 4 期）

张王、太子及相关诸神

——徽州文书所见民间诸神信仰

陶明选

内容提要： 本文以徽州文书为主要资料考察徽州民间信仰问题，一方面对徽州的太子神做出考证，认为通真太子即张巡，但在徽州又普遍存在着二者并祀、不同太子神共同信仰的现象；另一方面，在徽州民间，不仅存在张巡之多种称谓，而且存在以汪华之子为通真太子的情况。这些，均反映出徽州民间诸神信仰的多重性与复杂性。在此基础上，进一步分析指出：以汪华之子为太子神的主要原因在于徽州汪华信仰的普遍性和影响力。徽州民间诸神崇拜形成的功利目的在于神祇具有的"捍患御灾"功能，徽州人物成神的根本标准则是人物符合忠孝节义的儒家准则，因而徽州民间诸神具有儒神的特色。

徽州民间的诸神信仰极其广泛，本文主要利用徽州文书，[1] 以张王和太子神为主要考察对象，研究二者及与之相关的汪华、八相公、九相公、昭明太子等

---

[1] 利用徽州文书研究民间信仰与社会习俗，王振忠教授的研究成果较多，有《徽州文书所见种痘及相关习俗》(《民俗研究》2000 年第 1 期)，《清代徽州民间的灾害、信仰及其相关习俗——以婺源县浙源乡孝悌里凰腾村文书〈应酬便览〉为中心》(《清史研究》2001 年第 2 期)，《迎神赛会与地缘组织——明清以来徽州的保安善会与"五隅"组织》(王振忠：《明清以来徽州村落社会史研究》) 等，另参看其专著《徽州社会文化史探微——新发现的 16—20 世纪民间档案文书研究》有关章节。此外，相关论文还有唐力行、王健《多元与差异——苏州与徽州民间信仰比较》(《社会科学》2005 年第 3 期)，夏爱军《明清时期民间迎神赛会个案研究——〈祝圣会会簿〉及其反映的祝圣会》(《安徽史学》2004 年第 6 期) 等。

神灵信仰的一些问题。

一、徽州太子神考

与其他神灵信仰相比，徽州普遍存在的太子神信仰有其复杂的一面，不仅徽州各地存在着不同的太子神，而且还同时存在着诸如张王神和三太子神的同一神灵的不同名称，黟县和绩溪的太子神信仰即如此。

（一）黟县两太子神考

黟县的两位太子神指通真三太子和昭明太子。两太子之间以及通真太子与张王之间均有一定的关系。因此，搞清它们之间是否确实存在某种联系，这有助于我们厘清太子神信仰的真实一面。

1. 张巡与通真三太子

明清时期，在黟县的民间信仰中，既有张巡的信仰，又有三太子神的信仰。张巡即张王，在江淮等许多地方有相当普遍的信仰。嘉庆《黟县志》载："张公巡为太子舍人，西安糖坊街有宋碑称张巡为三太子，黟人祀张公巡，又祀三太子……"[①]据此，张巡，或称三太子，或以张巡和三太子为二者。

对此，俞正燮的《癸巳存稿》则言："黟记，唐封中书舍人通真三太子，即唐张巡也。"其所据者四：一，明《咸宁县志》云："通真太子庙在安远门东街，祀唐忠臣张巡，洪武十三年建。有《记》"；二，嘉靖时咸宁胡传《珍珠船》云："陕西会城糖坊巷有太子庙，所祀乃唐张巡。庙碑云，唐尝赠巡为通真三太子"；三，《山西通志》云："平阳府晋山书院，即三太子祠"；四，《唐书·张巡传》云："开元末，擢进士，由太子通事舍人出为清源令。"[②] 由于张巡在全国具有较为广泛的信仰，俞氏所据史实亦较为宽泛，而未仅局限于黟县史乘。由此可见，三太子乃通真三太子之简称，或直接称作太子，其缘起应是张巡在唐代

---

① 嘉庆《黟县志》卷三《地理·风俗》，"中国地方志集成"，安徽府县志辑第 56 册，第 59 页。
② （清）俞正燮：《癸巳存稿》卷一三《唐通真三太子神》，商务印书馆 1957 年版，第 406 页。

张王、太子及相关诸神　　　　　　　　　　　　　　　　　　　　　105

时曾任中书舍人通真三太子一职。三太子乃官职之名，而非帝王之胄所指。

关于张巡的生平事迹，除《新唐书》等史书记载外，徽州文书中亦有类似内容。《清末民初胡庆贵办抄本》中有光绪乙酉年（即光绪十一年，1885年）寄云山人吴同书氏所撰《诸神事迹考》，曰："考《唐书》，神讳巡，邓州南阳人。初为真源令。安禄山反，起兵讨之。继又与许远同守睢阳，以忠义厉其下，身经四百余战，士皆用命，力竭，遣救不至，不屈死。论者谓其婴守孤城，使得江淮得全财赋，以济中兴，唐室再造，皆此之力，所谓守在一隅，而功及天下者也。"① 可见张巡功勋卓著。其后之"附封号考"则进一步指出：

> 陕西塘坊街张公祠有宋碑云：唐张巡为三太子，此当因公曾官太子通事舍人而误。又《新安名族志》云：胡氏有李胡，唐徽王之后。徽王为武后所害，其子通真、通灵，匿于民间，此通真三太子，所由为伪也……②

此处的黟县文书资料证明了俞正燮的判断，并且指出了陕西塘坊街张公祠宋碑以及邑志所载有误，致误之由在于张巡于唐时曾封为太子舍人官。亦正因为如此，《诸神事迹考》中径称舍人神，或云唐张睢阳之神，"以其曾为太子通事舍人官，故称如之"。并由此得出结论："按上所辨封号，据今开山旗直书唐封给事中中书舍人、通真三太子，与上颇有符合处，所以疑是张睢阳之神也。"但作者寄云山人对此并不确定，只是以"疑是"来作为并非肯定的判断，并一再声明"或曰是别有神，子［予？］特未之考耳"，"如曰不然，须再详之"，"舍人神尚在疑似间，所望后之君子，博考参稽以匡不逮焉。"③

今查程尚宽《新安名族志》并无"徽王为武后所害"的记载，俞正燮在《癸巳存稿》之"唐通真三太子神"条则曰："又陆锡明《新安氏族考》云：'唐新安郡王李徽，武后时，为酷吏罗织死。有二子，曰通灵，曰通真，亦与

---

① 清末民初胡庆贵办抄本《黟县二都四图胡氏文书》，刘伯山主编：《徽州文书》第1辑第1册，广西师范大学出版社2005年版，第416页。

① 清末民初胡庆贵办抄本《黟县二都四图胡氏文书》，刘伯山主编：《徽州文书》第1辑第1册，广西师范大学出版社2005年版，第416页。
② 清末民初胡庆贵办抄本《黟县二都四图胡氏文书》，刘伯山主编：《徽州文书》第1辑第1册，第417页。
③ 清末民初胡庆贵办抄本《黟县二都四图胡氏文书》，刘伯山主编：《徽州文书》第1辑第1册，第416—418页。

其难。国人哀之，为立太子堂。'"并指出黟县所祀三太子与徽王无关："黟祀三太子，亦于徽无与也"。^①由此，《清末民初胡庆贵办抄本》之谓《新安名族志》疑为《新安氏族考》之误，且言词亦有出入。因而，文书资料虽然是第一手史料，以其原始性、真实性而在当前的徽学研究中备受重视，但是我们亦不能过于迷信文书抄本，文书在传抄过程中出现一定的衍误很容易发生，因此，我们应当在加以严谨的研究与分析之后，再作出较为恰当的判断。

由此观之，虽然黟县存在张巡和三太子分别祭祀与信仰的情况，但是，不可否认，它们之间确实有一定的联系。

2. 昭明太子与通真三太子

前揭之《癸巳存稿》，于通真三太子考证精细，不仅分析"致误之由"，而且一一指出，非昭明太子、清源之子、徽王之子。譬如，关于以昭明太子为三太子之讹误，俞氏考之曰："宋赵彦博知池州，作《昭明太子事实》二卷，庙食于池，元祐时，赐额文孝。黟自有文孝庙，由贵池秀山来。《墨庄漫录》所谓英济王封于唐开成时者，此自通真三太子，非昭明英济王也"。由此，昭明太子信仰的传入乃由贵池而来，后渐与通真三太子混为一谈。

嘉庆《黟县志》载有"祀梁昭明太子萧统"的文孝庙，^②昭明太子之神由贵池传入黟县的时间应在嘉庆之前。《清末民初胡庆贵办抄本》录有《诸神事迹考叙》，其中有言："我乡诸乡辈之祀梁昭明太子诸神也，创始于国初年间，历今已二百余年矣。"可见，昭明太子神在清初已由池州传入当地。由于黟县二都四图位于县域之西部，基本与池州接壤，因而，可以认为昭明太子之神传入当地的时间即其传入黟县的时间。另外，此"叙"系由奇云山人吴同书撰于"光绪乙酉仲夏月"，光绪乙酉年即为光绪十一年（1885），二百年前为康熙二十四年（1685）。由此，黟县传入昭明太子之神的时间当在1685年之前的清初。

《诸神事迹考》中亦同时列有梁昭明太子，^③且有"附谥封考"，其所据乃嘉

---

① （清）俞正燮：《癸巳存稿》卷一三《唐通真三太子神》，第406页。
② 另外，见于道光《徽州府志》还有祁门的昭明祠、歙县的昭明庙。
③ 该文书据《梁书》、《南史》所载生平事迹：昭明太子生而聪睿、性宽和、尝赏无倦，及薨，四方之人"闻声哀恸"。清末民初胡庆贵办抄本《黟县二都四图胡氏文书》，刘伯山主编《徽州文书》第1辑第1册，第412—414页。

庆《黟县志》。考曰："太子本谥昭明。《文献通考》云：宋仁佑间，赐庙额文孝，越乾道、嘉泰，累封文孝、英济忠显灵佑王，并封神，从庐康二将军。明洪武三年，厘正祀典，仍号昭明太子。……"并且又据县志，考昭明称号之变化曰："又按《周书》：萧詧，昭明太子之第三子……太祖立詧为梁王，居江陵东城，资以一州之地。詧仍［乃］称皇帝于其国，年号大定。追尊其父为昭明皇帝，庙号高宗。故文孝庙今俗亦称高宗庙……"将上述文书所考内容，对照以嘉庆《黟县志》，我们可以看出二者内容相近，唯文书中言词有所精简。

然而，文书所删减内容，有两处需要特别指出。其一，嘉庆《黟县志》在考证昭明太子之后，有曰："庙俗传中秋日太子诞辰也。"可见，祭祀昭明太子的文孝庙以中秋作为太子诞辰。其二，县志对昭明太子名称变化考证后，进一步指出祭祀昭明太子之庙亦有不同的名称，"宏［弘］治《（徽州）府志》：歙西昭明庙即梁高宗也，里人谓郭西九郎庙，盖池州之郭西有九郎庙，此其行祠也。"① 歙县昭明庙亦如池州又称九郎庙，这亦进一步证明了池州昭明太子信仰对黟县、歙县等徽州地区的影响。② 另外，需要指出的是，九郎的称呼有点奇怪，新安江流域有八郎庙，八郎和九郎似与八相公、九相公有关。这种现象正说明徽州存在昭明太子与九相公在信仰上的相互影响乃至可能出现混淆的情况。③

因此，昭明太子不同于通真三太子。如嘉庆《黟县志》、《癸巳存稿》等所言，黟人亦两太子各祀。总之，在黟县，张巡即为通真三太子，而昭明太子与通真三太子乃截然不同之两者；但是，作为信仰的既奇怪而又实属正常之处是张巡、通真太子、昭明太子在黟县均有信仰与祭祀。这种现象反映了徽州民间信仰的多重性与复杂性。

（二）绩溪太子神考略

绩溪县亦以张巡为太子。对此，《绩溪庙子山王氏谱》有极其翔实的考证，

---

① 嘉庆《黟县志》卷一一《政事·祀典》，"中国地方志集成"，安徽府县志辑第 56 册，第 363 页。

② 由此，昭明太子的信仰亦非局限于黟县。黟县、歙县之外，休宁亦有之。明代休宁人吴子玉《白岳山文昌君像记》云："以昭明太子大神之光烈亲饰，躬极虑奉祀，为士民蒙嘉生、臻文瑞"（（明）吴子玉《大鄣山人集》（吴瑞毅集）卷二四《记部》，"四库全书存目丛书"，集部第 141 册，第 528 页）。同时，从中亦知休宁信仰昭明太子的时间更早。

③ 有关汪华之子八相公、九相公等，详见下文的相关论述。

指出绩溪七都原有太子会，"太子俗以为汪华子，实则唐张巡之沿误"。①

　　该族谱首先从两个方面证明太子非汪华：一是，据宋胡伸《越国公行状》，华虽建吴国称王，以天瑶为右相，铁佛为左相，然未久即奉表归唐。《汪氏谱》载汪华有九子，② 然而，终唐之世决无有敢称其子为太子者。俗云："一二三太子，四五六诸侯，七八九相公"，均无稽。而且，"各家著录于华子均未有太子之称"。二是，史书所载，历代封王皆为汪华，并无汪华之子受封，③ "或二字或四字或八字，皆及华而止，亦无太子之目"，是以华子为太子实无依据。

　　再者，该谱从两方面考证太子舍人为张巡：其一，据《新唐书·张巡传》，张巡曾官太子通事舍人，在当时，其称谓"太子"不敢在姓名下直呼，不是称张太子舍人，而曰太子张舍人。杜甫诗题《太子张舍人遗织成褥段》是也。然而，"五代迄宋，历年既久，传闻遂讹，乃脱下三字而误称为太子。然张氏与李唐无关，求其说不得，遂误以太子为为（疑衍一字）唐时所封。陕西糖坊街张公祠内有宋碑载唐封张巡为太子是也（《黟县三志》亦载此说），是误以巡为太子，在宋已然。历元明清迄今沿袭未改"。这里，族谱区分了太子和三太子。三太子或太子舍人乃张巡所任官职之名。其二，再以本乡各村会期证之，尤确可据信。"张巡相传为七月二十二日生，各地方志往往均有此记载。汪泽注《高孝本绩溪杂感诗》亦云：七月二十五日前三日为睢阳寿"，故八都即于是日迎太子出会，出会必演剧，而邻近十余里内各村若同时出会，演剧必互相冲突而不能遍观，因此，"五都则提前于二十日出会，六都六棚又提前于十八日出会，而汪村前坦头则逢闰月之年于六月出会，必以闰年六月者，其始必闰月在六月以前，六月亦七月后，乃不论闰在何月均出会耳"。④ 以此证明太子乃为三太子之讹传，三太子，或太子舍人，即张巡。

---

① 《绩溪庙子山王氏谱》卷九《宅里略二·风俗·迎神》，上海图书馆谱牒中心藏。
② 传为建、璨、达、广、逊、逵、爽、俊、献九子。（《绩溪庙子山王氏谱》卷九《宅里略二·风俗·迎神》）。
③ 政和七年封华为英济王，宣和四年封显灵英济王，乾道四年封信顺显灵英济广惠王，嘉定四年封昭应显灵英济广惠王，淳祐八年改封昭应显灵英济威信王，十二年封昭应广灵显德英烈王，宝祐二年封昭应广佑显圣英烈王，六年封昭忠广佑显圣英烈王，德祐二年封昭忠广仁武神英圣王，至正元年封昭忠广仁武灵显王，洪武四年颁给昭忠广仁武神英圣王祠榜文。（《绩溪庙子山王氏谱》卷九《宅里略二·风俗·迎神》）。
④ 《绩溪庙子山王氏谱》卷九《宅里略二·风俗·迎神》。

据此，得出结论："则太子为张巡无疑。"并进一步指出，"夫隋炀无道，一时起兵见于隋本纪者四十余辈，爨不及析骸，食未遑易子，天下之乱极矣。环歙诸地皆为豪力所暴劫。华以偏裨崛起歙州，东击宣而南下睦、婺、饶，保五州之民以安居乐业者十余年……崇功报德，祀之固宜，惟其名称应改正"。①因此，不能因汪华之功而妄加其子以太子之名。

绩溪的太子神信仰并不局限于上面所反映的七都范围之内。晚清著作《陶甓公牍》有关绩溪的《神道》，所列首为"太子菩萨"，详曰：

> 西北乡皆崇此神，五都、六都、八都香火最盛，或结数社，或结十数社，而为五朋六朋（俗以朋为会），按年轮值，正月则同以元宵日迎神赛会演剧，七月则六都十八日，五都二十一日，八都二十五日迎神赛会演剧，进香者以千计，妇女跪拜焚纸箔者无算。②

上述材料显示，绩溪的诸多地方信奉太子神，并且每年两次迎神演剧，热闹非凡。南京大学历史系所藏绩溪仁里《太子神会簿》所载录与之类似，在这里太子神的信仰结成会社的组织形式，该会每年办祭两次（极少情况为一次），多在正月初一（后改为十七）和八月廿五进行：

> 立合议西隅胡、唐二姓人等，今因本隅有太子神会，自乾隆年间起例，至今四十余载，无有异言。讵因近年以来，人心不一，各怀异见，以至递年积息出入等项，往往徇私，擅行无忌。若不重新相议，将来异弊百出，不日将散。是以二姓人等重新邀集合议：其递年积息出入等账，值首者轮流挨管。当各体公心，毋得私自徇私，擅得借贷。其在会内人等，亦毋得恃强欺弱，推恶利己，致生嫌隙。自议以后，如有违拗者，众议斥出，永远毋许入会。今欲有凭，立此合议为用……③

---

① 《绩溪庙子山王氏谱》卷九《宅里略二·风俗·迎神》。
② （清）刘汝骥：《陶甓公牍》卷一二《法制科·绩溪风俗之习惯·神道》，《官箴书集成》第10册，第622页。
③ 《太子神会簿》，南京大学历史系藏。

由此，绩溪县之太子亦为张巡，而非所谓汪华之子。^①当然，绩溪亦是既有太子神信仰，又有张巡信仰。如，《陶甓公牍》载《岁时》曰："……是日（上元日）西北乡有太子会，灯剧尤甚……（闰年六月中各村）祀五方神，并祀张睢阳殉难诸神，名曰善会……（七月）十八日西北乡六都有太子菩萨会，烧香者以数千计，五都于二十一日，八都于二十五日……二十三日为张睢阳诞辰，坊市分五土之色制花灯，遍游三夜，日出瘟车以驱疫疠，近城一带村坊行之……"^②这种现象同样反映出徽州民间信仰的多重性。

二、关于张巡之称呼

前文已揭，张巡有舍人神、张睢阳之神、通真太子、三太子等之称呼。此外，亦称张王、张帝、东平王等。万历《歙志·风土》中有"张帝"之名，^③清乾隆时人吴梅颠所撰《徽城竹枝词》有"张王"、"东平王"之名：

> 七月廿五赶会场，苏村领［岭？］上拜张王。毗邻州县人多到，血食都言胜别乡。
>
> 水南乡俗作重阳，挨赛东平忠靖王。不用裹粮多裹粽，麻酥还有敬与糖。^④

---

① 嘉庆《绩溪县志》卷七《祀典志·乡祀》（"中国地方志集成"，安徽府县志辑第54册，第458页）载有"通真行祠"，共6所，亦以明郡守陆锡明《新安氏族考》为准，认为该祠是为祭祀唐新安郡王李徽之二子通真、通灵，"死武崇烈之乱，国人哀之，为立太子堂"。可见，绩溪的太子信仰与黟县类似，推而广之，整个徽州亦大约如此（如吴梅颠《徽城竹枝词》有曰："通真封号兴通灵，三四排行太子神。捍患御灾最灵感，多将香木肖其真。"）同时，从中亦见信仰之复杂多样。

② （清）刘汝骥：《陶甓公牍》卷一二《法制科·绩溪风俗之习惯·神道》，第618—619页。

③ 万历《歙志》卷五《风土》，万历三十七年（1609年）刊本。

④ （清）吴梅颠：《徽城竹枝词》，转自《徽州文献与〈徽人著述叙录〉的编撰》，安徽大学徽学研究中心：《徽学》2000年卷。

第一首中的"张王"，原诗夹注曰："东平忠靖王张睢阳也"。由此，张王即张巡，或称东平忠靖王，或径称东平王。譬如，《新旧碎锦杂录》中抄有一份《七月廿四五日东平王出会帖式》：

谨詹本月廿^四_五日敬迎
东平王尊神，恭请
　　光降，伏祈早临是幸。
　　　　△处△△堂拜具。①

这显然是歙县某堂（指某姓祠堂）出具的迎神赛会的出会帖式。可见，民间对张巡的称呼，既有称"帝"又有称"王"者。而"七月廿五"和"水南乡俗"则恰与上述之出会帖式叙及的时间、地点相吻合，可见，在歙县各地，东平王的迎神赛会应当颇为普遍。这从歙县人方宏静的两首诗纪有关张睢阳的赛神会，亦可得以证明：

英灵世不忘，俎豆俗相将。市散横塘叶，灯交列宿老。江淮存旧烈，耆老赛新凉。缅忆髫年日，肩随十里香。

百战英声在，千秋祀事仍。竟将七宝叶，散作九华灯。正直宁为厉，妖夷若有征。如何唐室造，犹使贺兰兴。②

在上述诗前另有小序曰："里中祀张睢阳，岁七月二十五日夜以荷叶灯赛神，两市辉连如元夕，不知其所始也……"赛神之时间与前述一致，亦与《绩溪庙子山王氏谱》、《陶甓公牍》所载太子会、张睢阳诞辰之灯会举行的时间基本吻合。

另外，在休宁人程敏政所编的文书抄本《祈神奏格》中，有《请真君》、《请众神》等许多科仪拜请之神涉及东平王，其中"真君"即"东平真君"，科

---

① （清）葛韵清：《新旧碎锦杂录》抄本，王振忠藏。
② （明）方宏静，或作方弘静：《素园存稿》卷六《五言律诗》，"四库全书存目丛书"，集部第121册，第101—102页。

仪中则详称为"东平忠靖成德景佑张真君"或"东平忠靖成德景福圣佑张真君"，并同时列有"通真威灵三太子"。[1]《茗洲吴氏家记·社会记》则有"敕封护国通天达地感应张一侯王"之称。此外，还有张王神的称呼。[2]

在徽州的许多村落，均有所谓的"双忠庙"或"忠烈庙"，此乃祭祀张巡和许远之所。杭州人许远亦是唐朝安史之乱时、与张巡并肩作战而牺牲的英雄。同为战神，同庙祭祀。双忠庙不仅局限于徽州，它甚至遍及大江南北，信仰十分普遍。在徽州，他们既是作为战神的英雄人物的信仰与崇拜，亦是各自的祖先信仰与崇拜。由此，张巡得以称王称帝的原因在于一个"忠"字。

综上可见，张巡在徽州民间的称呼较为繁多，既有舍人神、张睢阳之神、张王、张帝、张一侯王、东平王、东平忠靖王，又有通真威灵三太子、通真太子、三太子、太子等称呼，[3] 在民间的信仰较为普遍，且大多同时存在张王和太子神之信仰。从徽州民间对张巡信仰的不同称呼，我们亦可看出民间信仰中神祇称呼的多重性与复杂性，从而认识到徽州民间信仰的多样与纷杂。

三、误以汪华之子为太子神之由

在徽州，为什么会出现以汪华之子为太子神的情况？[4] 此种现象颇为耐人寻味。笔者以为，这可以从以下两个方面进行解释。

其一，徽州汪华信仰的普遍及其影响力，以及与张巡相近的时代与相似的功绩，使得人们容易产生误解，既然汪华为汪王、汪帝，那么其子就自然而然

---

[1] （明）程敏政：《祈神奏格》乐卷，上海图书馆古籍部藏。

[2] （清）俞正燮：《癸巳存稿》卷一三有《张王神》条，第406—408页。

[3] 此外，在江淮等地，张巡还有水神、瘟神、青魈菩萨、东岳押案等称呼，多为附会传讹之名。据明程敏政：《祈神奏格》乐卷《请真君》言其"镇肃一方之瘟疫"；清刘汝骥：《陶甓公牍》卷一二，绩溪县八都亦于七月二十三日之张睢阳诞辰，制花灯，遍游三夜，"日出瘟车以驱疫疠"；而近人许承尧：《歙事闲谭》卷二则载有黄白山《一木堂诗》曰，于张许二公，"末俗传讹，谓神司瘟"。可见，在绩溪、歙县等地亦有以张巡为瘟神之说。

[4] 关于汪华及其诸子的考述，参见郑力民《徽州社屋的诸侧面——以歙南孝女会田野个案为例》，《江淮论坛》，1995年第4、5期。

地变成"合法"的太子了。同时，不可否认人们的地方心理因素，存在以地方神汪华之子而非外来神张巡为太子的微妙心态。

对于汪王、张王在众神中的位置，万历《歙志》有这样的一段记载：

> ……乡之有社祭先啬祝丰年，此农事耳，大都以社稷为主，其次则程忠壮、汪忠烈，是皆生为本乡英杰，殁为本乡明神。又次则关公，海内皆祀之，邑中亦多为之祠。至张许二帝，与周翊应侯，诸凡敕赐庙额，列之祀典宜也……①

在歙县的祀典之中，受明朝统治者重视的社祭，其重要性理所当然。除此之外，在历史英雄人物的信仰之中，前三大人物为汪华、程灵洗、关帝。汪华和程灵洗"皆生为本乡英杰，殁为本乡明神"，作为徽州乡土神而备受崇奉与信仰。关帝则以其为"忠义"化身而广为包括徽州在内的各地民众普遍信奉。此三者，在整个徽州信仰普遍，可以作为第一层次的英雄人物信仰。至于张巡、许远二帝以及周翊应侯，只是应该"列之祀典"，在众神之中，属于第二层次的神灵。因而，汪华、张巡等神灵在众神中的地位不同，总体上看，汪华的地位高于张巡。

在徽州，汪华的信仰极其普遍。作为徽州的乡土神，越国公汪华与忠壮公程灵洗一样，同为徽州最主要的英雄人物信仰。就汪华而言，南宋的罗愿在淳熙《新安志》中有较为详细的考证。越国公汪华有保障六州（歙、杭、睦、婺、饶、宣）之功，自唐以来，历代加封，已见前揭。"国朝初定江右，神兵助顺，蒙颁榜以严祀事。洪武四年封越国汪公之神，命春秋祭祀"。② 对此，歙县《越国汪公祠墓志》附有乾隆十二年（1747）四月二十九日之"江南江宁安徽等处承宣布政司正堂陈（文）"，内容极其详细，"明洪武初大正祀典，一切淫祠报罢，徽之所存惟越国汪公及忠壮程公二庙"，对汪王庙，"特颁汪王庙榜文禁示亵渎，凡汪王坟墓庙祠五处税亩，历朝免征"，乾隆五年（1740），复

---

① 万历《歙志》卷五《风土》。
② 《越国世子汪氏正脉》卷三《忠烈庙唐宋元诰敕碑跋》，上海图书馆谱牒中心藏。

奉旨支存公银以修葺汪王祠墓，其目的乃为"将来祀典不替，神人均戴德于不朽矣"。①

汪王庙遍布徽州一府六县，包括行祠详见表 5-1：②

表 5-1　徽州府县家产分割文书中的保留地和共同保有资产

所在府县	数量	具体地点
徽州府	1	乌聊山
歙县	6	棠樾、龙山、新馆、龙合山、龙屏山、信行
休宁	6	古城岩、县治东山、汪溪、溪口汪村、斗山、乌龙山
婺源	13	大畈、天泽门、县南、丰田、赤砾岭、高安、歙溪、绣溪、沱川、坑头、甲路、沱口、庐坑岭
祁门	1	县西重兴寺侧
黟县	8	县治东、东霭冈、黄冈、黄陂、古筑、鲍村、官路下、长凝里
绩溪	7	县东登源公之故宅遗址、县北门白鹤观、一都外坑、坑口、六都令坦、卓溪、瀛川

此外，还有歙县龙井山的忠助庙、城南的忠护庙，绩溪县西北的徽溪庙（祀第八子）、县北的乳溪庙（祀第九子）等。对比康熙与道光之《徽州府志》，在婺源的世忠庙，前志为 11 所，表中后二者系后志所增；黟县后志比前志多出 4 所，绩溪县后志亦增加了 2 所。这说明康熙以降，汪公信仰仍在官方保护之下得到发展。反观徽州的张王庙数量，见诸道光《徽州府志》所载者，包括张睢阳庙以及张许庙、张许二侯庙、双忠庙，具体情况为：徽州府 0 所，歙县 5 所，休宁 3 所，婺源 2 所，祁门 6 所，黟县 0 所，绩溪 1 所。通过与前表的对比可以看出，除了祁门县之外，其余五县的汪王庙数量均多于张王庙之数，尤其在婺源、黟县和绩溪相当突出。至于为何祁门县的情况恰好相反，当另作讨论。从总数上看，汪王庙的 42 所亦远远多于张王庙的 17 所。③ 因而，休宁

① 《越国汪公祠墓志》卷三《祀典》，上海图书馆谱牒中心藏。
② 据道光《徽州府志》卷三《营建志·坛庙》等，"中国地方志丛书"，华中地方第 235 号，台北成文出版社 1975 年版。
③ 当然，府志中的祠庙数只是一个约数，并没有囊括徽州境内所有的相关庙宇。这从族谱、村志中可以明显地看出。不过，府志所列之庙宇数量已能反映出大概情况。

人汪循有"六州千载祠，十姓九家汪"的诗句。① 所以，从整体上说，徽州的汪王信仰远非张王信仰所能相比。

汪王庙更受重视，且历代屡有修葺，这从族谱中亦可得以印证。继乾隆五年（1740）修葺汪王祠墓后不久，乾隆八年（1743）又重修歙县云岚山墓祠，《越国汪公祠墓志》载有乾隆九年（1744）朱肇基撰《重修越国忠烈王云岚山墓祠序》②，乾隆五十五年（1790）重修忠烈汪王亭殿，《传单邀启》曰：

> 王祖越国公生为人豪，没为神明，耿光大烈，百世流芳，捍患御灾，千秋显圣，以故国有祀典，人奉香烟千百年，有加无已，巍巍乎绩著于前，德垂于后，诚非短章所能罄其万一也，缩答之诚异姓尚然，庄严庙貌，岂有王墓祠宇，本属神栖，一任倾倒，多年不亟修整……③

另有吴廷选所撰《重修越国汪忠烈王庙碑》，并列有极为详细的"规条"和"悬示墓祠规则"。及至道光二十五年（1845），云岚山王祖墓祠"前因秋祭，已废数载"，再发"议修公启"以及邀单、传启等，对越国公祠墓再行修葺，咸丰元年（1851）告成。可见，明清以来汪公信仰不替，正如程敏政所言，"丛祠香火千年盛"。④

当然，汪王庙的多次修建，基本上均与家族势力有关，同时它又得到政府的支持。而方志的记载，基本上反映了官方的认同。因此，汪氏宗族的支持和官方的认同态度致使汪王庙的普遍及汪王信仰的盛行。⑤

汪越国公（以及程忠壮公）的信仰均是有一个由人至神的衍变过程。他们既是各自宗族的祖先祭祀与崇拜，又是徽州乡土神的共同信仰。作为徽州地方

---

① （明）汪循：《仁峰文集》卷二六《诗·灵山祖庙》，"四库全书存目丛书"，集部第47册，第519页。
② 《越国汪公祠墓志》卷四上。
③ 《越国汪公祠墓志》卷四下。
④ 《越国汪公祠墓志》卷五《诗文》之《谒汪忠烈王墓》。诗亦见于明程敏政《篁墩文集》（二）卷六七，《汪王庙》，"文渊阁四库全书"，第1253册，集部第192册别集类，第460页。
⑤ 甚至明弘治年间郡守马应祥办案之前亦"先期斋戒，祷越国公祠"，以"得其情则雨"告神，后果雨，而翌日即查明杀人者。道光《歙县志》卷九《艺文志·杂著》，"中国方志丛书"，华中地方第714号，第327—328页。

的乡土神灵，居然得到明清两朝的统治者的大力扶持与倡导，其信仰之盛况不言而喻。因而，以其子为太子予以信仰，就显得顺理成章了。况且，所传汪华九子（或曰八子），本就有"一二三太子"之俗言。①

况且，汪华为徽州乡土神，绩溪登源又为汪华故里，因而，徽州各地对汪华信仰极甚，《汪王家庙碑》对此记载颇详，极言其生则有祠，数百年来，明正祀典，水旱必祷，"自正月至岁终迎神者无虚日"。② 相比之下，远非张巡的信仰程度能够企及的，这是因为张巡乃徽州外来的英雄人物。以汪华之子，而不是以张巡为太子，这反映出徽州民间信仰中存在有微妙的地方主义心理。而且徽州向有"十姓九汪"之说，汪姓甚多，所谓"越国公泽被六州，勋开九派，丰功照耀宇宙，子姓之蕃亦遂遍于寰区"。③ 因此，对于徽州的地方神汪华信仰普遍的现象就不足为怪了。亦因之，汪华的信仰较张巡的信仰更甚，也就合情合理。明初朱升就曾在《送汪成德赴萧县作宰序》中自豪地记述"吾新安神明之胄二"："（程）忠壮公灵洗显于陈梁之际，汪则忠烈王世［？］华，起于李唐之初。二公皆有捍御乡井之功，没而为神，登诸祀典"。④ 从地方主义的感情心理而言，以汪华之子作为太子神的信仰当然亦就在情理之中。

总之，汪华的信仰不仅得到各级地方政府的支持，而且还得到中央政府的有力支持；况且汪华由隋入唐，其主要活动及受封均在唐朝，这与为平定安史之乱而牺牲的张巡相距不远，且同因战功卓著而深入人心。然而，作为徽州本土英雄，其更大的影响力无疑提供了更强的"竞争力"。因而，误传以汪华之子为太子，予以祭祀，自然合乎常理。

其二，不仅汪华的信仰在徽州相当普遍，而且汪华之子亦有普遍的信仰和较高的地位，尤其是汪七相公、汪八相公和汪九相公的信仰，使得以汪华之子作为通真太子成为可能且正常之事。

---

① 郑力民在歙南作田野考察时，汪华九子的称呼另有一说为：一二三诸侯，四五六相公，七八九太子。参见郑力民：《徽州社屋的诸侧面——以歙南孝女会田野个案为例》，《江淮论坛》，1995 年第 4、5 期。

② （清）汪文炳辑：《汪王庙志略》第 1 册，《碑碣》，上海图书馆古籍部藏，第 30 页。

③ 汪慰辑：《重建吴清山汪氏墓祠征信录》卷一《清道光二十年潭川族裔立权公序》，上海图书馆古籍部藏。

④ （明）朱升：《朱枫林集》卷四《序》，"文渊阁四库全书"，集部第 24 册，第 321 页。

据传汪华有九子，其中七、八、九子分别为爽、俊、献，即汪七相公、汪八相公、汪九相公，三者在徽州的信仰较为常见。

九相公，无从考证。① 万历《歙志》载有"忠护侯庙"，曰"祀汪公第九子"。② 道光《徽州府志》之《坛庙》列有绩溪的乳溪庙，曰："在县北，祀汪华第九子献。"③ 从明末崇祯年间历清代至民国年间，休宁十三都三图盛行的祝圣会所祭祀的神灵为越国汪公、九相公、胡元帅，其中，光绪年间的一份《祝圣会敬神祭文后坻》曰：

维　大清光绪△△年岁次△△，新正月，△△朔，越初廿日，△△之辰，会首△△△丁△△等谨以瓣香束帛，清酌庶馐之奠，敢昭告于
敕封越国公忠烈昭忠广仁武烈丰显寰安王、
敕封衍正尚相公显佑王、
敕封胡大元帅：
惟　神正直，泽被无疆，功昭宇宙，勋勒旗常，挺身圣嗣，绩佐匡勋，将帅用命，貔虎威张，歙邦镇守，略展鹰扬，青弯月影，剑露锋芒，强寇震慑，敢肆猖狂。民不血刃，得免桢鲂。六州咸德，百世流芳。灵威显赫，屡沐恩光。咸蒙默佑，闾里安康。捍灾御患，兆民其昌。酬功罔极，千载难忘……④

九相公"衍正尚相公显佑王"位列其中，且称呼亦有些特别，"相公"后面还有"显佑王"的头衔。文书抄本《祈神奏格》录有《请九相公》的科仪，将九相公称作"敕封云山崇福衍正尚相公"：

……拜请　敕封云山崇福衍正尚相公、部下侍从、参随神众，望降香筵，

---

① 不过，有的学者认为，越国公汪华之子为太子，即九相公。（熊遠報：《清代徽州地域社会史研究—境界·集団·ネットワークと社会秩序—》第一章，汲古書院，2003 年 2 月，第 33 页）。对此，笔者不能苟同。遍检史籍，并未见有九相公即太子的记载。

② 万历《歙志》卷二《建置》。

③ 道光《徽州府志》卷三《营建志·坛庙》，第 269 页。

④ 《祝圣会簿》(光绪三十年至民国 30 年)，南京大学历史系藏。

受沾供养。伏念神威显赫，圣化无边，昭昭乎六州英杰，绵绵乎万古芳名，今日苗裔之繁昌，奕世血食之允盛，言念某等，幸沾德泽，多沐宠光，于日所伸情旨，不为别缘投词，盖为（某事，听意请）仰叩神通，专祈保佑。

……

伏愿神默相圣德，潜孚庇护，人康物阜，祈扶业大财丰，琴瑟调和，芝兰茂盛，寿同松柏，福比沧溟。四时无灾咎之非，八节有泰来之庆。老安少怀，无疆纳福；行商坐贾，有道生财。耕则丰稔，读则名登，凡干愵祷，悉仗祎幪，火化钱仪，惟神喜爱。①

可见九相公与汪华一样，为"六州英杰"，成为人们祈福祛灾的神灵。另有科仪《请众神》等涉及"圣嗣山崇福衍正尚相公"之名，并且在众神中位列汪公大帝之后。② 以往学者以九相公为太子的依据应源于此。

汪九相公甚至还能保熟禾苗，《保熟敬神（会）序》曰：

窃闻古云田禾者防染螟□野兽而窃损，圣云苗而不秀有矣乎。因此弟子邀集一会，请神位敬奉衍庆侯汪献尚相公尊神到此，祈保禾苗秀而实者，以及弟子售出洋若干，赊借逐年生息，每年约定日期，挨次首事、值会以备香烛、纸、箔、三牲、酌醴，供养尊神，醮礼已毕，弟子散物。进会者有，出会者无。依例不灭，始恒如一，屡年不贰。但各姓名下，各处山园，自然乃积乃仓，人民清泰，般般全美，诚意欲哉。③

这份歙县文书反映了与农耕有关的信仰习俗，其事主显然为农户。对他们来说，虫兽之害大于一切。因而，为了"保熟"而立会敬神。衍庆侯汪献尚相公尊神即为九相公。由此，供奉九相公能够预防虫兽之灾，保禾苗秀而实，终使"人民清泰，般般全美"。

另外徽州还有汪七相公、汪八相公的信仰。万历《歙志》曰："忠助八侯

---

①② （明）程敏政：《祈神奏格》抄本，乐卷。
③ 歙南文书《简要抵式》第1册《论杂式》，王振忠：《徽州村落文书资料类编》，国家社会科学规划基金资助项目，未刊稿，第14页。

庙，祀汪公八子，旧称为八郎君。福惠庙祀汪公第八子……"① 王振忠教授所藏《新旧碎锦杂录》收有《福泽庙开光祭文》，其中涉及的神庥有"敕封崇和衍烈侯紫微主坛汪七相公尊神"、"敕封崇福衍庆侯汪八相公尊神"：

       维

    大清光绪△△年岁次△△△月△△朔越祭日△△之辰坛下弟子△△暨合境人等，谨以瓣香束帛清酌庶馐之仪，致祭于

敕封崇和衍烈侯紫微主坛汪七相公　尊神、

敕封崇福衍庆侯汪八相公　尊神、

敕封护国周宣灵王　尊神、

敕封忠正王李王　尊神、

敕封金龙四大王　尊神

暨　众位　尊神前而言曰：神威浩浩，冥司造化之权，圣德洋洋，实荷帡幪之庆。勋名垂于竹帛，棠棣联芳，保障固于金汤。梓乔济美，风调雨顺，兆寰宇之升平。海晏河清，庆安澜之利涉，孝行著于柯城，灵迹显于徽郡。功德所被，擅圣神文武之名。祀典攸昭，皆聪明正直。而壹［？］御民灾，捍民患，享祀既著于千秋。崇圣德，报神功，庙貌宜新于一旦，虽至德无文，原不假冠裳之美，而大观在上，要必须黼黻之光。况乃物换星移，金容顿改，尘封土蚀，法相将湮。若不藉物彩之彰施，曷以将寸衷之诚敬。时维戊月岁月选暮春，生面再开，睹英姿之飒爽。光华复旦，观宝相之庄严。金光共藻火以争辉，服采与秾桃而交映。从此监观有赫声，灵丕振于南乡。容保无疆，惠泽长施于薛境。四方绥静，绝烽烟刁斗之惊。百谷顺成，无水旱昆虫之患。驱邪逐疫，灾眚不生。锡福降祥，阜成有象。此日星云纠缦，欢看阁镇讴歌，他时风物融熙，咸赖诸神庇荫。敬呈絮酒，用表芹衷。神其鉴诸，来歆来格。尚飨。②

    由此，汪七相公、汪八相公分别为主坛和侯，与护国周宣灵王、忠正王李

---

① 万历《歙志》卷二《建置》。
② （清）葛韵清：《新旧碎锦杂录》，王振忠藏。

王、金龙四大王等众位尊神共同于歙南福泽庙开光之际得以祭祀。而另有《里庙祭文》则显示，在歙南的薛坑口，崇和衍烈侯主坛汪七相公与大社社稷明公、关圣帝君、高上神霄正乙龙虎玄坛赵大元帅、威灵王［三？］太子等众位尊神同在里庙祭祀：

        维

大清光绪△△年岁次△△季春月△△朔越祭日△△之辰坛下弟子△△暨合境人等，谨以瓣香束帛清酌庶馐之仪致祭于

薛坑口大社社稷明公　尊神

敕封崇和衍烈侯主坛汪七相公　尊神

敕封　　　　　　关圣帝君　尊神

敕封高上神霄正乙龙虎玄坛赵大元帅　尊神

敕封威灵王太子　尊神暨

众位　尊神前而言曰：维神树艺五谷，生民之粒食有资。平定九州，后世之安居永赖。秉两间之正气，忠义贯夫星辰。立万世之人纲，声威镇夫华夏。六州保障世笃忠贞一代，勋猷永标史册。功能点铁聿扬铁面之威，术可堆金爰耀金鞭之武，御一方之灾患。名誉清宫，起万姓之疮痍，恩深赤子（接前祭文功德所被以下云云）。[①]

两篇祭文后面大半部分内容相同，冀以"百谷顺成，无水旱昆虫之患"，与前之农户对禾苗防虫兽、保熟之祈九相公类似，并藉此众神降福驱灾。除福泽庙与里庙祭文之外，还有《做焰火戏供奉牌位式》如下：

        供

本里主坛七公尊神

府县城隍大王尊神

南方三界火德星君　　之神位

---

① （清）葛韵清：《新旧碎锦杂录》，王振忠藏。

长生香火司命六神

本境土地福德正神

奉①

其中汪七相公作为"本里主坛"尊神，与城隍、土地诸神同被供奉。由此，在徽州不仅汪华的信仰相当普及，拥有较高的地位；而且汪华之子汪九相公、汪八相公和汪七相公等亦同样得到徽州各地较多的重视。

因此，以汪华之子为太子属于合情合理而又正常之举。但是究竟是一二三子为此说之太子，还是九子中的何者为太子，我们无从得知。不过，出现以汪华之子为太子、而对张巡为太子之实不甚了了的情况，正说明徽州民间信仰之中存在的一种心理倾向。

四、诸神崇拜形成的根本原因

汪华、张巡等神灵崇拜形成的原因颇为复杂，这与祖先崇拜、地方信仰以及神灵特点等因素有关，然而徽州神灵信仰的根本原因在于它们必须符合儒家准则，即忠孝节义为徽州诸神崇拜形成的基本点。

在徽州各地，越国汪公得以普遍信仰，其原因乃汪公忠义而灵显：

神威赫赫，保障一郡之生灵，圣德巍巍，拯恤六州之老稚……镇守歙邦，兆民得免血刃，控制邻省强寇劲敌侵陵。生则忠义充塞乎乾坤，殁则仁威清宁夫海宇，名称唐代，灵显皇朝，隆微号而膺爵封，敕庙祀而享血食，当时倚赖，后世尊崇……②

---

① （清）葛韵清：《新旧碎锦杂录》，王振忠藏。
② （明）程敏政：《祈神奏格》乐卷《请越国汪公》。

因此，信仰与拜请汪公，无非欲藉此达到如下目的："大赐超拔之仁，广施好生之德，俾佑人康物阜，祈扶业大财丰。琴瑟调和，芝兰茂盛，寿同松柏，福比沧溟，家道胜常，利名发达"。①

同样，被敕封为"东平忠靖成德景佑张真君"的张巡，亦以卓著之功绩与灵显为徽人所崇奉：

> 英气凌风，掌善恶之柄，知天道以卫孤城，为火厉以珍残贼，名称唐代，灵显皇朝，铁面金精真非常之豪杰，峨冠博带诚不世之英雄。握清万里之妖氛，镇肃一方之瘟疫……②

因此，祈请真君，"伏愿神明昭格，圣德流祥，保佑家门清吉，人眷平安，俾命运以光亨，共星辰而协泰，福基永固，寿算延洪，四时消无妄之灾，八节获有余之庆，应事称心，诸般顺意，琴瑟同和，芝兰并茂"。③

汪华与张巡两者得以信仰与尊崇，其共同之处，乃是他们具备生则功勋卓著、殁则灵显一方。徽州另一地方神程忠壮公灵洗亦然："射妖蜃而威名赫奕，捍灾恤患，护国安民，生殁之功，两全其盛"。④因此，他们得到人们的崇奉，目的是祈福求安。

推而广之，即便并非徽州乡土神，只要具备有功绩与灵应这一条件，均得以信仰。因之，徽州人物神灵的信仰亦就具有了共同的信仰条件。不仅徽州汪华、张巡的信仰具有共同之处，其他徽州神灵的信仰均如此。譬如，所奉请之某太子神，亦具功德："恩全日月，德并乾坤，英气凛凛，于昔日精灵赫赫，于今时诛奸惩恶，怕除邪而辅正济困，扶危每转祸以成祥，四境咸祈，万方皆戴"，祈请之目的亦类似，"俾佑家居乐业，祈折长幼康宁，应事称心，诸般顺意，出入经营倍获，往来水陆均安，农耕五禾丰熟，业读一举名登，利名并盛，富贵双全，凡在一切之中，悉仗万全之下"。⑤可见，此太子亦为正义之

---

① （明）程敏政：《祈神奏格》乐卷《请越国汪公》。
②③ （明）程敏政：《祈神奏格》乐卷《请真君》。
④ 《苏田里村程氏本宗谱》，《文征·祠祀》之《钦降世忠庙祝文》，复旦大学图书馆古籍部藏。
⑤ （明）程敏政：《祈神奏格》乐卷《请太子》。

神，能够除邪济困，带来"诸般顺意"。

由上可知，对人物崇拜信仰的标准是："为民御灾捍患则祀之"，汪华、程灵洗、关帝、张巡、许远等显然符合这一准则，因而得以常祀，信仰极为普遍。对此，万历《歙志》则更进一步总结曰：

> 邑有祠祀，大都四端：崇德以淑士者，先师先儒也；报功以保民者，忠壮忠烈也；祭赛以祈年者，社稷山川风云雷雨也；褒美以劝俗者，孝子尚贤也。城隍犹之社稷也，东岳犹之山川也，蔺将军犹之二忠也，孚惠王犹之孝子也，睢阳忠武几遍齐州矣……①

这里，万历《歙志》概括了明代歙县"祠祀"的四种情况。其一，如朱熹，以硕儒证神；其二，如汪华、程灵洗、张巡、许远等英雄人物，以功德证神；其三，社稷和五祀的祭祀与迎赛，属自然神灵的信仰；其四，为孝子贤士的祭祀与信仰。其实，这四种类型的祭祀和信仰广泛存在于整个徽州，涵盖了明清乃至民国时期徽州民间信仰的诸多方面。

由此，可以进一步概括出人物成神的儒家准则，即忠孝节义。在徽州，汪华、张巡等人之所以得到极大的崇拜，乃是由于他们都是"以忠节著千秋者"，概莫例外。因而，"由忠孝节义，深入人心，故崇封至今不替也"。②从根本上来看，汪华、程灵洗、张巡、许远等无不符合这一准则。

五、儒神及其作用

前面各个部分以太子神为主要线索，论述与之有所牵涉的汪王、张王等诸神。他们均以忠孝节义而证神，符合礼法准则、儒家规范，因之得以崇奉。正

---

① 万历《歙志》卷二《建置》。
② 清末民初胡庆贵办抄本《黟县二都四图胡氏文书》，刘伯山主编：《徽州文书》第1辑第1册，第416页。

是由于忠孝节义的儒家准则是人物成神的基本条件，才使得徽州儒神遍布。所以，儒神信仰是徽州民间信仰体系之核心。① 包括所论及之诸神在内，在庞杂的徽州民间诸神体系之中，儒神为其主要特色，它主要表现在以下几方面：

其一，理学集大成者朱熹被神化，成为文帝。由康熙《徽州府志》等地方志可以看出，朱熹被完全神化：出生时，家中古井进气如虹；幼时的表现即与众不同；西归之日雷风大作。② 朱子之学，被时人奉为绝学。在徽州，"贾而好儒"的商人不管是先贾后儒，或是先儒后贾，他们均很自然地奉朱子为自己的庇护神，并把对朱熹的信仰带到外地经商之所。例如，在江西景德镇，婺源商人滕昌檀筹新安会馆，阅二十载，竣事，"奉朱子入祠"，③ 在蓼六，徽商汪嘉与众人商量，"为会馆以祀朱子"。④ 对此，唐力行先生指出，遍布全国各地的徽州会馆都尊奉朱熹，无一例外，并且他举有徽州地方志所载苏州、汉口等地会馆崇奉朱子之例予以证明。⑤ 朱熹被称为徽国文公，很多地方的徽州会馆也被直接称为徽国文公祠。除朱子外，生前即受崇拜的一方人杰、官僚功德人物，死后也配以寺庙，登上神灵的宝座。甚至出现"名宦有功德者必有生祠"的情况。⑥ 这种儒家人物的神化，在徽州极为众多。

其二，历史英雄人物成神得以祭祀之儒家准则，为忠孝节义。光绪年间吴同书所撰《诸神事迹考叙》曰：

> 历往古来，今可以万年不敝而长留于天地之间者，其惟忠孝节义耳。无忠孝则人类几至于绝灭，无节义则人心无以相维系。是数者，皆扶世翼教之极则，有缺一而不可者乎！若乃其生也，既足为斯世树纲常；其殁

---

① 蔡思潮曾以歙县为例指出徽州众神的"儒化"特征，见安徽师范大学硕士论文《从明清歙县民众宗教生活看中国传统社会》。
② 康熙《徽州府志》卷一二《人物志·朱子世家》，"中国方志丛书"，华中地方第237号，台北成文出版社1975年版。
③ 光绪《婺源县志》卷三二《人物·义行》，"中国方志丛书"，华中地方第680号，台北成文出版社1985年版。
④ 嘉庆《黟县志》卷七《尚义》，"中国地方志集成"，安徽府县志辑第56册。
⑤ 唐力行：《商人与中国近世社会》，商务印书馆2003年版，第38—39页。
⑥ 康熙《徽州府志》卷八《营建志·祀典》，"中国方志丛书"，华中地方第237号，第1111页。

也，又足为两间留间［？］气。盛德所感，历世弥新……①

《诸神事迹考》所考梁昭明太子、张睢阳之神、周宣灵王、仙姑诸神无不符合这一标准，"大抵皆以忠孝节义证神者"。如仙姑，"或即天后天妃之类，或曰此以淑女而证神者"；再如周宣灵王，为临安新城太平里人，亦为徽人所崇奉，这是由于当其幼孤之时，能够"事继母孝"，而且后来"闻母讣，哀痛急欲归，破浪而行，为水所没"。因而得以庙祀，并被封为广平侯，屡显神应，"淳熙元年乃进封护国广平正烈宣灵王。自是至今，庙祀遍于江浙"。②由此，周宣灵王以孝而证神。此外，关公信仰成为徽州第三大人物信仰，不仅有关帝之称，而且还有关夫子之名，从而成为颇具徽州特色的儒神。可见，徽州对儒神的崇拜达到称王称帝之地步。甚至其他普通人物，只要符合忠孝节义，亦可成神，得以祭祀。徽州众多的节妇列女孝子成神成仙，配享庙祀，儒家神众可谓遍及徽州各个村落。因而，吴同书概括曰："神之为神，悉由于忠孝节义"。③

其三，其他神灵的儒化。五猖神、痘神、钟馗等神全部进行善恶转换，使得邪恶之神从徽州销声匿迹，神灵完全成为服从人们需要的神灵，这种世俗化、以实用为目的的方式即儒家精神的体现。佛道教之神灵的宗教特征淡化，世俗化倾向得到发展。在徽州，儒佛道诸神相互融合与共存，其深层意义乃儒学对其他宗教信仰文化的渗透与涵盖，其结果——从民间信仰的角度来看——诸神与徽州民众一样"好儒"之风盛行。徽州儒神的普遍与徽州社会的儒学盛行有着密切的关系。

徽州神灵信仰的儒神特色，首先乃整个徽州儒学盛行、徽商"贾而好儒"反映的一个侧面。明清以来，徽州地区，"诵读"之风遍及乡村，因之素有"东南邹鲁"之称。"比户习弦歌，乡人知礼让"，④"虽十家村落，亦有讽诵之

---

① 《诸神事迹考叙》，《清末民初胡庆贵办抄本》（黟县二都四图胡氏文书），刘伯山：《徽州文书》第 1 辑第 1 册，第 409—410 页。
② 《诸神事迹考叙》，《清末民初胡庆贵办抄本》（黟县二都四图胡氏文书），刘伯山：《徽州文书》第 1 辑第 1 册，第 409—415 页。
③ 《诸神事迹考叙》，《清末民初胡庆贵办抄本》（黟县二都四图胡氏文书），刘伯山：《徽州文书》第 1 辑第 1 册，第 411 页。
④ 道光《徽州府志》之《序》。

声"，^①徽州地方志中类似的记载不在少数。在这种儒风盛行的社会风俗浸润之下，兼以以儒商而驰名的徽州商人对于信仰的参与及推动，徽州诸神谱的儒神特色得以形成。

其次，由忠孝节义而成儒神，可以起到"广教化、淑人心"之功用。具体而言，这些由忠孝节义而得以崇奉的神灵，往往载于祀典，并且在徽州各地广为信奉，所起的教化作用不言而喻。正如光绪年间吴同书之《诸神事迹考叙》所言：

> ……此国家崇祀列神之典，所以上自京畿，下及穷乡僻壤，苟有本斯意以裹厥事者，皆所不禁。盖非特致其尊崇之意，亦以广教化，淑人心，其所系非浅鲜也。我乡诸乡辈之祀梁昭明太子诸神也，创始于国初年间，历今已二百余年矣。岁时祷祀，有求辄应，盖声灵之赫濯也如此。但乡民野老只知崇奉以冀，长沐神庥，而神之所以作则千秋者都不之悉，则虽岁时阕懈，而忠孝节义之心，未能体神之所为而力企之，则既有以昧国家神道设教之意，想神睹此不忠孝不节义之人，亦必蹙然不安而不欲歆其祀也。余也不才，自束发受书，见忠孝节义诸事，未尝不动容庄颂之，况今近而为合乡福神，而可不详其本末以示乡人？揆诸夙昔，钦慕之忱不且有间乎？用是详考正史，博稽志乘，有所征者详之，否则阙之，使诸神之事迹粲然明白，敬附于神颂诗签之末，使乡民之崇奉者，知神之为神，悉由于忠孝节义，而吾侪小民，亦当尽其忠孝节义，庶不为神之所弃而有求辄应乎。则是一篇也，亦斯民之所利赖也而可少乎哉！所有事迹列于左，愿后之人其谛视无忽焉。^②

由此，考诸神事迹之原因不仅在于诸神能够以忠孝节义证神，而且在于对于此类神灵的尊崇，可以起到"广教化、淑人心"之作用。儒神的教化作用显而易见。

---

① 光绪《婺源乡土志》之《婺源风俗》，"中国地方志丛书"，华中地方第 681 号，台北成文出版社 1985 年版。

② 《诸神事迹考叙》，《清末民初胡庆贵办抄本》（黟县二都四图胡氏文书），刘伯山：《徽州文书》第 1 辑第 1 册，第 410—412 页。

六、小结

综上所论，从文书与族谱对太子的考证可以看出，黟县、绩溪等地所祀三太子乃唐之张巡。三太子神，或称通真三太子神，或略称太子神，或称舍人神、张睢阳之神、张王、张帝、东平王、东平忠靖王、东平真君等，昭明太子另有所祀，而清源之子、徽王之子、汪华之子的说法皆为传讹。同时亦存在两太子各祀的情况。

然而，作为一种信仰之神无所谓对错，均可沿袭崇拜。人们可以同时有张王神和三太子神的信仰，也可以有几个不同的太子神信仰。[①] 例如，有关张巡的各种传说、附会与信仰就说明这点：其初，多以张巡为地方守护神，这亦一般人鬼成神之通例。但是明清以来，讹说渐起。民间或以为水神（俗称牛肉菩萨），或以为驱鬼辟疫之神，甚或直指为瘟神。镇江瘟神都天会，即谓神为张巡，当地人奉之极虔。此外，民间又因张巡"为厉"之说，奉张巡、许远为东岳押案、阴司都统使，于东岳庙祀之。于是张巡又成为冥官矣。[②] 由此，张巡甚至成为水神、瘟神、冥官等，但是这并不妨碍人们的信仰，即便信仰者本人搞不清张巡为谁、太子又是哪一位，亦并无影响。而且，神庥的复杂多样本来就是徽州民间信仰的一个特色，因而这种现象恰恰反映了徽州民间信仰的多重性与多样性。

在对太子神进行考证的同时，本文以徽州文书为中心论述张巡、汪华、昭明太子、九相公等相关诸神，不仅对以张巡为通真太子的理由，以及张巡信仰与太子信仰存在多重性进行一定的阐述，而且对误以汪华之子为太子神的原因作出分析，从汪华与张巡在徽州的影响和地位进行比较，从地方信仰心理的角度作出判断，认为在徽州，汪华的影响较张巡的影响更大，信仰更为普遍，同

---

① 除昭明太子、通真威灵三太子外，明程敏政《祈神奏格》礼卷《除夜谢众神》列有"神武威灵程太子"，从前文来看显然为程忠壮公之子。
② 宗力、刘群编著：《中国民间诸神》，河北人民出版社1986年版，第599页。

时汪华为徽州地方神，以其子为太子神合乎徽州民众的地方心理。

最后，汪华、张巡等徽州诸神崇拜的形成原因虽然颇为复杂，但是通过分析，徽州诸神得以崇奉的共同之处，乃在于它们均具有"忠孝节义"这一共同的本质原因。由此，徽州民间信仰的神灵具有儒化特色，这些儒神是徽州好儒之风盛行的大环境所致，是徽商"贾而好儒"所反映的一个侧面。因此，在理学盛行的徽州各地，徽商为儒商，神灵为儒神。

总之，由所举之徽州民间诸神可以看出，徽州民间信仰的类型丰富，信仰的神床复杂多样，信仰的形式繁多。因而，徽州民间信仰具有多元化特色。汪华及其诸子的信仰、张巡的不同称呼及其与通真太子或同或异的信仰、不同的太子神信仰等等，都为此提供了例证。

（原载《徽学》2008 年卷，有改动）

从新馆到高车头：绍兴五思堂鲍氏徽商家族研究

叶　舟

内容提要： 明清时期，徽商足迹遍于全国，其中在江南各地定居兴业、经商致富者尤多。绍兴五思堂鲍氏历世业醢，由歙县新馆迁至绍兴，成为浙江地区著名的盐商家族，本文利用家谱及相关材料，探讨鲍氏盐商家族的发展。

关键词： 徽商；盐商；鲍氏家族；绍兴

作为明清时期实力最强的商帮之一，徽商很早便在江南各地定居兴业、经商致富："生长其地者率循新安江而下，以繁殖于吴越之间，至今吴越旧家，原其初颇多歙产。"①廖腾煃《海阳纪略》亦言："休宁巨族大姓，今多挈家藏匿各省，如上元、淮安、维扬、松江，浙江杭州、绍兴，江西饶州、浒湾等处。"②其中尤以盐商为最著名。明代汪道昆曾言："吾乡贾者，首者鱼盐，次布帛，贩缯则中贾耳。"③绍兴五思堂鲍氏便是历世业醢，由歙县新馆迁至绍兴高车头，成为浙江地区著名的盐商家族。关于新馆鲍氏和绍兴五思堂鲍氏，王振忠、

---

① 沙彦楷：《增泉先生家传》，《萧江氏宗谱》卷二。1948 年萧江氏思源堂活字本。

② （清）廖腾煃：《海阳纪略》卷下，《四库未收书辑刊》第 7 辑 28 册，北京出版社 1998 年版，第 421 页。

③ （明）汪道昆：《太函集》卷五四《明故处士溪阳吴长志墓志铭》，《续修四库全书》集部第 1347 册，上海古籍出版社 1995 年版，第 414 页。

鲍杰、鲍世行、唐丽丽等均进行过梳理和讨论。① 目前，新馆鲍氏及绍兴高车头鲍氏留下的族谱共四种，分别是光绪元年（1875）的《歙新馆鲍氏著存堂宗谱》十六卷首一卷，同年一并编著的《会稽高车头鲍氏五思堂宗谱》六卷首一卷，光绪二十七年（1901）的会稽高车头鲍氏宗谱八卷首一卷（仅藏于浙江图书馆，存卷一，卷四至八）及1932年的《鲍氏五思堂宗谱稿》四卷首一卷。本文利用此四部谱牒，辅以其他资料，在学术界研究的基础上，对鲍氏徽商家族作进一步探究。

一、"家以盐筴富"：新馆鲍氏盐商在绍兴的发迹与繁盛

新馆鲍氏一族是新安鲍氏家族的分支，其称自己源自东晋成帝咸和年间，元始公鲍弘时任新安太守，居于歙县，"歙之鲍氏自此始"。其后，鲍氏子孙繁衍并散居歙县各处的总计有二十九派，"自各族迁外省及他郡邑又不可胜纪"。② 传至明代中期，鲍氏有府治西门、蜀源、岩镇、棠樾四派，而以棠樾宣忠堂支为大宗，这就是著名的棠樾鲍氏。新馆鲍氏是棠樾支的分支。同治八年（1869）四月，已经迁居会稽高车头的进士鲍存晓回新馆祭祖，亲赴棠樾查阅谱牒，专门作诗一首——《谒棠樾大宗祠并访宗谱》，诗前小序云："棠樾在郡城西十五里，大宗祠在焉。壮丽甲于他族，支派亦盛，冠盖相望。国朝乾嘉间，席淮浙鹾商者踵起，故甲第鼎盛。吾族新馆支迁自受公，始时将辑谱，始祖以上传载多歧，源流不合，因与族叔鸣岐、六第勘斋偕往访焉。"③ 访谱后，鲍存晓发现新馆鲍氏和棠樾鲍氏实为一支中的两派："我派为梦符公后，彼派

---

① 王振忠：《明清浙江盐商、徽款新馆鲍氏研究：读〈歙新馆鲍氏著存堂宗谱〉》，《徽州社会科学》1994年第2期；鲍杰：《绍兴鲍氏盐商》，《徽州社会科学》2002年第4期；鲍世行：《绍兴高车头：两百年前徽商的移民村》，《徽州社会科学》2002年第6期；唐丽丽：《明清徽商与两浙盐业及地方社会研究》，安徽师范大学博士学位论文，2014年。

② （清）鲍源深：《歙新馆著存堂鲍氏宗谱》卷首《序》，光绪元年木刻活字本。

③ （清）鲍存晓：《鲍太史诗集》卷四，《清人诗文集汇编》第688册，上海古籍出版社2010年版，第576—577页。

为梦节公后，皆共安国公，盖伯仲也"。[①]

新安鲍氏第三十四世德彰公鲍受于明朝永乐年间由棠樾入赘新馆曹氏而定居，"是为新馆始迁祖"。众所周知，明代初年起，政府盐政实施所谓"开中法"，即为筹备边储，实施招商输粮于边，并奖励其贩盐许可。洪武三年（1370）九月，浙盐也实施开中法："中书省臣言陕西河南军储请募商人输粮而与之盐，凡河南府一石五斗，开封府及陈桥仓二石五斗，西安府一石五斗者并给淮浙盐一引。"也就在此时，棠樾鲍氏开始从事盐业贸易，有关十二世祖鲍汪如业盐的记载称，其时"边陲有警，募民上粮易盐。公遂运米，应云南军铜，盐拨温州，于是海寇侵扰，禁不得行，诸商联名呈请，有司不为理。公独各陈商困条奏于朝，始得放行。又令盐数不敷稽，延三载，公往复不一。"[②] 不过，开中主要在北方边塞，徽州商人无法与有着地理优势的山陕商人相比，故而在这一阶段尚未能形成气候。

至明孝宗弘治年间，政府改行开中折色制，户部尚书叶淇主持改革，原先商人必须输粮边地才可获得的盐引，现改成商人可以在盐场直接向盐运司纳银即可取得盐引从事盐业贸易："商人赴边纳粮价少，而有远涉之虞，在运司纳银价多，而得易办之利"。[③] 此外，提高盐引价格，"每引输银乏四钱有差，视国初中米直加倍。"[④] 纳银开中之法改变了当时盐业贸易结构，产盐的两淮盐场和两浙盐场成为盐商聚集之处，有着地理优势的徽商迅速抓住时机，乘新安江水利之便，投身盐场，成为盐商的主干，盐业经商收入遂之成为徽商经商行业中的第一大支柱。日本学者藤井宏便认为：运司纳银开中之法，徽商崛起所不可或缺的前提条件。[⑤] 也正在此时，新馆鲍氏开始涉足两浙盐业，最初为六世"一"字辈鲍一潢（1548—1599）。"家巨富，业

---

① （清）鲍存晓：《赴新馆省祠墓记》，《歙新馆著存堂鲍氏宗谱》卷二，光绪元年木刻活字本。
② 转引自刘森《徽商鲍志道及其家世考述》，《徽商研究论文集》，安徽人民出版社1985年版，第116页。
③ （明）王圻：《重修两浙鹾志》卷五《历代沿革》，《四库全书存目丛书》史部第274册，齐鲁书社1997年版，第503页。
④ （清）张廷玉等：《明史》卷八○《食货四·盐法》，中华书局1974年版，第1939页。
⑤ ［日］藤井宏撰，傅衣凌、黄焕宗译：《新安商人的研究》，《徽商研究论文集》，安徽人民出版社1985年版，第169—170页。

鹾于浙，自公始"①。至七世集公、概公、檀公，乐公、宋公、橐公和八世善烨、善耀共 8 人，"各以盐策致富，皆倜傥有志，相谋捐资巨万"，②建立宗祠并设置族田，这"八公"也成为新馆鲍氏后世所敬仰，"称之勿衰"的人物。其中鲍橐（1559—1628），"公家初以贫奉养未能，隆后以业浙鹾，家颇饶裕"。③可见此时鲍氏已在两浙大规模从事经营盐业贸易，并因此积累不少家产。

晚明时，盐引积滞严重，自万历四十五年（1617）起，开始实施纲盐法，将食盐官专卖制转变成盐商专卖制。纲盐法一直延续到清道光间，由此盐商特别是徽商的垄断地位得到保证。也正是在明末清初时期，新馆鲍氏业盐也开始日益兴盛，第九世鲍元律、鲍元贞、鲍元亨、鲍元城、鲍元雅均有业盐记载。如鲍元雅，"明鼎革时，盗贼蜂起，有以盐数十引求售者，人恐为盗卖，不敢受，公独受之，获利数十倍，累千余金，由是致富"。④鲍元律"业鹾于浙，为绍所甲商，每有整顿大吏，必延公商酌而后行"。⑤鲍元贞"业鹾起家"，清初"承明季凋敝之后，鹾政废弛，各商纷纷退避，引额虚悬"，鲍元贞充绍所甲商，"承认虚额，不费资本，人皆为公危，公竭力整顿鹾政，遂大有起色，因以致富"，"晚年回籍，营造甲第之盛，冠于远近"。⑥鲍元亨子鲍雯遭父丧后，"以先世治鹾两浙，至是额引造滞，公私逋负如猬毛，不得已脱儒冠，往武林运策，以为门户计"，⑦其子鲍简锡继承父业，充绍所甲商。⑧此后，鲍应桂、鲍应祯也相继充"绍所甲商"。⑨甲商为雍正年间设立的盐业管理一职，由盐商中的大商人充当，所谓"商之巨者曰甲商。"⑩《盐法志》中有"各司所事甲商，则杭、绍、嘉、松四所各设一人，先由各地众商公举，再由甲商公同禀保给戳

① 《歙新馆著存堂鲍氏宗谱》卷六《总支》，光绪元年木刻活字本。
② 《歙新馆著存堂鲍氏宗谱》卷三《祠规》，光绪元年木刻活字本。
③ （清）赵宗和：《柏庭鲍公传》，《歙新馆著存堂鲍氏宗谱》卷三，光绪元年木刻活字本。
④⑥⑨ 《歙新馆著存堂鲍氏宗谱》卷八《集公派》，光绪元年木刻活字本。
⑤ 《歙新馆著存堂鲍氏宗谱》卷七《棠公派》，光绪元年木刻活字本。
⑦ （清）鲍善基：《解占弟行状》，《歙新馆著存堂鲍氏宗谱》卷二，光绪元年木刻活字本。
⑧ 《歙新馆著存堂鲍氏宗谱》卷一一《橐公派》，光绪元年木刻活字本。
⑩ （清）吕星垣：《盐法议》，《皇朝经世文编》卷五〇《户政二十·盐课下》，《近代中国史料丛刊》第 74 辑，文海出版社 1966 年版，第 1778 页。

详充，各地运销完课及一切整顿事宜均由该甲商具名禀办"。① 道光年间复准浙江杭、绍、嘉、松四所，每所额定一人以资办公，毋许额外增设。② 甲商应为商人中具有雄厚实力的人员担任。一个家族中相继有人担任甲商，足以说明这一家族在盐业经营中的重要地位，鲍氏在绍所盐业中的影响力亦可见一斑。这也为日后鲍氏迁居绍兴打下了重要的基础。

迁居绍兴高车头的乃集公派鲍元贞之后。元贞子鲍应宣，字宾廷，当时仍然"席盐筴，家称素封"。然而至五世鲍朋锡始，其盐业经营应该已经告一段落，家道也亦因此中落。六世鲍光奕已经放弃盐业，一度"贩米丹阳"，然因"数不利，忧劳致疾以卒"，只留下两个儿子以及自己的老母和妻子，家徒四壁，嫡姑嫠媳，相对一灯，"其情盖有不忍睹者"。除夕夜也"不能具食，惟设豉酱一二簋"，邻妇见而悯之，只能答："适持斋耳。"此后，高车头鲍氏定下了除夕元旦必持斋的规矩，一直延续至今，以志不忘先世艰苦。鲍光奕长子鲍曾尚（字尚志）"幼时尝为人适市，市人喜其笃谨，岁腊贻以花爆"。其祖母江氏发现后认为："是必私他人财物而有之也，不然彼何厚于汝？"怒甚，欲挞之。鲍曾尚"力白不之信，相携往质，始释之，扶杖往返十里许，不惮劳也。"鲍氏家族教养之严可见一斑。③ 鲍尚志年十二入兰溪典当行学习，勤勉孝顺。又曾为同邑江静澜司醝务十余年，深得器重。后同邑人舅氏程明远以依人非长久之计，贷金助其自己创业。鲍曾尚最初仍是继承父业，往丹阳贩米，"比归，值骤减，托其戚程宏光觅售"。程宏光不能偿，寻以东江盐场倪茂芝盛灶为质，将盐灶命名为明泰，表示资金出于程明运之意。④ 以盐商世家出身的鲍曾尚，自此重新以业盐起家，再次延续了家族盐业生产和经营的传统。根据《重修浙江通志》载：东江盐场位于会稽四都一图姚家埭地方，管辖姚余、新宁、俩浦、新高四团，计灶 97 条（座），为浙江省二十五盐场之一。⑤ 乾隆三十九年（1774），为了经营方便起见，鲍曾尚迁居浙江绍兴府会稽县高车头，

---

① 张茂炯：《清盐法志》卷一六八《两浙九·运销门·商运·附充商规例》，1920 年铅印本。
② 张茂炯：《清盐法志》卷一六八《两浙九·运销门·商运》，1920 年铅印本。
③ （清）钟宝华：《节母江太宜人传，程太宜人附》，《会稽高车头鲍氏五思堂宗谱》卷二，光绪元年活字本。
④ （清）鲍存晓：《尚志公行状》，《会稽高车头鲍氏五思堂宗谱》卷二，光绪元年活字本。
⑤ 浙江通志馆编：《重修浙江通志稿》第 83 册《盐务略》，方志出版社 2010 年版，第 6810 页。

此乃高车头鲍氏之始。鲍曾尚业灶时，十分勤勉，"尝宿灶所，虽冬夜必三起，巡视出门，尝持盖徒步，不轻驶舟楫。"由于管理有方，克勤克俭，业盐日趋兴旺。与此同时，他还积极从事"乐善好施"的义举，如东江盐场地"旧被潮淹者居多，课未豁免，失业者久苦之，历宰虑申报烦重，置不问，适场宰万公豪昭初莅，欲上请，以费绌末果，公闻之，请于宰，独输金丛其成，得报免"，深得盐官与众灶称颂。⑥ 鲍曾尚迁居绍兴时，曾留弟弟鲍曾可（惠远）在歙县守墓，鲍曾可去世后，其子鲍立汉也"以贸易来会邑"，并在此"别娶卜居"，⑦ 定居于傅家棣，鲍立汉虽然晚年返新馆，但其子鲍志桐仍然在绍兴从事盐业。

鲍曾尚子鲍立润年十四时赴杭习贾，后随鲍曾尚绍兴理鹾业。鲍曾尚曾称生平有三愿，一是为自己的祖母和母亲建坊表，一是认地为配商，一是子孙读书入学。当时"煮盐者为灶户，配盐为商人，时商之视灶甚倨"，而且获取盐引会获得巨额利润，是鲍氏业绩更上一层楼的必经之路。鲍立润便全力以赴，初认西安，再认歙，皆失利。乃改江山，"将尽质其田。时售业者为董姓，方以讼累，不支谋弃，势甚艰"。家人劝阻，鲍立润则不顾一切，全心投入，回答道："我岂以孤注博浪掷哉？曩者再战再北，非左计也。假手于人，人负我耳。今江山口岸众商星散，势将食淡，所谓人弃我取，譬如逐鹿，他人角之，我踏其后，时不可失，吾意决矣。"事实证明他的决断是正确的，嘉庆二十一年（1816），他获得江山盐引，两年间外力于原，内勤于室，夙夜忧惕，业始定，家乃渐裕。此后经商之路虽仍不平稳，"人多忌之，辄藉端欺凌，争讼不休者凡数家，先后历十余年"，但鲍立润坚持不懈，终于在盐业立足。

鲍立润有鲍志荣、鲍志楷及鲍志梧三子。江山引地初认，鲍立润命鲍志楷随往，家中东江盐场的业务则由鲍志荣负责。⑧ 鲍志楷"冠则外出受引，鹾使争售地输课，牢盆出纳，经画崭斩，老于商者谢不及"。⑨ 六十四岁后，鲍立

---

⑥ （清）鲍存晓：《尚志公行状》，《会稽高车头鲍氏五思堂宗谱》卷二，光绪元年活字本。
⑦ 《惠远公支世系》，《鲍氏五思堂宗谱稿》卷四，1932 年活字本。
⑧ （清）鲍存晓：《风占公行状》，《会稽高车头鲍氏五思堂宗谱》卷二，光绪元年活字本。
⑨ （清）杜联：《炳南鲍先生八秩寿叙》，《鲍氏五思堂宗谱稿》卷二，1932 年活字本。

润因病家居，又将盐务悉付鲍志梧，其"经理廿余年来，扩充过半"，使家业进一步增长。① 不久爆发的太平天国战争对于高车头鲍氏来说，是一个严峻的考验。鲍存晓曾写诗回忆称："吾父（鲍志梧）年六旬，业蓰称善贾。绸缪复绸缪，拮据瘁尾羽。一昨遭寇氛，旧物半焦土。气丧心亦灰，不愿再辛苦。"② 族谱中所收入的鲍存景传记中也称：当时鲍氏家产日绌，鲍世梧担心"数世基绪，毁于一旦，且食指浩大"，希望"及早析产，为各持门户计"，但是以鲍存景为代表的几个儿子认为"分则势孤，合则善舞"，③ 坚持要协同合作，共渡难关。正如大哥鲍存晓所言："二弟资运筹，三弟争进取，四弟储粮糗，六弟捍牧圉，七弟稍文弱，笔墨参幕府。勠力其经营，稍稍复前者。"④ 而真正眼光独到、扭转局势的则是鲍曾可一支的鲍志桐。根据家谱记载，"克复后，浙东适改票"，鲍志桐"以株守不足自食"，力劝鲍存晓兄弟"作背城计"，他说："予兄弟幸和协并力以图，犹可转败为功，否则坐失事机，悔无及矣。"⑤ 鲍存景对鲍志桐全力支持，"斥产五之一助之"，让鲍志桐"治浙江票盐"，⑥ 鲍氏家族由此抓住机会，"合资营运，悉力调度，获利益厚，十年累巨万，视所丧几偿十倍"。⑦

家谱中所言"改票"即清末盐政的重要改革举措"废引改票"，始于道光十年（1830）两江总督陶澍对两淮盐业的改革，一度取消了引岸的专商世袭制。太平天国战争期间，因为战乱原因，盐商逃散，盐引不行。先是为筹备粮饷，两江总督曾国藩改定票章，采取"聚散为整"的方法专招大商，使得当时承办票运的权力重新集中到大盐商中。同治五年（1866），李鸿章任两江总督时，同样为筹集粮饷，又将票法掺以纲法，原有票商包销捐款后，准其继续运销，作为世业，不再招纳新盐商，谓之"循环转运"。⑧ 两浙地区则在同治三年（1864）改行票盐，到了同治九年（1870），杨昌濬又推行李鸿章之法，"按票

---

① （清）鲍存晓：《风占公行状》，《会稽高车头鲍氏五思堂宗谱》卷二，光绪元年活字本。
②④ （清）鲍存晓：《鲍太史诗集》卷三《出门示诸弟》，《清人诗文集汇编》第688册，上海古籍出版社2010年版，第565页。
③⑥ （清）鲍元辉：《先大父行状》，《鲍氏五思堂宗谱稿》卷一，1932年活字本。
⑤⑦ （清）鲍存晓：《鸣岐甫再从叔行状》，《会稽高车头鲍氏五思堂宗谱》卷二，光绪元年活字本。
⑧ 曾仰丰：《中国盐政史》，台北商务印书馆1978年版，第28页。

捐输，捐款后给予执照，循环转运"。① 初行票法之际，由于正处战乱，盐商或是无力投入，或是持观望态度，鲍志桐的决断让家族抓住了这一机会，由此实现了在两浙盐业的垄断地位，资本快速积累，一举跃升至豪富的行列，并将其影响力一直延续到民国以后。

就在此时，鲍曾向昔年的另一个愿望——"子孙读书入学"——也同时得到实现。新馆鲍氏自四十三世起开始编辈行字："天文一木善，元应锡光曾，立志存诚德，亦世其荣昌"。迁至高车头后，鲍氏家族直至"志"字辈第三代都没有一个人进学，"存"字辈第四代开始便确定了"货殖、儒林各占一席"② 的双向出击的战略，而且不久就有了意想不到的收获。鲍存晓先于咸丰八年（1858）中举，其弟鲍存贤又于同治六年（1867）中举，次年，鲍存晓又中二甲十八名进士，并入翰林院任编修。鲍氏进学基本上是通过两个途径，一是正常进本地会稽县学，然后通过捐监入贡，这也是最主要的一条进学之路。鲍存晓便是由廪捐贡，然后由廪贡生捐候选训导。另一条路是走商籍入学。自明中期开始，两浙地区便专为以徽商为主的盐商设立商籍，《两浙盐法志》有如是解释："自古鱼盐贩负之中，杰士间出，而志乘所载，化名流侨寓采抚无遗。盖事因人以著，人附地而传……浙省素称才薮，其自安徽等属来浙业鹾者贸迁既久，许其子弟附近就试，异地之才与土著无殊，此商籍所由立也！"③ 鲍存贤便是杭州府学商籍附生，此外鲍存经也为钱塘县商籍附生。下一代"诚"之辈的商籍生员还有鲍诚猷、鲍诚均、鲍诚复、鲍诚坊、鲍诚埥、鲍诚中等多人。虽然中举人、进士，入翰林有着一种不可重复的偶然性，但是对于"以子孙入学"为目标的鲍氏家族而言，实在是一种无上的荣耀，而这种举业上的成功和商业上的成功结合起来，也让这个家族达到了顶峰。

对于鲍氏家族而言，举人进士只是一种装饰品，并非不可或缺，即使是中进士的鲍存晓也从未放弃盐业经营，他自己就承认"晓向理鹾务"，④ 翰林散馆

---

① 张茂炯：《清盐法志》卷一八六《两浙·杂记门》，1920年铅印本。
② 何元泰：《穆庵公家传》，《鲍氏五思堂宗谱稿》卷一，1932年活字本。
③ （清）延丰修：《钦定重修两浙盐法志》卷二四《商籍一》，《续修四库全书》史部841册，上海古籍出版社1995年版，第523页。
④ （清）鲍存晓：《清节户田跋》，《歙新馆著存堂鲍氏宗谱》卷六，光绪元年木刻活字本。

后便弃官不做，仍操旧业。此后的"诚"字辈继续维系着家族在盐业领域的垄断地位，如鲍诚复：其治鹾业，当时推为浙东巨擘。①鲍诚圭："吾家世业盐，先严尤谙此中利弊，初时整顿广信、江山各引岸，为同人所依赖，丁亥规复山、会、萧三县肩引。浙之业鹾者，遇有难事，咸向先严取决焉。"②鲍诚均："时浙盐因旧商各星散，课无稽，议废纳行票，公乃改营票运，事积数稔，业稍稍裕。岁癸酉，江山经商缺无人，众难其选，以公资望优群商，因推举之。"③鲍承先（诚基）："清末浙盐滞销，徽、广、衢三府商课赔累至百余万，府君以六地拢公截季带征之说献之鹾尹惠公，公嘉纳之，苏积困如起重疾。"④鲍诚陆："少席鹾业，组浙东盐务公会，选公长之。光复时，即促公长盐茶局，局税称最。"⑤

此时，鲍氏家族已经日益兴旺，即使从村落宗族本身的发展而言，随着代际的繁衍，人数开始增多，原有的聚落可能不再适合，所以分房建屋，另开家宅，散居他处势在必行。而鲍氏家族的势力扩张，也需要走出高车头。自鲍志荣起，已"以子姓日繁，旧庐苦隘"，"让宅先徙"，自高车头迁至王家楼。光绪元年，鲍存经在绍兴城中前观巷购物置产。根据后人的记载，前观巷鲍家是拥有两幢五进五间，包括150余间房舍的大院。⑥鲍存经在这里营造了著名的万卷楼："爰就宅旁隙地构精舍数楹，为藏书之所，榜曰万卷楼，登楼俯视，水木明瑟，花竹暗嫣，其前为余青轩，以邻天池先生青藤书屋，故名。黄杨二本，短干诘屈，望如羽葆，凿池引水，游倏下上，芳树扶疏，萧然有陶隐君柴桑下潠之胜。君能诗善画，日与伯兄寅初（鲍存晓）觞咏其间。"⑦光绪十一年（1885），鲍诚坤、鲍诚基兄弟迁居东窦疆⑧，绍兴著名的豆姜鲍氏始于此。光绪二十五年（1899），鲍存贤在"会稽县东乡小皋埠市得沈姓老屋，大加修葺，

---

① 何元泰：《鲍陶安家传》，《鲍氏五思堂宗谱稿》卷一，1932 年活字本。
② 鲍彬：《先严事略》，《鲍氏五思堂宗谱稿》卷一，1932 年活字本。
③ 吴应萊：《鲍公笙谱暨德配王宜人家传》，《鲍氏五思堂宗谱稿》卷一，1932 年活字本。
④ 鲍元辉：《先府君行状》，《鲍氏五思堂宗谱稿》卷一，1932 年活字本。
⑤ 郑凝：《鲍养田公传》，《鲍氏五思堂宗谱稿》卷一，1932 年活字本。
⑥ 中共绍兴市委党史研究室：《绍兴人民革命史》，上海社会科学院出版社 1994 年版，第 383 页。
⑦ 樊增祥：《会稽鲍氏万卷楼记》，《鲍氏五思堂宗谱稿》卷一，1932 年活字本。
⑧ 《尚志公派世系图谱》，《鲍氏五思堂宗谱稿》卷二，1932 年活字本。

美轮美奂，气象一新"。①

　　分头出击的鲍氏家族继续维持着其在商业上的鼎盛地位，根据鲍杰的记述，当时鲍德潜（选臣）在诸暨、义乌和玉山等地引权在万数左右，鲍德馨拥有富阳引数十分之八，并兼有广信、玉山和常山生字盐栈一部分，远在"苏五属"溧阳引数占其半，鲍予忱在兰溪等地有大量引数。鲍氏盐引多数在"常广开"及浙东十一纲地，故在两地纲商组织中为负责人之一，成为浙江著名盐商。20世纪20—30年代，为鲍氏业盐的鼎盛时期，盐利收入丰厚。时窦疆支派年入六万余银元，前观巷支派年收入二万余银元，是绍兴鲍氏宗族中的佼佼者。此后，绍兴鲍氏第六、七代先后参与盐务。窦疆鲍亦俊为常山生字盐栈稽核，鲍亦耕任职浙东引盐公廒，鲍世明任职常山生字盐栈。前观巷鲍亦诏（宜缘）、鲍亦丞（顾孙）参与上海苏五属盐务。鲍氏以业盐所得，先后开设典当、酱园、钱庄、银行，旅馆和银楼等；同时投资于绍兴社会公益事业，有绍兴大明电灯公司，绍兴电话公司和萧绍运输公司等。② 鲍德衔致富后，在窦疆建西式洋房一幢，参照杭州义源银楼格式，耗费 10 万银元，当时在浙东引起轰动，堪称绍兴县民宅之最。此楼至今仍存，并被列为浙江省重点文物保护单位。与此同时，鲍氏还是清末民初绍兴乃至整个浙江商界和政界举足轻重的势力。1909 年，绍兴创办商学公会，便由鲍承先发起。③ 鲍诚基当选为会长，鲍存经之孙鲍德馨（芗谷）为副议长。④ 同年，各省筹办咨议局，会稽县、山阴县当选的名单中有鲍承先、鲍德馨的名字。⑤ 1911 年，会稽选举议事会，鲍诚陆为名誉董事，鲍德馨为总董。⑥ 是年，绍兴光复，鲍德馨被任命为绍兴军政分府的民事部副部长。⑦ 民国时，鲍德馨、鲍元善仍为浙江引盐公廒筹备处正副主任。⑧

　　徽商家族每到一地，均会投身于当地的各种赈济、修庙、建桥等慈善公益

---

① 《举丧肇祸》，《申报》1900 年 3 月 17 日。
② 鲍杰：《绍兴鲍氏盐商》，《徽州社会科学》2002 年第 4 期。
③ 《组织商学公会》，《申报》1909 年 9 月 3 日。
④ 《绍兴商学公会成立会详志》，《申报》1909 年 12 月 6 日。
⑤ 《各省筹办咨议局·初选举重开票》，《申报》1909 年 6 月 16 日。
⑥ 《山会城议事会选举董事详情》，《申报》1911 年 2 月 5 日。
⑦ 《绍兴光复记》，《申报》1911 年 11 月 9 日。
⑧ 《杭州快信》，《申报》1927 年 9 月 29 日。

事业中，为自身更快地融入客地社会打下基础，这一相关研究已经多有阐述。高车头鲍氏也不例外。光绪九年（1883），江南各地"风潮为灾"，鲍存晓和鲍存贤兄弟便在绍兴"创其议，拟即亲诣被灾处所，编查散赈"。① 晚清时，鲍诚陆选"倡设高小学校"，"办地方平粜事宜"，"董理山会两县豫仓事"。② 绍兴中西学堂（今绍兴一中）创办时，鲍承先捐五百金为之倡。③ 鲍志楷因倡导慈善，民间甚至有"活神"之称。④ 值得一提的是，1947年间，前观巷鲍氏的几个进步青年鲍世远、鲍世宰、鲍世问等人在万卷楼建立了一个家庭图书馆——联合图书馆，并以此为基地传播进步思想，1949年后，联合图书馆将全部藏书献给了绍兴人民政府。⑤

　　不过对于鲍氏家族从事的社会公益事业也不能评价过高。1985年，裘士雄等人编著的《鲁迅笔下的绍兴风情》中提到润泰当老板的鲍芗谷时，形容其在"官府的庇护下对老百姓进行残酷地剥削"，⑥ 鲍氏家族在当地的确不是一般人想象中的徽商"儒商""义商"的形象。清末《申报》的一篇报道便记录了鲍氏家族不为人知的一面。光绪二十五年，已是垂暮之年的鲍存贤看中小皋埠的沈姓大屋，遂即购入迁居，然而，迁居不久就一命呜呼。次年的二月初八，鲍氏家族在小皋埠举丧，丧事之奢华一时无两："先期门前泊有祭船三艘，遍缀彩球，目迷五色，中设香亭，错彩镂金，玲珑无匹。每船雇清音一班，临流歌唱，余韵悠然。岸上高搭祭棚，灯彩夺目。"鲍氏家族因为担心"人多拥挤，易肇祸端"，还"预赴余姚禀请右营陈守戎率带标兵三十名亲临弹压"。但坏事还是发生了。入夜祭船、祭棚光彩耀目，小皋埠恍如不夜之城。远近士女闻此风声，踏月来游，愈聚愈众。因秩序混乱，围观者与士兵发生冲突，士兵击伤数人，但也因众寡不敌，弃械而遁。⑦ 鲍氏家族仗着自己有权有势，得理

① 《劝赈绍郡书》，《申报》1883年10月21日。

② 郑凝：《鲍养田公传》，《鲍氏五思堂宗谱稿》卷一，1932年活字本。

③ 鲍元辉：《先府君行状》，《鲍氏五思堂宗谱稿》卷一，1932年活字本。

④ 段兰言：《活神》，《鲍氏五思堂宗谱稿》卷一，1932年活字本。

⑤ 中共绍兴市委党史研究室：《绍兴人民革命史》，上海社会科学院出版社1994年版，第383—385页。

⑥ 裘士雄等：《鲁迅笔下的绍兴风情》，浙江教育出版社1985年版，第143页。

⑦ 《举丧肇祸》，《申报》1900年3月17日。

不饶人，坚持"以乡人聚众逞强"，赴会稽县"控请踏勘缉办"。城中士绅调解无效，会稽县只得专门派差至"小皋埠村前后按户拿人"。名单中有村中木桥头沈某，沈妻告诉官差，当时丈夫因探亲留宿外家，并不在场，但官差拒不理会，要入室抓人。沈某跳窗逃跑时坠河，沈妻以为丈夫已死，解带自缢。[1] 这件人命官司搞得会稽县官员"惶急异常"，而鲍氏家族迫于压力，最终也只能破财免灾，拿出四百两银子，为沈妻"抚恤之资"，而且当日事件所毁各物一概不予深究。[2]

二、"远绍著存近五思"：鲍氏家族在徽州与绍兴的宗族活动

唐力行称，明清时期宗族势力在徽商形成与兴起的过程中起到了重要的作用。正是因此，明清以来的徽商形成了重血缘、地缘的特征，他们非常重视宗族的建设与发展。新馆鲍氏盐商便是如此，他们经商越成功，对宗族建设越为重视。

自明清始，家族也从血缘组织向宗族组织演变。在宗族中起作用的主要是世系关系和权力关系，世系关系涉及宗族的延续和范围，而权力关系则涉及宗族成员之间的利益分配，前者落实到实践中便是修谱，后者则一般以祠堂和祠产为呈现方式。如前所述，新馆鲍氏建祠，始于嘉靖年间第七世"八公"，八人"各以盐策致富，皆倜傥有志，相谋捐资巨万"，[3] 建立宗祠并设置族田，"昭穆序以明，春秋礼以奠。事在嘉靖朝，至今守弗变。"此后，根据族谱，康熙十五年（1676），鲍雯、鲍元贞等重整祠规，并再次修建祠堂。正如鲍存晓诗中所言："是为起正公（讳元贞），恢恢承堂构。多财亦多子，吾族称繁茂。时在康熙朝，遥遥念世胄。"[4] 族谱中记载的宗祠祠户情况也记录为康熙十五年三月。

---

① 《举丧肇祸续述》，《申报》1900 年 3 月 31 日。
② 《举丧肇祸余闻》，《申报》1900 年 4 月 24 日。
③ 《祠规》，《歙新馆著存堂鲍氏宗谱》卷三，光绪元年木刻活字本。
④ （清）鲍存晓：《述世德》，《鲍太史诗集》卷 7，《清人诗文集汇编》第 688 册，上海古籍出版社 2010 年版，第 612 页。

可见，此次对祠产也进行过整理和扩充。根据后世的记载，当时祠堂分著存和春和两堂，其中祠田共计69亩余。① 根据鲍存晓的记载，每年祭祀颇为隆重，"先是吾祠典礼颇隆，每祭必具豕羊笾豆之属，以八人襄礼，执事列于堂，乐工奏于阶，陈设仪注，肃然可观，历年皆一例焉。"扫墓时，也是"诸墓必具豕羊，具鼓乐致祭，与祭者皆给饼果，视他族较隆"。② 此后鲍元贞致富后，又再度修建："是为起正公（讳元贞），恢恢承堂构。多财亦多子，吾族称繁茂。"③ 但是此后，由于鲍氏家族的事业一度陷入低谷，整个鲍氏的宗族建设也同时处于停滞状态。仅以宗族建设的首要事业—族谱而言，新馆鲍氏竟然一直未曾有过正式刊印的族谱，"考旧谱皆无善本，其藏于祠者乃入主时随时所登记，间多脱漏。旧规入祠者必输银，无力者遇祭时启寝门，袖而入，故多脱漏。其他本大率各支自载其生殁，简略而无所统。惟乾隆间族祖遵文公讳曾业，手抄一编，按序挂线，差见详考。然失下帙，且隔百余年矣。故名字继祧，往往互异，且生殁之岁月不同，迁徙之时地不详，庞然纷杂，疑窦丛生"。④ 这显然是康熙后鲍氏家族经济状况不佳的写照，但家谱长期缺修，在徽州地区堪称少见。

与此形成鲜明对照的是高车头鲍氏在绍兴的宗族建设。徽商在异乡定居后，一旦获得了一定的财富，站稳了脚跟，会把族谱的编纂、族产的置办、族祠的修建放在非常重要的位置，以此来维系本族的团结，维护本族的利益，确保本族在异乡稳固的发展。方光禄曾言："大多数侨寓徽商的土著化过程，可视为建立在'占籍'基础上的双线结构。一是宗法层面上修谱建祠以壮大宗族势力的子族建构；另一是社交层面上扩大和巩固社会交流以提高社会认同度的网络建构。较多地参与地方社会事务管理，是基本实现土著化的标志之一。"⑤ 对于高车头鲍氏而言，宗族重建还有另一层意义，就是恢复本支在徽州故乡家族中的地位。鲍曾尚离开徽州赴会稽之前，在家族的地位处于低谷，"会邑大饥，宰发粟赈给，极贫者倍，里甲先署其门"，冬天时"族中散给绵衣"，家中

---

① 《祠产》，《歙新馆著存堂鲍氏宗谱》卷三，光绪元年木刻活字本。

②④ （清）鲍存晓：《赴新馆省祠墓记》，《歙新馆著存堂鲍氏宗谱》卷三，光绪元年木刻活字本。

③ （清）鲍存晓：《述世德》，《鲍太史诗集》卷七，《清人诗文集汇编》第688册，上海古籍出版社2010年版，第612页。

⑤ 方光禄：《清代侨寓徽商土著化的个案观察：以上海嘉定望仙桥乡土志为中心》，《黄山学院学报》2009年第2期。

也是重点照顾对象，当年祖母程氏"固却弗受"，^①就是要在族人中保留仅有的一点尊严，同时也成为鲍曾向及其后人心中的隐痛。正是因为这个原因，鲍曾尚才将为母亲和祖母建坊表，作为自己的三大心愿之一，这也是高车头鲍氏致力于宗族建设的第一步。乾隆五十五年（1790）、乾隆六十年（1795），鲍曾尚先后为祖母、母亲请旌，皆奉准如例。不过鲍曾尚未及亲见坊表建成，遗命建坊，正式建坊则应是在同治间五思堂祠堂建成时。该坊表一直存在于高车头村"五思堂"鲍氏祠堂前，因高车头村整体拆迁，牌坊于 2004 年迁入运河公园。

鲍立润为了实现父亲的遗命，同时考虑到在绍兴已经立足，"派衍之日繁"，便欲建宗祠，并设义田，"于是储资二千缗备所需，又以三千缗置义瞻户田六十亩"。^②鲍立润购置瞻户田六十亩后，其子鲍志荣、鲍志楷、鲍志梧也同样合资购置了六十亩，以此一百二十亩作为"义仓义塾"之款，并制定了详细的义田章程，对"男妇身故，贫不能具棺殓者""乳婴失母""衰病不能自食其力者""守节者""废疾不能自食其力者""单传孤子，贫不能定亲者"等族中弱势群体给予资助，同时设立义塾，根据学生年岁，设蒙学师、经学师，并对参加考试进学的学子给予奖励。^③鲍立润去世之后，为了实现其临终建祠的夙愿，鲍志荣三兄弟"谋急图之"，由鲍存昌负责，"购冯氏田八亩余，以倍贾易之"。于咸丰五年（1855）冬，"锹石立址，并购柱础"。次年"基甫就"，战事已迫在眉睫，只得作罢，计费二千缗。同治二年（1863），清军绍兴收复，"田虽无恙，计岁入不满四百缗，兼遇二次水灾，积资微而计工巨"。不过此时，鲍氏抓住"浙省改行盐"，"以义瞻田息递年贸易"，不数年已获利颇丰。同治八年"庀材鸠工"，至同治十年告竣，"自寝室而厅事及大门，凡三层，层各三间，前绕两廊，后设穿堂。祠之南，建石坊，颜旌额，并置祭器礼物如制，续计所费又六千缗有奇"。^④

如前所述，此时的高车头鲍氏既在盐业中获利颇丰，而且在举业上也一帆

① （清）钟宝华：《节母江太宜人传，程太宜人附》，《会稽高车头鲍氏五思堂宗谱》卷二，光绪元年活字本。
② （清）鲍立润：《义田序》，《会稽高车头鲍氏五思堂宗谱》卷六，光绪元年活字本。
③ 《义田章程》，《会稽高车头鲍氏五思堂宗谱》卷六，光绪元年活字本。
④ （清）鲍存昌：《五思堂宗祠落成记》，《会稽高车头鲍氏五思堂宗谱》卷五，光绪元年活字本。

风顺，衣锦还乡，树立本支在新馆鲍氏中的地位也已适当其时。高车头鲍氏与新馆鲍氏之间的联系从来没有中断。鲍立润就因为担心"道远之失祭"，专门在绍兴置田十五亩，署"徽歙祭户"，作为各派"轮流展拜之需"。① 同治八年，刚刚中进士的鲍存晓理所当然地开始了衣锦还乡之旅。他诗集中有一首题为"二月二十四日，抵徽州新馆喜作"，这一"喜"字体现出了他当年志得意满的神情，诗中有云："依稀听得旁人说，鲍氏他方有子孙。"② 多年后，当他再次回到新馆祭祖时，如此回忆当年的盛景："忆我初往时，方食玉堂糟。簇簇宫锦袍，辉辉宝蜡烛。"③ "忆昔登第时，意气凌霞表。吾族久中落，乍获贵如宝。后贤藉以昌，先烈藉以绍。宗族父与兄，交口相祈祷。祷我成名显，祷我立功卓。"④ 至此，当年鲍曾尚在族中寄人篱下、受人接济的惨痛一页终于掀过。

与此形成鲜明对照的却是新馆鲍氏的衰落。太平天国运动对徽州造成毁灭性打击，也让留在歙县的鲍氏后人流离失所，家中祠堂无人照料，祠产星散。鲍存晓先是发现"新馆吾家遗旧屋三楹联，高曾以上物也，其半属他族，难后残废，颓然欲倾。""至则村舍半墟，寂寂无鸡犬，破扉洞然，蓬蒿没径而已。是日二三族人来相问讯，皆枯槁有菜色闻老屋不复可居，乃寄宿族中废第，支板为门，叠砖作灶，冷淡甚无光焉。"祠堂中器物空空，祭祀"器物不备""经理无人"，只不过"墙宇无恙"。同去的鲍志桐对他说：同治六年秋，他回乡祭祖，因"兵燹后复遭大水"，当时著存堂、春和堂两祠已经是"栋榱半已落地，户皆洞然，鸠工补葺，计费四百金"，所以现在才能"幸不至大坏"，否则"墟已久矣"，而"祀事缺然，不举者已近十年矣"。春和堂老祠更是"荒落益甚，主之遗弃者亦更多"。他问族人："器物不备，奈何？"族人回答是："贷可也。"又问："经理无人，奈何？"族人则说："助也可。"其实就是双手一摊，不闻不问。只不过高车头鲍氏的目的是重构本支在新馆鲍氏家族中的话语权，掌握了

---

① （清）鲍志楷：《徽歙祭田记》，《会稽高车头鲍氏五思堂宗谱》卷五，光绪元年活字本。
② （清）鲍存晓：《鲍太史诗集》卷四，《清人诗文集汇编》第688册，上海古籍出版社2010年版，第574页。
③ （清）鲍存晓：《鲍太史诗集》卷七《省墓启行》，《清人诗文集汇编》第688册，上海古籍出版社2010年版，第612页。
④ （清）鲍存晓：《鲍太史诗集》卷七《即事》，《清人诗文集汇编》第688册，上海古籍出版社2010年版，第617页。

充足资本的他们并不太在意"器物不备""经理无人"这样的问题。鲍存晓们"择以是月二十四日清明先告于著存堂，竖旗悬额"，并为"曾祖暨妣俞氏各氏主恭奉入祠"，鲍志桐"亦为其母妻之主奉入"。同时，鲍存晓又决定"为族叔宾来孝廉讳志鸿立主"，原因是"悯其难后无嗣"，其实同样是为了展示自己对族中事务的主导能力。是日"宾朋骈集，鼓乐喧阗，近来观者百计，以为雍雍乎复睹汉官威仪焉"。此外，鲍存晓以"吾族节妇一端，尤宜敬服而矜恤之"，专门从"附销徽引中获余息若干，置本邑田七亩有奇"，[①] 鲍志桐也同样捐田，总计二十亩，立清节户田奖励节妇[②]，这显然是表示对当年程、江二节妇的尊崇，同样是强调本支在宗族中地位的举动。

其次是修谱。如前所述，新馆鲍氏一直未有正式刊印的族谱，这在"千年之家，不动一杯；千丁之族，未尝散处；千载谱系，丝毫不紊"的徽州可谓少见。时值战乱之后，本地如此衰败，更是无力修谱，所以当鲍存晓们提出修谱时，"族人皆相顾有难色"。但是对于鲍存晓们来说，重修族谱，同样也是重构本支在族中地位的重要手段。所以鲍存贤立刻回答："斯举诚难，虽然，际此不图，后更数典忘矣。不特先人所悲，抑亦孝子仁人之所隐痛也。假以时日，必可以成。"[③] 光绪元年，著存堂族谱修成。同年，会稽支的五思堂族谱也一并告成。对照两个族谱，我们发现除了五思堂着重于本支之外，总体而言内容似乎大同小异。但有意思的是，著存堂谱的谱序是岩镇派的鲍郁昆和和州派的鲍源深撰写，而五思堂谱序则由绍兴籍的高官撰写。由此可见，五思堂谱的编纂显然是为了在入籍地重构宗族组织，以壮大其势力，同时也为了融入当地社会，加快本土化的进程。

值得注意的是，鲍志桐在此次回乡祭祖时曾经"自置住居一所，为他日守墓计"。他认为自己"挈眷来越"，只是为避难计，终究是要落叶归根，购屋就是表"志不忘故土"。而且他自己"两娶皆徽产"，"为长子论婚，亦必故里"。[④] 但是鲍志桐没有想到，自己一系和徽州故土的渊源到此却已经结束。根据族谱，他的次子及后世再也没有与故里联姻。当年鲍立润购下徽歙祭户田

---

① （清）鲍存晓：《清节户田跋》，《歙新馆著存堂鲍氏宗谱》卷六，光绪元年木刻活字本。
②④ （清）鲍存晓：《鸣岐再从叔行状》，《会稽高车头鲍氏五思堂宗谱》卷二，光绪元年活字本。
③ （清）鲍存晓：《赴新省省祠墓记》，《歙新馆著存堂鲍氏宗谱》卷三，尤绪元年木刻活字本。

时，本意是每年都要回乡展墓，至光绪元年修谱时，族中认为此项祭产不多，"若每年展墓一次，经费所余无几"，而且担心"涉者未能踊跃"，况且"生业攸关"，可能很难"年年常往"，所以议定为两年期的"挨次轮值"。[①] 此后这两年一次的祭祖扫墓是否延续下去也似乎成了一个问号。后世除了鲍承先"奉母命，为新馆故祠置产，所耗盈万"[②] 之外，似乎再也没有回乡重修族谱，重建祠堂的记载。可以明确的是，1901、1932 年，五思堂鲍氏按照二十年一修的惯例，又两次重修族谱，但是著存堂的谱却付之阙如。徽州这一故土，对于已经立足绍兴的五思堂鲍氏家族而言，似乎是越来越遥远了。

结　语

　　绍兴五思堂鲍氏是徽州盐业移民家族的典型代表。盐业作为关系国计民生的重要行业，一直倍受政府重视。食盐是中国古代政府税收的重要来源，政府通过直接掌控盐的生产、运销和对商人管理而实现盐业的专卖。也正是盐业专卖这一特点，使得盐业的经营与政府政策的变化密切相关。鲍氏家族自明代嘉隆以后，多次抓住盐业政策变化的机会，主动迁徙异地，获取了大量的财富。在此基础上，其又利用业盐取得的财力上的优势来获得科举的成功和政治上的地位。在迁居地，鲍氏家族通过修谱建祠等方式壮大宗族势力，并积极参与地方社会事务的管理，由此逐步实现了土著化。但另一方面，这些移民家族虽然通过回乡祭祖、扫墓、修谱、联宗等方式加强与故土的联系，但随着时间的流逝，其与故土的感情不可避免地日渐疏离，加上太平天国战争等对徽州的破坏，徽州的衰落其实是不可避免的。

（原载《徽学》第 16 辑）

---

① 《公议条约》，《会稽高车头鲍氏五思堂宗谱》卷五，光绪元年活字本。
② 鲍元辉：《先府君行状》，《鲍氏五思堂宗谱稿》卷一，1932 年活字本。

清代江南与徽州之间的运棺网络及其协作机制

张小坡

　　内容提要：清代江南的商品经济最为发达，是徽州人外出经商、务工的主要集中地。清中后期，江南各地的徽州会馆先后成立义庄和丙舍等慈善设施，设专人管理，单独收支，规章严密。徽州善堂的主要功能是为身故同乡寄放掩埋棺木和扶柩回里。由于杭州独特的地理位置，新安惟善堂成为连接江南各地徽州善堂与家乡的中转站，为运送回里的棺柩提供暂厝、转运服务。徽州境内的各处登善集负责停放外地运回的棺柩，确保将其送到死者家中安葬。江南各地的徽州善堂、惟善堂、登善集三者在逻辑结构上是分、总、分的关系，构成一条完善、有序的运棺网络，并在长期的运行过程中形成内外联动的协作机制，一定程度上解决了旅外徽州人的后顾之忧，有助于发挥徽商的群体优势。

　　关键词：江南；徽州；善堂；徽商；运棺网络

　　会馆是旅外徽州人汇聚的重要场所，"于是会馆以叙乡情，用敦睦之谊"。①徽州会馆为旅居异地的同乡提供了各种便利，岁时团拜祭祀，资助贫无所依者返乡，更重要的是着力解决不幸客死他乡的徽州人的身后之忧，从施衣、施棺、助殓、寄棺、埋葬到扶柩回里，构建了一个完整的民间社会救助体系。时人指出："吾郡山多田少，不士则贾，商于外者什居六七，或不幸病故他

---

① 民国《衢县志》卷四《建置制下・会馆》。

乡，殓无赀，殡无所，有赖诸善堂设厝安寄，助赀回籍，如乏领带者则置地掩埋。"① 在徽州同乡尤其是徽商的大力资助下，各地会馆先后成立了最基本的慈善设施义庄和丙舍，义庄是掩埋死后无力返里的徽州同乡的坟地，又称义冢、义园、义所等；丙舍是供身故徽州同乡暂厝棺木的屋舍，一般为会馆的附设建筑，在丙舍浮厝的棺木有一定的时间限制，超过期限者，如没有家属领柩归里，便在义冢埋葬。义冢和丙舍由会馆设专人管理，有办事处所，单独收支预算，并制订一套独立运作的规章制度，对外以"××堂"相称，如思恭堂、存仁堂、同德堂等等。如果说会馆是为生者提供方便，善堂则专事死者，在解除旅外徽州人的后顾之忧，团结徽州同乡，增强徽州同乡的凝聚力、向心力等方面发挥了重要作用，体现了徽州人抱团发展，以众帮众的群体特征。

就学理层面而言，对旅外徽州人善堂的探讨属于中国善会善堂史研究范畴，以夫马进、梁其姿为代表的学者在该领域的研究已取得丰硕的成果。② 具体到旅外徽州人的善堂问题，也有多位学者进行了考察，范金民以江南为中心，选择苏州徽郡会馆、杭州惟善堂、上海思恭堂三个有代表性的会馆，考察了清代徽州商帮慈善设施的建置与分布、创立意图、资金筹措、管理运作四个方面的问题，以此说明徽商乃至所有商帮直至清末仍然保留了浓厚的地域观念

---

① 《新安义园征信录·新安六善堂募启（同治辛未年起）》。

② 日本学者夫马进的专著《中国善会善堂史研究》（伍跃、杨文信、张学锋译，商务印书馆 2005 年版）考察了曾经广泛存在于中国的善会与善堂的历史，以明末清初为中心，探讨善会善堂出现的历史背景和善会善堂的开端，论述清代善会善堂的育婴事业和救助节妇的具体状况，分析善会善堂与国家、社会、都市行政、行会、中国近代地方自治的关系等重要问题，对善会善堂的结构、内涵、运作实态及其和国家、地方社会的关系都作了细致探讨。夫马进回应日本明清史学界盛行的"乡绅支配论"和西方史学界关注的"公共领域"观点，认为这两种论说都不符合中国历史的实际。梁其姿的专著《施善与教化——明清的慈善组织》（河北教育出版社 2001 年版）以时间为序列，考察了明清时期的慈善组织，依次讨论了明代以前慈善观念与慈善组织的历史发展，明末至乾隆之间的善会历史，善堂发展到嘉庆道光以后意识形态的改变，以及这种意识形态与小社区发展的关系，提出此时慈善组织所反映的"儒生化"。该书主要探讨了两个问题，一是透过民间慈善组织发展的历史，考察社会经济改变与价值观改变的关系，二是公共领域的问题。指出，从明清慈善组织的历史发展来看，所谓"公共范围"虽然有发展地方社会自主的潜质，但是由于善堂领导阶层在意识形态上或社会身份上的限制，这个潜能并没有太大的发挥。杨正军：《近 30 年来中国善会善堂组织研究述评》（《开放时代》2010 年第 2 期）一文对近 30 年来国内外学者有关中国善会善堂的研究进行了梳理，可资参考，此处不再赘述。

和商帮特色。① 王日根、徐萍对杭州新安惟善堂作了个案考察，探讨了惟善堂的成立、组织管理、经费收支等基本状况，对惟善堂与地方社会的关系也作出思考。② 王振忠以休宁万安停榇处为切入点，考察了徽州境内为承接旅榇归乡而建立的登善集等慈善设施。③

一、徽州善堂在江南的空间分布

一代又一代的徽州人在沉重的生存压力下被迫走出大山深处，在异地他乡辛劳奔波，不幸身故者所在多有，对讲求落叶归根的徽州人来说，如何魂归故里就成为人生头等大事，因而各类善堂征信录都不厌其详地描摹了旅外徽州人生活的艰辛以及会馆善堂之于他们的意义：④

> 吾徽六邑地狭人稠，山多田少，出产由来微薄，无倚营生，均田素乏膏腴，有难耕种。纵有须些之仰赖，怎容大众之钻营？叠障山重，漾流水溜，维是士农工者十唯二三，商客旅者足有七八，咸求往路之利，谁计横云之遥？为经营于他邦者无远无近，如怀拱璧，宁离舍于故乡者是老是少，犹弃敝履。虽丈夫志在于四方，究人情心悬于八口，试叹征车就道之日，伊谁不念父母之难离，含声一咽，昏乱心神；骊歌甫唱之时，何人不恋妻子之难分，忍泪双流，忧愁眉目。此情此状无人无之，迥想别离之日，惨境可悲，尤识同乡之人攸关与共。前人之设会馆，凡一邑一镇之中莫不创建，所谓彼一邑者有彼一邑之回护，此一镇者有此一镇之周全，虽无生馆之饶富，幸有死殡之处地，实乃情深桑梓，同类相感之义。

---

① 范金民：《清代徽州商帮的慈善设施——以江南为中心》，《中国史研究》1999 年第 4 期。
② 王日根、徐萍：《晚清杭州徽商所建新安惟善堂研究》，《安徽大学学报》(哲学社会科学版) 2013 年第 6 期。
③ 王振忠：《万安停榇处：一处徽州慈善设施的重要遗存》，《寻根》2015 年第 3 期。
④ 《塘栖新安怀仁堂征信录·塘栖重建新安会馆序》，光绪戊寅年初刊。

这段文字以较为感性的语言描写了徽州人离乡背井的无奈与哀愁，因而会馆的设立为徽州同乡提供了落脚团聚的地方，以此聊慰孤寂之心，聊减思乡之情。会馆创办的善堂则专门为客死他方的徽州同乡的孤魂归里提供服务，"通都巨镇成业寥寥，商而佣者十居八九，小失意辄罢归，归又旋出，客死者一岁中常数百十人，故所在有会馆之设，以董理其事。"①

在徽商最为活跃，势力最为强大的江南地区，上至苏州、杭州、南京这样可称为都会之地的大城市，中至松江、无锡、镇江、嘉兴、湖州等中等城市，下至南浔、盛泽、双林等星罗棋布的广大市镇，到处可见徽州善堂。以苏州府为例，康熙初年，徽商在常熟县镇江门外设立了新安义冢，以葬客死无归者，歙县人洪瑞峰等购置达号粮地九点七四五亩，巴恒盛等购置承号粮地十亩。新安义冢与兴福寺相对，旁边有普度庵，亦为徽商汪之惠、汪大道等人所建，并延僧守之，"以永义泽"。②光绪年间，普度庵改为新安公所，属普仁禅院。③

嘉庆十四年（1809），吴江县盛泽镇的徽宁商人先在西场圩璇葭浜，买地创建积功堂殡舍，旋议增建殿宇，扩充为徽宁会馆，"又以侨侣众多，或不幸瀹逝，设积功堂，置殡舍，权依旅榇，俟其家携带以归。其年久无所归者，徽郡六邑，宁国旌邑，各置地为义冢，分为两所。每岁季冬埋葬，具有程式。于是徽宁之旅居于镇者，无不敦睦桑梓，声应气求，肫肫然忠厚恻坦之意，出于肺腑，诚善之善者也。"④嘉庆十六年（1811），婺源人张履谦在元和县溢渎村创建新安同德堂，"收瘗徽州六邑旅榇"，道光二十三年（1843）改建于丽泽门外，咸丰十年（1860）被焚毁，同治四年（1865），徽州人叶正傅组织重建。⑤嘉庆二十五年（1820），徽州人在元和县甪直镇公建敬梓堂，"葬其乡人旅榇无归者"，咸丰十年遭毁，同治三年（1864）重建，光绪年间得到

---

① 《新安思安堂征信录·序》，民国9年第一刻。
② 康熙《常熟县志》卷一四《义冢》。
③ 光绪《常昭合志稿》卷一六《寺观》。
④ 《徽宁会馆碑记》，《江苏省明清以来碑刻资料选集》，生活·读书·新知三联书店1959年版，第447页。
⑤ 光绪《苏州府志》卷二四《公署四·善堂》。

进一步的发展，在元和、昆山、新阳三县购置的田地共有700余亩。① 歙县商人胡堦带头在浒墅关设立旅亨堂，并捐资设殡房置义冢，"贾于江苏，见旅人暴骨，呈请府县建旅亨堂于浒墅关，捐资设殡房，置义冢，并立碑志以垂久远。"②

松江府所属七县地广人稠，在此地经商的徽州人为数甚多，而旅榇不能回籍者亦复不少。嘉庆二十二年（1817），程师义、程良等人不忍坐视同乡棺木暴露野外，捐通足钱140千文绝买府治西东新坊图护龙桥惠静山名下空地2.6亩，建造新安义园崇义堂，收寄散布在松江七县徽州身故同乡的棺木，经呈请娄县知县万台批示在案，准予兴工，建成正房及后面小屋数间，为徽州人寄停旅榇之所，贫苦无力归葬者给资送回故乡，无主者代葬义冢，"俾死者有所归"。与此同时，凡是徽州人到松江谋生以及在松江失业无去处者皆可投靠暂住义园以省旅费，"俾生者有所托"。③ 可见崇义堂实际上承担着会馆的功能。

乾隆十九年（1754），在上海县经营茶业的徽州、宁国两府商人联合集资在大南门外二十五保十三图购置土地30余亩，建屋数间，设立思恭堂，旁置义冢，以掩埋无力回籍者，后附丙舍，为寄存徽宁同乡旅榇、施棺、助费、盘柩回籍之所。嘉庆年间，思恭堂司事筹募资金设成厅堂、丙舍，并捐置义冢土地。道光二十四年（1844），思恭堂司事向在上海经营茶叶的徽宁商人发起募捐，出洋绿茶每箱提捐12文、红茶每箱提捐20文，以增加常年经费。④ 咸丰三年（1853）和咸丰十年（1860），上海先后两次遭受战乱的冲击，思恭堂司事临危不乱，将堂中千余具存棺就地掩埋，丙舍房屋虽然被焚毁殆尽，但棺柩得以保全。战后，思恭堂在徽商的财力支持下得以重建，堂中经费也日渐宽裕，"频年蓄积日稍羡余，故置房产，修堂宇，添厝屋，买田亩，备什物，以及逐年施棺衾、厚掩埋、盘柩回籍、上山葬费皆得一一如愿办理。"司事还发起长生愿捐以图永久。⑤

---

① 光绪《苏州府志》卷二四《公署四·善堂》。
② 民国《歙县志》卷九《人物志·义行》。
③ 民国《新安义园征信录·义园续记》，不分卷，此份材料承黄山学院马克思主义学院刘芳正博士惠赐，谨致谢忱。
④ 《徽宁思恭堂征信录·劝募茶捐序》，不分卷，民国6年第三十七刻。
⑤ 《徽宁思恭堂征信录·劝捐长生愿序》，不分卷，民国6年第三十七刻。

在闵行镇经营的徽商也成立了新安慈善堂，慈善堂设立之初，与上海徽宁思恭堂为隶属关系，"该堂从前本归上海经管，后以事繁，彼此划开。"① 由于闵行的徽商人少力薄，捐输微末，加之地方又多变故，慈善堂需要办理的寄枢、掩埋事务与日俱增，难以支撑。1923 年 9 月，闵行及各乡镇的徽帮商号集议，决定将慈善堂所有房产契据誊写清册，推举代表前往徽宁会馆交涉，要求附属于思恭堂。徽宁会馆董事经开会讨论，认为两者均属同乡慈善机关，自不必分列畛域，一致同意准予接收，同时指出，以后慈善堂的办事权限应郑重声明，以分清责任，除寻常事务仍由闵行同乡商号轮流办理外，所有对外交涉和财产处置，如未经徽宁会馆同意，无论何种字据均为无效。为避免日后产生无谓纠葛，徽宁会馆还在上海《申报》《新报》两家大报上刊登声明以便周知，并附录慈善堂公立推据。②

嘉庆十八年（1813）冬，在南汇经营的徽商募捐筹建思义堂，徽州同乡踊跃解囊，襄成善举。先是在三十六图建屋数楹，为停棺之所，继又置田数亩为埋葬之地。停棺定以五年为期，五年之内，亡者亲属可以随时扶枢回乡。如无子嗣，乏人过问，即代为安葬。在诸位司董的经管下，思义堂历年捐款不下万余千文，"然增建屋宇，续拓基田，需用浩繁，悉归正务，规模制度亦递进而递臻美备。"③ 咸丰年间毁于战乱，同治元年（1862），徽州同乡集资万缗重建堂宇。从光绪十三年（1887）起，思义堂仿照上海思恭堂成例，由歙县、休宁、婺源、绩溪四县绅商轮流管理，每年二月初二为新旧司董交接之日。不数年即增置五十余亩田，添造丙舍，诸废待举。

同治十三年（1874），嘉定县南翔镇新安公所建成，当时仅有义园丙舍，规模比较简陋。光绪十三年（1887）在徽商的捐助下，建成正厅、北侧厅及平屋两进。及至 1921 年夏，徽州同乡决议在公所南首添建房屋数楹，次年五月，举行落成典礼，城乡官绅商学各界及在南翔的徽州同乡五百余人参加典礼，总董巴润之阐明开会宗旨，副董吴卿高报告捐募添建事实，嘉定县刘知事致颂词，同乡戈朋云发表演说。众人观看魔术，参加盛宴之后散去。④

---

①② 《上海徽宁会馆思恭堂对于闵行新安慈善堂办事权限郑重声明》，《申报》1927 年 1 月 4 日。

③ 《思义堂征信录·重建思义堂序》，宣统三年石印本。

④ 《南翔新安公所落成礼》，《申报》1922 年 6 月 13 日。

南京徽州六县同乡成立新安会馆嘉会堂，在鼓楼西首设有义冢，埋葬身故徽州同乡棺柩150余具。1924年，金陵大学校长包文在大学附近毗连新安义冢处建造住宅，竟侵入嘉会堂界内。为此，南京新安同乡会就此事函上海徽宁会馆，请求援助。徽宁会馆以全体董事的名义致电江苏省交涉员，指出嘉会堂义冢埋葬同乡棺柩多年，嘉会堂拥有不动产所有权，金陵大学侵害嘉会堂地产，有违条约，请该管领事据理力争，以维护主权而慰幽魂。①

嘉兴府新安义园坐落于南堰白上十八庄露字圩，土名落纤湾，凡徽州人之客死于嘉兴府城者皆停厝于此。乾隆四十六年（1781）募资购置基地24亩。嘉庆十一年（1806），徽商吴玉其、程均、陈能华、吴泰等建造停棺栈屋两进。次年，徽商陈能华、程宸元、孙雨宜等捐资重修。道光三年（1823）徽商黄韫玉添造厝屋，姚世钥捐足钱一千千文存典生息，以助有籍可归但无力回榇者。另有新安翳荫堂义冢在辰东北天一字圩，购地25.8亩，另在褉四庄五龙坊置义厝地四亩。白五上十八庄露字未分设新安广仁堂，厝屋葬地共计41.8亩，荒字圩下十四庄另有地3.3亩。嘉兴府所属嘉善县设有新安存仁堂义园，在北门外即面城围，嘉庆五年（1800），徽州人汪晓堂等劝募捐资买屋一区，设公所，旁建棺房，寄停旅榇，并详明立案。咸丰末年遭毁，光绪年间，在嘉善经商的徽州人出资重建。②

湖州府归安县双林镇设有新安义园。③乌青镇徽商设立了新安公所。南浔镇新安会馆位于南栅寓园前，又被称为遵义堂。新安六邑商人起初在南浔镇青华馆侧附筑殡室，因棺木历年滋多，自道光六年（1826）起，金稼田、田星彩等十余人开始筹备建馆事宜，至道光十一年（1831），才于溪南笺字一圩买地两亩建设新安公馆，公馆旁建广厦六楹，栋宇完固，地势垲爽，名为遵义堂，另在楚芳桥东建女厝一区。馆舍落成之日，遵义堂同人议立规条十余则纂成一编，"先以当事诸批答，凡董司之任，捐施之名，出入之号，启闭之期，工役之资，水火之费，善缘所集，靡不毕载而无归淹。"④道光四年（1824），德清

① 《徽宁会馆致宁交涉员电》，《申报》1924年5月1日。
② 光绪《嘉兴府志》卷二四《蠲恤二·养育附》。
③ 民国《双林镇志》卷八《公所》。
④ 张鑑：《遵义堂征信录序》，同治《南浔镇志》卷一〇《祠墓》。

县的徽商金瑞等人集资创建新安会馆，葬徽州之无归者。①

　　得新安江水路之便，聚集在杭州城的徽商形成一个庞大的群体，并成立了专门针对徽州人的善堂。嘉庆初，在杭州江干开设过塘行的歙县人余锦洲看到"同乡客故者自江南苏松常、浙西嘉湖等郡归梓于故里，必由杭州江干雇船回梓，常有延至几日不得船者，柩停沿途，雨霖日晒。"②为此，余锦洲出面在杭州钱塘栅外一图购地建立新安权厝所惟善堂，"专为新安旅梓到塘之际，或遇风潮汛发，沙滩水掩，阻滞难行，暂为安顿之所，并厝徽郡人在杭病故者，藉以权停。"③但因经费有限，厝所空间狭窄，且附近居民也多将棺木停放该处，甚至堆垛如山，无从稽考，致使旅梓到杭无从安置。嘉庆二十四年（1819），余锦洲又募得江干海月桥里街桃花山麓石井前张立瞻的土地若干丈，建盖房屋数楹，权为置放，经费不足部分由捐资承办。而后余锦洲身故，其孙余鋐顺与侄子余晃续购何姓之地，扩建屋舍。道光十七年（1837），司事胡骏誉、金高德等50余人为扩大善堂事业，纷纷捐资劝募，募得徽州同乡阙信甫家毗连基地二亩有余，与张立瞻捐献的土地相毗连，共5亩，前建厅堂若干楹，后筑权厝所20余间，分为六县，安厝各县的旅梓，并建起围墙，规模大备，一切善后事宜至详且备，④"故历年吾徽旅梓得所凭依，赤贫者装船送回，无嗣者置地安葬，洵可谓谊敦桑梓者欤"⑤。咸丰十年（1860），太平军攻陷杭州，狼烟四起，惟善堂屋舍市房被焚毁殆尽，所有租金存款皆化为一空。同治年间，汪鑑人、鲍鸣岐、胡祝如登等十余人看到徽州旅梓暴露荒郊，意欲重兴义举，暂厝孤魂，爰集同人劝告盐、茶二业商人输助堆金，并广劝各处商人随心乐助。在徽商的财力支持下，惟善堂依旧址兴工，重建文武二帝的大殿及殡房堂宇，构筑新安别墅，将外厝升高翻盖，另建亭施茶。⑥

　　杭州府仁和县塘栖镇是"吾徽出杭关各路之咽喉，归途之要隘，往来东道

---

① 民国《德清县志》卷5《建置》。
② 《新安惟善堂征信全录·外堂基地图》，光绪二十九刻本。
③ 《新安惟善堂征信全录·惟善堂章程》，光绪七年刻本。
④ 《新安惟善堂征信全录·新安惟善堂前刊征信录序》，光绪十七年刻本。此外，惟善堂章程指出，婺源县在杭州另有厝所，因惟善堂是徽州六县同乡共同捐输经费，仍照六县建造，"桑梓同情，无分彼此"。
⑤⑥ 《新安惟善堂征信全录·新安惟善堂后刊征信录序》，光绪十七年刻本。

之区，同乡暂迹之所"，① 在该镇经商的徽州人不下千人，其中休宁、歙县、黟县、绩溪商人为数最多，婺源、祁门商人次之。道光四年（1824），徽商汪秋水、王祥发、周德新、程君秀、毕君衡、张国桢等开始筹款兴建新安会馆，在塘栖水北大善禅寺之西界德清县管辖地方十六东五庄，开工修造正厅五楹，内外四至厢房，后备厝屋三进，共数十间，可容纳棺木二百余具，名为新安怀仁堂。道光十六年（1836），程钧原、戴尚衡、张柏松、方敬中、程韶华等人再次劝捐，在南山购置义地，瘗葬无力迁归以及无主棺柩。道光二十八年（1848），方敬中、程韶华、吴思言、蔡子香、洪浩然、胡敦仁、张柏松、王履泰、章文山、吴立成、范士诚、吴次白等又募捐修葺馆中房屋，会馆内外焕然一新，大厅中间供武圣帝君，每年正月十六日集会一次，商议馆内公事。绩溪商人江振芳又捐助义地于武林头，以扩充义冢。当时会馆经费充足，有八百两余白银存典生息。咸丰十年（1860），塘栖因为与太平军的战争，各业荡然，新安会馆不但存款尽失，房屋也变成废墟，百余具棺木暴露于荒野之中。② 太平天国失败后，留于塘栖镇上的徽商已十不存一二，休宁人程嘉武不忍看到同乡棺木累累，便布告同乡，四处劝输。同治四年（1865），新安会馆因经费稍微充裕，便把棺木迁葬于南山义冢，其后在会馆旧址筑垣墙治屋宇，共建造厝所十七间、门房七间，会馆规模粗具。同治九年（1870）春，徽州茶商江明德运茶至上海出售，途经塘栖时，见新安会馆不及旧时规模的一半，慨然动容，即在茶捐内抽捐以成善举。此次栖镇会馆能够顺利重建，皆系茶商江明德一人之力。当时松江的新安崇义堂、闵行慈善堂、嘉兴荫翳堂、余杭同善堂等四处善堂，也都由江明德抽茶捐建成，自同治十年起又增加塘栖新安怀仁堂、南浔遵义堂两处，从出洋茶箱内每箱抽捐十二文，由六处善堂均分，名曰六善堂捐。③ 由此可见散布在江南的徽州各善堂已初步实现联合，形成了慈善网络。

　　由上述分析可见，徽州善堂在江南的空间分布及其规模与聚集该地的徽州人的数量和实力息息相关，如徽宁思恭堂与新安慈善堂隶属关系的分合就是很好的例证。大部分徽州善堂在嘉庆、道光年间出现，其后经历咸同兵燹的破

① 《塘栖新安怀仁堂征信录·同治六年分募簿启》，光绪戊寅年初刊。
② 《塘栖新安怀仁堂征信录·募建唐栖新安会馆缘起》，光绪戊寅年初刊。
③ 《塘栖新安怀仁堂征信录·新安怀仁堂征信录缘起》，光绪戊寅年初刊。

坏，但太平天国失败后很快得以重建，民国年间仍然正常运行，显示出强大的生命力，表明旅外徽州人对善堂具有强烈的需求。此外，善堂多由会馆设立，少数是先设善堂，再建会馆，如聚居盛泽的徽宁商人就先设积功堂，再扩建为徽宁会馆。一定意义上，徽州会馆和善堂是可以相互指代的。

二、徽州善堂的功能

旅外徽州人所办善堂主要是为身故同乡提供寄柩、掩埋服务，但中国南方多为"卑湿之区"，棺柩保存有诸多不便，如时人称："上海为卑湿之区，各会馆旅榇有不能回籍，必安葬于义冢之内，掘土数尺，湿不见水，日后子孙发达。有启义冢之柩回籍安葬者而满棺皆水矣，惟有凿孔放水，见者不忍。"[①] 而且在传统的"入土为安"观念的支配下，徽州人无论身处何处，总是企盼身故之后能够魂归乡土，因此旅外徽州人善堂非常重视扶柩回里，总是想方设法筹集资金，定期将暂厝善堂的棺木运回徽州。在交通条件落后的时代，旅外徽州人善堂多借助水路运送棺木，这在水网发达的江南地区表现更为明显，杭州新安惟善堂则因独特的地理位置成为江南徽州旅榇归乡的集中地与中转站。[②] 散

---

① 余之芹：《经历志略·慈善公益三》，复旦大学图书馆古籍部藏，此份材料承复旦大学社会发展与公共政策学院李甜助理研究员惠赐，特致谢忱。

② 徽州人走向外部世界的东、西两条路线，形塑了旅外徽州人独特的运棺网络。徽州人外出，向东走是由新安江到杭州再分散在江南各地。新安江如同人体中的主动脉，把流域内分布于歙县、绩溪、休宁、黟县各地树枝状的河流连接起来，成为徽州通往外界的一条重要水道。新安江上游干道是为渐江，由率水和横江在屯溪汇合而成，渐江向东北流入歙县境内，在浦口与练江合流。练江又称西溪或练溪，以扬之水为其正源，扬之水发源于绩溪县西巃山下，至歙县境依次纳布射、富资、丰乐诸水，在徽城镇附近诸流合为练江。渐江与练江汇流成新安江，东流入浙江省，于严州（今浙江省建德县）与兰溪汇合成钱塘江往杭州。
    徽州人向西走的水路是由阊江经饶州渡鄱阳湖至九江，到汉口，再去长江上游或下游的城镇都比较方便。（祁门县地方志编纂委员会办公室编：《祁门县志》卷一〇《交通运输》，安徽人民出版社1990年版，第275页。）还有一条水上路线是从婺江入江西省经乐平、饶州以至九江。婺源县的东、南两乡一向由婺江入江西乐平之乐安江，至饶州转九江，西乡多取道江西浮梁景德镇，走昌江抵饶州过九江，最后都集中到汉口。（安徽省立茶业改良场丛刊第三种：《皖浙新安江流域之茶业》，上海大文印刷所，1934年印，第32页。）

布在苏州、松江、常州、嘉兴、湖州等地的徽州人，如果不幸身故，将由同乡装殓入棺送到当地的徽州善堂寄放，确系没有后人或亲属者，善堂代为埋葬在义冢。因棺木越积越多，厝所空间有限，善堂就会每隔一定时间雇船将棺木运送到杭州新安惟善堂。新安惟善堂查验处理后，经由新安江水路转运到徽州。为承接外地运来的棺木，徽州各地在水路交通口岸也设立善堂，负责停放、转送事宜，从而形成了一个完整而严密的运棺网络。从汉口到九江也形成了一个运棺线路，九江新安笃谊堂往往借汉口新安笃谊堂运送棺柩之机托汉口信客护送回乡。

旅外徽州人在异地奔波劳碌，总会有一部分人遭受不测，面临无人料理后事的窘境。虽然清代各地官府、士绅成立了掩埋会、施棺局之类的助葬组织，但其主要功能是掩埋地方上倒毙路边的乞丐之类的流民及各路浮尸。如道光元年（1821）宝山县罗店镇士绅在禀请成立怡善堂时即言："（罗店镇）为宝邑之首镇，县治东南濒海，罗店西北居冲，水陆倚交，商民堵聚，抑且南连上海，北接刘河，实诸路往来之孔道，为阖邑出入之通衢。凡商贩、艺事、力役人等由镇经历者不时云集，间或中途病毙，失足溺河，家远无亲族收瘗，并有远年停厝朽腐棺木，皆因有地无力，无地无力，以致暴露未葬者最为惨怛。"为此他们在东岳庙之旁设立怡善堂公局并建栖流所一处，"专恤沿途垂毙病荒，敛埋水陆无主毙尸及施棺代葬等事。"[1]对徽商这类有固定居处及正当职业的人群来说，并不符合当地善堂服务的条件，只能从同乡那里寻求帮助，徽州善堂就是为办理同乡身后之事而专门设立的，"议此举专为徽人旅榇而设，如本地棺木概不准寄，倘有恃强硬抛者禀宪究治。"[2]这在某种程度上弥补了地方政府公共服务不足的缺憾。诚如南汇新安思义堂在交代建堂缘起时所言："盖闻谊敦桑梓，异乡须念同乡，气重芝兰，凶事无殊吉事。我新安各属户口蕃滋，冈峦环峙，瘠土迥殊沃土，计乏谋生，离家差胜居家，业多服贾。慨夫天时莫测，世事无常，风餐露宿，征途每多客感之侵，阴伏阳愆，旅馆岂乏沉疴之染？或中年而盍逝，或晚岁而考终，有财者殡殓虽成，灵柩猝难旋里。无力者迁移莫

---

① 光绪《罗店镇志》卷三《营建志下·善堂》。
② 民国《新安义园征信录·规条》，不分卷。

定，遗骸渐至填沟。嗟乎！鹃啼洒血，他乡终成孤魂；鹤梦迷云，故土未归旅榇。此思义堂公所之由建也。"①

徽州善堂最基本的功能是为身故同乡一时无法归葬者寄放棺柩。汉口新安笃谊堂专门建造大划义船两只，招人驾渡，每年支给饭食钱文若干，无论同乡棺柩远近，均由义船载运到十里铺义所寄放，每棺给钱400文，酒钱随意赏给。平日义船载送过往行人以贴补工费，徽州同乡到各处义冢则搭载义船往返，船户不得远离迟误，否则革去另换。同乡棺柩抬至十里铺义所时，由笃谊堂支付抬工装殓帮费钱2800文，酒钱随意，不作要求。为避免码头埠夫故意刁难，如有自行雇用堂夫扛抬者，仍给该处码头埠头钱800文。棺柩进堂后，要缴票登记排号，每棺交钱100文。②塘栖新安怀仁堂规定：棺木进堂，首先要经手保人到善堂司事处挂号，领取堂票，支付挂号钱400文。然后持票到管堂司事处验明，再扛抬入厝。如果日后查出有外籍棺木或当地人棺木冒寄者，惟保人是问，并处以罚款，将棺柩立即抬出，以免混乱。抬进善堂的棺木分男左女右安放，未成年人的棺木亦准入内，挂号钱只收100文，但仅限期一年，冬至前后一体埋葬在怀仁堂义冢。倘若从其他码头护送病人回籍，路过塘栖时不幸病故，前来投靠会馆，由司事查明来历，确属徽州同乡，准其抬入厝所成殓，司事代为妥善办理，所有费用以及挂号钱一概归护送病人者自付，怀仁堂不予资助。棺柩抬进厝所后，当场在堂簿上登记姓名、籍贯，发给堂票作为以后领棺凭据，不是徽州本籍以及不知因何身故者不准入堂。虽然棺柩进堂编有号码，但如果柩头上未写死者的籍贯、姓名，在堂司事用藤黄代写明白，以免舛错。寄放棺木以三年为期，如期满仍不来领回原籍，即由怀仁堂代为埋葬义冢。期限将满之棺，该亲属虽欲带回安葬但一时难于成行者，应提前两个月到怀仁堂说明情况，可准许暂缓一年，并在号簿注明，若一年后仍未领回，怀仁堂便一体安葬，防止故意因循拖延。③

徽州善堂成立之初，因经费不足，只能提供寄放棺木的服务，随着徽州同乡的捐赠不断增加，善堂陆续购置市房、田亩以收取租钱，堂中经费逐渐充

---

① 宣统《思义堂征信录·重建思义堂序》。
② 《新安笃谊堂征信录·告示》，光绪十三年刻本。
③ 《塘栖新安怀仁堂征信录·公议堂规》，光绪戊寅年初刊。

裕，开始扩充服务内容，对身故同乡施衣助棺以及资助旅榇回籍。如松江新安崇义堂"每见同乡客殁，贫难收敛者，恻然悯之"，在堂内添备衣衾、棺木，许死者亲族随时到堂报明，经查属实，由崇义堂捐助棺木，发给进堂票据，拨用堂夫抬送至死者家中，承值收敛后，抬回堂内，由死者亲族决定是埋葬义冢还是暂寄殡房等待扶榇归里，堂夫工食由崇义堂给发，"亦推广善举之意"。崇义堂同时规定，棺木进堂，首先报告司月，待司月将票据交给司局，填写号簿，写清住址、籍贯、姓氏、年龄、现住地址、病故日期以及保人，然后收棺，以备后日查考。如无司月所给票据，司局不能滥收，以免无所稽考。棺木进园之后，司局发给双联执照，以俟日后取棺对照使用。①

上海徽宁思恭堂对身故同乡提供施衣助棺的服务，从光绪三十一年（1905）起，施助棺衾送到死者住处，由思恭堂发给扛力钱 240 文，堂夫收敛，扛抬进堂，给钱 1200 文，一概不准死者亲属自己扛抬，以避免冒领之弊。自光绪三十二年起，领棺者另加给衣衾、鞋袜、帽子、石灰、皮纸、草纸全套。1913 年，思恭堂规定了各项收费标准：胡裕昌木行堂材一具并石灰、皮纸、响团等，计洋 20.1 元；章聚兴漆号生漆半斤，计洋 4 角；堂夫抬空棺殓进堂等费，计洋 1.7 元；福泰衣庄寿衣一套，男衣计洋 7.6 元，女衣计洋 5.8 元；堂夫将该棺移入统间，照章补给移棺费，计洋 8 角。共计男性棺衾缴费 30.6 元、女性棺衾缴费 28.8 元。死者亲属至大东门内汪祥泰布号缴纳上述费用，由堂夫向各号收回本堂棺衾等票。②

徽宁思恭堂对殓棺进堂寄放也作出详细的规定，凡棺柩到堂，要验明来票，棺上姓名与编号相符，方准进堂，如无来票，即便是注明掩埋之棺也一概不准进堂。如私自将别郡棺木蒙混保人进堂者，查出后除责成保人领出，再公同议罚。棺木抬进堂中，分为男、女及未成丁之棺安放，用白粉笔写明编号数目，嗣后清明、中元、上元三节，上下首司年轮流到堂对簿核查，用漆笔写明原号，以免日久出现差误。大、小木棺进堂后，先是以三年为期，因与徽州、宁国远隔千里，音信难通，后定以六年为期，未成丁之棺限期一年，如有过期不领者，由思恭堂在义冢埋葬，不准徇情拖延亦不得浮厝冢地。如非病故者，

---

① 民国《新安义园征信录·具禀》，不分卷。
② 《徽宁思恭堂征信录·公启》，不分卷，民国 6 年第三十七刻。

不准入堂亦不准领棺，倘有隐情冒混，遇到事端，即与思恭堂无涉，由保人自行处理，然后再议处罚。[1] 棺木进出善堂的票据，由位于大东门内大街中市祥泰布号给发，需托熟识的保人前来签立进堂保票方能领到。[2]

宣统三年（1911），思恭堂为寄存徽宁两府体面绅商的棺柩，专门在义园西侧建造了男、女殡房，并制定了"推广殡房寄棺规条"，规定每间殡房存棺3具，每具缴乐输捐洋100元，以6年为期，期满即葬。寄存殡房的棺柩应先将捐洋如数缴给值年司总，再将司总收条及进保堂票交到祥泰布号处，并在进堂簿票上登记注明，以防紊乱。各间殡房停放的棺柩如果已满，将最先放进的棺柩依次合并，腾出空间以备续寄者安放，以符合每间3具的规定。非徽宁两府的棺柩亦不得寄存殡房。[3] 思恭堂还另在会馆东边的空地上新造了女殡所，较馆内丙舍宽敞许多，每棺议收租金英洋20元，藉资补助建造费用，如有不愿缴费者，仍寄放于丙舍内，不得擅入殡所，且男棺一概不许抬进，以示区别。寄放年限仍以6年为期，期满即葬。寄存女殡所的棺柩也要先如数缴纳租金，再将司总收条连同进堂保票交给祥泰布号，注明进堂簿票。[4]

徽宁思恭堂对掩埋棺柩也作了规定，由司年预备埋棺填灵所需石灰、石签等物品，届期公同细心核计注册，分为男、女、未成丁之棺，各家依次成列安葬，每具给石灰一担，按号标立亡人石签，按年排定干支年号。有起送回籍者空出的地方挨次补埋注册，以便日后核对，不得就便胡乱掩埋，亦不得迷信风水，紊乱章程。随到随埋之棺，责成守堂人分为男、女与未成丁各坟冢，挨次埋葬，每具给石灰一担。葬毕，至司年处报明领费，埋大棺者给工钱330文，小棺165文，不得任意敷衍。司年按月详查，如发现潦草完事者，罚去葬费。每次掩埋所需人夫，由思恭堂选择雇用，不得恃强霸勒。埋葬之后，如有起棺

---

[1] 非病故者是指死因不明者，思恭堂不愿意牵涉官司，为杜绝节外生枝而作出此项规定。1916年4月，鉴于时局动荡不安，徽宁同乡中遭遇意外身故者时有出现，思恭堂同人作出通融，要求由原保人及该县董事出具正式理由书，说明死亡原因并担保确无其他情况出现，如果发生他项事端，由保人负完全责任，如此方可变通旧章予以接收入堂。否则仍难以徇情办理。见《徽宁思恭堂征信录·公启》。

[2] 《徽宁思恭堂征信录·保票式》，不分卷，民国6年第三十七刻。

[3] 《徽宁思恭堂征信录·推广殡房寄棺规条》，不分卷，民国6年第三十七刻。

[4] 《徽宁思恭堂征信录·新造女殡所寄棺规条》，不分卷，民国6年第三十七刻。

带回者，须至思恭堂报明死者姓名字号，查对牌号。自嘉庆二十三年（1818）以后埋葬者，以棺头朱漆号数为准，不得草率起挖，以免骨殖倒乱。思恭堂一向将男、女之棺分别掩埋，如有夫妇合葬，每穴隔开二尺，挨次埋葬，不准舍前取后，紊乱条规。夫妇亡故有先后，而思恭堂停枢有期限，期满仍照堂规分别安葬，嗣后本家有欲迁合葬者悉听其便，所用工钱自己掏付，思恭堂不再支付堂夫费用。思恭堂还规定，每三年请僧人诵经超度一次，棺木掩埋后专设一坛，诵经三日，并放焰口一台。①

各地徽州善堂建造丙舍，只是供暂时无力归籍的身故同乡浮厝其间，最主要的功能还是将无力归乡的棺枢运送回徽州，为此，善堂或立一文愿或四处劝捐，资助同乡棺枢回到故土，如南昌县新安遗爱堂所言："生有家不能归，死后复羁魂异域夜台，有知良足悲矣。倘有诸子期亲，不难扶正邱首，抑或零丁孤寡，谁复远负遗骸。爰再集同人兴立一文愿，岁又可得钱若干缗，酌定归樜助葬之需，其章程一仿苏州之诚善堂而酌而裁之，布置周详，不遗缺憾。呜呼，徽人好义，古已云然。斯举也，可谓仁之至义之尽矣。"② 松江新安崇义堂看到众多身故同乡的棺枢因路途遥远，缺乏经费而无力归乡，羁留异地时，便仿照苏州积功堂帮贴盘枢回里费用的做法，根据路程远近，定费用多寡，在松江加给棺枢下船及到徽州上山安葬的费用，并在道光十八年六月制定规条，以防"愚昧之辈贪利而藉此争多，刁滑之徒领枢而竟不送到"。崇义堂规定，凡无力归乡者必须由其亲属托保人到崇义堂说明情况，运回徽州的棺木按号登记姓名、住址，保人与亲属书立收领字据，信客书立承揽字据，堂中出具连环票据，发给盘费，不准混报，以致漫无稽查。如无保人，一概不准给发，如有领出后中途抛弃及冒领等情节，一经察出，即向所保之人追还领费。凡由保人到崇义堂具保的棺枢，除给盘费外，再给从松江扛抬下船费钱二百八十文，到徽州上山费钱二千文，收到收领、承揽字据后，即当面给付。

各地徽州善堂的做法与松江新安崇义堂大同小异，基本上都是由善堂劝募一笔经费存典生息，每年资助若干棺枢回籍，具体运送过程交由信客处理。

---

① 《徽宁思恭堂征信录·规条》，不分卷，民国6年第三十七刻。
② 咸丰《遗爱堂征信录·新安义冢遗爱堂记》。

三、徽州境内善堂的设立及运作

徽州地处低山丘陵间，许多村落偏僻闭塞，交通不便，从杭州、汉口等地运来的棺柩招认领抬，难免迁延时日，很多时候不得不在各处口岸的河滩上停放数天乃至数十天。为避免同乡棺柩再次经受风吹雨淋之苦，徽州士绅纷纷捐资，在徽州水陆交通要道设立登善集之类的厝所，专门停放外地运回的棺柩，以等待其家人前来搬运回乡安葬。如渔亭镇为黟县往来要冲，"一年之中自下江扶柩归者指不胜屈，……即寄之沙滩或十日或半月，俟择吉日始迎葬，十日半月中迎风霜雨雪，……一入本乡反置之沙滩，不能保其数日"，以盐商为主体的黟县绅商慷慨解囊，道光二十一年（1841）在渔亭镇择地构建厂屋一间，为归柩暂停之所，"庶风霜雨雪可保无虞"。① 这在同治《黟县三志》中也有所记载，如黟县际村人余元社，字信堂，"捐千金创修羊栈岭路，直至太平界，集资不敷，独力告竣，又与胡元熙在渔亭创立登善集，买屋为浙来客柩停所，议有条规，无力带回者，即代买地安葬。又合买先家坑地捐为义冢，施灯施茶，修桃园洞，永济亭，助造河西桥。"②

由于杭州独特的地理位置，新安惟善堂成为连接江南各地徽州善堂与家乡的中转站，因而惟善堂除了寄放、运送在杭身故徽州同乡的棺柩外，还要为苏州、松江、常州、湖州、嘉兴等地徽州善堂运送回籍的棺柩提供暂厝、转运服务。因"通徽郡只有一河，并无支港，少舟楫之力，多跋履之劳，且由王村仅能至屯溪、渔亭而止，横港亦只浦口、绩溪可通，其余皆属旱道，各村山路崎岖，离义所有数十里者，亦有离百余里者"，③ 惟善堂司事提议在徽州一府六县的水陆口岸各设义所暂停旅榇，以方便领葬。但因缺乏经费，各县一时又找不到合适的司事人选，就暂时先设立一二处，歙县水南王村就是首批设立的一处

---

① 道光《登善集·募建黟邑渔镇登善集启》，安徽省图书馆古籍部藏。
② 同治《黟县三志》卷七《人物志·尚义》。
③ 《新安惟善堂征信全录·新安六县登善集要略》，光绪七年刻本。

登善集。道光四年（1824），惟善堂司事胡骏誉、孙巨川等人看到"凡旅榇有后无力者载送回籍，每次约有数十具之多，随时载到者不卸，船户势难久待，且山村僻远，招认领抬，难免羁延时日，复有暴露之虞"，[1] 便集资在歙县水南王村建造平屋数间，作为惟善堂载回旅榇暂停之所，"表里相副，缺一不行，实至要之善举也。"[2] 道光十八年（1838），司事陈光德又在沿江山麓大圣山等处置地设立义冢，凡逾期不领之柩即行埋葬，而查无后人无法回里之棺，也在春秋两季运棺结束之后予以掩埋。同年七月二十二日，惟善堂司事周载宇、李燮堂、程嘉绥等人在禀请杭嘉湖海防兵备道宋国经给办理惟善堂及六县登善集卓有成效的各司事及踊跃捐输同乡题写匾额以示奖励时，列举了办理登善集的五大益处，并从《国语·周语》中摘录"从善如登"四字将六县分设的厝所统一命名为登善集，一视同仁。惟善堂与登善集之间的关系被誉为"相维相系，足增日月之升恒"。[3]

王村登善集在其后的发展过程中似乎并不太顺畅，清末徽州知府刘汝骥曾提及，该登善集初办时，还能够"停寄旅榇，限期掩埋，泽及枯骨，惠及游魂，前人好义之诚，可谓无微不至。"但是数传而后，司其事者不善经营，每年施棺掩埋寥寥无几，善举已形同虚设，清末新政期间，地方办理新式教育，遂有人请提取登善集公产以充学堂经费。刘汝骥细核情况，权衡轻重之后，认为学堂固然不可不兴，但善举亦不能中途废止，况且事关六县停寄旅榇大局，非歙县南乡一隅之事。因此刘汝骥批饬歙县知县遴选公正士绅清厘接管登善集，以妥幽魂而昭核实，要求歙县立即遵照，速筹办理具报。[4]

就目前接触的资料来看，歙县境内设立的登善集最多，光绪七年（1881），歙县北乡富塬建造登善集厝所两间。民国时期，歙县旅沪同乡会出资在深渡建造首安堂，首安堂丙舍有两处，一在深渡的满坦，一在岑山渡的瑶湾，专门办理自上海运柩回歙及寄厝掩埋等事，并就近置"恶字等号田二亩三分八厘，念字号地四亩五厘八毫，诗字号山三分七厘"，以田产租息作为维持首安堂运转的日常经

---

① 《新安惟善堂征信全录·七月二十日禀杭嘉湖道宪宋》，光绪七年刻本。
② 《新安惟善堂征信全录·新安六县登善集要略》，光绪七年刻本。
③ 《新安惟善堂征信全录》，光绪七年刻本。
④ 刘汝骥：《陶甓公牍》卷四《批判·礼科·歙县附生朱学孔禀批》。

费，捐资者有程霖生、吴青筠、方晓之、曹味蘅等 37 人。[1] 今歙县档案局副局长邵宝振收集到 1931 年歙县县政府为保护岑山渡丙舍而立的一块禁碑。[2]

道光年间，绩溪县在临溪镇设立了义厝，承接杭州新安惟善堂运送回乡的棺柩，但须由渔梁抬柩过坝，绩溪县士绅与渔梁船行及附近埠夫议定了价格，并订立章程，呈请歙县知县勒碑在案。咸同兵燹后，碑石无存。光绪元年（1875），绩溪士绅程开运、江恒、江学晋等人与渔梁船行及埠夫重新订立价格，从浦口用小船运棺柩到渔梁，每棺给钱二百文，自渔梁过坝并运簰至临溪，每棺给钱三百四十八文。为防止埠夫、抬夫、簰夫节外生枝，借端勒索，程开运等人禀请歙县知县给示严禁。[3]

清代休宁境内的阳湖建有登善集，万安设有停槥处，刘汝骥所编的《陶甓公牍》对此有所记载，"阳湖登善集、万安停槥处，以暂安旅榇为目的。"[4] 另有黟县桂林人程上进，集资在休宁县的上溪口创办登善集，收旅榇，代为安葬。程上进勉力维持登善集 20 余年，年过七旬还徒步跋涉，四处募款至数千金，而来往盘费均出自个人。程上进于 1918 年过世，弥留之际，他还念念不忘登善集，命其子将该集所收旅榇及一切财产移交溪口本处事务所接收，嘱咐要议订登善集规条，函请县公署立案。事务所董事汪颂荣与会长汪德光、副会长曹维屏函请休宁县知事，奖给"急公好义"四字匾额以旌其劳。[5]

1918 年，黟县旅沪绅商余之芹、余锦镕、何兰石等人看到上海思恭堂寄柩数以千计，寄放以三年为期，期满即代为掩埋，但义冢"地滨海斥卤，又当中外冲道路，沟渠水泉地风之患必无以免。余亲见其葬事之善而惜其朽之速也，为愀然者久之"[6]，便提议在屯溪置办义冢坟山，但开会讨论具体事项时，没有得到其他各县同乡的同意，余之芹等人决定由黟县单独募捐办理。[7] 余之芹因年高望重被推为领袖，先后募得数千元，遂联合黟县旅居屯溪同乡买地购山，

---

① 民国《歙县志》卷三《恤政志·优老》。
②③ 此条碑刻材料承歙县党史地志办邵宝振主任抄录惠赐，谨致谢忱。
④ 刘汝骥：《陶甓公牍》卷一二《法制·休宁民情之习惯·从团体上观察民情·集会结社之目的》。
⑤ 民国《黟县四志》卷七《人物志·尚义》。
⑥ 《新安思安堂征信录·序》，民国 9 年第一刻。
⑦ 余之芹：《经历志略·慈善公益三》。

在屯溪十六都珠塘铺设立善堂，名为思安堂，建丙舍以起停由沪运屯旅榇以及作为在屯黟县身故同乡的殡所，并置义山掩埋殡所满期棺枢，旅榇到埠起卸扛抬与殓埋旅屯同乡均使用思安堂所雇堂夫、埠头，另在思安堂旁边建立黟县旅屯同乡会，推选何兰石为思安堂及同乡会会长，主持善堂和同乡会事宜。思安堂还制定规条，按照汉口笃谊堂、上海徽宁思恭堂章程因地制宜地予以增损，以保证善堂有序运转。

虽然休宁旅沪同乡没有附和余之芹等人的提议，参与筹办思安堂，但时隔不久，他们也在屯溪珠塘铺建立了专门接收休宁同乡棺枢的思归堂。据1923年休宁旅沪同乡会在《申报》发布的通告可知，上海徽宁思恭堂规定，凡是自备之棺可寄放六年，领取堂内之棺可寄放三年，满期之后，每年的十月初一日即一体埋葬在义冢。有鉴于"外地潮湿"，休宁旅沪同乡惕焉伤之，便聚集筹议运枢办法，决定分头劝募经费以促其成。得到休宁同乡的大力捐助后，在屯溪十六都珠塘铺地方购买民房数间作为殡舍，"以为外地盘枢暂停之所"。思归堂建成后，休宁旅沪同乡会便登报周知同乡，凡是休宁人寄放在思恭堂的棺枢，无论是否到期，如果打算运送回乡但苦于经费短绌，都可以在次年二月底之前持徽宁思恭堂发的进堂票到汪祥泰布号、福泰衣庄或胡森泰绣庄接洽，由同乡代交信客运送到思归堂暂放，以备家属就近领葬。寄放思归堂的时间以一年为限，如到期不认领，则在义地埋葬，日后再来起枢运回，运费自己承担。①

四、内外联动：江南徽州善堂与徽州境内善堂的协作机制

杭州惟善堂见徽州同乡"频年作客，家道艰难，谋生既无积蓄，病故安有余资？适当灾厄之时，或知交几辈，殷勤来问候之书，孤枕三更寂寞，洒临终之泪，当此时或棺衾粗备，而魂魄孰招？如此客故他乡者，实堪怜悯。"②便仿

---

① 《休宁同乡会公鉴》，《申报》1923 年 1 月 28 日。
② 《新安惟善堂征信全录·计开条目》，光绪七年刻本。

照京都慈航善举之式，设立三联票据，并设报所供单。如有棺柩欲暂放善堂者，由举报人到在堂司事处领取三联票据，报明来历、姓名、系何县何乡住址，有无子侄，作何生业等，一一登记清楚，然后持票到堂中核对，堂中查明，照单编号，填写清楚，裁去联票一联交给举报人为凭，以供领棺时对照给发。棺柩抬进厝所时，柩上填单编号，再用漆笔写明原号，以便将来对照领柩无误。如果没有惟善堂的初报票单，一概不准收留，非病故及来历不明、另有事端者亦不准私收入厝。棺柩放进厝所后，举报人即寄信给死者家人以便按期领柩载送回籍，如无回复，即再次去信催促，倘若半年之后仍然没有音信，惟善堂将责成经手司事查问举报人原委，确实因为死者家人赤贫如洗，无力扶柩回乡，可如实告知惟善堂，由惟善堂趁船装送回籍，所有抬夫水脚由善堂支付，原报人缴销初票，如果承办之人亦极为贫困，装载时裁去三联票之中票，知照登善集酌量其路途远近，资助抬工费用。三个月之内能够安葬，再助其葬费三千文，要提前半个月预先报知安葬日期，由司事给钱，距离登善集七十里以外者酌情增加。一年无复信者，随即通知堂内于次年埋葬义冢。①

嘉兴、湖州、苏州、松江等地的徽州各善堂将同乡棺柩运载到杭州，惟善堂中有专人代为照料一切，俱照杭州程式以归一致。倘若信客收受水脚到塘时藉以货多船重，或水脚不敷有意延搁者，不准逗留以杜巧饰。或实为风潮险阻，人货繁多，该信客邀同诚实保人留存大钱二千文为质，到惟善堂写定下次来杭，必定带去，不致延误，如期带者原钱给还，倘逾半年不带，将质钱作为水脚，附便寄至登善集，标明某信客失信以致半途而废，共同摒弃。给单之后必须填单，贴于棺柩上，再用漆笔填明，以免日后讹错。载送之时，查验应送若干具缮册二本，一付船户赍交登善集收核，一存堂内备查。杭州本地及其他府县的棺木概不准入新安厝所，倘蒙混进堂，即责成经手之人领出，如司事故意徇情容隐，察出公罚，抑或有人私取租钱，追出冲公，当即驱除，不准复用。②

每年春秋水旺之时，惟善堂查验棺柩数目，雇船运送，每棺用钱一千文，开明住址，责成船户计日运至各县口岸登善集，交卸收明后，集中司事给付总

---

① ② 《新安惟善堂征信全录》，光绪七年刻本。

收照一纸交惟善堂备查，一舱之中以六棺为限，不许多装，并分别男女，毋使混杂。登善集于船户载到之时，按照惟善堂知照册分别核对查收，即在各通衢市镇张贴各棺枢姓名、住址，以待其亲属前往领回。或虽有亲属但家境赤贫者，准其到登善集报明情况，司事查验属实，根据路程之远近，资助其抬棺费用，或自有山地祖坟可以附葬者，另给助葬钱二千文。这都是专为极贫困的死者家属而制定的，不得视为常规，倘若有经济能力扛抬营葬，却有意迟延，托词家庭困窘者，六个月之内不领回，即代为埋葬于登善集义地。亡者本支无后人，家族有坟地，但是家族势力小经济贫穷，仅能代为安葬，报人在进堂报明时交代清楚，裁去联票，并知照该家族于一年之内春秋两季装载至各县口岸登善集暂厝，本族即行领回安葬。家族经济稍为宽裕者要支付由杭到徽水脚钱一半，实在贫苦无力者免除水脚。家族亦贫窘者，要预先知照惟善堂，领材时注明，计其路之远近，给付抬工 4 名，如果棺枢沉重加之山路崎岖，给付抬工 6 名，另外再贴葬费钱 2000 文。葬费由登善集值季司事查明确实，临期再付，70 里以外者酌加。该笔葬费，登善集先行垫付，待年终汇总时，知照杭州惟善堂司事，趁便寄完，登善集填付收照以昭核实。亡者之家如无山地可葬，即报明登善集，于春秋二季埋葬公地亦可。亡者本家亲族式微，又无山地祖茔可以附葬，原报人在报时注明堂簿，在杭州另置公地，每逢春秋二季代备灰工，妥善安葬，仍勒石标名，不致湮没，如不愿埋葬他乡，欲归故土，即运回登善集公地掩埋。载送回籍原系桑梓情谊，倘有其家属假冒家境赤贫，希图领取葬费或节外生枝，妄称借贷者，概不准应，以杜觊觎无赖之风习。查实该家属借端滋扰，司事即禀县令解押具结，运载至某县登善集厝所，即在该县具禀饬差押葬，以除后患，如无祖坟可附葬者，即掩埋于登善集义地。[1]

自杭州运来的棺枢抵达口岸后，登善集司事要亲自到场，照册查点核对进厝，登记号谱以免领材时出现差错。来领材者，惟善堂已议定规矩，每棺雇抬工四名，路远或加二名，抬费按路程远近照例给发，不准额外索要，如有滋扰生事者，送官究治。每年三月、九月选择一位诚实稳健之人，从登善集支给工费，抄录号簿，到六县寄放棺枢之家，催领其抬去以免耽搁。如果亡者有祖坟却无力营

---

[1] 《新安惟善堂征信全录·新安六县登善集要略》，光绪七年刻本。

葬，其亲属到登善集领柩，补贴葬费钱2000文，远者加倍。如有水路可通，即于水旺之时搭载小船送至口岸。倘若催领之人找到亡者本家，每棺另给酒资200文以奖励其勤劳，若连催不领，即于次年三月代葬义地。惟善堂的补助费有赤贫、孤寡之别，全在登善集司事实察情形，酌量资助以全善举，不可刻核亦不可滥行。义地宜地势高而干燥，不可选在低洼之处，必须随时置办以备取用。每逢葬期，司事尤其应当亲自前往监督并检查墓穴之深浅，不得草率掩埋，灰料务需坚固，倘遇亡者本家来扦另葬，不致朽烂难收。埋葬经费宜照旧章，每棺用石灰140斤，土工4名，每人给钱130文，工人听登善集选择呼唤，不准分坊把持，如有恃强阻挠者呈官惩究。墓前碑石长3尺，出土阔1尺、厚4寸，同匠人讲定工价，不得多索迟误，凿字标明字号某县某乡某人某年月，埋葬部分涂墨上油，以便扦葬时容易辨认，不致模糊。登善集择用诚实工友一人看守厝所，每年付给辛资，须查看是否漏雨渗水，如果怠惰误事，传唤不到，即另换人承值。每年清明、中元两节，祭祀福仪纸箔，由登善集照例备办，若本地有乐捐纸箔者另登捐簿照收。惟善堂中置办公匣一具，存放银洋账簿、契据等重要账籍，一人管匣，一人管钥匙，每年至腊月初十，诸司事邀集同人结账，誊清交出，轮流挨管，只有烟村登善集司事四人系自愿协力办公，银钱出入概不与闻。倘若惟善堂有徇私舞弊情形，查出公同议罚，辞出不容，庶免侵蚀之虞。①

　　黟县渔亭镇的登善集经司事数年努力，捐募而来的经费已颇为可观，除了渔亭镇经营盐业的商人每年照引派捐堆金约钱五六十千文，舒光裕堂祠会每年捐洋钱8元外，共收到元银400两、洋银674元、钱22千900文，去除买地、建屋两大宗开支，登善集剩余款额全部存入渔亭镇四家典铺生息，定以周年6厘行息，四家典铺轮流值年，分两季交纳，春季二月、秋季八月俱交经理银钱的司事收当，不得愆期挂欠，捐钱则付登善集收账支用。②

　　道光二十九年（1849），登善集制定16条章程，呈准黟县知县备案。登善集置号簿一本，每年以年岁日期编列字号，凡资送回黟之棺到达渔亭埠时，值年司事者即照数目及地方、姓名查点核对，挨号登载号簿。无论晴雨天气，棺

---

①　《新安惟善堂征信全录·新安六县登善集要略》，光绪七年刻本。
②　道光《登善集·公呈》，安徽省图书馆古籍部藏。

枢到埠后要即刻抬移入登善集厝所安放，其事委托渔亭镇船行轮流管理，以专责成。抬棺进集，听凭船行雇请埠夫，每棺公议力钱100文，但必须另派一名出行人同去监督安放，亦要每棺送酒钱20文给此人，有棺几具，即照棺数付其酒钱，由船行开明印票，交值年典铺查对给发，以免蒙混。集内所存棺枢，听凭其家亲属随时来领，司事查对号簿照发，注明某年某月某日某人领去，是由艒载还是用夫抬，悉听其便。如果有实在贫困无力者，公议每棺资助艒力钱360文，而从杭州到达渔亭以及抬移棺枢入集，其间的全部费用皆由公款支付，登善集不取领棺之家分文，倘若有埠夫勒索阻挠，即由司事送官究治。凡停厝集内没有领走的棺枢，每年逢二、八两月，司事查照号簿另写布告，将姓名、里居注明，并写清楚定以某年某月为限，如不领送回家，登善集届时将予以埋葬等内容，张贴各乡，催促其亲属领回，以免厝所拥挤，妨碍后来的棺枢存放。集内所停棺枢除张贴布告催领外，对于那些不能领回的无主棺枢，则由登善集代为葬埋。凡惟善堂送到入集的棺枢，停放时间以一年为限，如满一年不领即掩埋于登善集义地，立碑刊明姓氏。如果埋葬后遇有亲属前来起扦领去安葬者，听其自便。登善集掩埋无主棺枢，定以每年清明节前后，每棺用石灰240斤、红石石碑一块，埋葬时司事必须查对号簿，注明某年某月某日，迁葬义地时亦要邀请值年典铺同去监督，不得浮浅草率。登善集原为黟县旅殁他乡无力回籍之枢停设，只准安放惟善堂送来本县的棺枢，附近居民和渔亭镇各商家的棺枢以及经过渔亭的其他县的棺枢一概不准徇情寄顿，以严限制。公议由登善集抬棺至义地掩埋，并做堆安碑、挑灰等项人工，每棺共给大钱500文，规定石碑长3尺、宽1尺、厚3寸，碑上刻某共某字，每块石碑刊字及送到登善集内，共给钱100文。遇到疾风暴雨的恶劣天气时，必须进登善集厝所查看有无漏雨进水等情况，该事交船行中之出行人承办，每年给酒资钱2000文，发现漏雨隐患即告知值年典铺动工修理，而司事亦须不时亲自查看，以免蒙受欺蔽。每年逢中元节，即延请渔亭镇的门图僧众在义地施放焰口一坛以妥孤魂，议定诵经钱1400文，锡箔纸衣并供献香烛等项，议定开支银一两换成钱零买，如有捐助纸衣者听其功德。[①]

---

① 道光《登善集·规条》，安徽省图书馆古籍部藏。

从上可见，江南各地的徽州善堂、杭州惟善堂与徽州境内的登善集三者形成分、总、分的关系，构成了一张相对完整的运棺网络图景。各地徽州善堂接收身故同乡棺，暂时寄放于丙舍或掩埋于义冢，再定期将棺柩运送回乡。惟善堂为在杭徽州同乡提供服务的同时，更主要的是处理江南各地徽州善堂运来的棺，通过新安江将棺柩集中运回徽州。徽州境内的登善集负责把惟善堂运来的棺柩送到死者家中安葬，完成最后一项环节。惟善堂与各处登善集在长期的运行过程中形成了内外联动的协作机制，规章制度具有高度的一致性，强调棺柩顺利运送回乡，注重对贫困死者家属的抚恤，是一种比较务实而有效的救助方式，解决了徽州同乡的身后之忧。

五、结语

清代以来江南各地徽州善堂的有序运行较好地诠释了旅外徽州同乡组织"事死如事生"的慈善理念，他们所构建的独立于官方之外的民间社会救助体系，体现了旅外徽州人互相周恤，互相照应的团结协作精神。

中国人对死亡充满神秘感与敬畏感，高度重视身后之事。处理亡故同乡的后事是各地徽州会馆的主要事务之一，江南各地徽州善堂的普遍设置，是在清嘉庆、道光年间，宾兴局等各类社会组织也大多在这个时候出现。各地徽州善堂虽然是会馆的附属慈善设施，其管理人员也多来自会馆，但大多独立收支，其经费由同乡捐输，比较通行的办法的是征收一文愿捐，这是具有强制力的捐输方式，否则很难负担运棺过程中产生的庞大支出。

徽州人讲究落叶归根，只要不是贫困至极或无后人，多在死后运送回乡安葬，善堂就是为暂厝棺木以待起运回籍而设立的，有的设在义冢旁，有的附在会馆内，有的则单独建造，情况多样。因善堂厝所空间有限，难以容纳越积越多的棺木，大多数善堂都规定了棺木寄放的时限，如超过期限，确无后人，就代为安葬在义冢。善堂所设义冢的日常管理工作则是安排有序埋葬，谨防外人盗葬，定时查访坟墓有无坍塌破漏，为岁时祭扫提供方便等。

　　　　　　　　　　　　　　　行走于黄山白岳之间：徽州研究论文选集

各地徽州善堂因经济实力不同，在为身故同乡提供服务方面也有所差异。经费充裕的上海徽宁思恭堂、松江崇义堂等服务的链条就向前后延伸，同乡故后，善堂负责打抬进堂，对贫难收敛者，善堂还捐助棺木、衣衾等。棺木扛抬进堂后，有一系列的章程规定如何寄放、掩埋。距离徽州不是特别遥远的善堂还提供运柩回乡的服务，江南各处徽州善堂的工作重心就是处理运棺事宜，这些地方也多是水运条件优越之处，能够用船运输棺木。因地理之便，杭州成为江南运棺的集中点和转运站，与其他善堂相比，杭州新安惟善堂不但规模庞大，业务也相对繁重，该堂主要负责接收江南徽州善堂运送过来的棺木，再经由新安江转运回到徽州。因徽州境内交通殊为不便，运送回来的棺木要辗转多次，才能最终到达亡者的家中。为了给回乡棺柩提供方便，徽州境内在水陆口岸设立登善集、思安堂等善堂，接收转运外地来的棺木，发挥着和惟善堂同样的功能，这就形成一张内外联动的运棺网络及协作机制。如果对江南和徽州之间的运棺图景进行比喻，杭州惟善堂就如同一台抽水机，把分布江南各处的溪水抽上来，汇聚在惟善堂这所湖泊里，经过新安江这条水渠，流到徽州境内的田地里。如此繁琐冗长、耗时耗财的运棺过程，是一般家庭无力承受的，徽州善堂的行为确实是值得称道的善举，弥补了地方政府社会救助乏力的缺憾，成为徽州人源源不断走出家乡，安心在异地拼搏的重要保障。

（原载《清华大学学报》2018 年第 5 期）

徽州人在芜湖：以20世纪50年代芜湖市总工会资料为中心

李　甜

内容提要：芜湖作为徽商的重要活动地，历史上与徽州的人员及物资交流十分频繁。1949年前后，旅芜徽商和徽州人的生活发生了变动。首先，从他们的职业选择和行业结构，可以观察到近现代徽商对芜湖各产业的全面渗透。其次，徽州人的职业介绍方式，由依靠血缘、地缘关系互相援引的传统，过渡为政府介绍、单位分配的方式。在社会流动上出现"两降一升"，部分中层职员跌入小商贩之列，徽商家庭妇女因生活压力外出务工，而徽州籍革命干部的社会流动趋于向上。社会主义改造与城乡二元结构体制的确立，加速推动旅外徽商及徽州人的土著化，传统的籍贯观念被彻底斩断，徽商群体也消失无形。

关键词：徽商；小商贩；社会生活；职业选择；社会流动

一、学术史回顾

徽州作为明清区域社会研究的范本，明清时期的徽商及徽州人群一直是徽学界关注的重点。与此对比，清末以降徽学资料的发掘和利用稍显迟缓，直到近年来研究时段的下移与学科视野之拓展，20世纪前期的徽商及徽州人群逐渐引起学术界的兴趣。众所周知，自19世纪中叶以后，盐业、典业等徽商传统优势行业一蹶不振，茶业经营则蒸蒸日上，至民国时期仍有众多茶商鏖战商界，因此，近代徽州茶商也较早引起学术界的关注。① 此外，随着徽学研究从社会经济史拓展至社会文化史层面，围绕近代徽商及徽州人的同乡组织、宗族建设、社会生活等层面，亦出现一批有深度的研究成果。② 值得一提的是，1949 年不再被视为分水岭，徽商在 20 世纪 50 年代的生存之变，也初步受到注意。③

　　皖南地区具有悠久的商业文化传统，1949 年发生天翻地覆的政治变革，这使得无论是本土社会还是旅外商帮，生存环境皆发生巨大变化。不过，基于传统的惯性，商业文化的影响仍然存在。学术界此前受制于文献发掘与使用，较少涉及徽商的社会主义改造，对这一时期的小商小贩之日常生活与商业经营也关注不多。④ 由此，学术界对皖南商帮的转折、衰微过程，无论是从整体还是

---

① ［日］重田德：《清代徽州商人之一面》，收入刘森辑译：《徽州社会经济史研究译文集》，黄山书社 1988 年版，第 417—456 页；吴仁安、唐力行：《明清徽州茶商述论》，《安徽史学》1985年第 3 期；张海鹏、王廷元主编：《徽商研究》，安徽人民出版社 1995 年版，第 585—664 页；张朝胜：《民国时期的旅沪徽州茶商——兼谈徽商衰落问题》，《安徽史学》1996 年第 2 期；周晓光、周语玲：《近代外国资本主义势力的入侵与徽州茶商之兴衰》，《江海学刊》1998 年第6 期；王振忠：《清代徽州与广东的商路及商业——歙县茶商抄本〈万里云程〉研究》，《历史地理》第十七辑，上海人民出版社 2001 年版，第 297—315 页；邹怡：《产业集聚与城市区位巩固：徽州茶务都会屯溪发展史（1577—1949）》，"中央研究院"《近代史研究所集刊》第 66期，2009 年；刘芳正：《民国时期上海徽州茶商与社会变迁》，上海师范大学硕士学位论文，2009 年；周筱华、程秉国：《民国时期徽商与茶叶对外贸易》，《黄山学院学报》2009 年第 4期；蔡玲存：《徽商的近代发展与式微——以其在上海的活动为例》，华东师范大学硕士学位论文，2009 年。

② 王振忠：《徽州商业文化的一个侧面——反映民国时期上海徽州学徒生活的十封书信》，《复旦学报》1999 年第 4 期；王振忠：《徽州社会文化史探微：新发现的 16—20 世纪民间档案文书研究》，上海社会科学院出版社 2002 年版，第 446—486、499—519 页；沈树永：《徽宁同乡会研究》，上海师范大学硕士学位论文，2008 年；冯剑辉：《近代徽商研究》，合肥工业大学出版社 2009 年版；陈加林：《百年徽商与社会变迁：以苏州汪氏家族为例》，上海人民出版社2014 年版；唐力行：《延续与断裂：徽州乡村的超稳定结构与社会变迁》，商务印书馆 2015 年版；徐松如：《都市文化视野下的旅沪徽州人（1843—1953）》，上海人民出版社 2015 年版。

③ 王振忠：《水岚村纪事：1949 年》，三联书店 2005 年版；李甜：《1955 年，旅外徽人的家信》，《徽州社会科学》2009 年第 3 期；唐力行：《徽州旅沪同乡会与社会变迁（1923—1953）》，《历史研究》2011 年第 3 期；李甜：《旧商人与新时代：赣州徽商汪德溥的生活变迁（1890—1955）》，《安徽大学学报》2014 年第 6 期；汪柏树：《1949—1950 年屯溪当代徽商考察》，《黄山学院学报》2017 年第 1 期。

④ 实际上，徽州文书中有不少下层徽商小贩的记录，尚未引起足够的重视，参见王振忠：《徽州文书的再发现》（下），收入王兆成主编：《历史学家茶座》2009 年第 2 辑，山东人民出版社2009 年版，第 131—141 页，尤其是第 136—138 页。

细节上皆缺乏讨论。随着近年来资料收集手段的丰富和发掘力度之提升，使得我们有条件观察近现代徽商及徽州人在经营、生活、交际、观念等方面发生的变化，这将有助于加深对 1949 年前后的商人群体生存变迁和皖南区域社会转型之理解。

新发掘的安徽省芜湖市总工会文书资料，数量计 500 多册，时间跨度从 1949 年一直延续到 20 世纪 80 年代，除了大量的日常运作记录，还有 87 本工会会员登记册，由数百份各行业会员登记表组成，包括会员个人简历、家庭状况、工作以来的职业及变动、所属行业等细节。[1]1949 年 7 月成立的芜湖市总工会筹备委员会由歙县人郑家琪等 7 人组成，会址设在柳春园 21 号，经过一年的组织发动，芜湖市总工会于 1950 年 11 月 15 日正式成立。[2]据 1951 年统计，芜湖市总工会依托于高效的活动能力，成立仅一年就发展出 23171 名会员，39 名委员，36 名脱产干部，占芜湖市职工总数 28132 人的 82.6%。[3]至 1950 年底，芜湖市的总户数为 48471 户，人口数为 290548 人。[4]两相比照，大致可推定职工数占芜湖全市总人口的 9.7%，其中工会会员占全市总人口的 8% 左右。由此可见，芜湖市总工会资料的覆盖面广，工会组织全面渗透至该市各行业，具备考察徽商及徽州人群体的抽样价值。我通览全部的登记册，一共收集到 42 份徽州人的履历，根据登记内容对个人信息的回溯原则，掌握他们在民国年间至 20 世纪 50—60 年代的个人经历。需要指出的是，由于工会资料保存过程中的遗失，且存在土著化后改籍的现象，实际参加工会的徽州人及其后裔肯定大于此数。本文且以 42 个案例为中心，关注旅芜徽州人的个体生活如何随时代变迁而发生变动，希望为探讨徽商的改造与消亡历程提供一个区域性的案例。

---

① 这批资料馆藏于复旦大学当代中国社会生活资料中心。资料标引方式如下：原始目录号-年份-名称-姓氏笔画（字母表示分册）。以注释"096-1951-五一年市店员工会会员登记表（7b）"为例，它表示：原始目录为 096 的会员登记册，制作年份为 1951 年，封面名称为《五一年市店员工会会员登记表》，按姓氏笔画系会员姓名首字母为七画的第 2 分册。

② 芜湖市地方志编纂委员会编：《芜湖市志》上册，社会科学文献出版社 1995 年版，第 285 页。

③ 114-1951-五一年市基层工会组织登记表。芜湖市总工会 1951 年 10 月 23 日填写。

④ 《皖南行政区基层组织土地面积及人口统计表》（1950 年 12 月 11 日），收入皖南人民行政公署办公厅编：《皖南政报》第 2 卷第 1 期，插页，1951 年 1 月印。

二、从徽州到芜湖

芜湖商业的发展并不是当地人从事商业活动的结果，而是借助客籍商人的力量。[①] 近水楼台的徽商群体，在芜湖商业发展与城市建设中的重要性不言而喻。王廷元从总体性的角度，对明清时期徽商在芜湖的活动作了细致梳理。[②] 王振忠在讨论徽、临商帮的木材贸易时，详细勾勒了芜湖"徽临滩"的历史变迁。[③] 他还从徽商与芜湖民俗方言的角度入手，通过解读徽商倡捐创立同善堂的事例，诠释徽商的土著化。[④]

众所周知，交通与移民、商业乃至文化格局密切有关，明清时期诸多商路书均提及皖南地区的交通路线。[⑤] 经行芜湖的道路主要有几条：仪真〔征〕县由宁国府至徽州府水陆路、芜湖县至徽州府路[⑥]，南京由芜湖至徽州府陆路、芜湖由太平县至徽州府路、芜湖由宁国府至河沥溪路[⑦]，芜湖县由东霸〔坝〕至无锡县[⑧]。上述道路的终点多半为徽州，足见芜湖是徽州外出北上的重要基地。早在明代，芜湖就是徽商的重要活动地。万历《歙志》记载各大都会时，将芜湖、仪真〔征〕视为"诸县"的典型予以提及。[⑨] 至于在芜湖开染坊的歙

---

① 张海鹏、王廷元主编：《徽商研究》，第 109 页。
② 王廷元：《论明清时期的徽商与芜湖》，《安徽史学》1984 年第 4 期，该文收入张海鹏、王廷元主编：《徽商研究》，第 108—120 页。
③ 王振忠：《徽、临商帮与清水江的木材贸易及其相关问题》，收入氏著：《社会历史与人文地理：王振忠自选集》，中西书局 2017 年版，第 159—197 页，尤其是第 193—196 页。
④ 王振忠：《同善堂规则章程——介绍徽商与芜湖的一份史料》，《安徽大学学报》1999 年第 4 期。
⑤ 参见张海英：《明清江南商品流通与市场体系》，华东师范大学出版社 2002 年版。
⑥ 《一统路程图记》，转引自杨正泰：《明代驿站考》（增订本），上海古籍出版社 2006 年版，第 276—288 页。
⑦ 《士商类要》，转引自杨正泰：《明代驿站考》（增订本），第 314—324 页。
⑧ （明）黄汴撰、杨正泰点校：《水陆路程便览》卷七，山西人民出版社 1992 年版。
⑨ 万历《歙志》卷二〇《货殖》。有关明代徽商的活动，参见松浦章：《徽州海商王直与日本》，《明史研究》第 6 辑，1999 年。

县人阮弼，更是屡屡为学术界所引用。① 明清时期大量徽商在外地经商，不少人落籍定居，完成了从祖籍地缘向新的社会圈的转移。② 在康熙《徽州府志》列出的 11 个落籍地中，芜湖就与苏、杭等大都市相提并论。③ 值得一提的是，毗邻的宁国商人与徽商在芜湖发生了互动，如宁国商人方启在明末清初经营于芜湖，康熙年间有帮助落难徽商之举④，方家仕在芜湖徽州会馆建设中出手相助⑤。上述例子，都从一些侧面证实了这一点。

太平天国运动结束以后，皖南地区的社会秩序逐渐恢复。光绪二年（1876）中英《烟台条约》规定："随由中国议准在于湖北宜昌、安徽芜湖、浙江温州、广东北海四处添开通商口岸，作为领事官驻扎处所。"⑥ 芜湖是长江下游重要的物资中转地和集散地，开埠进一步确定它作为皖南区域中心城市的地位，商业日趋繁盛，城市建设逐步向江边扩展。⑦ 同治年间由徽商胡贞益创设的芜湖胡开文，以"沅记"为招牌向外扩张。⑧ 安徽省档案馆收藏有一批光绪年间徽商在芜湖租房合约，表明此时徽商的活动频繁。⑨ 民国初年，在芜湖经营纸业的商人，以旌德、泾县、太平、徽州等地为多，其中徽帮在芜湖徽州码头开设纸号和纸坊生产色纸。⑩ 据民国年间调查，芜湖市的布业店数共 58 家，

① （明）汪道昆：《太函集》卷三五《明赐级阮长公传》，万历十九年（1591）刻本。
② ［日］臼井佐知子：《徽商及其网络》，《安徽史学》1991 年第 4 期；王振忠：《从祖籍地缘到新的社会圈——关于明清时期侨寓徽商土著化的三个问题》，收入氏著：《明清徽商与淮扬社会变迁》，三联书店 1996 年版，第 58—74 页。
③ 康熙《徽州府志》卷二《风俗》。
④ （清）方表等纂修：《旌德方氏统修宗谱》卷六《尚文坊派长二分世系》，康熙三十七年（1698）刻本。
⑤ 方镛总修：《隐龙方氏宗谱》卷二〇《安田方翁暨周程两孺人合传》，民国十年（1921）木活字本。
⑥ 《中外旧约章汇编》第 1 册，转引自姚贤镐编：《中国近代对外贸易史资料：1840—1895》，中华书局 1962 年版，第 733 页。
⑦ 杨秉德主编：《中国近代城市与建筑（1840—1949）》第十三章《长江沿岸的中等城市芜湖》，中国建筑工业出版社 1993 年版，第 393—412 页。
⑧ 芜湖市工商业联合会：《芜湖胡开文墨店调查》，收入中国人民政治协商会议全国委员会文史资料研究会编：《文史资料选辑》第 23 辑，中华书局 1981 年版，第 170—186 页；胡毓骅：《芜湖胡开文是"源记"还是"沅记"》，《徽州社会科学》2013 年第 9 期；林欢：《徽墨胡开文研究（1765—1965）》，故宫出版社 2016 年版，第 49—50 页。
⑨ 转引自严桂夫、王国键：《徽州文书档案》，安徽人民出版社 2005 年版，第 288 页。
⑩ 铁道部财务司调查科查编：《京粤京湘两线安徽段芜湖市县经济调查报告书》商业经济篇《各业概况·布业》，出版地点和时间不详，第 65 页；芜湖市地方志办公室编：《芜湖工业百年》，黄山书社 2008 年版，第 66 页。

"店主籍贯以宣城及徽州为多"①，著名的共兴布店即由徽商开办②。类似的调查表明，在芜湖经商的中小商人群体，以享地利之便的原徽州、宁国二府商人所组成的皖南商帮为主。

芜湖关的华洋贸易情况，揭开近代芜湖与徽州经济与社会交流的侧面。晚清以来，徽州地区所需鸦片有不少从芜湖进口，据1891年芜湖关统计，进口鸦片由"本埠及安庆府、宁国府、徽州府消费此项货物之大半"③，至1893年时徽州府从芜湖关进口了二百八十九担鸦片④。与此不同，徽州茶叶的运输路线并未随着芜湖开埠而调整。1882年的报告显示，茶叶出口仅2000多担，且大半从宁国府太平县运来，"其大部分出产地之徽州，在地图上观之，似不甚远，但运输之困难及人民离开、已往贸易路径之不便，故本埠开放时公认为极可忧虑之事"⑤。芜湖关作为后起之秀，并未从徽州茶叶市场分得一杯羹，引起管理层的忧虑。此后情形更糟，甚至"前数年所有本埠出口之茶，均直接运至上海"⑥。芜湖茶叶市场几经周折，规模仍然不大，地方志书的记载亦可验证这一点。⑦似乎可以这样概括两地的关系，人力资源持续从徽州流向芜湖，生产生活物资又源源不断从芜湖流向徽州。

徽州人在位于市区中心的陶塘（今镜湖）设立徽州小学，工会会员巢县人秦绍家曾在该校念书。⑧徽州小学一直延续至新中国成立初期，后来改为柳春园小学。⑨1937年出生的袁汉云作为徽人后裔，先在江北中路读私塾，1950

---

① 铁道部财务司调查科查编：《京粤京湘两线安徽段芜湖市县经济调查报告书》，第59页。

② 叶荫藩：《芜湖"共兴布店"》，收入黄山市徽州文化研究院编：《徽州文化研究》第3辑，黄山书社2002年版，第285—288页。

③ 沈世培校注：《芜湖关华洋贸易情形论略》，"清光绪十七年芜湖关贸易情形论略（一八九一年）"，安徽师范大学出版社2015年版，第93页。

④ 沈世培校注：《芜湖关华洋贸易情形论略》，"清光绪十九年芜湖关贸易情形论略（一八九三年）"，第107页。

⑤ 沈世培校注：《芜湖关华洋贸易情形论略》，"清光绪八年芜湖海关贸易情形论略（一八八二年）"，第44页。部分文句似不通顺，原文如此。

⑥ 沈世培校注：《芜湖关华洋贸易情形论略》，"清光绪九年芜湖口岸贸易情形论略（一八八三年）"，第49页。

⑦ 民国《芜湖县志》卷三五《实业志·商业》。

⑧ 249-1960-六零年工会会员登记表（10c）。

⑨ 俞正东：《外地在芜湖的会馆》，收入政协芜湖市委员会文史资料委员会编：《芜湖文史资料》第4辑，芜湖日报社印刷厂，1990年印，第85—90页。

年至1951年转入徽州小学读书。[1]除了徽州会馆、徽州小学等公益设施，徽州码头也是展现旅芜徽商影响力的地方，泾县人吴报1935年至1938年在徽州码头河沿晋隆板料炭号工作。[2]

省内外各地在芜湖设立20多所会馆，以徽州会馆规制为大。最早的徽州会馆建于康熙十九年，馆址在索面巷，后来徽人嫌其狭小，不足以壮观瞻，遂捐资购城西状元坊下首基地。[3]值得一提的是，徽州会馆创建时曾得到宁国商人方家仕的大力协助："徽属人之议建会馆于芜湖也，亦翁赞成之，其址邻翁业，翁让便之，而为之度划，规模制度皆出翁手。"[4]徽州会馆代表着徽商在芜湖的影响力，徽州会馆、新安会馆、徽国文公祠等地标建筑皆可于民国地方志书的卷首图中找到。[5]民国元年，商定将租界部分地方让与海关填岸建房，这一重大举措的推动者，除首任安徽都督柏文蔚、海关监督，还包括"高尚之团体，如徽州同乡会及其会长鲍庚等，共同处理，凡有关于安徽大商埠之发达者，莫不促成之"[6]，从中亦可见旅芜徽州同乡的势力。

三、旅芜徽州人的职业选择与行业结构

本节通过分析42位徽州人的个人履历来看他们的职业选择。从性别来说，女性为5人，其中烟业2人，铁厂、缝纫业、报社各1人，其余皆为男性。就籍贯而言，歙县13人，绩溪10人，黟县8人，休宁5人，屯溪4人，祁门1人，另有1人填成"徽州市"。各地人数分布大体与距离芜湖远近成正相关，歙县、绩溪和黟县拥地利之便，皆有官道直达芜湖，故而人数较多，距离最

---

① 211-1959-五九年市弋江钢铁厂工会会员登记表（10）。
② 096-1951-五一年市店员工会会员登记表（7b）。
③ 民国《芜湖县志》卷一三《建置志·会馆》。
④ 民国《隐龙方氏宗谱》卷二〇《安田方翁暨周程两孺人合传》。
⑤ 民国《芜湖县志》卷首《城西图》。
⑥ 沈世培校注：《芜湖关华洋贸易情形论略》，"民国元年芜湖关贸易情形论略（一九一二年）"，第204—205页。

远的婺源一县空缺，这从一个侧面反映出徽州各县对外输出人力资源的区域差异。需要指出的是，歙县人中包括一名祖籍湖北的移民后裔，而那位籍贯填成"徽州市"的人，自启蒙时期就在芜湖接受教育，推想应是土著化的徽商后裔。

接下来分析他们的职业选择及其构成。从等级上说，地位最高者担任明远电厂副经理，占主体的是职员、店员或者报社编辑等职，亦不乏小商小贩之流。从流动性上来看，一些人未曾换行，但也有人的职业流动较为频繁，这里取其从业时间最长的职业或最后从事的职业为准，确定 40 位徽州人的职业构成。（见图 8-1）

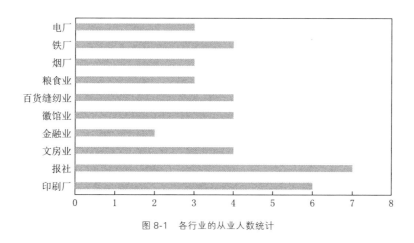

图 8-1　各行业的从业人数统计

未计入图 8-1 的汪灶洪、汪运全二人，他们的经历较为特殊，参见下文分析。以下对 40 位徽州人从事的行业作一分类整理。

（一）实体工业

明远电厂 3 人。由绩溪商人吴兴周等投资增股兴建的明远电厂（图 8-2），1907 年开工建设，次年投产发电。[①] 始建之初，外国人即预测该厂对芜湖经济

---

① 市工商联供稿、许知为执笔：《解放前的芜湖商会》，政协芜湖市委员会文史资料委员会编：《芜湖文史资料》第 4 辑，芜湖日报社印刷厂，1990 年印，第 28—41 页；芜湖市地方志编纂委员会编：《芜湖市志》，上册第 215 页、下册第 230 页；邵之惠：《芜湖"明远电灯股份有限公司"》，收入黄山市徽州文化研究院编：《徽州文化研究》第 3 辑，黄山书社 2002 年版，第 314—320 页。

图 8-2　明远商办电气股份有限公司股票

资料来源：陈伟国、任良成编著《中国近代名人股票鉴藏录》，上海大学出版社 2012 年版，第 52 页。

的积极影响："今有一极可注意之事，即为四月中，本埠装设电灯。当草拟报告时，约有四千盏，发动机之马力，已颇够用。现又另外购订机器，将来此机器到时，不仅可多装电灯，并可供给本埠制米厂机器之用。本埠现已有四家采用外洋机器之制米厂。"① 芜湖市工会资料记载，学生出身的周协恭担任明远电厂副经理。② 周协恭是绩溪华阳镇人，抗战胜利后接收芜湖明远电灯公司，任副董事长，新中国成立后公私合营，任资方经理。③ 工人出身的绩溪人程介屏，在明远电厂任验表室技术员。④ 绩溪华阳镇人舒辅湘，在绩溪、徽州师范学校等地接受教育，1947 年 3 月来芜湖明远电厂营业课工作。⑤

铁厂 4 人。1949 年 5 月，原芜湖市保安司令部修械厂与第六专员公署修械所及安澜工业学校实习工厂合并为皖南公营芜湖铁工厂（今芜湖造船厂），是芜湖第一个国营机械厂。⑥ 绩溪人胡明龙，20 世纪 30 年代曾在芜湖恒升机

---

① 沈世培校注：《芜湖关华洋贸易情形论略》，"宣统元年芜湖关华洋贸易情形论略（一九〇九年）"，第 190 页。

②④⑤ 029-1952- 五二年基层工会干部登记表，该人的个人信息参见"程布人"条。

③ 耿培炳：《儒商翘楚西关章》，《皖南晨刊》2017 年 1 月 23 日，第 X12 版。

⑥ 芜湖市地方志编纂委员会编：《芜湖市志》上册，第 66—73 页。

器厂学徒三年，因抗日战争淮南铁路被日寇侵略失业返乡，新中国成立初担任芜湖铁工厂秘书。[①] 绩溪人程布人，1950年来公营芜湖铁工厂工作，1951年9月至1952年4月被皖南公营工矿产销部调赴上海华东工业部通用机器厂学习铣工半年。[②] 黟县人俞佩宣，任芜湖铁工厂的成本会计。[③] 休宁人张一新1958年6月由地委分配芜湖市钢铁机械砖瓦厂工作，担任炼铁车间副主任。[④]

烟厂3人。歙县人杨荷妹，在新中国烟厂撕烟叶。[⑤] 黟县人李佩瑶，在新生烟厂包装室包装香烟。[⑥] 寄居歙县芝篁村的湖北移民后裔程遵荣，1942年到屯溪私营中美烟厂任采办员，1946年调至芜湖私营中美烟厂机器间，其后赴定远炉桥为上海大中烟行采办烟叶，1949年又回到芜湖中华烟厂任采办员，之后才转业到碾米行。他的社会关系一栏写道："友人王治汉在歙县种田，解放前同在烟厂做过工。"[⑦]

（二）加工服务业

粮食业3人。黟县人汪松生，1941年到芜湖石头路宏昌麦粉厂做职员，1946年底歇业后失业，一度沦落到摆烟摊的局面。[⑧] 绩溪人高彰仪，原在绩溪敬心米店学徒，1949年到西河街宏裕米厂任店员。[⑨] 歙县人方树仁（方大度），1950年到皖南中粮公司从事人事工作，填表时的单位是国营芜湖市第一面粉厂。[⑩]

百货缝纫业4人。歙县人潘家祯，1948年到芜湖久丰百货等工作，至1951年转入合群百货公司。[⑪] 徽州市人袁汉云，1953年在本市迎江街17号缝纫店学徒，合作化以后分配到缝纫五社，之后调到制鞋一社、戏具社。[⑫] 黟县

---

① ③ ⑦ ⑩　068-1954-建筑、纺织、轻工、交通、商业基层工会干部登记表。

② ⑪　029-1952-五二年基层工会干部登记表。

④　256-1961-六一年会员登记表（8）。

⑤ ⑥　024-1950-五零年卷烟业工会会员登记表（7）。

⑧　083-1950-工会会员登记表（7）。

⑨　080-1950-工会会员登记表（10-11）。

⑫　211-1959-五九年市弋江钢铁厂工会会员登记表（10）。

人汪静珍，1950年陆续到群里草织厂、被服厂等厂做工。[①] 歙县人杜渊，1940年在屯溪缝纫生产合作社学徒，此后到休宁五城、杭州等地被服厂就业，新中国成立后在皖南军区被服厂工作。[②]

徽馆业4人。徽馆是徽菜馆和徽面馆之总称，文献记载相对较少。[③] 芜湖"同庆楼"菜馆距徽州小学不远，是当地富有名气的酒菜馆。[④] 绩溪人高灶炳，13岁到同庆楼菜馆学徒。[⑤] 比他年长一岁的绩溪人高周德，先在芜湖大庆楼学徒，满师后至同庆楼工作。[⑥] 绩溪人汪嘉典，先年活动于苏州、立煌、庐江等地，此后在芜湖的安徽学院、成丰米厂做厨子，新中国成立后在皖南行署、民政处、皖南师范学校等单位当厨工。[⑦] 歙县人徐万才是土著化的徽商后裔，他在崇德小学、私立内思中学、芜关中学等校念书，1948年到新生食堂服务，次年服务于合记菜园，1950年夏季又回到新生食堂任司账。[⑧]

（三）金融文化业

金融业2人。歙县人宋棣轩生1899年，"祖籍本省歙县上峰村人"，在芜湖市长街区各钱庄工作30多年，职业生涯长期保持稳定，未受战乱影响。早在1913年至1916年就在长街区通孚钱庄习业，1917年至1927年在长街区保泰钱庄管外账，1928年至1932年在大源钱庄任总账房，1933年至1937年在盛昌钱庄任副经理，1942年至1943年在成裕钱庄当营业员，1944年至1945年到洪福钱庄担任营业主任，1946年至1947年芜湖陡门巷老通孚钱庄复业后前往襄理，1948年回到长街区的皮毛合作社信托部，1949年在生（？）记钱

---

① 168-1952-五二年市手工业工会会员登记表（7）。

② 060-1950-五零年手工业工会会员登记表（7）。

③ 相关研究参见王振忠：《清代、民国时期江浙一带的徽馆研究——以扬州、杭州和上海为例》，收入熊月之、熊秉真主编：《明清以来江南社会与文化论集》，上海社会科学院出版社2004年版，第128—152页；王振忠：《徽学研究入门》，复旦大学出版社2011年版，第29页；韩旭：《明清绩溪商人研究》，安徽师范大学硕士学位论文，2014年，第24—28页。

④ 芜湖市地方志编纂委员会编：《芜湖市志》下册，第738页；姜丽：《芜湖"同庆楼"菜馆》，收入黄山市徽州文化研究院编：《徽州文化研究》第3辑，黄山书社2004年版，第255—256页。

⑤⑦⑨ 020-1950-五零年市店员工会会员登记表（10）。

⑧ 083-1950-工会会员登记表（7）。

庄任业务主任。金融业改造以后，调到芜湖四褐山窑厂担任会计等职。① 黟县人胡德辉，1930年到芜湖成大钱庄当练习生，收歇后赴九江、原籍谋生，1940年回到芜湖，先在志大布店当店员，次年1月进久泰钱庄工作，一直到1944年初转入源生钱庄担任会计。在1946年1月，他与同乡汪金辉募集资金开伟业钱庄，任副理，同年10月收歇失业。此后到福记钱庄（后改名源成）担任会计、营业员，1949年任源成钱庄副理直到收歇，1951年改行到米厂担任会计。②

文房业4人。屯溪人朱桐生，小学毕业后到屯溪李鼎和笔庄学徒一年，1949年来中山路76号的李鼎和笔庄服务。③ 歙县人方国柱，在芜湖中河沿刻字维生。④ 黟县人汪金尧，13岁到东南刻字社学徒5年，在中山路39门前摆金记刻字处。⑤ 担任芜湖市总工会筹委会主任的歙县人郑家琪，专业技术是"雕刻"。⑥

芜湖报社7人。1956年初，国务院批准徽州专员公署和芜湖专员公署合并，仍称芜湖专员公署，驻芜湖市。⑦ 同年4月1日，在原徽州报社基础上创办《芜湖报》。⑧ 此7人分别在不同时期加入。歙县人汪其英，1949年3月曾在上海瑞丰太茶庄当练习生半年，此后返乡务农、参加革命，1951年到徽州报社下属的新华印刷厂工作，后为芜湖报社任财务股长。⑨ 祁门人胡开明，1951年从徽州师范毕业，先在祁门县政府工作，1953年调至徽州报社。⑩ 歙县人汪光裕，1953年至徽州报社任美术编辑。⑪ 休宁人查国英、吴仕桢，都是1955年调到报社。⑫ 屯溪市人鲍克、黟县人黄育仁，皆于1958年调到芜湖报社。⑬ 此外，

---

① 154-1962-各基层工会会员退休申请报告表。
② 068-1954-建筑、纺织、轻工、交通、商业基层工会干部登记表。
③ 056-1950-五零年市手工业工会会员登记表（6）。
④ 148-1951-五一年市手工业工会（度量衡、刻字印刷、香烛裱画、缝纫）会员登记表（2-5）。
⑤ 151-1951-五一年市手工业工会（度量衡、刻字印刷、香烛裱画、缝纫）会员登记表（7b）。
⑥ 187-1949—1964-四九年至六四年本机关职工工会会员登记表。
⑦ 《国务院关于同意将宿县和滁县2专员公署合并改设蚌埠专员公署、徽州和芜湖2专员公署合并改设芜湖专员公署给安徽省人民委员会的批复》，《中华人民共和国国务院公报》1956年第8期。
⑧ 芜湖市地方志编纂委员会编：《芜湖市志》上册，第675—676页。
⑨⑩⑪⑫ 198-1957-五七年市工会会员登记表（7-9）。
⑬ 201-1958-五八年市工会会员登记表（8-17）。

浙江昌化人陈长文 1949 年毕业于歙县师范学校，为当地政府留用，1953 年调至徽州报社编辑部。[①]

印刷厂的 6 人分属两个单位，与文房业中的刻字摊贩不同，他们的工作层次更高。一是芜湖报社的附属印刷厂。休宁人洪建宇 1949 年进徽州报社印刷厂，该厂后改为芜湖报社印刷厂屯溪分厂。[②]歙县人汪强华，1952 年至芜湖报社印刷厂屯溪分厂工作。[③]绩溪人胡锡九，1957 年分配到芜湖市印刷厂。[④]另一个是新华印刷厂，该厂是全省第一家国营印刷厂，1949 年组建时名为新华书店芜湖支店印刷厂，1952 年改用现名。[⑤]担任该厂工会主席的歙县人张君坚，"自小学毕业后，即学习排字，除被抓征兵外，都是做排字技工"，曾在屯溪、浙江于潜、孝丰、昌化、江苏高淳、南京等地的印刷生产合作社、出版社、印刷厂等机构工作，新中国成立后在新华社皖南分社、皖南日报社担任书版组长、排字组长。[⑥]休宁人汪明瑞，原在屯溪中央日报社、复兴日报社工作，1949 年芜湖解放接收报刊，到新华印刷厂排字车间任铸字工人。[⑦]屯溪人李怀喜，抗战前他就在上海联泰印刷所、同文印刷所、大光明印刷所、东方印刷所等学徒、工作，1949 年到芜湖新华印刷厂当划线装订工人。[⑧]

四、旅芜徽州人的职业介绍方式与社会流动之变迁

虽然传统的生存方式具有延续性，但 1949 年前后的政治变革，对旅芜徽州人的职业介绍、社会流动造成显著影响。在职业介绍方面，传统的依靠血缘、乡缘的介绍方式，在 20 世纪 50 年代逐渐被新政权主导的方式取代。社会流动层面的影响更为直接，新中国成立前后旅芜徽州人普遍出现向下的社会流动，不少徽州籍家庭妇女走出家门工作，说明徽商家庭的生存日趋艰难，与此相反，参加革命之徽州人的社会流动趋于向上。

---

①②③④　198-1957- 五七年市工会会员登记表（7-9）。
⑤　芜湖市地方志编纂委员会编：《芜湖市志》下册，第 120 页。
⑥⑦⑧　068-1954- 建筑、纺织、轻工、交通、商业基层工会干部登记表。

首先，1949 年后的职业介绍方式渐渐发生变化。此前徽州人找工作大多利用传统的乡缘、亲缘关系，依托于亲戚、朋友、同乡的援引推荐。歙县人潘家祯，其父亲"托友介绍"到芜湖久丰百货工作。汪金尧"由友介绍"至东南刻字社学徒。这一传统职业介绍方式，延续至新中国成立初期。绩溪人高彰仪1949 年 11 月来芜，"因朋友之交代，谋荐本市西河街宏裕米厂"担任店员。黟县人李佩瑶在"解放不久"能进新生烟厂，就是得到同乡名士叶荫藩的推荐。1952 年，汪强华"由本家汪百仓同志介绍"到印刷厂。值得一提的是，籍贯与行业有关联性。明远电厂由绩溪人投资兴办，案例中的 3 名电厂职工皆为绩溪籍，且沾亲带故。与此产业相关的芜湖铁工厂，亦有 2 人为绩溪人，其中程布人的姑父周协恭、伯父程介屏在明远电厂担任重要职务，通过他们的关系，程布人得以在 1950 年入厂工作，次年即获得机会到上海进修。在徽馆业中，绩溪人似乎也占据优势地位，芜湖同庆楼即由绩溪人主导。

　　1949 年后，随着国内形势逐渐稳定，传统的血缘、乡缘关系逐渐受到意识形态制约，一种新的职业介绍方式开始流行。在政府发力解决就业问题的背景下，汪静珍先是得到"妇女会"的帮助，接着"由劳动局介绍"一份正式工作。胡锡九 1956 年由省工业厅招入芜湖工业厅训练班，毕业后分配工作。1958 年大炼钢铁的政治形势下，不少徽州人应召转业，张一新即由地委分配来芜湖市钢铁机械砖瓦厂，与他经历相似的还有临时抽调至弋江钢铁厂的袁汉云。在行政区划的调整下，芜湖报社、印刷厂集中了不少徽州人，这显然也突破传统的职业介绍方式。

　　其次，从社会流动的角度出发，由于日本侵华社会大环境的恶化，国民经济长期面临着下行压力，工商各业的发展并不明朗，旅芜徽州人中出现两种比较突出的社会流动：

　　一是原来位居中层的部分商业职员，失业后跌入小商小贩的行列。汪松生1941 年到宏昌麦粉厂做职员，该厂歇业后被迫在新市口摆烟摊三年，至 1949年到协新五洋店当职员，年底歇业后又去摆摊，1951 年初在家中卷手工烟，一直找不到更好的职业出路。胡德辉的经历也颇为坎坷，他在钱庄业断断续续工作了十多年，1946 年与同乡汪金辉募集资金开伟业钱庄，结果不到 10 个月就收歇失业。他在商业领域的扩张与顿挫，与旅赣徽商汪德溥的经历颇为相似。① 由此可知，1946 年仍以开钱庄为生财之道，足见近代中小徽商的商业意识之差，这种完全跟不上形势的冒险投机行为，或许也是徽商加速衰落的原因。②

二是徽州女工的增多，原来一些婚后只做家务的徽州女性，由于产业衰败导致的经济恶化，重新面临着就业压力。以 3 位女工为例，政治变动终结固有的生活轨迹，新中国成立初期的日常生活难以维系，逼迫她们出来工作。歙县人杨荷妹自幼随父母生活，13 岁学习家务，19 岁结婚，婚后 6 年的 1950 年，丢掉家务到中国烟厂从事技术含量不高的撕烟叶。黟县人李佩瑶出身徽商家庭，6 岁时在安庆读书，后随家庭迁移到南京、杭州，抗战时返乡，"求学未间断，直到小学毕业为止，此后生活不安定，家入不敷出"，开始帮助家庭从事劳动生产，种地种菜，勉强度过抗战的艰难阶段。1948 年来芜湖，在家助理家务，"几次谋事不成"，新中国成立后不久到新生烟厂工作，以工资补贴家用。黟县人汪静珍，在私塾、县立碧阳学校念过书，就回家学做绣花、打毛绳衣服。1940—1945 年在黟县胡永兴蚊香厂、仰记烟店学徒、工作，可见女学徒已不罕见。她自 1946 年结婚后，随迁宁国、芜湖、当涂等地，"这时候是做做家务的事情"，1950 年再度出门找工作，在草织厂、被服厂做工。

与上述两种社会流动不同，有一个特殊群体——徽州籍革命干部的社会流动呈现出另一种轨迹。芜湖甫一解放，歙县人郑家琪就参加市总工会的筹建，担任筹委会主任，全面负责组织建设与成员发展，后来还担任芜湖地委第二书记等要职。③ 休宁人张一新，曾在屯溪沅兴和酒坊、万安益沅酒坊做学徒、店员，1952 年到休宁县供销社古城加工油坊当业务员，同年 9 月任万安镇镇长，仕途升迁较快，1958 年由地委从休宁调到芜湖。绩溪人胡明龙，日本侵华失业返乡后参加皖南游击队，此后脱产参加革命工作，担任区秘书。歙县人汪强华，1951 年 4 月入伍，次年 4 月就地转业。歙县人方树仁原系松江同大茶

---

① 李甜：《旧商人与新时代：赣州徽商汪德溥的生活变迁（1890—1955）》，《安徽大学学报》2014 年第 6 期。

② 关于新中国成立前后金融机构的起伏，参见芜湖市地方志编纂委员会编：《芜湖市志》下册，第 911—912 页。

③ 芜湖市档案馆编：《芜湖市隶属关系与行政区划文件汇编（1949—1992）》，1993 年印，第 67 页。

叶店学徒，到上海等地跑过小生意，1945 年入国民党军，1946 年在苏北被俘后参加华东野战军，1948 年山东莱芜战斗受伤住院，1950 年退伍后到皖南中粮公司从事人事工作，1951 年负责中粮太平办事处，"因领导不善，有一干部自杀，受降职处分"。上一节对各行业的从业人数统计分析中，有 2 位干部的职业构成难以确定。屯溪人汪灶鸿（汪灶洪）1953 年前一直在徽州学徒、工作，进入政府部门后担任安徽省公路局徽州公路段保卫干事，后调芜湖公路段工作。[①] 黟县人汪运全的经历颇为复杂，他原在江苏小学（今花津桥）读书[②]，1937 年逃难至铜陵、繁昌等地种地，1943 年经乡长介绍到无为县新四军临江办事处总队部警卫连，1944 年日军扫荡被俘后释放，1945 年在鑫鑫地下钱庄当职员，此后与人合股做单帮生意，1950 年至校产整理委员会工作。[③]

女性也是革命干部的重要组成部分。黟县人黄育仁，原在本县机关任职，1958 年调到芜湖。黟县人俞佩宣的家庭成分是"经商"，分别在黟县蔚文小学、屯溪徽女中、黟县复旦附中、立煌安徽学院等校读书，新中国成立后参加干校学习，陆续进文工团、卫生局、工业厅等单位，调上海学习一年多后，返回芜湖铁工厂任成本会计。

五、结论

通览上述 42 个案例，虽不能涵盖旅芜徽商及徽州人生存变迁的全景，亦可概括出一些群体特征。

首先，从徽商及徽州人的职业选择和行业结构，可以观察到近现代徽商对芜湖各产业的全面渗透。众所周知，传统徽商在茶、木、粮、典和棉布业中的经营活动声势浩大，但在十九世纪中叶以后的社会变迁中，徽商有衰落的趋势。于是，一些以往不太涉及的行业及小本经营之事，对徽州人开始具有吸引

---

① 198-1957- 五七年市工会会员登记表（7-9）。
② 芜湖市地方志编纂委员会编：《芜湖市志》下册，第 642 页。
③ 083-1950- 工会会员登记表（7）。

力。在芜湖市总工会的成员中，徽州人就涉及诸多产业。在其中一些行业，如本文提供的同庆楼个案丰富了徽菜馆学徒和职员的生存实况，明远电厂的兴衰对于理解传统商帮的现代转型及其历程有所助益。

其次，徽商及徽州人的职业介绍方式和社会流动之变迁，存在一个较明显的时间断面。旅芜徽州人的职业介绍方式，由依靠血缘、地缘关系互相援引的传统方式，1949 年以后逐渐过渡为政府介绍、单位分配的方式。在社会流动方面，1949 年前后旅芜徽州人群体主要表现为：部分中层职员因单位收歇、投资失败等原因跌入小商小贩的行列，徽商家庭妇女因生存压力而外出务工，徽州籍革命干部的社会流动则呈现向上的轨迹。值得注意的是，他们的职业选择还存在着行业差异。一方面，手工业、金融业等传统行业的部分人群频繁地换行、换店，因为这些行业竞争力不高，业务起伏较大，容易导致失业；另一些行业的情况不同，像明远电厂、芜湖报社、印刷厂等专业性强的新兴行业，人员流动性不高，职工队伍相对稳定。

新中国成立初期，新生政权尚未对旧商人开展社会改造。为了解决就业问题和社会危机，政府甚至出台一些鼓励政策，如《安徽省摊贩管理暂行办法》在管理与指导摊贩规范经营方面就下足了功夫。[①] 劳动局等政府部门在解决徽商家庭的就业问题上有过实际行动，虽然杯水车薪，毕竟对徽商群体的生存过渡提供一定的政策保障。不过，在随后的时代洪流裹挟下，旧商人很快就被新体制消化。20 世纪 50 年代的社会主义改造与城乡二元结构体制的确立，加速推动旅外徽商及徽州人的土著化进程，传统的籍贯概念也被彻底斩断，于是作为特殊群体的徽商消失无形，他们的经历变成各种登记表中"家庭出身"、"个人成分"等政治标签。作为普通职员、工人、底层干部、小商小贩等旅芜徽州籍小人物，与传统意义上的大商人固然有所差异，但他们在时代潮流裹挟下随波逐流或逆流而动的故事，可以为探讨徽商的改造与消亡历程提供一个区域性的案例。

（原载《安徽大学学报（哲学社会科学版）》2017 年第 6 期）

---

① 《安徽省摊贩管理暂行办法》，《安徽政报》1953 年第 4 期。

明清婺源乡村行政组织的空间组合机制

黄忠鑫

内容提要：以《入清源约出晓起约叙记》为代表的民间文书详细记录了明清乡村行政组织的演变过程。婺源乡村行政组织以"图"为顶点，将图甲（里甲）与保甲、乡约有机结合起来，构成多种空间组合形式。"甲"在其中扮演了十分关键的角色。这类组织的本质是差役，民间社会在组合过程中形成了注重负担公平分配的运作机制。

关键词：婺源；图甲；保甲；乡约；明清

一、引言

历史时期中国基层行政组织和区划的地域差异极大，几乎达到因县而异，不易形成整体的规律性认识。但这一课题的研究具有重要意义：可以了解国家权力在基层社会的运行情况，[1] 能够弄清"县范围内各色人等的生存状态"，[2] 辅助历史政区边界的精确复原。[3] 因此，县以下区划的探讨，应该成为今后中国

---

[1] 胡恒：《皇权不下县？——清代县辖政区与基层社会治理》，北京师范大学出版社 2015 年版。

[2] 王家范：《对江南史研究前景的看法》，《复旦史学集刊》第 3 辑《江南与中外交流》，复旦大学出版社 2009 年版，第 403 页。

[3] 郭声波：《序》，王旭：《宋代乡的建置与分布研究》，西安地图出版社 2015 年版，第 7 页。

历史政区地理研究的长期努力方向。①

目前，关于明清时期乡里、都图等空间形态的讨论较为有限。张研阐释了清代县以下行政区划的性质，认为里甲与保甲创设伊始具有"反地域性"，但逐渐向基层社会的固有权力结构妥协和修正，形成"地域性"。②周振鹤、刘桂奇等对清代上海、广东等地展开的复原工作则证明，"里""保""图"等作为地理单元是存在的。③他们还论述了县以下区划的边界和范围、层级、性质等问题。但一如我们对行政区划的理解不能脱离官僚制度，县以下形形色色的区划单元，具有基层行政体制上的源流，如"里""图"源于明代的里甲制度；"保""团""寨"与保甲、团练有着密切关联等。因而，其空间形态的论证应与基层行政组织、差役胥吏群体的实际运行相结合。

明清时代的基层行政组织，最常见的当属里甲（明中叶以后又称为图甲）、保甲和乡约。三者之间存在着复杂关联，在各区域社会中扮演着不同的角色。现代学者大多基于功能角度提出替代、功能渗透等意见。④乡村行政组织功能的实现，也取决于人员构成与编排方式，具有宗族化和差役化的特征，各地区的主导形式也存在较大差异。⑤

对于县以下区划与组织的探索，历史地理学和区域社会史的视角互有短长。历史地理学具有成熟的政区研究范式，但较多拘泥于区划形式而忽视了基层行政运行机制。社会史能够从地域社会脉络中揭示出乡里组织的运行效果之差异，但缺乏从空间要素（如管辖范围大小、距离远近以及村落格局等）进行衡量。因此，笔者希图融合两者长处，采用"空间组合机制"的柔性表述方式，揭示乡村、人群组合为基层行政组织的空间面貌。

---

① 郭声波：《中国历史政区地理的圈层结构问题》，《江汉论坛》2014 年第 1 期。

② 张研：《清代县以下行政区划》，《安徽史学》2009 年第 1 期。

③ 周振鹤、陈琍：《清代上海县以下区划的空间结构试探》，《历史地理》第 25 辑，上海人民出版社 2011 年版；刘桂奇、魏超、郭声波：《清代广东乡都图里建置沿革研究》，南方日报出版社 2015 年版。

④ 孙海泉：《论清代从里甲到保甲的演变》，《中国史研究》1994 年第 2 期；段自成：《清代北方官办乡约研究》，中国社会科学出版社 2009 年版，第 226—256 页。

⑤ 黄志繁：《乡约与保甲：以明代赣南为中心的分析》，《中国社会经济史研究》2002 年第 2 期；廖华生：《清代蚺城的约保》，《安徽史学》2006 年第 5 期；常建华：《清代宗族"保甲乡约化"的开端——雍正朝族正制出现过程新考》，《河北学刊》2008 年第 6 期。

史料挖掘是推动研究深入的一个必要条件。周振鹤就认为："文献资料的不足是最重要的困难之一。这种困难并不只发生在中古时期，甚至对明代的都图制度，目前学术界的研究也都不够深入。"①明清以来徽州地区留存了数量庞大的民间文献，能够让我们展开显微镜式的观察，提供精细可靠的样本参照。《入清源约出晓起约叙记》反映了婺源县乡约与图甲、保甲之空间组合形式和运行机制，是明清时期县以下区划研究的理想个案。

二、关于《入清源约出晓起约叙记》

《入清源约出晓起约叙记》（以下简称《叙记》），抄本一册，收藏于安徽师范大学图书馆，主要内容是婺源县东北部胡氏家族为首的几个村落，从先前的乡约组织转投到另外一个乡约的过程。除了既有事件经过的叙述之外，《叙记》也照抄若干相关文书，最早的一份是明天启六年（1626）的《晓起约议单抄白》。开篇的《四图约记》称，该簿册是在康熙四十三年（1704）进行誊抄汇编。书末又补录了四份文书，最晚的是康熙五十四年。

全书是由"佷让草集"，补抄文书的签署人亦皆有胡佷让，可以推断该簿册为胡氏保存。至于《叙记》的地域归属，书中收录的文书《因石镇源私卖祖坟畔地，六派共立合同戒后抄白》标注胡佷让所属村落为龙尾东段。该书题名的"清源"和"晓起"，以及书中提到的"城口""龙池"等村落名称，都见于《婺源县志》的记载，②且皆属于十都。而《四图约记》也有明确记录，"盖自十都四图升于大明万历十九年始，既陞四图，即立四图乡约"。可见，该文书反映的地域是婺源县东北部十都。《兆兴公远售公支下子孙等合同》自称胡氏宗族自明初即"卜居龙尾东岸，历今三百有年"。查1985年《婺源县地名志》，

---

① 周振鹤、陈琍：《清代上海县以下区划的空间结构试探》，第124页。
② 乾隆二十二年《婺源县志》卷三《疆域四·坊都》，《中国方志丛书·华中地方》第677号，（台北）成文出版社1985年版，第298—299页。

龙尾于元初建村，主要为陈、江两姓，而东岸村为胡姓所建，已 28 代。^① 该村自称为龙尾东岸（段），主要原因在于龙尾上社在周遭村落中颇为著名，^② 而东岸等村亦将其视为"本家万年香火"，形成了一定的社会文化认同。村落的地域范围、族姓构成均与簿册所记吻合。依此断定，《叙记》系婺源县东岸胡姓的民间文书汇编。现将其基本构成简要介绍如下。

首先是具有导言性质的《四图约记》，描述了十都四图设立之后又编为两个乡约（清源约、晓起约）的情况。胡姓为第十甲，户名"胡先"，编入晓起约。全约又分为四甲七姓。然而，由于"后辈不识升图立约之本义，肆欲妄行，而有一甲孙锡元、三甲江自汉等，倒戈助焰，左袒二甲汪征等，一二三甲，连名出呈，呈摒四甲，另报一约，不与共编保甲。"东岸胡氏家族遂退出晓起约，加入清源约，时间为康熙四十二年。次年，胡佽让认为"升图立约，至今岁远年深，墨迹遗忘，口传失真，皆莫知升图立约之大义，故有横逆之频加，以致两相矛盾，故力采前由，潜心后议，略叙而识之，以俟后之来者有鉴焉"，故编定此书。紧接其后的《本家约记》对乡约、保甲编排作了进一步的补充说明。

此后主要是文书原件的抄录汇集：（1）天启六年（1626）的《晓起约议单抄白》，为全约共同订立，旨在明确应役原则。（2）康熙四十二年八月《本甲晓起约议约抄白》，是胡姓退出晓起约前最后一次与同甲的洪、孙、叶等姓承充约务的合同。（3）康熙四十二年《本家议墨抄白》是胡姓宗族遭到晓起约排挤后，准备联合呈告官府，要求本族务必同心协力，按照锅头均摊费用的合约。（4）抄录《晓起一二三甲连名呈词》和官府批文，也为我们了解晓起约其他三甲的立场以及官府编立保甲等具体细节提供了一定帮助。（5）康熙四十二年九月《入清源约合同抄白》、康熙四十四年四月和十一月的新编保甲的合同以及康熙四十九年正月《胡先与城口洪芳生两半甲甲长名洪岸共充一年合同抄白》，是为胡姓加入清源约以及编立保甲的具体合约，后两份合约为入约合同的附件和补充条款。（6）康熙四十三年二月《清源约议本家轮充乡约议约抄白》和康熙

① 婺源县地名委员会办公室编：《江西省婺源县地名志》，1985 年印，第 57 页。
② 该社的基本情况，现存民间文书《目录十六条》有详细记载。参看王振忠：《清代前期徽州民间的日常生活——以婺源民间日用类书〈目录十六条〉为例》，陈锋主编：《明清以来长江流域社会发展史论》，武汉大学出版社 2006 年版，亦收录氏著：《明清以来徽州村落社会史研究》，上海人民出版社 2011 年版。

四十二年十二月《本家入清源约合同抄白》是胡姓内部应对加入新乡约、保甲组织的约定。前者将《康熙四十二年十月初五日通族均点烟灶单》作为附录抄入。后者详细叙述了胡姓出入新旧乡约的经过，较之卷首的《四图约记》更为细致。（7）《保甲牌文录》，将康熙四十二年九月登记的保甲门牌按照原件样式誊录。其中，第十甲第一户即为胡佉让，时年六十，职业为"训蒙生理"，由此可以知晓《叙记》编者生平的大体情况。（8）叙说本图册书由万历二十年以来历次承充和订约情况，但并没有抄录合同。（9）《里长总记》主要记录康熙十年之五十年胡姓内部历次抓阄承充里长情况。（10）康熙四十九年（1710）《辛卯岁四图合同抄白》为图甲设立"甲催"的文书，第四图各姓共同约定轮充顺序。

通观《叙记》全书，基本达到了编者胡佉让所谓的"力采前由，潜心后议"之目的。他通过小字补注等形式，记录了各文书原件的保存人和保存形态。如康熙四十二年的《入清源约合同抄白》的旁注说明称："此正合同，本甲原领有二张。因在低源众屋内抄写，不见了一张，只有正合同一张，系大杞边收执存照。其后复又寻出一张，系仁先手收执。"由此可见，胡佉让在宗族内部多方搜罗、汇编，较为真实地抄录文书信息。不仅如此，他还不时加入自身的叙说，将一些条理复杂的事件简明扼要地归纳出来，如承充乡约、册书的多次变动等。

因此，透过诉讼纠纷和协商立约的过程，《叙记》记录了明清乡村行政组织在微观地域上日常运作状况，诸多关键细节为官方文献所未逮，具有较高的史料价值。

三、新旧图甲构成的空间差异

图甲源于明初的里甲黄册制度。里甲在推行伊始，便依托前代的乡都传统，形成了"务不出本都"的编排原则。① 由此，户籍赋役组织具备了一定的地域性。图甲是里甲的变质，打破了"画地为牢"的运行逻辑，却大体沿袭了

---

① 万历《大明会典》卷二〇《户口二·黄册》，《续修四库全书》第789册，上海古籍出版社 2002年版，第337页。

按都编排、一里（图）十甲的外在形式。

宋代以降，婺源县共划有五十个都。东北部的十都，原有三个图。康熙九年以后的都图文书《婺源都图九口十三田》中，十都只载有晓起、外庄和溪头三村，说明它们是该都最重要的聚落。[①] 结合地名志与都图文书对于族姓、建村年代记录可以看到：第一图的十个总户中，姓氏构成较为单一，只有汪、叶两姓，与下晓起汪氏和外庄叶氏的大族完全对应。晓起，今分为上下两村，下晓起在唐代即由汪姓建村，外庄则是在南宋初年由叶姓建村。[②] 第二、三图的姓氏构成更为单一，均为程姓。而溪头村自南宋初年建村后，一直是程氏宗族的聚居地，[③] 也是这一小区域的中心，不仅在图甲中拥有压倒性的数量，也是当代乡镇的驻地。可见，十都最早的三个图，对应的是晓起、外庄和溪头三个大型村落与宗族。

第四图增立于万历二十年（1592），[④] 恰为十年一次的里甲黄册编造时点。增设图甲通常是人口、土地增加之表现。从图9-1可以看到，原有的三个图所辖村落，基本位于十都东南部的武溪水沿岸。该都西北部山地、武溪水上游以及支流段莘水等沿岸的村落人群尚未体现在图甲总户之中。而第四图所辖各村落正是位于这些地区。清源，《叙记》中又作青源，应为青石滩，明初建村，[⑤] 位于武溪水的上游。东岸、西岸等村位于段莘水沿岸，大约是明初才建村。另外，位于河流上段的上晓起的建村时间也比下晓起要晚。[⑥] 可见，新增图的村落建村时间相对较晚，因而在明中后期才独立设置户籍赋役序列。虽然在地域上相隔较远，但为了满足十甲一图的轮役规则和编排形式，它们共同组合成一个新图。

与老图甲相比，四图十甲总户名的姓氏构成复杂而多样。据《四图约记》曰："一甲洪芳生、二甲洪胡、三甲洪遇春、六甲曹启先，九甲吴汪詹，五排联合为清源约。四甲孙国用、五甲孙义兴、七甲江永兴、八甲叶洪鼎、十甲胡先，五排联属为晓起约"。[⑦] 就晓起约而言，上晓起的主要姓氏有洪、孙、叶、

① 《婺源都图九口十三田》，清代抄本一册，复旦大学历史地理研究中心王振忠教授惠赠复印件。
② 婺源县地名委员会办公室编：《江西省婺源县地名志》，第58、70页。
③⑤ 婺源县地名委员会办公室编：《江西省婺源县地名志》，第55页。
④ 康熙《婺源县志》卷二《坊都》，《中国方志丛书·华中地方》第676号，（台北）成文出版社1985年版，第181页。
⑥ 婺源县地名委员会办公室编：《江西省婺源县地名志》，第70页。
⑦ 《婺源都图九口十三田》对一甲户名姓氏的记载不同，作"胡芳生"。应是因读音近似致误，当以《叙记》为准。

江等。从姓氏对应来看，晓起约第四、五、七、八甲总户姓氏与今日上晓起一致，其中第八甲叶洪鼎户，当为叶姓和洪姓的合户名。十甲的胡姓，与西岸、半山等村姓氏吻合。

康熙四十四年合同确定了清源约的保甲构成和地域分布："自乙酉年起方思山洪应成阄得；丙年城口洪连清、石滩洪壬阄得；丁年城口洪年；戊年龙池坎曹君得；己年东溪洪得；庚年九坎洪士德；辛年山背洪春；壬年清石滩洪廷、半山东西岸胡勋；癸年吴汪詹；甲年半山、东西岸胡勋。"根据后文对图甲与保甲的对应关系分析可知，清源（青石滩）为三甲洪遇春，城口为一甲洪芳生户，方思山为二甲洪胡户。六甲即为龙池曹氏。九甲吴汪詹户应与鲍彦坑（吴氏）一带村落等对应。（见图9-1）

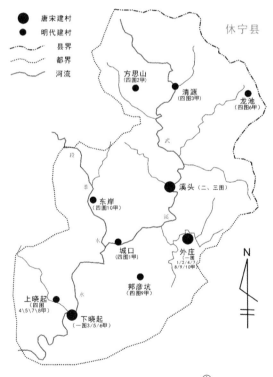

图 9-1　婺源十都各图甲分布情况①

① 根据《江西省婺源县地名志》所附《城口公社地名图》改绘。

明代中叶至清初，徽州地区经历了较为频繁的"增图"运动。① 其本质是由于乡村社会关系从里甲制下的"里长-甲首"的平等轮役，演变为图甲制下"总户-子户"的依附与代理。诸多"子户"不满在纳税环节被"总户"盘剥，谋求自立一图，自行催征缴纳。② 由此，新旧图甲的显著差别便是聚落形态上的散村与集村之分：旧图大多掌握在大型家族和村落手中，而新图往往是都内各小型族姓和规模较小村落的集合体。

四图便是由十都一、二、三图中脱离的子户构成。新图成立之后，采取了一般图甲的运作方式，承担赋役户籍单位的职能。

一方面，全图共设置有册书（书手）一名，在应对官府差役、编造各类赋役册籍方面发挥了极为重要的作用。据胡佷让叙述："本图册书自万历二十年间造解皇册起，至康熙二十三年甲子岁，该七甲江永兴承充"。即该图册书由十甲轮流担任。

另一方面，设置里长，负责税粮的催征。胡姓为第十甲胡先户，据《里长总记》载，"本图自陞图起，孟勋公身房充当二轮，孟熹公思达叔房充当二轮，孟照公佷琏兄房充当二轮，茂棣公下望股充当一轮，金泽金华房共充一轮"。此后是胡氏宗族在康熙十年至五十年的轮充记录。四图增于万历二十年，至康熙十年，共 79 年，说明里长轮充基本保持了十年一轮的规则。胡姓主要是宗族内部以津贴的方式，各房轮流承担里长。

不过，由于第四图是新增图甲，涵盖了若干村落和族姓，内部凝聚力有限。里长在通图范围内的催征税粮，难免遇到困难。如康熙四十年，由孟勋房的胡佷让承充，"众贴工食银十两"，但是"因晓起七甲八甲钱粮不交，三年不能当完，众议贴银十两，身仍实赔银四两"。相比于巨族大村垄断一个或多个图的情形，村落人群在地理分布上的涣散，成为四图里长贴赔的重要原因。这也是明清图甲组织面临的普遍问题。

有鉴于此，在康熙末期的地方官员倡导下，新的运作方式开始推广。十甲共同订立《辛卯岁四图合同》。其文称，"今轮遵奉县主蒋大老爷示谕颁行，为

---

① ［韩］权仁溶：《明代徽州里的编制与增减》，《上海师范大学学报》2005 年第 4 期；《清初徽州的里编制和增图》，《上海师范大学学报》2007 年第 3 期。

② 黄忠鑫：《清代前期徽州图甲制的调整》，《清史研究》2013 年第 2 期。

图甲赋役不均，各甲钱粮多寡不一，如每甲择粮多之户，点一名为甲催，各催各甲之粮，劳逸均平之政。"各甲之间税粮多寡不均，通过设立甲催，各催各甲，可以将税粮逋欠造成的连带责任，下移到"甲"一级。对于十都四图这样人户居住分散的图甲组织而言，这一变化较之此前十甲轮役无疑是便利易行的。而随着甲催机制的运转，"甲"逐渐成了赋役运作的基本单元，里长职役自然取消。该举措表明地方官府已注意到图甲组织的地域范围大小与税粮征收效率的关系。[①]

从里长到甲催、册书按照甲轮充等情形表明，明代中期以后，"图"这一层面是较为稳定存在的，其主要代表由里长向册书转移，"图"级的职能随之停留在编造赋役册籍等方面。位居下层的十个"甲"是"图"基本构成，但甲催的产生取消了"图"内十甲轮催的机制，强化了"甲"独立缴纳赋税的职能。如上所示，可以通过总户姓氏与村落对应性获知"甲"的地域范围。因此，"甲"作为赋役运作的实体单元，实际上就是依靠着村落和家族力量的支撑。

四、"人烟均，统属易"：乡约的重编组合

明代乡约制度可以从广义和狭义两个层次来理解。以里甲（里社）为基础，结合社学、乡饮等制度，设立里老与旌善、申明二亭，以调解民间纠纷、施行教化为特征的是广义乡约；而设立约正宣讲六谕为狭义乡约。[②]按照这一标准，婺源十都四图的乡约是伴随图甲而成立，应属于广义范畴。同时，乡约也要考虑所辖村落的分布情况。对于地域相连较为紧密的大型聚落和宗族，基层行政组织的空间构成相对单一，有一村只立一图一约的情况，如本都的溪

---

① 这一做法在清代诸多地区都有体现，如浙江称为"落甲"，广东称为"折甲"等。参见蒋兆成《明末清初杭嘉湖的里役改革》，《中国社会经济史研究》1991 年第 1 期，黄忠鑫：《清代广东"折甲分催"考释》，《清史研究》2016 年第 1 期。
② 常建华：《明代宗族研究》，上海人民出版社 2005 年版，第 200 页。

头。① 四图则因为"烟邨涣散，分立两乡约，一清源，一晓起，各五排为一约，以人烟均，统属易也。"可见，乡约更注重地域相邻、人口平均，在空间上对原有图甲排年进行了分割。

乡约的重组同样是依据人户家庭（即烟灶）数量。"自立晓起约之后，而有下村汪姓附入本图约内，平均烟灶，编定四甲。"图甲排年仅体现孙、江、叶、洪、胡五姓（其中孙姓两排年，叶、洪朋立一户），而乡约将实际管辖的孙、叶、洪、胡、江、汪、周等七姓按照居住村落划分为四个甲。汪姓在赋役户籍序列上不属于四图，但因依附晓起约，并独立编为乡约的第二甲。此外，《叙录》没有交代周姓的情况，但他们极有可能也属于四图，作为子户或寄户依附于其他总户之下。

乡约成为奔走供差的官役现象在北方地区广泛存在，由此带动了乡约转变为基层行政组织的一种。② 从发展顺序来看，婺源乡约的推行，并不是从教化渗透入赋役等行政领域，而是直接依托图甲组织编成，其作为差役的特征十分明显。根据天启六年《晓起约议单抄白》的记录，由于各姓"共图共约"，即便居住并不相邻，但在应对知县、巡检司等"本县正佐老爷亲临查约"等各项公务时，需要按照先前的编约原则，以人户（锅头）数量进行供解。遭到邻约欺凌时候，应该共同担当。在这里，我们几乎看不到士大夫提倡的讲约教化功能。通过人户承担差役，是乡约在民间社会运行的基本方式。

同时，文中刻意指出胡姓居住在龙尾东西岸和半山一带，与晓起有一定距离，又提出"胡先甲下，永远存照"，似乎是专门针对胡姓而订立的。又据康熙四十二年八月的《本甲晓起约议约抄白》记载，晓起约第四甲是四姓共同构成，该甲轮充3年，共36个月，每姓轮值9个月。附带条款称，胡姓"住居窎远"，乡约事务由同甲其余三姓代理，说明胡姓虽编入晓起约，但对乡约事

---

① 溪头，又名溪源，实际分为上中下三村，皆为程姓。《新安上溪源程氏乡局记》载："中溪源为二图，上溪源为三图，图虽分属，亲则一本。"面对二图（即中溪源）混淆乡约和图甲征派原则的解纷，上溪源全村以"本约三图"的名义订立合同，共同"全约保局"。可见，上溪头村便是一村设置一图一约。参见王振忠：《明清以来徽州村落社会史研究》，第17、36页。

② 段自成：《清代北方官办乡约研究》，中国社会科学出版社2009年版，第173—180页。

务似乎显得鞭长莫及。乡约的实际运行，仍是以上晓起周围村落为主要力量。

相较之下，清源约轮充的空间组合方式更为多样。据《本家约记》载：胡姓入约次年便成为约正，期限是一年，"自保自约"，以已在晓起约订立的"洪华生"作为约正名、并立"胡勋"为保长名。[1] 约正和保长之下，按照胡姓四大支派的保甲烟户数量平均分摊费用，四派各出一人轮值约正。不仅如此，清源约的轮充方式可能因事因时而异，为了让后代明白其中规则，故专门记录，以备不虞。若按里甲轮充，则清源约除了旧有五甲之外，还需算上胡姓一甲，共计六甲，因而六年轮流一次，每甲一年。若按保甲轮充，则依据一保十甲的顺序，十年一轮，每甲一年；而胡姓又与清石滩共充一年，故应为一年半。那么，不仅乡约自编的"甲"，里甲（图甲）和保甲之"甲"都有可能成为乡约轮充对象。

婺源北乡水沫村汪家留存的一份道光三年（1823）乡约合同，也记录了类似的轮流方式。[2] 沧坑（沧源）王氏、梓槎（左源、左圩）以及水沫的吴、洪、汪三姓，因为人口繁衍，共立一个乡约，与词坑乡约脱离依附关系。他们按照五姓人户数量多寡，分配了十年干支与族姓对应的轮充方式。道光十三年（癸巳年，1833 年）约邻族众共同订立的劝谕文书中，乡约是王兴财、王成保。[3] 同治十三年（甲戌年，1874 年）汪福美公支裔人等立禁约合墨则载当年的乡约是程明盛、程有余。[4] 这些年份与族姓的对应完全符合乡约合同的规定，说明其轮充方式保持了至少 50 余年。也因此可见，婺源县内数量众多的乡约，轮充主体是各宗族和村落，地域表征十分显著。

另外，在"四甲七姓"的乡约格局下，还有不少依附人群。仅东岸胡姓之下，就有巨鸟垓廖姓、杨梅山曹姓，以及程垓路胡姓（由石镇源迁入）附着，采取"在外敷斗"的形式，参与胡姓份下的乡约运作。在胡姓加入清源约之

---

[1]　这两个约正、保长的拟制姓名，在《目录十六条》中也有反映。参看王振忠：《明清以来徽州村落社会史研究》，第 99 页。
[2]　黄志繁等编：《清至民国婺源县村落契约文书辑录》第 2 册《秋口镇》（二），商务印书馆 2014 年版，第 344 页。
[3]　黄志繁等编：《清至民国婺源县村落契约文书辑录》第 2 册《秋口镇》（二），第 346 页。
[4]　黄志繁等编：《清至民国婺源县村落契约文书辑录》第 2 册《秋口镇》（二），第 378 页。

后，一并随之改投。可见，乡约组织中存在着层层依附的复杂关系。(见图 9-2)

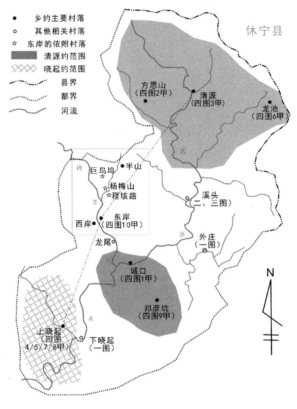

图 9-2　婺源十都四图乡约格局

五、"以近附近"原则下的保甲编排

　　早在明正德五年（1510）王阳明就已经在江西庐陵县推行乡约与保甲相结合的治理模式。万历元年（1573）推行全国的保甲乡约法具有"保甲与乡约合一、借助里甲、里社的一般性特点"。[1] 而保甲与里社结合，有助于乡约扎根基

---

① 　常建华：《明代宗族研究》，第 205、221 页。

层社会，实现地域化。①

就婺源而言，隆庆五年（1571）知县吴琯有过"设保甲，置乡约"之举。他"遍访善恶，得其实，躬巡村落中，弗率者系于约所，同众面诘，置之法，不少贷，四境肃然"。② 从中很难看出乡约与保甲的关系，似乎两者各自编排推行。万历年间的《沱川余氏乡约》则指出，乡约与保甲互为表里，编排保甲有助于乡约的推行，但实际上编排情形是："计吾邑之各都，其广者，如吾都例，可编十保，其次者可编八九保，其狭者可编六七保，每保十甲，每甲十家"。③ 这是以"都"为单位编排保甲，其所谓的乡约保甲结合并不明显，或许只是功能运作上的互相配合。

明清易代之后，知县蒋国祚于康熙四十二年整顿重编保甲，其缘由与具体编排方式未见载于地方志等文献，而在《叙记》中得以抄录、保存。此时，蒋国祚发现各村自立保甲，"名虽公报，实则私举"，互相隐瞒，阻碍案件审理。可见，随着时代变迁，明代中后期编成的保甲已经为村落宗族势力所把持，难以实现官府要求各村各姓相互制约，共同维护秩序的需求。有鉴于此，蒋知县下定决心整顿并重编保甲。他要求打破村落界限，以家为单位，以十进制编立保甲，十保为一乡约，将保甲与乡约合并为同一体系。

在编制过程中，对于零星民户，采取"以近附近"的原则和操作方式。这一要求为晓起约一二三甲所利用，他们在《连名呈词》中声称：第四甲各姓居住于东岸、龙尾一带，距离晓起路程颇远，分布较广，难以清查烟户，进行约束。他们趁着重编保甲之机，利用"以近附近"的理由，将第四甲排除在外，自立约保。④ 东岸胡姓对此愤愤不平，认为这是"一二三甲恃衣衿之势，将本家胡姓原编二户烟灶，与一二三甲瓜分，意图欺剥苛敛"。不过，双方似乎并

---

① 常建华：《国家与社会：明清时期福建泉州乡约的地域化——以〈福建宗教碑铭汇编·泉州府分册〉为中心》，《天津师范大学学报》2007年第1期。
② 康熙《婺源县志》卷六《官师志·名宦》，第630页。
③ 《沱川余氏乡约》卷一《保甲三则》，上海图书馆藏万历四十八年（1620）刊本，第23页。据常建华介绍，国家图书馆还藏有与《沱川余氏乡约》内容一致的《沱川余氏宗祠约》。参见氏著：《明代宗族研究》，第300—301页。
④ "以近附近"原则在民间社会被灵活运用，乃至滥用，在十都溪头村文书《新安上溪源程氏乡局记·（康熙十四年）》与下村争曹村上屋充当差排合同》中也有反映。参见王振忠：《明清以来徽州村落社会史研究》，第36—37页。

没有展开诉讼，第四甲也转而投入清源约。

九月初十日订立的《入清源约合同抄白》称，"清源约原编保甲册只有三甲，送官轮充约务。今奉县主蒋老爷清编保甲，必使以近附近，毋许遗漏，以十甲为一约保，诚属盛举"。这表明，清源约在此之前只有三个甲。保甲还承担乡约事务，约即为保。东岸胡姓打着"以近附近"、增补清源约力量的旗号转而投之，该约也进行了重编："今将原编三甲与半山、东西岸胡姓附近共编为十甲，举报约保甲长应官。"按照此时的规定，每个保重编为十甲。各甲之间既有协作，也保持一定的独立性。合同宣称："倘日后如有飞差费用，仍照十甲敷出烟灶，不得执拗。其命盗各事，各管各甲"。从地域相连的三甲到按照烟户数量排定的十甲，民间社会创造出报官的十个完整之"甲"，以及实际上的"半甲"和搭配轮充等规定。如名义上的第十甲胡先户，由于人口较少，在实际承役时只能算半个甲。（见表 9-1）

表 9-1　婺源十都清源约保甲与图甲的对应关系

图甲	保甲数	承担村落户名（保甲数）
一甲洪芳生	1.5	城口洪连清（0.5）、城口洪年（1）
二甲洪胡	4	方思山洪应成（1）、东溪洪得（1）、九坽洪士德（1）、山背洪春（1）
三甲洪遇春	1	青石滩洪壬（0.5）、青石滩洪廷（0.5）
六甲曹启先	1	龙池曹君得（1）
九甲吴汪詹	1	邦彦坑吴汪詹（1）
十甲胡先	1.5	半山、东西岸胡勋（1）

胡、洪二姓在全体合同之后，还于十月自行约定，进行协调："其丙年原阄定清石滩与城口执年，其壬年清石滩与半山东西岸共役。今三处议定，丙年清石滩独任一年，壬年以近附近，半山与城口独当一载，俱属情愿。"这里，"以近附近"原则又有了新的应用方式，即便全体抓阄完毕后，各方仍可私下凭借空间距离关系，更换轮充次序和方式。清石滩因此得以完整承担一年的保甲事务，而城口与半山胡姓因为地域临近而编为同一轮。（见图 9-3）

根据实际进行调整，灵活运用官府条款的情况，还可以从康熙四十九年正月《胡先与城口洪芳生两半甲甲长名洪岸共充一年合同抄白》体现出来。胡

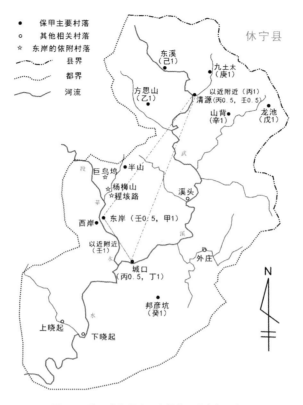

图 9-3　清源约保甲十甲应役情况的空间分布

姓与城口洪姓共同编为一甲，各占半甲，是为了满足十甲的编制规定。而呈报官府的甲长名为"洪岸"，显然是拟制姓名，绝非实在人名。轮充顺序也是由民间自行抓阄而定，都说明了此时保甲依旧保持着"名虽公报，实则私举"的特征，民间社会原有秩序和运作方式并没有因为官府的重编保甲而被打破。

关于依附乡约保甲各姓的详细情形，《叙记》语焉不详。道光二十八年八月婺源鸿源村吴、江两姓重新订立的合约，却有更多的细节展示：江姓依附吴姓共同承担保甲。但江姓并非身份卑微，而是具有独立土地产业，并缴纳税粮。在保甲乡约的编排上，依据就近原则，才附入鸿源吴姓，缴纳印制门牌、讲约的费用。所有官府清查保甲户口，全部交由吴姓处理。作为回报，江姓每年定期筹备酒席。但由于吴姓人口增多，江姓难以承受，双方重新约定报酬方式，即江姓交4500文至吴姓乡约会内，作为酒席费用的折算，但新年演戏仍按照人户多寡摊派。[①] 可见，保甲乡约之下的族姓依附关系极为普遍。这里所谓的依附，实际上是江姓将保甲乡约事务交由吴姓承办，以一定的钱款和仪式作为交换。那么，依此编造的保甲登记，是否能够如实反映出各姓的实际构成呢？

《叙录》记录了两份保甲登记信息。一份是康熙四十二年九月十九日官府颁给的保甲门牌，另一份是民间自行订立《清源约议本家轮充乡约议约抄白》附件《康熙四十二年十月初五日通族均点烟灶单》。两者的数字有一定出入，现分别归纳如表9-2和表9-3。

表9-2　保甲门牌中的户名构成与人户数量

甲　别	保甲户名	生　理	男妇数量
第一甲	胡德禄	耕作	7
	胡应敄	耕作	5
	胡应寿	耕作	6
	胡应周	耕作	4
	胡	未上	0
第十甲	胡佉让	训蒙生理	10
	胡佉熊	耕作	7
	胡时行	耕作	7
	胡元佑	在家	7
	胡一旦	耕作	7
	胡有利	耕作	8
	胡安贵	耕作	5
	胡兴贵	耕作	6
	胡起生	耕作	7
	胡华树	耕作	10
总　计			96

---

① 黄志繁等编：《清至民国婺源县村落契约文书辑录》第4册《秋口镇》（三），第1238页。

表 9-3　烟灶数量与族姓、地域构成

村　落	族姓／支派	烟灶数／无妻灶数	实际均派灶数
东岸	胡，兆兴公支派	12/1	11
	胡，远售公支派	18/4	14
西岸	胡，容户支派	12/1 ①	11
程垓路	胡，祖户支派	12/2	10
低源、半山	胡，高户支派、显户支派	19/3	16
巨鸟垓	詹	5	5
杨梅山	曹	3	3
程垓路	胡，石镇源迁居派	1	1
总　　计		82/11	75

　　对照表 9-2 和表 9-3 可以发现两个方面的问题。一方面，胡姓呈报官府的男妇人口总数为 96 口，而族内与依附其下的詹、曹等姓统计的烟灶总数是 82 灶。从表面上看，两者数字较为相近，考虑到时间上差距几个月，发生人口变动也符合常理。但是，"灶"所登录的姓名皆为男性，还标出无妻者，在某种程度上具有家庭的涵义。换言之，即便扣除无妻的 11 灶，按照每灶 5 口计算，胡姓及依附各姓人口总数应在 420 人以上，而不仅仅是呈报的 96 口。另一方面，保甲户名中，既有实在人名，如胡佷让等，也有一些姓名不见于烟灶清单，如胡华树等，有可能是杜撰的姓名。另外，第一甲还有一户胡姓缺载，据小字说明为"其门牌显其担去未上"，说明此人已脱离保甲编制。更重要的是，保甲门牌的姓名皆为胡姓，根本没有詹、曹等依附各姓。这些细节都表明保甲门牌登记是存在很大漏洞的，仅依据保甲户名信息，是无法发现背后的复杂构成。官府将这样的保甲统计数字作为依据，是难以进行有效的管理和控制；而对于民间而言，具有实际意义的不是门牌数字，而是烟灶清点的实际数额，成为轮役运作的基本凭据。

---

① 据胡佷让称，胡姓共有 73 灶，算上依附的胡姓（1 灶）及詹、曹二姓后通约 82 灶。但根据清单加总后，胡姓为 72 灶，似乎需要将宗族外的胡姓一并算在内才能得出 73 灶的总数。但是，西岸共有 11 灶，其中"茂秀"灶无妻，但该名又不见载于 11 灶之中，因而笔者推论西岸应为 12 灶，实际均派灶数是 11 灶。这样总数便能吻合。

六、结论

图甲、保甲、乡约三类基层行政组织的头目，均属差役，与流品官僚有着本质上的差别。即便是由士大夫设计、由耆老乡绅教化的乡约，在基层社会也变质为普通乡民一齐应付的差事。在实际运作机理上，差役组织更多是自下而上应付摊派的税粮差事，而官府衙门则是自上而下地获取人力与物资。

相应地，县以下区划与州县政区、县辖政区（或称为次县级政区）的空间形态也有极大差异。行政区划的划定，主要以获取资源的山川形便和权力制衡的犬牙交错为依据。而民间社会在组合构成基层行政组织和地理单元时，更多考虑的是依据实际人户情况，平均分配差役负担，形成了较为公平合理的轮充差役之机制。即便有官府倡导"以近附近"的原则，但在这样的考虑之下，也会被灵活运用，塑造出形式多样、较为破碎的空间组合形态。正因为如此，县级政区边界普遍存在的插花错壤现象，很多时候是源于乡里组织实际运行下的空间形态，不仅边界，县域内部的同类现象也是层出不穷。

从外在形式上看，清康熙年间的重编调整后，婺源县乡村形成"图"居于起点、图甲-乡约-保甲的三层统辖关系。实际上，图甲、乡约、保甲都是对"图"的分割与重组，"甲"的编排尤为民间社会所看重，具有类似于"股份"的意义。十都四图的"甲"往往能够通过族姓信息对应到具体的村落和宗族。实行按甲催征之后，图甲之"甲"的地域对应性更为明显。乡约组织虽依照图甲编成，但又根据人户数量和空间距离重新编"甲"，清晰对应了地域相邻的村落与依附人群。保甲也是按照十进制的编排模式，但民间社会也制定了依据村落的一"甲"、半"甲"的搭配组合规则，地域对应的特征也十分显著。因此，"甲"应当是我们观察差役型县以下区划和组织的切入点。

"甲"在实际运作过程中的社会关系，体现出乡村政治空间的演变。家族势力、村落联盟以及人户多寡、定居长短等，都深刻影响了"甲"的编排和重组。纳粮当差赋予的户籍价值，以及赋税财政中的原额主义，使得图甲户籍的登记形式有限，仅能看到十个总户，背后的子户、寄户关系较为模糊。但乡约、保甲的编排以及这一过程中的诉讼纠纷，将这些广泛存在的人群和地域归属呈现出来：图甲户名的姓氏构成的单一和多元，折射出地域社会中家族力量和村落规模的大小；保甲与图甲的对应，也能够反映出一图之内各甲的经济实力差别。因此，基层组织的空间组合，进而构成区划或地理单元的形态，实际上是乡村社会各种势力对权力的获取与分配机制的反映。

（原文刊于《中国历史地理论丛》2018 年第 3 辑，收入文集时稍有调整修订）

《实征册》所见的清代图甲户籍与村族社会

刘道胜

内容提要：本文发掘利用王鼎盛户自雍正至咸丰期间的 6 种归户《实征册》，并搜集与该户相关的家谱、保甲册、文会簿等文献，深入剖析图甲户籍的设置、功能及其实际运作，考察清代图甲户籍与村族社会治理诸问题。由明至清，图甲作为自上而下普遍实施的基层组织，在不断适应基层乡治实际中呈现出地方性和稳定性的一面。图在基层乡治中的稳定性，使得清代保甲编制难以另起炉灶，只能藉助既有图甲体系展开。无论是图甲设置抑或保甲编制，都以图为单位展开。甲作为图甲制、保甲制之下共同的基层组织形式，在推行中兼具 "总户-子户" 和 "甲-牌" 的包容性机制，不断适应村族实际，成为基层行政的有效单位和地方乡治的功能社区。在徽州，图甲总户和子户的房派归属性，以及以房派统合共享一甲总户的现象颇为突出。总户之下，存在大量家族性 "公祀公会"，总户实际意义兼具田土产业归属、税粮征纳单位、乡族统合实体为一体。

关键词：实征册；图甲；保甲；户籍；村族社会

图甲建置与户籍问题，是明清时代基层组织研究的一个重要课题，迄今中外学者颇有关注，已有相当成果。[①] 尽管学界对由明至清随着里甲制的衰落，

---

① 代表性成果参见 [日] 片山冈的《清末广东珠江三角洲的图甲表及其相关诸问题——税粮·户籍·同族》，《史学杂志》第 91 编，第 4 号，1982 年 4 月；刘志伟：《清代广东地区图甲制中的"总户"与"子户"》，《中国社会经济史研究》1991 年第 2 期；栾成显：《明代黄册研究》，中国社会科学文献出版社 2007 年增订版，第七章；崔秀红、王裕明：《明末清初徽州里长户简论》，《安徽史学》2001 年第 1 期。

导致里甲制向图甲制的转化，以及图甲制下图甲户籍的日趋固定化和世袭化等均有关注。然而，关于图甲户籍的形成、演进、形态及其在基层社会的实际运作和功能等，仍需要从制度实施和民间实际的角度作进一步揭示，有关图甲总户形成的多样性和区域差异性亦尚有进一步探究的必要。实际上，图甲户籍问题，是基层社会清承明制之一重要体现，攸关明清赋役制度史、基层行政、乡治体系等领域的深入研究，需要借助地方文献新资料予以深入探讨。本文拟在相关研究基础上，尝试作出以下努力：一是发掘系统性的完整的文书档案资料，作长时段考察。本文所涉的 6 种实征册，基本涵盖雍正、乾隆、嘉庆、道光、咸丰五代，所涉的图甲总户和子户内容翔实，地点集中，事主具体，前后关联，史料价值弥足珍贵。二是采用多元参证。围绕专题，发掘了与 6 种册籍所涉村族密切相关的乾隆《高塘鸿村王氏族谱》、乾隆《祁门修建城垣簿》、道光《鼎元文会同志录》、光绪《高塘保甲册》等，对相关问题作微观剖析。三是聚焦图甲户籍这一中心问题，并探讨保甲户籍与图甲户籍的异同，个案揭示村族如何设甲立户，以及户籍在基层乡治和村族社会所发挥的功能性作用。

一、册籍介绍

实征册系明清地方官府每年实际编徭征税时所使用的一种赋役文册，[①] 在徽州文书中颇有遗存，早在明代即已出现，且由明至清长期存在。总体而言，明清时期实征册登载的内容和形式，既具有前后延续，同时随着明代后期一条鞭法的推行，到清代雍正年间摊丁入亩的正式实施，实征册在适应赋役制度不断变革的背景下，亦呈现出阶段性差异。

具体来说，明朝建立后，为征调赋役而实施黄册制度。黄册每十年一大造，造册之年，按照旧管、新收、开除、实在的四柱式，登载各户人丁、事产之变化，以即时反映人丁、事产之实在，作为各年实征赋役之依据。在明代前

---

① 栾成显：《明代黄册制度》，第 209 页。

期，黄册所载与社会实际大体一致，黄册即具有实征册之功能，所谓实征原本即是指据黄册之实而征之①。然而，明代中期以后，随着社会经济的发展变化，编户之家的人口、事产多逐年异动，变化无常，十年一攒造的黄册难以适应这种人口、事产变化无常的社会实际。因此，十年大造黄册之外，衍生出逐年编造实征之册，从而产生黄册与实征两种赋役册籍并存，即所谓"赋役稽版籍，一岁会实征，十年攒造黄册"②。黄册与实征册之间的一个重要区别是，前者大凡"册年过割"，十年一大造；而后者体现为"随即推收"，逐年造册，当属逐年登记以备册年大造的民间册籍。对此，栾成显先生根据今存明代徽州文书实物研究认为，明代万历年间，徽州实征册所载内容仍多按照黄册四柱式进行登记，内容几乎均依据各轮黄册所载而定，即使发生土地变动，亦须等到下轮黄册大造的册年方可进行推收，并非完全脱离黄册的另外一种册籍。直到明末，徽州方于十年大造黄册的同时，出现了真正有别于黄册，以"随买随税"为基础而编造的"递年实征册"③。

入清以降，特别在清代前期，实征册作为编审册之一重要册籍类型继续存在。清初，在攒造黄册的同时，实施了五年编审之制，即十年一造册，五年一编徭，编审制度作为一项基本赋役制度在清代前期大力推行，从而产生编审册。清代编审所编造的册籍除了径称编审册外，又有推收册、实征册等之谓④。那么，明代至清代前期，实征册、编审册记载的内容和登载的格式如何呢？栾成显先生依据文书实物研究认为，实征册、编审册具体登载形式与黄册的四柱式相同，即分旧管、新收、开除、实在四大项，内容涉及丁口和田土。不同于黄册之处主要表现在：一是实征和编审册籍中的人丁记载采取的是一条鞭法之后的折丁计算，丁不再作为实际的人口单位，而是作为一种银差核算单位；二是田地山塘一律换算为"折实田"，即将地、山、塘等的土地面积，各按一定比例折算成相应的田的亩数。以"折实田"统一核算，为税粮征收变为折色银的一条鞭法的实施提供了条件⑤。

---

① 栾成显：《明代黄册制度》，第 209 页。
② 《图书编》卷九〇《赋役版籍总论》，转引自栾成显：《明代黄册制度》，第 210 页。
③ 栾成显：《明代黄册制度》，第 219 页。
④ 栾成显：《明代黄册制度》，第 241 页。
⑤ 栾成显：《明代黄册制度》，第 215、236、242 页。

编审制度是伴随明代一条鞭法实施到清代雍正年间摊丁入亩正式施行这一赋役制度改革过程中，于清代前期推行的一种过渡性举措。康熙五十一年（1712），议准“滋生人丁，永不加赋”，雍正七年（1729）前后实行“摊丁入亩”，即完全实施一条鞭法和地丁合一，编审制度遂丧失其历史职能和作用。乾隆三十七年（1772），清政府宣布“嗣后编审之例，著永行停止”，编审制度终被废止①。

然而，编审制度废止后，仍可见实征册在徽州基层社会继续编造，尚有延续余波。那么，雍正以降实征册是如何实际编造的？实征册中登载内容和户籍形态又如何？安徽师范大学图书馆馆藏一套6册《实征册》，其记载始于雍正六年（1728），迄至咸丰九年（1859），恰恰为我们考察清代雍正年间摊丁入亩正式实施之后，民间实征册编造的实际情况提供了难得的样本。以下先对该册籍作一介绍。

系列《实征册》，计6册，均系墨迹写本或抄本。② 依据各册封面和首页题字，每册可分别名为《雍正王鼎盛户实征册底》（简称《雍正册》）、《乾隆元年起至三十年止王鼎盛户各位便查清册》（简称《乾隆册》）、《嘉庆元年至二十五年止二十二都二图四甲王鼎盛户归位揔册》（简称《嘉庆册》）、《二十二都二图四甲王鼎盛户道光元年至十六年止各位一贯底册》（简称《道光册》）、《咸丰元年起至二年止二十二都二图四甲王鼎盛户实征册》（简称《咸丰一册》）、《咸丰三年起至九年止二十二都二图四甲王鼎盛户实征粮册》（简称《咸丰二册》）。六种册籍原题分别谓之“实征册底”“便查清册”“归位揔册”“一贯册底”“实征册”“实征粮册”，名称不一，其实就是在清代前期编审册基础上衍生而来的实征册。六种册籍所载地点均标注“二十二都二图四甲”，所涉户籍均为“王鼎盛户”。《雍正册》记载始于雍正六年（1728），当是雍正年间实施摊丁入亩，为了适应新的赋税制度变化，民间依据实际田土而分担税粮提上日程，由此而编造的册籍。下迄咸丰九年（1859）。其中，《嘉庆册》包含嘉庆年间的完整记

① 《清高宗实录》卷九一一“乾隆三十七年六月壬午”条。

② 安徽师范大学图书馆藏，参见李琳琦主编：《安徽师范大学馆藏千年徽州契约文书集萃》，第3—4册，安徽师范大学出版社2014年版。

载，而雍正、乾隆、道光三个年号的册籍均存在年份内容缺佚。[①] 然而，几种册籍仍基本涵盖雍正、乾隆、嘉庆、道光、咸丰五代，每册均逐年登载总户王鼎盛属下各子户田土及其推收情况，内容翔实，地点集中，事主具体，前后关联，史料价值弥足珍贵。

几种册籍的编造，均以户为纲，逐年登载各户田土的实际变化，兹引《雍正册》中雍正六年"元兆"户的记载为例：

> 元兆，田拾七亩乙［一］分三厘一毛［毫］八系［丝］三忽
> 一　分收田乙［一］分乙［一］厘　土名师卜坑　收本户中秋会
> 一　收田六分〇六毛［毫］　土名松树坞门前　收廷位
> 一　除田六分三厘八毛［毫］九系［丝］　土名南坑埠下　入道缉
> 一　除田六分九厘七毛［毫］　土名车头段　入廷位
> 实田拾六亩五分乙［一］厘乙［一］毛［毫］九系［丝］三勿［忽］

可见，册籍登载格式与既有的黄册、编审册类似，仍可见旧管、新收、开除、实的四柱式。登记内容采取以一甲总户王鼎盛户为单位，总户之下，将各业户（即子户、户丁）的所有各都田产，及其逐年变动情况悉数登记，从而形成归户实征册籍。其中，新收田土主要包括分家所得的"分收"和购买而来的"买收"，开除多称"除田、扒田、推田"等，并详细标注产业土名以及推收所涉的受业者。产业以田为标准，涉及山、地均折算为田亩，即采取清代编审较为普遍的"折实亩"。[②] 如：

> 收山二分五厘，折田五厘五毫五丝
> 除地二分三厘，折田一分四厘四毫二丝一忽

---

① 笔者按："雍正册"缺雍正八至九年内容，该册封面题有"八、九年本、外户均无推收，故无册"字样，可见与没有发生田土变化而无年份记载有关。《乾隆册》缺乾隆三十至六十年记载。《道光册》缺道光十七至三十年记载。

② 折实亩，即统一以田亩为标准，将田地山塘不同类型的土地实际面积，按照一定比例，一律折算成相应的田亩面积。

所引材料可见，山地折算田亩分别为：地一亩折田 0.627 亩，山一亩折田 0.222 亩，这与祁门县志中的相关记载是一致的。[①] 册籍以"田"为标准登载每户田土逐年之变化，举凡山地折算田亩，尾数精确到"毫丝忽微"，[②] 各户田亩数额又与一甲总数毫厘不谬，其记载十分精细专业，册籍编造或抄写当出自精通传统里甲赋役的里书之手。因此，《道光册》封面题有"道光十七年暮春中浣王申甫抄"字样，这里的王申甫当深谙里甲赋役书算之事。

如上所述，乾隆三十七年（1772）清政府宣布废止编审制度后，一般认为，作为与赋役征收密切相关的编审册、归户册等的攒造当告退历史舞台。而本文所涉的几种实征册涉及清代中后期的雍正、乾隆、嘉庆、道光、咸丰时期，登记内容未见"人丁"以及各户应纳的钱粮数额，只对各户田土推收、产业变动予以逐年实录。笔者认为，这当与雍正间摊丁入亩实施后，基于税粮征纳需要，按照田产归户编造册籍，藉以理顺地产与业户间的关系密切相关。册籍当系民间围绕田亩分担实际税粮而编造的民间文书。

二、设甲立户

几种册籍均标注"二十二都二图四甲王鼎盛"。我于上海图书馆发现的《鼎元文会同志录》所载内容正好涉及祁门县二十二都和王鼎盛户的情况。据其记载：道光间，祁门县示谕县内城乡"振兴科考"，该县第二十二都绅耆为此倡兴"鼎元文会"，以积极响应。文会会产所寄其中之一户籍明确标注为"高塘二图四甲王鼎盛户"。可见，册籍标注的"二十二都二图四甲"当隶属祁

---

① 据道光《祁门县志》载："地每亩转折田六分二厘七毫，山每亩转折田二分二厘二，塘赋旧同，田不折。"参见王让等纂修《祁门县志》卷一三《食货志·田土》，《中国方志丛书》"华中地方·第 639 号"，（台北）成文出版社，第 397 页。

② 据《休宁县都图甲全录》载："论粮数：石斗升合勺抄撮圭粟粒颗颖黍稷；论田亩：分厘毫丝忽微纤沙尘埃渺漠逡巡漠清须"。《休宁县都图甲全录》，抄本 1 册，安徽师范大学图书馆藏。

门县，王鼎盛户与该县高塘村有关。①

高塘村（又名鸿村、鸿溪）位于祁门县西部的皖赣边界，系王姓聚居的传统村落。该村始建于元代至元年间，村落原分为上村、下村，上村称高塘，下村称鸿村，全村又名鸿溪村，在清代属于祁门县二十二都，该都下设两个图。②据我调查所知，明清民国时期，鸿村系祁门茶叶生产经销的中心地之一，由此村落发展日趋兴盛，盛时全村男丁近千人。为了进一步考察清代高塘村族的设甲立户，有必要藉助家谱资料对高塘王氏的谱系关系作一梳理。

据乾隆《高塘鸿村王氏家谱》(简称《乾隆谱》)载，③祁门王氏溯源于东晋南迁的琅琊王，嗣后，以唐代王璧为新安始迁祖，居住祁门县西部苦竹巷、查源等地。④至元代，王璧十五世孙叔振公自查源迁高塘（鸿村），叔振公又系王氏始迁鸿村者。另有叔善公自查源迁车坦（潭），叔良公自查源迁许村，惟叔祥公留居查源。车坦（潭）、许村、查源诸村与高塘毗邻，均属二十二都。据调查，这四个村落至今仍均以王氏为主，自古以来以高塘（鸿村）规模最大。祁门王氏"旧有统谱，创自宋端拱己丑，刊于元元统乙亥，至明洪武壬午、正统己未、正德乙亥、嘉靖庚申，皆代有修葺"。⑤即清代乾隆以前，祁门王氏曾五修统宗谱。⑥而《乾隆谱》系高塘王氏所独修，关于该谱的修撰，谱序中云：⑦

（乾隆间）欲集思聪公后四族合修之，以为宗谱。旋以许村入继，不肯承祧事，争之官讼得直，四族遂涣而不萃，此鸿村王氏家谱所以独有续修之举也。按，鸿村自叔振公始迁，四世皆孤立，至积庆公生子四，以邦行，兄弟友爱，李水部为作传，所谓"王氏四友"者也，为鸿村四大房支祖。嗣后以兆行者十，以素行者二十三，以晋行者五十一，以宜行者百有九，以荣行者百七十一，庠序仕籍，世世有之。

---

① 《鼎元文会同志录》，道光二十三年刊本，1册，上海图书馆藏。
② 据方志记载，清代祁门县22都由19个大小不一的基础性村落构成。参见王让等纂修：道光《祁门县志》卷三《疆域·都图》，《中国方志丛书》"华中地方·第639号"，（台北）成文出版社影印本，第161页。
③ 乾隆《高塘鸿村王氏家谱》，乾隆五十七年刊本。
④⑤⑦ 乾隆《高塘鸿溪王氏家谱》卷首《吴云山序》。
⑥ 王璧，字大献，唐代后期由杭迁祁，以世乱集众保境。刺史陶雅屡奏其功，吴王杨行密承制，累拜银青光禄大夫、检校、兵部尚书加金紫。后出为祁门令，遂卜居邑。乾隆《高塘鸿溪王氏家谱》卷一，乾隆五十七年刊本。

可见，聚居祁门查源村的王氏，自十五世祖叔振、叔善、叔良、叔祥四人或留或徙，开始形成散居查源、高塘（鸿村）、车坦、许村的祁门"王氏四族"。在明代，许村与高塘两支之间，曾因同宗继嗣而产生纠纷。乾隆五十六年（1791）基于廓清谱系以续修"王氏四族"宗谱的需要，高塘王氏以许村悔继，"不肯承祧"为诉由曾评告于官。[①] 祁门王氏"四族遂涣而不萃"，致使"四族"统谱之修未成，仅高塘王氏"独有续修之举"，从而形成乾隆《高塘鸿村王氏家谱》。

《乾隆谱》共六卷，世系详于始迁鸿村的十五世祖叔振公以下支系，这与该谱以聚居高塘王氏为中心而修撰有关。家谱世系的记载，以十九世祖积善（存一公）、积庆（存二公）为标志，分为存一房、存二房。因存一房乏嗣，存二房有"邦本、邦宁、邦理、邦成"四子，其中邦理入继存一房。此即《乾隆谱》中详细呈现的四大房支。所谓"鸿村自叔振公始迁，四世皆孤立，至积庆公生子四，以邦行，兄弟友爱，所谓王氏四友者也，为鸿村四大房支祖。"[②] 具体谱系如下：

叔振（十五世祖，始迁高塘）—琼甫（十六世祖）—道宗（十七世祖）—惟中（十八世祖）

——积善（存一公，十九世祖，乏嗣）、积庆（存二公，十九世祖，生子邦本、邦宁、邦理、邦成）

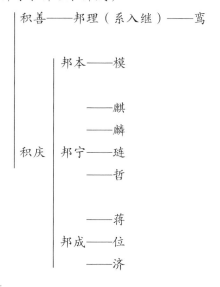

---

① 乾隆《高塘鸿溪王氏家谱》卷末《附录卷案》。
② 乾隆《高塘鸿溪王氏家谱》卷首《吴云山序》。

以上世系中，值得一提的是，十九世（存一公、存二公）、二十世（邦理、邦本、邦宁、邦成）、二十一世（模、麒、麟、琏、哲、蒋、位、济）三代，时间涵盖明代前期百余年，在《乾隆谱》中是作为承前启后的核心谱系看待的。该谱目录中，每卷之下的题名分别标注："存一房"、"存二长房模股"、"存二中房麒股"、"存二中房麟股"、"存二中房琏股"、"存二中房哲股"、"存二幼房蒋股"、"存二幼房位股"、"存二幼房济股"等，所谓"存一房、存二长房、存二中房、存二幼房"以及"模、麒、麟、琏、哲、蒋、位、济"股等，均属上述三代中依据父子系谱关系而形成的层级有别的房支之称。[①]特别是以邦理、邦本、邦宁、邦成为标志的四房，在《乾隆谱》是作为整个高塘王氏认同的"四大房支祖"看待的。可见，至清代乾隆撰修家谱时，高塘鸿村王氏尽管支派消长各异，但仍以传统"四大房支"作为村族主体。

那么，明清高塘村的图甲及总户是如何设置的呢？实际上，由明至清，高塘村的图甲户籍设置，乃至清代保甲组织的推行，很大程度上都是以这"四大房支"为基础编置的。依据几种册籍即可以梳理其分图、立甲、设户的大概情况。各册籍登记内容十分详细，无分产业大小，对于各业户分散在各都图的每宗田土、逐年交易的实际面积、折田亩数、土名、买受者所属的总户以及子户名称等一一开载。总体来看，田土交易范围以"本户"为主，即以二十二都二图四甲王鼎盛户下各子户之间发生为多见。另外，土地流动还涉及"城都、一都、二十都、二十一都、二十二都"等都图，反映清代徽州田土的跨都跨图交易较为普遍。跨都跨图交易又以毗邻的二十一、二十二都为主。据此记载，可以对王鼎盛户田土交易所涉的都图以及各都图下每甲总户的信息作详细统计。与此相印证的文献还有《祁门修改城垣簿》，系乾隆二十八年（1763），祁门县发动"合邑里户、绅士、商贾人等"捐修城垣，由此编撰而成的簿册。[②]据记载，本次捐输登载簿册的"里户"，即系以图甲为单位，每甲均主要以总户形式登录的户名，藉以登记捐输银两数额。兹以几种《实征册》较多涉及的

---

① 参见拙文《明清徽州宗族的分房与轮房》,《安徽史学》2008 年第 2 期。
② 《祁门修改城垣簿》, 1 册, 乾隆三十六年刻本。

二十一、二十二都为例，参照《祁门修改城垣簿》，对二十一、二十二都之下所涉图甲及总户名称作一统计，见表 10-1：

表 10-1　清代祁门县二十一都、二十二都所属图甲总户名称

都	图	甲	6 种《归户册》所涉总户	《祁门修改城垣簿》所涉总户
21 都	1	4	陈恒茂	陈恒茂
	1	5	陈绍荣	陈绍荣
	2	3	陈肇兴	陈兆新
	2	8	查复太	陈兆茂
	2	9	陈绍忠	陈绍中
22 都	1	1	王永盛	王永盛
	1	2	王际盛	王际盛
	1	3	赵永兴	赵永兴
	1	4	汪惟大	汪惟大
	1	5	汪德茂	汪德茂
	1	6	金复盛	金复盛
	1	7	王光士	王光士
	1	8	陈宗虞	陈宗虞
	1	9	王都	王都
	1	10	金大进	金大进
	2	1	王发祥	王发祥
	2	2	王鼎新（兴）	王鼎新
	2	3	王道新	王道新
	2	4	王鼎盛（本户）	王鼎盛
	2	5	洪显邦	洪显邦
	2	6	金德辉	金德辉
	2	7	金万钟	金万钟
	2	8	王道成	王道成
	2	9	王思学	王思学
	2	10	王大成	王大成

对比可见，《实征册》和《祁门修改城垣簿》所载二十一、二十二都部分图甲总户名称几乎一致，且各甲总户名称前后继承，在有清一代均固定未变，

呈现出"图—甲—总户—子户"的架构，每图均划分十甲。关于祁门县图甲制下一图分十甲，从相关记载也可以看出。如道光二十年（1840），祁门县令方殿谟"谕城乡凡五百二十甲，期以五稔，每甲必出一人应童子试"[①]。可见，道光间祁门县共设有 520 甲。而清代祁门县共有图 52 个，[②] 每图所辖的甲数应为10 个。每甲专设一个业税总户，总户之下包含若干业户（即子户、户丁）。这些总户当系明代中后期基层社会应对赋役征纳实际变化的产物，主要是作为缴纳税粮的单位而存在的。

一图十甲的构成，当源于明代以来里甲制。明代里甲制编制按照 110 户为里，里分为十甲，每甲有 1 户里长和 10 户甲首构成。其时，黄册里甲作为国家实施的重要赋役制度，基本适应了当时人口流动性小，跨都跨图的田土交易并不常见，小农经济颇为稳定的社会现实。且通过黄册因时大造，原则上亦可即时反映各户人丁事产的实际变动。然而，明代中期以后，土地流动愈益频繁，黄册制度日渐衰落，里甲赋役趋于定额化。随着明末和清前期一条鞭法的推行，地丁合并，赋役归一，里甲因赋役而编户的职能大大减弱了。与此同时，以图为基础，继承里甲组织形式，融合具有管理地籍的都保职能于图甲体系，一图赋予特定字号，归户管理跨都跨图、流动不居的田土，以确保税粮征收的图甲制逐渐形成。本具有即时反映各户人丁事产实际的黄册由实变虚，110 户的"里长—甲首"结构随着黄册户籍陈陈相因，逐步演化为图甲制下虚拟名称的"总户—子户"形式。以既有的一里十甲为基础，渐渐形成一图十甲格局。这从《顺治四年休宁县九都一图郑积盈等立清丈合同》中可见一斑：[③]

九都一图公议图正、量、书、画、算合同。里役郑积盛、程世和、程上达、陈世芳、程恩祖、陈泰茂、汪辰祖、陈琛、陈梁、陈世明等。奉朝廷清丈田土，本图十排合立事务，各分条例，拈阄应管本图图正、量、

---

① 《鼎元文会同志录》，道光二十三年（1843 年）刻本，上海图书馆藏。

② 同治《祁门县志》卷三《舆地志·疆域·都图》，《中国地方志集成》安徽府县志辑第 55 册，江苏古籍出版社 1998 年影印本。

③ 《顺治四年休宁县九都一图立清丈合同》，载《康熙休宁陈氏置产簿》，写本 1 册，南京大学历史系资料室藏。

画、书、算，议立三村均管。佥名图正陈程芳、量手汪世昭、画手郑以升、书手程世钥、算手陈明伟。现里陈泰茂公报名，以应定名目。其在官丈量造册名目，俱系十排朋名充当……

这是一份顺治四年（1647）为土地清丈而立的合同。从中可见，休宁县九都一图是由既有的里甲演化而来。原来里甲的 10 甲里长户（即十排）分别为郑积盛、程世和、程上达、陈世芳、程恩祖、陈泰茂、汪辰祖、陈琛、陈梁、陈世明。至清初，一里十甲制逐步演化为郑、陈、程、汪四姓所在"三村"构成的图甲，清丈田土通过"三村均管"、"十排合立事务"予以运作。所谓"在官丈量造册名目，俱系十排朋名充当"，即原来的十甲里长户（即十排）中，每甲以朋名作为一甲名目登记于清丈册籍之中，这种登记名目应为一甲总户，从而形成"总户—子户"结构，藉以实现对跨都跨图流动田土的归户管理。原来一甲甲首户相应演变成为"甲下户"（或称甲户）。高塘村中的二图四甲王鼎盛户作为一甲总户亦当由此而生。这样，原来以人户人丁事产为登记中心的里甲制，遂逐步过渡到以人户田地税粮为编制原则的图甲制，里甲制下的"里长—甲首"关系，亦逐渐转变为图甲制下的"总户—子户"关系。[1]

在本文所据的几种实征册中，业户每一宗田土交易，均标注有推收主体姓名及其所属图甲，如"收一图九甲王都户法"、"入本图八甲王道成户续白"，另外，王鼎盛户户下业主之间的交易均标注"本户"字样。据此，笔者梳理各总户之下的具体业户，再对比《乾隆谱》的记载，可以看出业户之间的房派系谱关系，大致如表 10-2：

表 10-2　总户及其所属子户与房派之间的关系

都—图—甲	总户名称	《实征册》登记的部分业户名称	家谱中业户所属房派
22-1-9	王　都	道演、道定、道秀、道乾、道溥、道淖、道混、道甫、道滋、道潜、道密、道津、道满、道儒、学娄	存二中房珽股
		肭、龙保	存二中房麒股

---

[1]　参见刘志伟：《清代广东地区图甲制中的"总户"与"子户"》，《中国社会经济史研究》1991年第 2 期。

都—图—甲	总户名称	《实征册》登记的部分业户名称	家谱中业户所属房派
22-2-3	王道新	道五、道法、海元、道盛、学饶、学时、学祯	存二中房麟股
22-2-4	王鼎盛	廷训、道贵、道员、道贞、道赞、廷谏、廷清	存二长房模股
		茂春、学敦、夏龙、盛春、富春、神生、廷富、旺进、广居、通成、秀元、爱春、道诚、昇良、同太	存二幼房蒋股
		捷九、方九、长生、振元、贵生、廷珍	存二幼房位股
		古龙、群龙、学渚、道统、廷倬、廷位、道绅、道纬、学江、道绪、道纲、廷清、道霖、廷清、廷法、廷涞	存二幼房济股
22-2-8	王道成	廷蠹、廷翰、廷羽、廷金、廷令、廷钊、廷翎、廷佁	存二中房麟股

依据表 10-2，可以明确高塘王氏隶属的图甲有：二十二都一图九甲、二图三甲、四甲、八甲，各甲总户名称分别为"王都""王道新""王鼎盛""王道成"。且有清一代这四个总户名称均存在于实征册籍中，前后因袭。

上表所示还可以看出，《乾隆谱》中"存二中房麟股"业户分散于 22 都 1 图 9 甲、2 图 3、8 甲三个甲，而 2 图 4 甲总户王鼎盛户之下却兼有四个房派的业户。究其原因，从《乾隆谱》记载看，这与高塘王氏传统"四大房"之下的支派人户，发展到清代前期彼此兴衰各异有关。家谱谱系中，以"存二中房麟股、琏股"以及"幼房济股"等房派的世系繁衍最为突出，而诸如"存一房，存二中房麒股、哲股"等所载人丁均属寥寥，显示这几个房支有衰微迹象。

总体而言，高塘王氏的四个总户之下业户的房派归属性，以及以房派朋合共享一甲总户的现象颇为明显，册籍中有关王鼎盛户所属业户之间的产业交易均注明"本户"，"本户"即含有房派认同和归属之义。从一个侧面呈现出明清徽州图甲设置与村族之间的关系：即一图之设以自然聚落为基础，涵盖特定的村落共同体；一图之内，分为十甲，每甲以房派为主体，立甲设户，具有结构性的总户由此产生。上述的"王都"、"王道新"、"王鼎盛"、"王道成"等总户名称，在乾隆《高塘鸿村王氏家谱》并未见确载，正体现出一甲总户的公共性和虚拟性。

其次，关于保甲编制，笔者曾利用与清末编制保甲相关的系列册籍，对保甲编制与村族治理作过专题探究。① 其中，《光绪五年户口环册》反映的正是高塘村的保甲编制情况。② 为了便于比较高塘村图甲与保甲编制的异同，以下选择与高塘村密切相关、时间邻近的晚清《咸丰册》和《光绪五年户口环册》作统计。（见表10-3）

表 10-3　清代高塘村图甲设置与保甲编制的对比

	都	图	甲	每甲总户名称
图　甲	22	1	9	王　都
		2	3	王道新
		2	4	王鼎盛
		2	8	王道成
	都	图	甲	每甲牌数
保　甲	22	1	9	9
		2	3	3
		2	4	10
		2	8	6

表10-3对比可见，清末推行保甲，高塘村被分别编入二十二都一图九甲、二图三甲、四甲、八甲，凡四个甲，图甲与保甲的分图设甲完全相同。

进一步分析可见，保甲推行的实际做法是：藉助明代以来既有的都图体系而灵活编制甲牌。一图之下，并非按照10户立牌、10牌立甲为限，而是以村族聚居为中心，确保特定村落乃至房派能完整地隶属一甲，不致使"畸零人户"跨甲设置，体现出以人户的自然分布和房支归属为基础灵活编。一甲之下，再依据村族聚居灵活设牌，比邻成编，从而达到"诸色人户，一体登记"的控制效果。③

---

① 参见拙作《清末保甲编制与村族治理》，《安徽师范大学学报》2015年第5期。
② 《光绪五年户口环册》，写本1册，涉及祁门县二十二都一、二图保甲编制内容。承蒙陈琪先生惠示，谨致谢忱。
③ 参见拙作《清末保甲编制与村族治理》，《安徽师范大学学报》2015年第5期。

基于上述考察可见，图甲之甲为登载田土以征纳税粮而存在，与之相关的册籍是实征册等，立甲设置总户，总户之下登载具体子户，藉以实现跨都跨图田土及其税粮归户。户籍具有共有性、继承性和虚拟性。保甲之甲因治安需要而设，与之关联的册籍是保甲册，分甲设牌，牌下登记的系实际诸色人户。无论是图甲设置抑或保甲编制，都是以图为单位展开的。一图之设系涵盖一定数量村落的共同体，一图之下，既有侧重田土税粮为原则设置的甲，属于赋役性的图甲系统，本文姑且称为"图户甲"；也存在以实际人户为基础而编制的甲，属于治安性的保甲系统，姑且谓之"烟户甲"。"图户甲"体现的是"甲—总户—子户"的形式，"烟户甲"呈现的是"甲—牌—户"的架构。在"图户甲"和"烟户甲"中，甲分和房分有机融合，相互嵌入，这两种类型的甲所包容的村族呈现出叠相为用的格局，所涉及的户籍虽一虚一实，而循名责实其实是重合的。

三、业户形态

几种实征册均以总户王鼎盛户为编册单位，登载其户下所属的业户，末附若干甲户（或称甲下户）。各册籍登载的王鼎盛户下业户数量见表10-4。

表10-4　总户王鼎盛户下子户数量统计

实征册	《雍正册》	《乾隆册》	《嘉庆册》	《道光册》	《咸丰一册》	《咸丰二册》
业户总数	140	167	189	184	188	195

表10-4显示，清代总户王鼎盛户所属的业户数量少则140户，多达195户，且总体呈增长趋势，业户形态主要体现以下特点。

第一，继承性。梳理《雍正册》《乾隆册》中涉及的业户名称，对照《乾隆谱》记载，可以看出，这些业户多见载于《乾隆谱》的第28至30世世系中，时间集中于清初至乾隆时期。兹略举两例如下：

1.《乾隆谱》："廷训，生于顺治壬辰年（1652），殁于雍正辛亥年

（1731）。子贵、员、贞、赞。"①

《雍正册》中即有"廷训田"，到《乾隆册》中变为"道贵、道赞、道员、道贞、训祀"5户，其中"道贵、道赞、道员、道贞"4户均于乾隆六年下标注"新立，分收本户父廷训"字样。显然，《乾隆册》中"道贵、道赞、道员、道贞"诸户系分家继承所新立户籍。其父廷训殁于雍正辛亥，于父死之后的乾隆六年兄弟之间方进行分家析户，并设置了众存祀产"训祀"以祭祀乃父，且单独立户，该祀产一直延续到咸丰年间。

2.《乾隆谱》："廷倬，小名与珑，字汉章，号淡园。生于康熙甲辰年（1664），殁于乾隆己未年（1739）。子经、绎、缉、纯、续、绥、绾。"②

《雍正册》中有"廷倬、道经、道绎、道缉、道纯、道续、道绥、道绾"，计8户，廷倬户有田产274余亩，可见，这是一个产业殷实的多子之家，册籍可见雍正六年父亲廷倬平分田产给予诸子，诸子分家后遂于雍正间各立户籍，登记在册。《乾隆册》中有"倬祀、淡园文会、道经、道绎、道缉、道纯、道续、道绥、道绾"，凡9户，户籍的父子继承十分清楚。且雍正年间分家后，该家庭还以其父之名"倬"以及号"淡园"分别设立"倬祀、淡园文会"两个共有户籍，并出现于《乾隆册》中。雍正间分立的诸子产业大体相当，拥有田土均在30余亩。而到乾隆三十年，各兄弟之家田土升降有别，多者如道绎田产近217亩，少者如道续降为19亩，产业分化颇为明显。

通过例举可见，《雍正册》和《乾隆册》中登记的业户，或系因时设立的共有户籍，或系实际户主姓名，并随着分家析产，田土流动，这两个册籍中业户登记亦因时变化。一些共有户籍通过房派继承，自雍正一直存在到咸丰年间，一般家户户籍亦通过分家析产易立户籍，前后相继，均具有继承性，且在《乾隆谱》谱中亦均可得到印证。

第二，共有性。系列《实征册》登记的业户作为总户的子户，并不完全是以家庭户主之名设立的实际人户，不少业户系"公祀公会"性质的户籍，六种册籍中明确标注"某某祀""某某公""某某会"等颇为多见。（见表10-5）

---

① 乾隆《高塘鸿村王氏家谱》卷四《存二长房模股》。
② 乾隆《高塘鸿村王氏家谱》卷四《存二幼房济股》。

表 10-5　六种册籍分别登载的"公祀公会"户籍统计

户籍类型	《雍正册》	《乾隆册》	《嘉庆册》	《道光册》	《咸丰一册》	《咸丰二册》
公祀公会户	44	45	45	43	49	54
一般家户	96	122	144	141	139	141
总　计	140	167	189	184	188	195

表 10-5 显示,每册共有的"公祀公会"户籍均达到 40—50 户左右。"公祀公会"户是以特定的房派为主体,其层属有别。以下结合《乾隆谱》对几种册籍涉及的部分共有户籍进一步作分析。

据统计,在六种册籍中均有登载的共有户籍凡 25 户,反映这些户籍至少自雍正至咸丰存在了 130 余年,具体名称如下:

正伦堂、万一公田、存二公、旦公、训祀、宜四公、昂公、兆六、佐公祀、寻常公、三召公、琛公祀、模公祀、廷倬祀、廷位公、俨公、颐祀、三语公、策公、兆九公、德予祀、鼎盛、瑞祀、邦成公会、元公祀

上述 25 户共有户籍的存在具有两种情形:第一种情形是,以祠堂号或远祖之名设置的"祀户"[1],此类"祀户"共有的范围相对较大。如:正伦堂、[2] 万一公田(十四世祖,名万一)、存二公(十九世祖,名积庆,行存二)、邦成公会(二十世祖,名邦成)、寻常公(二十一世祖,名友卿,号寻常)、模公祀(二十一世祖,名模)、兆六公(二十世祖,名德龙,行兆六)、三语公(二十五世祖,名三语,字墨之)、策公祀(二十五世祖,名三策,字献甫,号明醇)等。第二种情形是,于雍正之后历代因时而立的"公祀公会"户。兹以《雍正册》所载"廷清"户为例,结合《乾隆谱》记载,可以具体而微地了解共有户籍因时设置的情况。

《乾隆谱》载[3]:

---

① 乾隆《高塘鸿村王氏家谱》卷一《世系源流》。
② 今存乾隆《高塘鸿村王氏家谱》中缝印制有"正伦堂"字样,当系该村王氏祠堂堂号。
③ 乾隆《高塘鸿村王氏家谱》卷四《存二幼房济股》。

二十七世：

宗元，字贞起，生于顺治戊戌年（1658），殁于雍正乙巳年（1725）。子法、涞、海、清、满、淞。清出继与兄宗先为嗣。

宗先，字用，生于顺治己丑年（1649），殁于雍正癸卯年（1723）。邑候赵公赠其额"年高德邵"。（宗）元第四子清入继。

二十八世：

廷清，字胜瑞，邑庠生，名瑞，号澄波。生于康熙癸酉年（1693），殁于乾隆庚辰年（1760）。吴邑候为撰"尊像赞"。子霖、露、霄。

二十九世：

道霖，号云屏，名采风，邑庠生。生于康熙庚子年（1720），殁于乾隆癸卯年（1783）。

道露，字湛斯，生于雍正甲辰年（1724），殁于乾隆壬寅年（1782）。

道霄，号静斋，名德风，国学生。生于乾隆丙辰年（1736）。

以上梳理的是一个家庭的三代谱系。其中，"宗先"曾获县令赠赐"年高德邵"匾额。"宗先"嗣子"廷清"系邑庠生，其"尊像赞"乃县令吴候所撰。"廷清"之子"道霖"系邑庠生，"道霄"为"国学生"。可见，这是一个多代俱显，颇有乡望之家。

《雍正册》登记有"廷清田"1户。雍正六年"廷清"户即拥有产业248亩，其中当有继承所得。且以"廷清"立户的产业登记中，可见在雍正六年至乾隆十七年先后购买田土凡366宗，到乾隆十六年该户田土数额多达464亩有余。《雍正册》"雍正六年"载有一甲田土总数，计1766亩有余，那么，"廷清"户田产约占总户的26%，无疑属一甲显赫殷实之家，颇为典型。

《乾隆册》由"廷清"户衍生出"用祀、瑞祀、琢云轩、紫云庵、道霖、道露、道霄"7户。册籍记载可见,乾隆元年,道霖、道露、道霄三子分家立户,这三户到乾隆三十年拥有田地大致相当,各在150亩左右。分家后,留存大量众存产业,并以祖"宗先"之字"用"设"用祀"户,以父廷清之名"瑞"设"瑞祀"户,并设"紫云庵"、"琢云轩"等众户。其中"瑞祀"一直存在至咸丰年间。进一步梳理其他各册实征册发现,嘉庆以降,仅以"廷清"父子为名,进一步衍生的共有户籍名目多样,具体如:1.澄波松衫会(廷清,二十八世,号澄波);2.霖祀、采风文会(道霖,二十九世,名采风);3.露祀(道露,二十九世);4.霄祀、德风文会、静斋祀(道霄,二十九世,号静斋,名德风)。这些户籍中,诸如以"道霖"名义设立的共有户籍即达3个。

上例可见,因时所立的共有户籍,多属殷实之家借用父祖名义而设。可以说,拥有"公祀公会"户籍和产业的多寡,是衡量一个家庭,乃至一个家族和宗族经济组织化程度和实力的标志。进一步对系列实征册中大量存在的共有户籍作分析,可以看出,王鼎盛户下登记的共有户籍颇为普遍,也从一个侧面反映,王鼎盛户所属的王氏房支重视家族内部和家族之间的经济互助和合作,而不断组织化的一面。

第三,虚拟性。如上所述,《雍正册》《乾隆册》中登记的户籍,与《乾隆谱》所载同时代人名字号大多吻合,反映这两种册籍记载的户籍和产业具有真实性,实征册名副其实。究其原因,当与清初以来大力推行田土清丈企业,不断编审赋役有关。而且,《雍正册》记载始于雍正六年,亦当与雍正年间实施摊丁入亩有关。其时,为了适应新的赋役制度变化,民间依据实际田土而分担税粮提上日程,真实登载户籍和产业具有客观必要性。

然而,揆诸此后的《嘉庆册》《道光册》《咸丰一册》《咸丰二册》,民间编造的实征册,其户籍日趋虚拟化,主要体现在:一是王鼎盛作为总户之称,几乎在有清一代前后因袭,然而,历考《乾隆谱》古今谱系,均未发现"鼎盛"之名。总户名称的这种虚拟性由明至清长期存在,学术界颇有关注,姑不赘述。二是共有户籍多属以父祖名义因时而设,嗣经前后相继,亦因袭成为虚应之名,演化为特定房派众存共有的名号而已。第三,一般家户户籍,随着不断继承,不少户籍名称不断出现沿袭前代父祖之名现象。如《雍正册》中的"道统户",在《咸丰册》中仍相沿未易。第四,新立户籍存在虚设名称,如《咸丰册》中的"铣钜",显然由"士铣"、"士钜"兄弟之名朋合而成。凡此种种,导致继承性户籍层累而下,新设户籍又徒有虚名,随着时间推移,二图四甲王鼎盛户下业户越积越多,从《雍正册》的140户,增加到《咸丰册》的195户。

实征册中的户籍的虚拟性,通过与保甲册作比较也可以得到印证。依据上述《光绪五年户口环册》,该册籍的户籍系光绪五年(1879)为编制保甲而登记的实际人户,其中,登记二图四甲凡92户。实征册之一的《咸丰二册》,属于二图四甲田土归户户籍,记载下至咸丰九年(1859),登载业户计195户。《咸丰二册》与《光绪五年户口环册》的记载前后相距仅二十年,时间相近,倘二者涉及的户籍具有真实性,应该有关联之处。然而,通过逐一比对,两种册籍中的户籍名称未见同似。从一个侧面反映,实征册中的户籍之名,在有清一代逐渐经历了由实到虚的变化过程,至清代咸丰间,同于明代中后期衰落的黄册一样,成为民间为分担定额化的实际税粮,而编造的重产业归户,轻业户名实的户籍具册。

四、共有户籍与村族社会

实征册中无论是总户,抑或是总户之下的子户,其实际意义兼具田土产业归属、税粮征纳单位、乡族统合实体为一体。上述《祁门修改城垣簿》的记载可见,结构性的总户作为村族社区的公共名称,其功能即体现于捐输事务的动员上。总户之下,特别是共有性的"公祀公会"户籍,在村族社会事务中亦发挥着主体性作用。

在《咸丰一册》中,王鼎盛户下载有"鼎元文会"户,登记田产为"三十一亩五分三厘八毫二丝"。然考诸此前《道光册》并无此户记载,《道光册》只涉及道光元年至十六年内容,据此推断,"鼎元文会"户应属道光十六年以后新立业户,并登载于《咸丰一册》中。据《鼎元文会同志录》记载,该文会正是祁门县二十二都包括高塘村在内的13个村落所立。以"鼎元文会"

户的兴立为个案作剖析，可以揭示具体共有户籍的运作实态，以及在村族社会发挥的功能性作用。

《鼎元文会同志录》，1 册，道光二十三年（1843）刊本。[①] 道光庚子年（1840），祁门县令方殿谟示谕县内城乡，[②] 要求"每甲必出一人应童子试"，以振兴科考。为此，祁门县二十二都所辖的高塘（鸿村）、查源、许村等 13 个村落，积极响应县令谕示，在合都绅耆主导下，随即创建鼎元文会，以"培养本都人材"。并刊刻会簿以"汇集规则、田亩、契据"，以供乐输"同志之人执照"，文会会簿因此成编。

鼎元文会通过募捐田产而创设，凡各村族乐输田产的"同志之人"即可入会，并于《同志录》中登载捐输事宜"以为执照"。举凡乐输入会者，须签订捐产入会的输田契，且载入《同志录》，所捐产业均为鼎元文会田产。揆诸会簿"捐输契约"所署时间，各村捐产入会集中于道光二十二年（1842）。可以推断，鼎元文会开始作为总户王鼎盛户的业户亦当在道光二十二年（1842）。

鼎元文会涉及祁门县二十二都 13 个村落的 8 个姓氏，系多姓村族联合而立的文会，所捐输田产以折田租的形式计算，共计田产 78 宗，凡租 1054 秤 3 斤 11 两。在本文所涉《乾隆册》中即载有"田一百二十八亩六分六厘，计租一千四百零七秤"等类似数据，藉此可以推算每亩所折田租在 10—11 秤之间。那么，鼎元文会酾集田租 1054 秤有余，计田亩当近百亩。据会簿中的《公议规则》载：

> 钱粮分寄三约，俱立鼎元文会的名。一在新安约二图五甲洪显邦户；一在龙溪约一图八甲陈宗虞户；一在高塘约二图四甲王鼎盛户。

也就是说，文会百亩田产，以"鼎元文会"之名，分寄在包括二图四甲王鼎盛户等三个甲的总户之下。王鼎盛户《咸丰一册》中的"鼎元文会"户即由

---

① 上海图书馆藏。

② 按："方殿谟，浙江人，进士，道光二十年署，二十一年去。"参见同治《祁门县志》卷二〇《职官表》，《中国地方志集成》安徽府县志辑第 55 册，江苏古籍出版社 1998 年版，第 202 页。

此而来。

会簿中载有"各村乐输人名租数",其中明确记载"高塘鸿村"捐输田产凡 25 宗,是 13 个村落中捐产最多者。具体见表 10-6:

表 10-6　捐输田产名氏、所捐租数

捐产名氏	所捐租数	捐产名氏	所捐租数
王淡园文会	肆拾贰秤壹斤拾叁两	王兆文会	叁拾叁秤
王师禧祀	叁拾秤	王义建会	贰拾壹秤伍斤
王济祀	贰拾壹秤	王瑞祀	拾捌秤叁斤
王师圭	拾叁秤	王三召祀	拾贰秤
王师打	拾壹秤肆斤	王邦成祀	拾壹秤
王邦本祀	拾秤伍斤	王古槐祀	拾秤
王屏山祀	拾肆秤伍斤	王三阳祀	拾秤
王宪之祀	拾秤	王德风祀	拾秤肆斤拾肆两
王仕铣	拾秤	王西祀	玖秤伍斤
王朝俊	柒秤伍斤	王宗元祀	陆秤叁斤肆两
王耕山祀	陆秤	王文义会	伍秤
王也趣祀	伍秤	王义昌祀	伍斤
王学轼祀师芸	陆秤		
总　计	叁佰叁拾柒秤陆斤拾伍两		

表 10-6 可见,高塘王氏共捐田产"壹佰壹拾叁秤玖斤",按照上述田亩折租标准换算,所捐田产在 31 亩左右,这与《咸丰一册》中登载的"鼎元文会,三十一亩五分三厘八毫二丝"基本一致。上表中 25 宗捐输田产的业户,据笔者根据几种实征册记载作——考证,几乎均系"公祀公会"户籍。其中,涉及王鼎盛户下的业户有 11 户,即王淡园文会、王兆文会、王义建会、王济祀、王瑞祀、王三召祀、王邦成祀、王邦本祀、王德风祀、王仕铣、王宗元祀,这 11 个户籍均见载于王鼎盛户的 6 种实征册中,共捐田租 175 秤 2 斤 15 两。另外,表中所示的其他 14 户未见载于 6 种实征册中,当属高塘村所属的一图九甲,二图三、八甲的总户所属的业户,在捐输入会后,这些业户亦寄于王鼎盛户户下。这从王鼎盛户《咸丰一册》中"鼎元文会"户的产业总数可以看出。

在《咸丰二册》的"鼎元文会"户下，明确记载于咸丰六年（1856），寄在王鼎盛户下的"鼎元文会"推出田土计44宗，原有的31亩有余的田产几乎全部推出，受业者涉及洪、汪、赵三姓，即田产全部推予异姓。与此相关的是，《咸丰二册》中，王鼎盛户所属的"屘祀、济祀、三召、淡园文会、澄洋祀、义建会、瑞祀、雷祀、宗元、学扶"等业户下，均有"收陈宗虞户鼎元文会"田产的记载，收业时间亦为咸丰六年（1856）。陈宗虞乃一图八甲总户，系鼎元文会分寄税粮的户籍之一。可以看出，于道光二十二年设立的鼎元文会，至咸丰六年（1856）已经式微，以22都为范围的一都文会仅存在了十余年时间，是否与太平天国战争有关，不得详知。通过分析鼎元文会户籍构成可以看出，该文会存在大量家族性"公祀公会"，呈现出"会中有族、族中有会、相互嵌入"的实态。一甲总户之下的共有性的"公祀公会"户，在村族社会互助和合作中作为基层组织化的经济主体发挥着重要作用。

五、结语

图甲制及相关户籍问题，是基层社会清承明制之一重要方面，攸关明清赋役制度史、基层行政、乡治体系等领域的深入研究。明清时期，从一条鞭法到摊丁入亩，赋役制度几经变革，与赋役实际运作密切相关的里甲制度亦在继承中不断呈现出革新的一面。早在明代，随着社会经济的发展，人丁事产变动频繁。在国家与社会之间，赋役征调和基层行政意义上"身使之臂，臂使之指"的里甲制度日显衰落。围绕赋役动员而编制的、本具有"循名责实"意义的黄册户籍日渐式微，由实而虚，导致基层社会普遍经历了从里甲到图甲的社会结构变动，图甲和总户遂演变成为国家与社会之间的重要节点。

由明至清，十甲为图，一图分十甲而定；分甲设户，一甲为立户而存；田土归户，业户因田土而实，是图甲制的实际运作模式。图甲作为明清自上而下普遍实施的基层组织，在不断适应基层乡治实际中呈现出地方性和稳定性的一面。具有村落共同体性质的图，逐步演化为具有特定空间的基层区划。且在方志记载中，图一般是作为拥有相对固定村落和特定地域而存在的，基层民众认同自身的乡贯里居亦多称"某某图人"。图在基层乡治中体现出的稳定性，使得清代保甲编制难以另起炉灶，只能藉助既有的图甲体系而展开。因此，甲作为图甲制、保甲制之下共有的基层组织形式，在推行中兼具"总户—子户"和"甲—牌"的包容性机制，不断灵活适应村族实际，而成为基层行政的有效单位和地方乡治的功能社区。

在图甲体系下，通过设甲立户使得赋役不断在村族社区得以分配和再分配，赋役承值很大程度上在基层社会范畴内予以动员和分解，基于田亩而分担实际税粮的实征册应运而生。另一方面，至清代，图甲总户实际意义兼具田土产业归属，税粮征纳单位，乡族统合实体为一体。图甲户籍的合法性，客观上促进了基层社会特别是宗族、村族通过垄断图甲户籍的组织化。从明清徽州遗存的大量置产簿可以看出，宗族、村族以房派为主体实现经济组织化颇为普遍，置产互助观念深入人心，并通过立甲设户，把持图甲户籍，彰显和维系特定房族的"大家规模""大家气象"。特定宗族、村族能否设甲立户以及拥有共有性的"公祀公会"户籍和产业的多寡，是衡量一个宗族、村族经济组织化程度和实力的重要标志。

进一步透过系列实征册可以具体而微地看出，总户王鼎盛户下登记的共有户籍颇为普遍，多为殷实之家借用父祖名义而设立，其主体性和房派归属性强，反映出王鼎盛户所属的王氏房支重视家族内部和家族之间的经济互助和合作，而不断组织化的一面。进一步撰诸明清徽州地方文献，"公祀公会"大量存在，多系众存共有，并以"某某众""某某祀""某某公""某某会""某某堂""某某祠"等体现于实征册籍等地方文献文书中，这种户籍及户下产业，按照其出所自，归属层级有别的大小房派，实际运作亦以属下房派为主体。原本"公祀公会"实际联合和功能诉求的逻辑起点多为祭祀和信仰需要。然而，随着组织化程度的加强，以"公祀公会"为主体，其发挥的互助功能往往日趋泛化，乃至扩大到特定家族房派的信仰、诉讼、教育、赋役、赈济以及地方公共建设、公益活动等范畴。从而，共有户籍和产业虽具"公祀公会"之名，实乃乡族之间的实体性合作关系，并主要通过契约关系予以维系。在税粮征纳和村族管理上，仆户、小姓、寄户等，往往受到具有垄断性的地方大姓带管和控制，即所谓"地产丁粮，必寄居主户完纳"；[①] "充是役者，大都巨姓旧家，藉蔽风雨，计其上下之期，裹粮而往"[②]。

　　基于上述分析可见，明清时代，一方面，皇权高度集中，中央集权发展，与此同时国家对地方的控制显著增强，基层组织的建置愈加严密。明代实施的黄册里甲制和清代推行的保甲制即是其具体体现。另一方面，作为构成中国传统社会基层单位的宗族依然存在，宋元以后，其组织向下发展，在明后期至清代出现了一个置族产、建宗祠、修族谱的新高潮，显示了宗族势力的强大生命力。明清图甲户籍中所展现的宗族总户与子户这一特有形态，正是封建国家加强基层控制与宗族势力顽强存在二者交集的产物，既反映了明清社会经济和统治机制的发展与变迁，也体现了中国传统社会的固有特质。

（原作《清代图甲户籍与村落社会》，载《学术月刊》2017 年第 5 期）

---

① 《乾隆三十年汪胡互控案》，写本 1 册，安徽省图书馆藏（藏号 2：43651）。
② 许承尧：《歙事闲谭》卷一八《歙风欲礼教考》，黄山书社 2001 年版，第 602 页。

明清时期徽州的宗族与保甲推行

陈 瑞

内容提要：明清时期徽州境内的保甲推行得到当地宗族组织的支持与配合。徽州宗族推行保甲的举措主要包括：一、在族内实行门房支派、家户、家丁等不同层级的轮流承管制度，以分担保甲之役。二、通过摊派或鼓励捐助等方式在族内设立保甲银等固定基金，对承充保甲之役人员实行津贴制，以确保保甲之役的顺利完成。三、针对一些族人经商外地，难以及时承充保甲之役，在族内实行雇役制，商人则需承担相应的费用。四、异姓宗族在保甲之役承充方面进行着有效合作，主要根据各自的人口、钱粮等实力因素，实行朋充或轮充制，以分担保甲之役。徽州宗族在保甲之役承充方面的合作，有较为细致明确的分工，灵活而富有弹性。由于保甲制的推行和保甲组织的运作具有浓厚的官方色彩和官方背景，因而，明清时期徽州宗族与保甲之间的良性互动，实质上是徽州族权与封建政权之间良性互动关系的一种反映。

关键词：徽州；宗族；保甲组织；保甲制度；轮充；朋充；社会控制

保甲制度正式创立于北宋王安石变法时期，是宋以降由官方自上而下推行的一种按照户籍编制来统治人民的基层行政组织制度和社会管理控制制度。明清时期，保甲制度得到官府的大力推行，然全国各地推行保甲的举措有别，在徽州境内，由于当地宗族组织发达、宗族势力强固，保甲制的推行在许多方面打上了宗族的烙印。然而，既有研究对于明清时期徽州境内的宗族与保甲推行之关系关注不多，至今未见专论①，本文拟对此作一初步探讨。

一、明清徽州宗族对保甲的认识

明清时期的保甲制度是由封建官府自上而下推行的，封建官府的权威和官方背景使得保甲制的推行在总体上得到徽州境内宗族组织的支持和配合。明万历年间，休宁范氏认为："上司设立保甲，只为地方，……吾族……须依奉上司条约，严谨施行。"②该族是站在官方的立场上考虑问题的，认为官府设立保甲组织、推行保甲制度完全是为了地方社会的利益，要求族人"依奉上司条约"予以积极配合，切实推行。

清乾隆年间，休宁古林黄氏认为："荆公新法之设，概不能无弊，识者讥之。惟保甲、雇役二条，自元明以至于本朝，相沿勿替，盖以弭贼盗，缉奸宄，责甚重也。"③"上官严立保甲，专为我地方百姓也。……凡聚族而居者，乡邻同井，须遵明禁，一一施行，互稽出入，递相救援，有不遵条约者，即时察出公罚。邻族内若果有为非实迹，随即会众核明，送官治罪，亦预防之急务也，所系匪细。"④该族认为，推行保甲，责任重大，可以"弭贼盗，缉奸宄"，这是王安石变法留下的积极成果，符合地方百姓的利益；要求族人"须遵明禁"，积极配合官府，切实推行。

---

① 相关研究成果主要有：[韩] 洪性鸠：《清代徽州的保甲与里甲及宗族》，《中国史学》第13卷，朋友书店，2003年；廖华生：《清代婺城的约保》，《安徽史学》2006年第5期；栾成显：《〈康熙休宁县保甲烟户册〉研究》，《西南师范大学学报》2006年第6期；孙华莹、刘道胜：《明清徽州保甲探微》，安徽省徽学学会二届二次理事会暨学术研讨会论文，2007年；刘道胜：《明清徽州的都保与保甲》，《历史地理》第23辑，2008年，等。但上述研究对明清徽州宗族与保甲推行之关系涉及较少，或偶有提及，亦多语焉未详。

② 万历《休宁范氏族谱》之六《谱祠·宗规·统宗祠规·守望当严》，明万历三十三年刻本，安徽省图书馆藏。

③ 乾隆《休宁古林黄氏重修族谱》卷首下《祠规·饬保甲》，清乾隆十八年刻本，安徽省图书馆藏。

④ 乾隆《休宁古林黄氏重修族谱》卷首下《祠规·守望当严》。

清道光年间，歙县西沙溪汪氏认为："地方设立保长，司一图公务，其责甚重。"① 认为保长担任地方公务，参与地方社会的运作，责任重大。

对于保甲组织的首领保长等，由于他们必须应付各种差事，服役劳苦，有时，所在宗族对他们也给予一定的物质或精神奖励。如清代，歙县潭渡孝里黄氏大宗祠祀产规条规定："保正、保长或因讨租效力，听头首于次日邀饮。"② 该族尊重保甲组织的首领保正、保长等付出的辛劳。

不过，由于"保长原系贱役"③，一些徽州宗族认为族人担任保长等保甲组织首领，有伤风化，有失宗族脸面，在族规家法中予以禁止。如清嘉庆年间，黟县南屏叶氏规定："族内不收义子，婚嫁不结细民，子弟不为优隶，不充当地保，违者斥逐。"④ 然就笔者管见所及，在明清徽州宗族中，像黟县南屏叶氏"不充当地保，违者斥逐"这类规定似不多见。

二、明清徽州宗族与保甲的推行

对于推行保甲，明清时期，徽州宗族多强调"须依奉上司条约，严谨施行"⑤，"须遵明禁，一一施行"⑥，总的来看，态度是较为积极的。那么，面对保甲这一繁重的差役，徽州宗族是如何应对的呢？根据现有资料分析，主要有以下一些举措：

（一）在宗族内部各门房支派、家户、家丁等不同层级的组织或人群共同

---

① 道光《新安歙西沙溪汪氏族谱》卷一二《崇祯三年众议保长逐门轮流承管》，清道光五年刻本，南京图书馆藏。

② 雍正《歙县潭渡孝里黄氏族谱》卷六《祠祀》附《公议规条》，清雍正九年刻本，安徽省图书馆藏。

③ 《清乾隆休宁县状词和批示汇抄》，1 册，抄本，安徽省图书馆藏。

④ 嘉庆《黟县南屏叶氏族谱》卷一《祖训家风·饬风化》，清嘉庆十七年木活字本，安徽省图书馆藏。

⑤ 万历《休宁范氏族谱》之六《谱祠·宗规·统宗祠规·守望当严》。

⑥ 乾隆《休宁古林黄氏重修族谱》卷首下《祠规·守望当严》。

协商后，通过实行门房支派、家户、家丁等轮流承管制度，以分担保甲差役。

明末崇祯年间，歙县西沙溪汪氏"恐遇大差彼此推委，因集众派定日期，挨次承充"保甲之役。崇祯三年（1630），该族众议保长逐门轮流承管事项如下：

正月	上半月	长房	下半月	中门
二月	上半月	三善堂初一至初五	下半月	二房
		族长门初六至初十		
		积善堂十一至十五		
三月	上半月	上门	下半月	中门
四月	上半月	三善堂初一至初五	下半月	三房
		族长门初六至初十		
		积善堂十一至十五		
五月	上半月	四房	下半月	中门
六月	上半月	五房	下半月	上门
七月	上半月	三善堂初一至初五	下半月	长房
		族长门初六至初十		
		积善堂十一至十五		
八月	上半月	中门	下半月	上门
九月	上半月	二房	下半月	三善堂十六至二十
				族长门二十一至二十五
				积善堂二十六至三十
十月	上半月	三房	下半月	上门
十一月	上半月	四房	下半月	中门
十二月	上半月	五房	下半月	三善堂十六至二十
				族长门二十一至二十五
				积善堂二十六至三十

闰月众管 [1]

---

[1] 道光《新安歙西沙溪汪氏族谱》卷一二《崇祯三年众议保长逐门轮流承管》。

由上可见，该族内部商定由长房、二房、三房、四房、五房、上门、中门、族长门、三善堂、积善堂等门房支派分担保甲之役。为确保保甲差役的按时顺利承充，上述各承役门派协商确定了具体的服役时间。对于服役时间，该族特别给予了细化，如将二月分为上、下两个半月，上半月又细分为初一至初五（三善堂）、初六至初十（族长门）、十一至十五（积善堂）；将九月分为上、下两个半月，下半月又细分为十六至二十（三善堂）、二十一至二十五（族长门）、二十六至三十（积善堂）；在遇到闰月时，实行"众管"制度。上述分配，有利于均衡各门派之间的负担，避免出现畸轻畸重的情况。

明代，在休宁古林黄氏族内，保甲承充"挨门轮当"，也是实行房派轮流承管制度："往例挨门轮当，延及妇女老幼，多致误公。"[①]

清康熙三十三年（1694），歙县石门朱氏族人朱明先等为了完成保甲之役，通过集体商议，订立了轮充保长合同：

> 立议约人朱明先、朱圣源、朱鳞长、朱子射、朱端卿，今议轮当保长，甲下支丁众议，照股拈阄轮管月为定。
>
> 一、议倘有官府下乡、兵丁住扎等项大事，管月之人会众商量料理。
>
> 一、议保内倘有人命盗贼大事，众人齐出力料理，不得累及管月人。
>
> 一、议过山轿礼，管月人讨来，存众收账，提防保内飞差使用，不得入己。
>
> 一、议各村帮贴旧规礼，管月人讨来，收众账，公支公用。
>
> 一、议保内倘有是非具投小事，管月人公处，大事会众商量。
>
> 一、议打发四季补上过图飞差小费，则管月之人抄牌支帐，大费会众人发。以上数行事务，悉宜同心合智当役，不可违乱。倘有负约者，会众公罚。
>
> 　　　　朱明先十二月、正月（押）　　　　朱熙生（押）
>
> 　　　　朱圣源八月、十月（押）　　　　　朱梦兆（押）

---

① 乾隆《休宁古林黄氏重修族谱》卷首下《祠规·饬保甲》。

朱鳞长二三月、四五月（押）　　　　朱怀珍（押）

朱子射十一月、七月（押）

朱端卿六月、九月（押）

康熙三十三年十一月初一日　　立

众当一年，捐艮乙两二钱，与端卿买锣一面①

　　由上述实行"照股拈阄轮管月"可知，该族是按照家户股份制的运作方式，轮流承充保甲差役，具体的承役人是各股举荐的所谓"管月人"，由他们完成各种保甲杂役。

　　康熙四十九年（1710），徽州某县胡光德户丁胡应浩等订立了轮充保役合同：

　　　　立议合墨人胡光德户丁应浩等，今本甲轮充保役，众议照丁均管。倘有重务并阄摄事务，俱是照丁齐出，如有不出者，每工派银一钱众用。其有事务，管月之人出身料理，不得推辞。倘有使费，尽是照丁均斗。执拗不出者，众论罚银三钱众用。倘有投词，亦是在众料理。立此合同一样二张，各执一张存照。

　　　　其三房观福、添德二丁在外，倘有所费，照丁均斗。

　　　　康熙四十九年二月初一日立合同人胡光德

　　　　　　承役人丁列于后，每丁管廿三日：

　　永生七月十四起至又七月初六，周（押）　　永寿四月初十起至五月初三，周（押）

　　三郎八月廿四起至九月十七，周（押）　　永象三月十七起至四月初九，周（押）

　　永夏六月廿起至七月十三，周（押）　　正旺五月初四起至廿六，周（押）

　　永圣二月廿四起至三月十六，周（押）　　永四五月廿七起至六月十九，周（押）

　　正男八月初一起至廿六，周（押）　　永高又七月初七起至十九，周（押）

　　思洪十一月初五起至廿七，周（押）　　观福在外，九月十八起至十月初十，周

---

① 《康熙三十三年十一月初一日歙县石门朱氏族众朱明先等立轮充保长合同》，南京大学历史系资料室藏。

永志管二月初一起至廿三，周（押）　　　　思焰十月十一起至十一月初四，周（押）

添德在外，十一月廿八起至十二月廿一，周

拈阄管甲列后：

十甲永高、君行共管　　　　　　　　四甲永圣、永象共管

一甲思洪、正旺共管　　　　　　　　五甲永志、永夏共管

二甲永生、正男共管　　　　　　　　六甲思焰一人管，众议社会内贴九色钱五钱

三甲永四、永寿共管　　　　　　　　七甲观福、添德共管①

由上述"轮充保役"、"照丁均管"可知，在胡光德户族内部，按照家丁轮流承充保甲之役，具体"承役人丁"是由公众举荐的"管月之人"。该合同还详细规定每位承役人的具体承役时间："每丁管廿三日"。

乾隆六年（1741），祁门石溪康氏族人康大周等为响应知县吴某加增保甲的倡议，订立承充保甲之役合同文约：

> 立合同文约石溪康大周同弟侄庄仆人等，为奉县主吴老爷，遵奉各宪票唤，加增保甲事。原本都只有保长一名，现年举报甲户，本都只有八排，本族一排。今本族加增三排，共有四排。各排人名俱以眼同拈阄某月为定，轮流挨次经管。凡遇排内有事，共排之人管理，毋得退缩，不得拖累别排之人。仍有数十余灶无名承充甲长，凡遇排内有事，其费用与共屋共排一体出办。又奉县主金点保长一名，族内康大梁，今官中票唤各事俱系大梁承充经管，是以族内眼同公议，日后递年编点，其保长换别名，官中票唤各事，亦要承充经理。再，恐有命盗之案及无头公事，今众议，其费用俱系照灶出办朋贴，不得独累有名出身之人。倘族内有事票唤保长，是其股之事，亦系本股自承在官。保长的名早为调理，不得混扯别股或本户公事。另议一人出身，择能言者入官答应。自立合同文约之后，各宜凛遵奉行，如违，执约鸣官理治，仍遵此文为准。今欲有凭，立此合同文约一样二纸，各收一纸存照。

---

① 《康熙四十九年二月初一日徽州某县胡光德户丁立轮充保役合同》，南京大学历史系资料室藏。

乾隆六年八月初四日立合同约康大周

　　　　　　同弟康大梁

　　　　　　同侄康士俊（以下从略）①

　　由上述"各排人名俱以眼同拈阄某月为定，轮流挨次经管"，"倘族内有事票唤保甲长，是其股之事，亦系本股自承在官"可知，该族内部按股轮流承充保甲差役，其保甲长人选由各股集体举荐。

　　（二）在宗族内部，通过对承充保甲之役的相关人员实行津贴制度，以确保顺利完成官府下派的各项差事。

　　明清时期，徽州宗族常通过摊派或捐助等方式，在族内设立"保甲银"等固定基金，以津贴保甲差役的开销。如在婺源庆源詹氏族内，就设立有专供保甲开销的"保甲银"：康熙四十年（1701）十月"十三，天晴。祠中收家头保甲银，众封拜匣身处。"康熙四十二年（1703）正月"十八，天晴。本门春醮，村中敷家头保甲银演戏。"②

　　清初，休宁古林黄氏鉴于保甲之役繁重，"兹议各门捐赀生息，另倩老成"承充。在实行"另倩老成"的雇役制时，遇到了"门第有人丁多寡之不同，致难定议"的难题，最后商定："今宜于人丁稀少之门，众劝村中有素封乐善者捐赀贴补生息，后不为例，如此则嘉议可成而美举无扞格矣。至小甲尤为下役，虽在绅衿亦不免于轮充，今议于贮赀生息之中拨给雇当，一洗向来积习。"③通过呼吁族中"素封乐善者"即发财致富的商人等"捐赀贴补生息"、"贮赀生息"，用以补贴"所雇人役"，最终完成各项保甲差役。

　　乾隆年间，祁门石溪康氏在族人承充保甲差役费用方面规定："今众议，其费用俱系照灶出办朋贴，不得独累有名出身之人。"④该族实行"照灶出办朋贴"制度，即由各户共同筹措费用津贴保甲承役之人。

---

① 《祁门十三都康氏文书》，安徽大学徽学研究中心藏。

② （清）詹元相：《畏斋日记》，《清史资料》第4辑，中华书局，1983年，第226、242页。

③ 乾隆《休宁古林黄氏重修族谱》卷首下《祠规·饬保甲》。

④ 《祁门十三都康氏文书》，安徽大学徽学研究中心藏。

晚清时期，歙县虹梁村程氏规定："支下轮值公事，俱有津贴定规。即排年保长亦有贴办定例，俱定有日期。"①该族对"轮值公事"的保长，按照"贴办定例"实行津贴制度。

（三）在宗族内部，针对一些族人因经商外地，难以及时承充保甲之役，徽州宗族积极应对，实行灵活的雇人代役制，而商人等相关责任人，为了换取经商所必要的时间和精力，需承担相应的费用，支付一定的银钱，以尽自己服役的义务。

康熙四十六年（1707），休宁藤溪王氏宗族内部次房王之瑛子肇复，因"向居客外"，在外经商，导致"门户里役排年、保长、钱粮各项差徭"难以措办。所在宗族将其部分产业出卖，以收入所得雇人代役：

> 立议墨传房枝下兄弟王永贞等，今因门户里役排年、保长、钱粮各项差徭繁重，次房之瑛子肇复向居客外，屡年所该钱粮各项无措。将祖遗石鼓门住屋一所，内右边该身一角并基地，出卖与廷望居住。当得时值价银贰拾壹两，其银议入拾两承裕会生息，户众代充各役、祭拜祖宗、标挂之费。嗣后，前项门户不涉肇复之事。恐后无凭，立此议墨一样三张，各执一张存照。
>
> 合同议墨：永贞一张，民悦一张，日升一张。
>
> 三面议定，屋内前后客堂、前后楼梯、前后砖门、客房左边水巷，俱系两半。再批。
>
> 康熙四十六年二月　　　　　日立议墨王永贞　王廷望
>
> 　　　　　　　　　　　　　　　　　　　　王锡蕃　王天行
>
> 　　　　　　　　　　　　　　　　　　　　王民悦　王尚玉
>
> 　　　　　　　　　　　　　　　　　　　　从议王日升②

由上可见，商人王肇复通过出卖产业，雇人代役，其应承充的包括保甲差

---

① 《歙县虹梁村程氏德卿公匦规条》，清后期抄本。

② 《日升捐资免役合同》，《元至正二年至乾隆二十八年（休宁藤溪）王氏文约契誊录簿》，南京大学历史系资料室藏。

役在内的各项杂役得以免除，"户众代充各役、祭拜祖宗、标挂之费。嗣后，前项门户不涉肇复之事。"上述举措，客观上为徽商换取了经商所必需的时间和精力。

乾隆十九年（1754），徽州某县朱肇周"因生意累身，不及充当""承祖挨值保长之役"，而立津贴保长浼约：

> 立浼约人朱肇周，今因承祖挨值保长之役，身因生意累身，不及充当，自愿央中烦朱则五尊叔代为承当料理。三面议定贴银叁两整，其银贰节付清，不致短少。所有本保各户贴役之资，尽是代行取讨，以应使用。其衙门书房催粮杂项并一切飞差往来等事，俱是代为照应经管，并不节外生枝，贻累来年。十一月初一日满日期，凭中将此面缴。今欲有凭，立此浼约为照。
>
> 乾隆十九年十月　　　　　　日立浼约人朱肇周（押）
>
> 中见　朱大千（押）①

于此可见，朱肇周因经商外地，生意缠身，本人难以承充保甲差役，所以才贴银雇其叔朱则五"代为承当料理"。

（四）在宗族内部，一些族人特别是商人，或因急公好义，或在宗族规劝之下，在人力或经费方面资助保甲之役的承充。

明末崇祯年间，在保甲之役承充方面，歙县西沙溪汪氏"子原公支下居通族八分之一，概认五个月"，即属于"一时急公"的义行之举。这种义行，"虽一时急公，未虑久远盛衰互异"②，由于受族内各房门支派势力消长、变迁的影响，而未必得以持久，属于一种权宜之计。

康熙四十六年（1707），在休宁县二十七都五图保役承充过程中，"一甲王茂有上门、巷门，乃自愿克己趋义，认作两门，……王茂本一甲而出两门津

---

① 《乾隆十九年十月徽州某县朱肇周立津贴保长浼约》，南京大学历史系资料室藏。
② 道光《新安歙西沙溪汪氏族谱》卷一二《崇祯三年众议保长逐门轮流承管》。

贴，此乃急公趋义之举。"① 王氏宗族内部王茂户的行为，也属于临时性的义行之举。

在保甲之役承充方面，一些徽州宗族还规劝本族商人提供经费资助。明末，歙县西沙溪汪氏族人汪琦"居乡最久，历睹寒薄轮值之苦，往往恻然。适在吴门，向宅生、克俭二公鼓其倡首，置产公当，侄元震公亦愿襄助。"② 呼吁在苏州一带经商的族人为保甲之役承充提供经费支持。

（五）在宗族内部，有时还要为来本族办差或与本族打交道的保甲长支付抽丰之类的开销，以一种扭曲的形式协助地方社会中保甲制的推行。

现今遗留下来的一些徽州文书，揭示了明清时期徽州宗族在应付来本族办差或与本族打交道的保甲长方面的开销情况。如乾隆四十九年（1784）二月二十九日，祁门三四都凌氏宗族管理"契匣众墨"之家发生火灾，"所有契匣农器家伙等项焚毁一光，族内人往田报知，奔救不熄，迫托保甲地邻保长黄圣云、甲长胡孔玉、地邻黄圣旺、胡伯茂等验明。"③ 为了请帖保产，该族在保甲地邻身上就有不少的花费："支钱乙百八十四文，托保甲地邻"；"支钱壹百九十文亥酒子，请保甲地邻四位上祁"；"支钱乙千贰百文，出户四位保甲地邻"④。

同治四年（1865），徽州吴氏："二月廿一日，粮差二人仝保长来说贴费，吃酒乙斤，面乙斤六两，不能落典。三月初五日，又来粮差二人、地保、册里，四人全吃说，酒半斤，亦不能落典。十六日，又来粮差二人、地保、册里，四人全说无吃，面言说定银洋陆元，每元扣钱夕百文，管付乙元，扣钱九百文。"⑤ 该族为保长等人开支了不少招待费用。

① 《本图保长议墨附约议》，《元至正二年至乾隆二十八年（休宁藤溪）王氏文约契誊录簿》。
② 道光《新安歙西沙溪汪氏族谱》卷一二《崇祯三年众议保长逐门轮流承管》。
③ 《嘉庆祁门凌氏誊契簿》之《大俊、记鸾润［闰］三月初七日上县报状递词请帖》，王钰欣、周绍泉主编：《徽州千年契约文书》（清民国编）卷一一，花山文艺出版社1991年版，第490页。
④ 《嘉庆祁门凌氏誊契簿》之《记鸾乙并经管使开后》，王钰欣、周绍泉主编：《徽州千年契约文书》（清民国编）卷一一，第500页。
⑤ 《光绪二十年吴留耕堂合钱粮会帐》，南京大学历史系资料室藏。

光绪年间，徽州叶氏在保长身上也有抽丰、年节、喜钱、节礼、上任粮费等各种名头的花费：光绪二年（1876），保长抽风[1]，支钱 270 文。三年，县官亲催钱粮，保长（抽）丰，支钱 200 文；保长喜钱，支钱 270 文。四年，保长抽风，支钱 270 文。五年，保长抽风，支钱 270 文。六年，保长新官上任粮费，支钱 200 文。七年，地保年节，支钱 270 文。八年，保长节礼，支钱 270 文。九年，保长下乡催粮，支钱 200 文；保长年节，支钱 270 文。十年，保长，支钱 270 文[2]。该族在应付保长方面几乎每年都有相对固定的花费，长年累积，这对宗族来说也是一笔不小的经济负担。

光绪宣统年间，黟县胡氏为保长支付的花费则主要体现在工食[3]、还上忙粮、收庙等方面：光绪七年（1881），支洋 1 元：付地保工食。十二年，支洋 2 元：保长工食。十四年，支本洋 1 元、支英洋 1 元：交地保还上忙粮。十八年，支本洋 1 元、英洋 1 元：保长丁。十九年，支钱 700 文：介手与保长收庙。廿四年，支英洋 1 元、钱 553 文：与保甲工食。三十一年，支英洋 2 元、钱 138 文：付观成保长工食。宣统元年（1909）七月初一，支洋 1 元、钱 1140 文：垫观成保长费[4]。

（六）在保甲之役承充方面，徽州境内异姓宗族之间也进行着有效的合作，往往根据各自的人口、钱粮实力等因素，实行朋充或轮充制度，以分担保甲之役。在合作中，异姓宗族之间往往有较为细致明确的分工，合作方式有时比较灵活，例如采用徽州民间较为流行的"会"的形式，等等。

清顺治十七年（1660），歙县石门陈、程、朱三姓为合作承充保长之役而订立了合同：

> 歙县廿五都一图石门地方立议约合同人乡约程如龙、朱时修、排年陈

---

① 此处抽风，亦作"秋风"。指假借各种名义，利用各种关系向人索取财物。参见徐复等编：《古汉语大词典》，上海辞书出版社 2000 年版，第 787、764 页。

② 《同治拾壹年季春月立叶尊德堂祀簿》，南京大学历史系资料室藏。

③ 在南京大学历史系资料室藏文书《同治八年二月徽州某县十八都十图八排公议合同字据》中，有"议雇倩地保工食钱拾千文无异"的记载。

④ 《光绪十四年—民国十二年（黟县胡氏）崇德堂收支簿》，南京大学历史系资料室藏。

士鼎、程和美、程乐善、朱同庆、程同福等，今因保长重务，陈、程、朱三姓议立朋当。每周年十二个月，每姓阄管四月。一阄得者即为正管，二姓轮流副之。其甲丁每月出艮二钱，付众收贮。凡遇府县差快海行等事，俱系三姓眼同公议，随手入账。其账目以上手开支付正管轮流收执，倘有余剩艮两□付乡约收贮。如寓〔遇〕官府下乡勾摄重务等事，俱系三姓眼同料理，不得推委。如遇闰月，三姓共管。其官府下乡飞差等费，不在二月之内。其呈田、汉口、岭石旧例津贴银两，亦照前议收贮公用。如有动呈公举等事，三姓公议，毋得私行。倘有假（公）济私者，会同公罚白米五石公用。如有执拗者，鸣公理论。恐后无凭，立此合同一样三纸，各执一纸，永远存照。

排年陈士鼎　保长

顺治十七年三月日立合同乡约程如龙　程和美　陈承祖

朱时修　程乐善　程衍忠

朱同庆　朱隆隐

程同福

后仍有三姓阄定管月未开①

由上可见，陈、程、朱三姓"议立朋当"，即通过实行朋充来完成"保长重务"：一年12个月中，每姓阄管4个月，以一姓负主要责任，为正管，其他二姓为副手，协助管理。如遇闰月，三姓共管。

康熙四十六年（1707），休宁县二十七都五图王氏与金氏二宗族，为"津贴保役，以苏困累"而订立了承充保甲之役合同：

廿七都五图立合同议墨王茂、金正茂、王正芳、王永昌，为公议轮流津贴保役，以苏困累事。本村一、五两图向系分充保役，后因烟户寥寥，乃两图合为一保。近缘人心不一，且一图所辖地方辽阔窎远，设恐奸宄窃发，安能觉察周详，祸累匪轻。于是折议各管各保。但五图半保，共止四

---

① 《顺治十七年三月歙县廿五都一图石门陈、程、朱三姓议立朋充保长合同》，南京大学历史系资料室藏。

甲，烟户稀少，且甲丁贫窭凋残，不足以供衙门差费。若照古例概取给于甲丁，则穷丁不堪复古；若委坐于轮役，则轮役苦累难支。于是四甲公议，而一甲王茂有上门、巷门，乃自愿克己趋义，认作两门，今合共作五门。议得各门每年出银壹两，津贴本年当役之人。一门当役，四门共贴，周而复始，永远遵行。如是则公费有办，困累少苏。但王茂本一甲而出两门津贴，此乃急公趋义之举。至于当役，仍止照甲四甲轮当，上门、巷门共当一甲，日后不得反生异说。恐后无凭，立此合同议墨，各执存照。

再，议得本图乡约公报总名王道明，轮流随保充任，各无推委。但十甲金正茂坐当木铎，不能并充。充约如值金正茂保长，其年乡约王茂、王正芳、王永昌、金正茂四股朋当。再批。

康熙四拾六年八月　　　　　日立合同议墨

	王翰周　王楚玉		金尔成
王　茂经议	王公佩　王克圣	金正茂经议	金君三
	王公遇　王公执		金良璧
	王又勋　王恭度		
	王永贞		王汝洁　王养先
王正芳经议	王子厚	王永昌经议王谷臣	王衍贡
	王汉臣		王庭玉
	王天行		王若薇 [①]

　　由上可见，王、金两族原先各自分充保役，因户口减少，才并为一保，联合承充，走上在保甲之役承充方面进行合作的道路。然而，并保之后，又出现因地理距离远近、管辖范围大小、经济贫富差距等导致的负担不均问题。针对出现的问题，两族共同商讨出一图内"各管各保"、五图内四甲轮充保役等较为灵活、实用的应对之策。

　　乾隆十九年（1754），徽州某县十八都四图吴德嗣等众姓因"本图地方保甲长，今值事务繁重，难以承充"而订立轮充保甲合同：

---

① 《本图保长议墨附约议》，《元至正二年至乾隆二十八年（休宁藤溪）王氏文约契誊录簿》。

十八都四图立议约合同人吴德嗣、戴才志、范吉振及众姓等，本图地方保甲长，今值事务繁重，难以承充。众等齐集各姓公同酌议，置有产业及图内居住，公同轮充均役，料理照管，鉴察争竞斗殴，及毋藉[无籍]匪类，不许容留居住。稽查安辑，宁静地方，此系公务，对神阄定月日，轮者充当。凡遇一应在公及图内事，本人承值，毋得推委。此本地方臂指相联、同舟共济之意。今恐人心反复无凭，立此合同壹样两张，各执壹张，永远存据。此照。

众议，如遇临月所办珠兰花事，原照旧时日期承值备办，与乾隆十九年分新当役者永远无涉。所派散户贴役之项，另登银数在簿，尽行交付，照旧日期补贴，办珠兰花事用。再批。内加永远二字。又批。押。今将阄定月日轮者充当甲长开列于后，如遇闰月，吴、戴、范公派。

正月　吴德嗣　　　　　　　　二月　戴才志

三月　三月初一日起至十五日止蔡思至，十六日起至廿五日止钱正杰

四月　三月廿六日起至四月初十叶汉章

五月　　　　　　　　　　　　六月

七月　初一日起至三十日止方鐴如承认　八月

九月　初一日起至初十日止程文岸承认，十一日起至十月初五日止　　十月

十一月　　　　　　　　　　　十二月

乾隆拾九年闰四月　日立合同人吴德嗣　朱允公（押）

　　　　　　　　　　　　戴才志　蔡思志

　　　　　　　　　　　　范吉振　叶在田（押）

　　　　　　　　　　　　吴廷彩（押）

　　　　　　　　　　　　汪禹功（押）

　　　　　　　　　　　　叶汉章（押）

　　　　　　　　　　　　钱雪生（押）

　　　　　　　　　　　　王紫书　钱正杰（押）

　　　　　　　　　　　　许衡若（押）

　　　　　　　　　　　　傅御卿　汪道五

　　　　　　　乡约叶维美（押）

江源立

保长叶圣宠（押）

钱运宝（押）①

由上可见，宗族社区内吴、戴、范、王、许、傅、朱、蔡、叶、汪、钱等11姓，从"臂指相联、同舟共济"出发，在保甲之役承充方面进行合作，"公同轮充均役，料理照管"，实行轮充制。

道光二十八年（1848）三月，徽州某县五保何、汪、张3姓，为合作承充保甲之役而订立同心合文：

> 立议同心合文约据，今有五保众姓人等，原因本保各处地方，向系种作为谋，不但春祈秋报，而且夏冬四季无闲，将来本处地保无人肯等，人人畏法，个个偷闲。其人虽众，指实无名。今于道光念捌年间，是以众姓嘀议，官有正条，民有私约，只得请出众姓有名者公议聚义会壹首。倘有地方公差，迭年在五保之内查名点保，任伊可选。若点者，本保之人毋得躲，虽是奉官所点，众叹亏乎。倘有日久年深，茶干水尽，众议贴补些微茶水之需，日后众姓毋得异说。再者，等保之人劳者些微风尘之苦，吃者些微之亏，亦不得累及此会。倘有风波不吉，会内之人亦不待等保之人倍虑。自立合文之后，愿在会之人，人人遵据，个个同心。再，愿合保家家乐业，户户欢欣。《书》云，当思父母之劬劳，谨守朝廷之法度。立此合文四纸，以作天、地、仁、和四号，焚香告神，各拈壹纸，永远为据。
>
> 一、议本保之长经催钱粮以免宪虑。
>
> 一、议来往路毙无名等姓一切鸣报。
>
> 一、议乞丐在保内讹作一切不能容情。
>
> 一、议丐食之人将物在本保贷卖，毋得私自收买。
>
> 一、议本保家家户户滋事生端，违者鸣众理治。

---

① 《乾隆十九年闰四月徽州某县十八都四图吴德嗣等众姓立轮充保甲合同》，南京大学历史系资料室藏。

合保公议以上五条。

大清道光贰拾捌年叁月　拾陆日立议合文五保众姓人等

何其盛（押）　何造之（押）

汪镇廷（押）　张其盛（押）

张荣茂（押）　张占魁（押）

汪怡兴（押）

依口代笔　方有成（押）①

由上可见，何、汪、张 3 姓为确保保甲之役的顺利承充，利用了徽州民间社会中普遍存在的"会"的形式运行保甲制；3 姓在聚义会的组织框架内，推举保长人选，并对承充保役之人提供一定的经费支持。

清道光二十九年（1849），祁门三四都六保谢、方、黄、陈、江、胡、叶等 9 姓为合作承充保甲之役而订立轮充保长的合同文约：

> 立议合同约人三四都六保谢、方、黄、陈、江、胡、叶人等，情因保内保长一事，俱系图差（金）点忠厚懦弱之家充当。是懦弱之辈，不谙事理，何能充当，多有误公。奉前任李主晓谕公同举保，必择能干晓事者可以充当。今九门人等商议，各门挨换轮流充当，以免图差任意点金。倘有不能充当者，即转托能干晓事之人管理。凡有保内路死乞丐，合保公同办理，不得累及保长一人。再，有远处逃荒饥民来到保内求食，但保内贫苦甚多，无从给发，是以各姓捐输钱共肆拾仟文整，生息给发，以备不虞。为先充当保长者，恐邻里有口角微嫌，必须照理公言，排解消除弥合，原系保内安居乐业无讼为贵，务宜同心之至。于是立此合文一样九纸，各门各收一纸，永远存照。
>
> 道光贰拾九年七月初十日立议合文约人　九姓人等　地保叶行三……②。

---

①　《道光二十八年三月十六日徽州某县五保众姓人等立议同心合文》，南京大学历史系资料室藏。

②　《歙县九姓轮充保长文约》，安徽省博物馆编：《明清徽州社会经济资料丛编》第 1 集，中国社会科学出版社 1988 年版，第 574 页。按，据文书中"三四都"地名判断，此处约名称中"歙县"疑为"祁门"之误。

由上可见，原先宗族社区内的保长多由"忠厚懦弱之家充当"，"懦弱之辈，不谙事理"，经常影响公事。有鉴于此，谢、方、黄、陈、江、胡、叶等9姓重新订立轮充保长合同，约定"各门挨换轮流充当"，实行轮管轮充制。

值得注意的是，明清时期徽州异姓宗族之间就保甲之役承充进行的合作，有的持续的时间较长，是一种长期的相对固定化了的合作，他们往往通过订立合同条约等形式，对各方的保甲差役分担进行规范和约定，特别是对相关的权利和义务进行了较为细致的约定。

遗留下来的清代徽州某县和化里二十八都十图[①]李、陈等姓在保甲之役分担方面形成的一系列文书，为我们揭示了当地宗族合作承充保甲之役的一些实态。这也是徽州异姓宗族之间就保甲之役承充进行相互协调和长期合作的一个较为典型的案例。

就李、陈2姓而言，目前笔者所见关于两姓就保甲之役进行合作的最早的一份合同文书，是清康熙三十六年（1697）十二月订立的：

> 立合墨人李静之等、陈世富等，今值轮充柒甲里役，有前康熙三十年合同，遵奉县主钤印，李、陈两姓粮丁朋役是凭。亲友公议，里役值柜各项杂费，李、陈两半均认。其保长亦系两半充当。再，管甲值日，拈阄为定。正月、拾二月存众，两姓料理，毋得推诿。日后管年钱粮，各姓自管自纳。所有甲下汪元理、汪声远、湛然、庵、吴什、三宝会、张高、张祀祖等户帖［贴］费，一并存李取收，毋异。今欲有凭，立此合同壹样贰张，各执存照。

---

① 南京大学历史系资料室所藏文书《道光二十二年三月徽州某县和化里二十八都十图十排里甲立保护山林合同》中提及"七甲李陈茂"属于"和化里二十八都十图"："立合同议墨和化里二十八都十图一甲程子进、二甲吴元茂、三甲程正大、四甲程正旺、五甲胡永兴、六甲胡黄福、七甲李陈茂、八甲胡光德、九甲陈汝兴、十甲胡永泰等，原由自于唐宋季间屡略遗，迁居里璜川，更名黄茅，集叙成局……"。另，王振忠先生收藏的休宁文书《要目摘录》中收录有一份科仪《禳送札文》，其中提及"和化里"，该科仪云："瑜伽大法司，本司今据中华民国江南安徽省休宁县千秋南乡和化里云溪大社管奉佛修设春祈禳瘟送火驱虎恳丰祈福保安法事信首弟子王△△、△△暨合村众信士人等，……"。参见王振忠：《明清以来徽州村落社会史研究》，上海人民出版社2011年版，第236页。

管月拈阄列后：正月　存众　柒月　李　又柒月李

　　　　　　　贰月　陈　　捌月　李

　　　　　　　叁月　陈　　玖月　陈

　　　　　　　肆月　陈　　拾月　李下半月，陈上半月

　　　　　　　伍月　陈　　　拾壹月　陈

　　　　　　　陆月　李　　　拾贰月　存众

康熙三十六年十二月　日立合墨人李静之（押）

　　　李子□（押）李大昌（押）李大兆（押）

　　　陈世富（押）陈光仕（押）陈继义（押）

　　　陈光达（押）

　凭约　程子烈（押）

　亲友　胡文一（押）程予□（押）程子魁（押）程季初

　　　陈□好（押）陈又抚（押）胡维烈（押）

　书人　胡仁周（押）

内扣拾叁字，又改陈字壹个

君成批。（押）①

　　由上述文书中提及的"今值轮充柒甲里役，有前康熙三十年合同，遵奉县主钤印，李、陈两姓粮丁朋役是凭"可知，实际上，李、陈2姓早在6年前的康熙三十年间，就围绕保甲等役订立过朋充合同。6年后，双方订立的里役合同则规定："其保长亦系两半充当。"表明李、陈2姓在七甲的保甲差役承充方面各承担一半的义务。

　　笔者所见关于李、陈2姓保甲之役合作的第二份合同文书，是31年后的雍正六年（1728）二月订立的：

　　　立合墨人李陈茂户丁李四宝、李宪章、李桂喜、陈得先、陈继理、陈继欢等，今因雍正六年七甲现役以及次年保长，向系李、陈两姓照粮计

① 《康熙三十六年十二月徽州某县李、陈两姓立里役合同》，南京大学历史系资料室藏。

丁，拈阄管月，笃义认充，于兹有年矣。近为丁粮不一，里保两役□绪旧规，致两姓争竞，蒙诸亲友从公劝谕，参差□力，两姓乐从。今议内里役以正月粮务稍宽，存众不计，仍有十一个月，该李姓管四个半月，陈姓管六个半月，凭阄拈定，照月督理，不得紊乱。所有寄户汪元理等并李振起之粮，照旧李姓催纳，不涉陈姓之中。再，议保役自正月起至十二月止，该李姓三个半月，该陈姓八个半月。所有保长唤认退呈使费，李姓认四股，陈姓认六股。如飞差勾摄，缺限临卯，俱照轮月承值，不得推诿误公。此属两姓情愿，毋得生端反悔。下轮里保，另行公议。今欲有凭，立此合墨两张，各执一张存照。

雍正六年二月　日立合墨人李陈茂户丁李四宝

李宪章　李桂喜　陈得光

陈继理　陈继欢

见议　李宪章　陈大彬　郑永忠

书人　胡维敏

其里长、保长，倘有飞差各务，俱照县主出朱笔票日期，俱在管月者承值□理。

其李大成所输之田租叁拾壹秤，久已失业，李、陈并未收租，日后查出，李、陈公用。

今轮陈姓烧和合，写李姓名字敬神，并请铺司酒，李姓贴陈姓银捌钱。

下轮李姓烧和合，写陈姓名字敬神，并请铺司酒，陈姓贴李姓银捌钱。

其管甲分，陈姓管二甲、三甲、四甲、六甲、九甲；

其管甲分，李姓管一甲、五甲、八甲、十甲。

里长陈姓阄得二月、四月、六月、七月、九月、十月、十二月后半月；

李姓阄得三月、五月、八月、十一月、十二月前半月。

陈姓保长阄得正月、二月、三月、四月、五月、八月、十月、十一月、十二月前半月；

李姓保长阄得六月、七月、九月、十二月后半月。倘遇闰月存众①。

由上可见，在保甲之役承充方面，李、陈2姓于雍正六年二月订立应役合同前，一直是"照粮计丁，拈阄管月，笃义认充"，双方进行了多年愉快、平稳的合作。后由于"丁粮不一"②等原因，双方在服役方面产生矛盾。最终又在诸亲友劝谕调解下，恢复了里保两役的合作。双方还就保甲差役的分担进行具体商定，其中，保役的分配：李姓3.5个月，占3/10，陈姓8.5个月，占7/10；保长唤认退呈使费的分配：李姓认4股，占4/10，陈姓认6股，占6/10。从中可见，徽州异姓宗族之间在保甲之役等方面的合作并非一帆风顺，而是随着丁粮多寡不一等人口和经济实力因素的变化，会出现一定的分歧和波折。但是，为了完成保甲之役等官府交办的任务，徽州异姓宗族之间会作出部分妥协、调整，并理性地从矛盾分歧走向新的合作。

在这份文书中，还明确透露出，明清时期徽州宗族社区中保甲制与里甲制相互之间存在着的一种关系状态，即在有的时候，里保两役的承充是紧密捆绑在一起的，保甲之役的承充是在里甲制的框架内进行运转的。倘若里甲制发生欠缺，运转不灵时，保甲之役的承充就会受到干扰。关于这一点，也得到了另一份徽州文书中相关记载的佐证："届临同治八年，又值八甲，甲经故绝，地

---

① 《雍正六年二月徽州某县李陈茂户丁李四宝等立里保应役合同》，南京大学历史系资料室藏。
② 据南京大学历史系资料室藏《光绪十年二月徽州某县李陈茂户丁李宝等立里保应役合同》云："缘七甲轮值保约二役之年，原系李姓充当，嗣因人丁式微，难以支持公事，是以蒙陈姓愿入身甲分，承保约二役。比时李姓乐从，业立合据。历久弊生，至于雍正六年两姓争竞，当凭公劝谕。……"于此可见，在李姓"人丁式微"，力量衰退，"难以支持公事"的情况下，陈姓相应地多承担了一些差役。但"历久弊生"，导致雍正六年两姓争竞，发生了较为严重的分歧。另，在保甲之役承充方面，异姓宗族之间有时还会因分工或执行不力等原因而发生分歧和矛盾，如南京大学历史系资料室藏《康熙廿八年七月徽州某县十八都邵九图邵起圣等立津贴保长合同》提及，徽州某地邵姓保因对鲍姓甲长"误留匪类"不满，而"分甲，各管各地，两不相涉"："十八都九图立合同人保长邵起圣等，今有茅山鲍姓人户，向寄本保当差，因先年误留匪类，已经分甲，各管各地，两不相涉。现今奉县主信牌清编保甲人户，保长要练达之人充当，一年一换。今议定茅山地方，每周年津贴保长工食银一两二钱，四季完付，不致短少。所有海涵牌票，俱系邵姓料理。倘茅山地方容留匪类，及人命盗情，俱系鲍姓甲长承值，不涉保长之事。今恐无凭，立此合同一样二张，各执一张存照。康熙廿八年七月日立议合同人邵起圣（押）甲长鲍佰振（押）中见邵美干（押）代书鲍惟正（押）。"

保一役、粮差事宜无实着落。"① 表明随着里甲制中的某些甲的消亡，保甲之役的承充，已经变得没有着落，无法完成。

特别值得注意的是，在雍正六年二月订立的里保应役合同中，第一次出现了"李陈茂户"的字样，这应是李、陈2姓在合作承充里保差役过程中形成的一个约定俗成的、相对固定的服役户头。自此开始，在以下几份相关文书中都提到了"李陈茂户"。

笔者所见关于李、陈2姓（后扩大为李、陈、汪3姓）保甲之役合作的第三份合同文书，是光绪十年（1884）二月订立的，这离雍正六年（1728）已有156年的时间：

> 立议合墨七甲李陈茂户丁李宝、汪福庆、汪三庆等，缘七甲轮值保约二役之年，原系李姓充当，嗣因人丁式微，难以支持公事，是以蒙陈姓愿入身甲分，承保约二役。比时李姓乐从，业立合据。历久弊生，至于雍正六年两姓争竞，当凭公劝谕。又凭十排与陈姓立议合墨，阄分管月，每轮七甲里长之年，则李姓充管叁月、五月、八月、十一月、十二月前半月，陈姓充管贰月、四月、六月、七月、九、拾月、十二月后半月。每轮保役之年，李姓充管六、七、九月、十贰月后半月，陈姓充管正、贰、叁、四、五、八、拾、拾壹、拾贰月前半月，循据至今。近因李姓丁粮更寡，诚恐将来疲误公事，是以今承汪福庆等愿入身甲，身亦甘愿，当日央同十干面议，其保约二役拈阄为定。汪姓阄得九月管保役事务，阄得捌月管里役事务，永远无异。其余月分照雍正六年李、陈两姓议墨管月办理，不涉汪姓之事。自今议定之后，内外人等不得生情异议，此系两愿，恐口无凭，立此议墨存据。
>
> 一、议其钱粮各收各姓，收齐交甲催完纳，不得误公。
>
> 一、议十年一轮，挨七甲里役之年，汪姓贴出大钱壹千文正，交李姓办理烧和合、十排酒、铺司酒等项费用，李姓不得生端，汪姓亦不得短少。但烧和合之夜，汪姓亦着壹人相帮照应。

① 《同治八年二月徽州某县十八都十图八排公议合同字据》，南京大学历史系资料室藏。

一、议十年一轮，汪姓垫出银洋壹员，交甲催带进城垫领红单礼、比平礼、差礼等项，甲催回家之日，即将洋壹员还汪姓收回。如汪姓到城，即城归还。

一、议轮本甲里役之年，正月存众，三姓公办。其余月照议凭管月办理。

一、议轮本甲保役之年，如遇有闰月，汪姓管初壹、初贰、初叁日，余者李、陈管办。

一、议轮保役之年，经收图内客姓贴费，李、陈、汪三姓同收。再，十排贴保长大钱叁千九百廿文，除唤用保长及盘缠用度，或有余钱，即贴甲催，如不敷支用，即照管月日脚派出。

一、议十排利市酒，李、汪两姓同吃，所领之亥、鱼，叁股挨领，李姓领两轮，汪姓领壹轮，毋得紊乱。

一、议里长拜年上，保长丁齐办。

一、议按年汪姓贴出钱五拾文，会十排日上十排利，不得延误。

一、议迎官接送、人命贼盗各大件，出场即日脚承理，如用银钱即照叁姓当役管月，众共公派，不得拖累一人。

一、议飞差勾摄，即遵县主信票朱批日期，是该姓日脚充役，即该姓承理，不得推诿。

一、议李桐户户丁德树，系身己户。其户原有田税叁分八厘五毛六丝，地税壹分贰厘八毛八丝六忽，山税六厘五毛七丝，当立扒单将以上田地山税尽行扒入身李一兰户内办纳。其李桐户丁德树，身情愿立凭出卖与汪福庆兄弟名下，任凭汪姓收税装入户内。当日面议价英银洋捌员正，其洋是身李姓收足，其户任凭汪姓管业，如改丁分丁，一切均凭汪姓主裁，如汪姓日后兴隆或另添立新户，亦听其便，毋得难阻。

一、议汪福庆自置有田壹号，土名岩后塝，计田租佃九秤，情愿输入李姓三宝神会名下，按年任凭李姓收谷，以作三年一轮迎神演戏等项费用，日后李姓不得生枝科派汪姓钱文。当日议定按轮演戏，接箱搭台，一切不涉汪姓之事。其所输租之税粮，即推入李富保户内收藉办纳。

一、议轮保役之年，汪姓管九月事，其六月、七月、拾贰月后半月李姓充管。

一、议轮约役之年，汪姓管捌月事务，其叁月、五月、拾壹月、拾贰月前半月李姓充管，永远不得生情异议，立此合墨为据。

光绪拾年二月日立议合墨七甲李　宝（押）

李金开（押）　　一甲程子进（押）六甲胡黄福（押）

汪福庆（押）中　二甲吴元茂（押）七甲李陈茂（押）

汪三庆（押）　　三甲程正大（押）八甲胡光德（押）

陈启盈（押）　　四甲程正旺（押）九甲陈汝兴（押）

陈金源（押）　　五甲胡永兴（押）十甲胡永泰（押）

依议书人陈东皋（押）[1]

在雍正六年李、陈 2 姓为承充里保等差役发生争执并经亲友劝谕调解后，双方重新订立了一份合同。该合同对 2 姓承充里保等差役有明确的权利和义务界定，一直延续至光绪十年二月。到了光绪十年二月，"李姓丁粮更寡"，因担心"疲误公事"，邀请汪福庆等协同承充里保等差役，七甲中的保甲之役，由原先的李、陈 2 姓管办改为由李、陈、汪 3 姓协同料理，即由 2 姓合作变为 3 姓合作。

而在光绪二十年（1894）三月程子进等立里役合同中，合同押署时，七甲户名已由"李陈茂"直接改为"李陈汪"，李、陈、汪 3 姓宗族已经结成为一个服役的"共同体"：

立合同议墨拾图拾甲一甲程子进、二甲吴元茂、三甲程正大、四甲程正旺、五甲胡永兴、六甲胡黄福、七甲李陈汪、八甲胡光德、玖甲陈汝兴、拾甲胡永泰等，缘因李□家昔年承充铺司之役，自昔至今，是伊子孙承充。今奈李金开因人力不固，与众再四推辞。所有拾排内赐伊工食田地产业，金开自情愿立据交出，任拾排内执管充办，以十排挨次轮收承办。遇有官差重务，十排酌议公同承办。再，李□家具有名字禀帖在县，内倘

---

① 《光绪十年二月徽州某县李陈茂户丁李宝等立里保应役合同》，南京大学历史系资料室藏。

遇追究，已前是佥开承值，从今之后，是十排内承办，惟工食田产归公轮收。今值二甲充保，其田租各归二甲收，内扣谷二秤正，交一甲收谷。按甲均照此例，俟十甲挨满，再从一甲收起，至十甲为止，轮流收办承充。阄满之期，阄而复始，永远传流。各甲不得藉言擅收之谷。自议之后，如有强收谷者，公议重罚。各甲不得徇情，为愿始终如一，毋怀己竟［意］，勿违众议也。恐口无凭，立此合同议墨一样拾一张，各甲收执一张，余存众拾排匣内一张，永远存照。

再批，拾排内所存田租并佃皮土名开列于后：

一、存大保圩，计田租并佃皮捌秤正，每年火禾收硬谷捌秤正。

一、存土名俞家段，计田租并拾贰秤正，每年火禾收硬谷拾贰秤正。

一、存官铺街脚烟炖屋基地一片，归众出租，轮流挨收。

四甲程正旺（押）

二甲吴元茂（押）

光绪贰拾年叁月　日立合同议墨拾图拾甲一甲程子进（押）

三甲程正大（押）

五甲胡永兴（押）

六甲胡黄福（押）

七甲李陈汪（押）

八甲胡光德（押）

九甲陈汝兴（押）

十甲胡永泰（押）①

上述分析表明，明清时期徽州异姓宗族之间在保甲之役承充方面的合作始终是动态的，也是灵活应变的，富有弹性。

值得指出的是，在保甲之役承充方面，徽州异姓宗族的个体成员之间有时也进行着有效的合作。如清康熙二十五年（1686）八月，徽州某县吴腾彩、吴

---

① 《光绪二十年三月徽州某县十图十甲程子进等立里役合同》，南京大学历史系资料室藏。

之灿、程黑、朱惟健等 4 人，"因县主靳老爷票唤身等四人充点保长"而订立承充保长合同，规范了相互之间的义务：

> 立议合同人吴腾彩、吴之灿、程黑、朱惟健，今因县主靳老爷票唤身等四人充点保长。今四人共议，听点一名承管，勾摄等事，俱系四人均管。其使费亦系四人均出，并无违拗。倘有推委者，罚银五两公用，仍依此合同为据。今立合同四纸，各执（一）纸存照。
>
> 康熙廿五年八月　　　　日立议合同人吴腾彩（押）
>
> 吴之灿（押）
>
> 程　黑（押）
>
> 朱惟健（押）
>
> 居间　黄君杰（押）①

以上分析表明，明清时期徽州境内保甲的推行，与当地宗族和族人的密切配合是分不开的。甚至到了清末，徽州知府刘汝骥在倡行地方自治时，仍然对当地的宗族组织寄予厚望，并特别提到了保甲施行与徽州宗族的关系："独我徽之民，聚族而居，家有祠，宗有谱，其乡社名目，多沿袭晋唐宋之旧称，此海内所独也，今稍稍陵夷矣。强宗豪族，或时有结党纠讼之事，然不数见也。乾隆中叶，江西巡抚辅德致有毁祠追谱之疏，此可谓因噎而废食。就徽言徽，因势而利导之，此其时也。由一族而推之各族，公举贵且贤者以为族正，由地方官照会札付以责成之，户口以告，田谷以告，学童及学龄而不入学者以告，好讼好赌及非理之行为以告，一切争讼械斗之事，固可消弭于无形。即保甲、社仓、团练各善政，皆可由此逐渐施行。地方自治，此其初哉！"② 于此可见，刘汝骥认为，徽州境内保甲等善政的推行，必须要充分考虑和利用当地固有的宗族资源，"因势而利导之"。

---

① 《康熙廿五年八月徽州某县吴腾彩等立承充保长合同》，南京大学历史系资料室藏。
② 刘汝骥：《陶甓公牍》卷三《批判·户科·黟县胡令汝霖禀批》，《官箴书集成》第 10 册，黄山书社 1997 年版，第 477 页。

三、余论

根据笔者的研究，明清时期徽州境内保甲组织发挥的职能，涉及政治、社会、经济等诸多领域，主要发挥治安管理、户口统计、信息传递、踏勘查验、迎官接送、飞差勾摄、钱粮催征、经济干预、接收投状、民间调处、居间中证、民间教化、社会救济、强制执行等各类职能[①]。徽州境内保甲组织上述职能发挥的好坏，关系到明清时期徽州境内社会、经济秩序的维护与否，而这一切又在很大程度上与当地宗族组织的重视与配合密切相关。徽州境内各宗族的重视与配合程度如何，对于当地保甲的推行及其效果有着重要的影响。总体而言，明清时期徽州宗族对于保甲的推行，是持一种较为积极的配合的姿态，在宗族内部，或通过耐心规劝，或通过宗族法的形式，要求族人重视保甲、认真完成保甲之役。如明万历《休宁范氏族谱》云："上司设立保甲，只为地方，而百姓却乃欺瞒官府，虚应故事，以致防盗无术，束手待寇，小则窃，大则强。及至告官，得不偿失，即能获盗，牵累无时，抛废本业，是百姓之自为计疏也。"[②]清乾隆《休宁古林黄氏重修族谱》云："上官严立保甲，专为我地方百姓也。近皆虚应故事，欺瞒官府，以致疏虞失事，风鹤时惊，破家丧命，皆自家忽略故也。"[③]上述徽州宗族，通过陈述道理、耐心规劝，从反面提醒族人：倘若"欺瞒官府，虚应故事"，不重视保甲组织建设和保甲的推行，就会导致"防盗无术"、"破家丧命"等惨剧的发生。

除了耐心规劝或警醒族人外，明清徽州宗族往往还主动配合地方官府的倡导，并结合本族的实际情况，制定推行保甲的措施，并予以认真施行。如明万历年间，休宁范氏就曾主动制定推行保甲的举措："吾族虽散居，然多者千烟，

---

① 参见陈瑞:《明清徽州保甲组织与地方社会》，复旦大学博士后研究工作报告，2011 年 5 月，第 75—135 页。
② 万历《休宁范氏族谱》之六《谱祠·宗规·统宗祠规·守望当严》。
③ 乾隆《休宁古林黄氏重修族谱》卷首下《祠规·守望当严》。

少者百室，又少者数十户，兼有乡邻同井，相友相助，须依奉上司条约，严谨施行。平居互讯出入，有事递为应援，或合或分，随便邀截。若约中有义男不遵防范、踪迹可疑者，即时察之。若果有实迹可据，即鸣诸宗祠，会呈送官。若其人自知所犯难掩、畏罪自尽者，本主备具实情一纸投祠、约，各房长证明，即为画知存照。倘有内外棍徒诈索，即以此照经官究治。"[①] 于此可见，休宁范氏主张"须依奉上司条约，严谨施行"，表明其推行保甲的态度较为积极，提出"平居互讯出入，有事递为应援，或合或分，随便邀截"等，则表明其推行保甲的举措具有灵活应变的特性。

综上所述，明清时期徽州境内的民间组织——宗族与官方行政系统县以下的基层组织——保甲二者之间的关系状态，总体上看，是一种相得益彰的良性互动的关系。由于保甲制度的推行和保甲组织的运作具有十分浓厚的官方色彩和官方背景，因而，宗族组织与保甲组织之间的良性互动，实质上是明清徽州族权与封建政权之间良性互动关系的一种反映。

（原载《中国农史》2012 年第 1 期）

---

① 万历《休宁范氏族谱》之六《谱祠·宗规·统宗祠规·守望当严》。

明代中期徽州盐商个案研究
——《尚贤公分书》剖析

冯剑辉

内容提要：《尚贤公分书》是明代正德年间两淮盐商吴德振所立的分家书，保留了大量的明代中期徽州盐商的宝贵资料。根据其中的各类财产记录，可以有效地分析此一盐商家族的资本规模、增值速度以及土地经营等方面的特点。由于这一时期是徽商在两淮盐业开始占据优势并成为具有全国性影响商帮的关键时期，因此这一具有坚实资料基础的个案研究，对详细了解明代中期徽州盐商的基本状况，具有重要意义。

关键词：明代；中期；徽州；盐商；尚贤公分书

明代中期，被学术界普遍看成是徽州盐商开始在两淮盐业中取得优势的时期，也是徽州商帮形成的重要标志①，但相对徽商研究的其他领域，关于这一时期徽州盐商典型个案研究较少。造成此种局面的根本原因，在于资料的不足，迄今已经公开发表的明代前期和中期徽州文书资料②，以土地契约为主。存世的

---

① 关于徽州商帮形成的阶段和标志，学术界有不同认识，此处引用的观点得到多数学者的赞同，可参见刘和惠：《徽商始于何时》，《历史研究》1982 年第 4 期；王廷元《论徽州商帮的形成与发展》，《中国史研究》1995 年第 3 期；张海鹏、王廷元：《徽商研究》，安徽人民出版社 1995 年版，第 1、2 页；卞利：《明清徽州社会研究》，安徽大学出版社 2004 年版，第 9 页；赵华富：《徽州宗族研究》，安徽大学出版社 2004 年版，第 477 页。

② 本文所指已经公开发表的徽州文书资料主要有：《明清徽州社会经济资料丛编》第 1 辑（安徽省博物馆编，点校本，中国社会科学出版社 1988 年版），《明清徽州社会经济资料（转下页）

徽州典籍、方志和谱牒中，虽然有关于这一时期徽州盐商的不少记载，也常为学者所称引，但这些史料的性质决定了它们难以像契约文书那样详尽、全面而细致地展现盐商生活的各个侧面。近来，笔者在上海图书馆查阅到一批明代徽州文书，其中有《尚贤公分书》①一册，作者是休宁人吴德振（1443—？），字尚贤，在分书的前言中自称"少年从商，饱历风霜，不辞劳苦，助佐父兄之志，得意三十五年，终始无失"，在分书中分配的财产有"仪真盐行本银"、"扬州盐行买卖各人实该本银"②等记载，落款的时间为明代正德年间，显然，这是非常少见的明代中期徽州盐商的分家书。该分书除部分页面边缘处有所损坏外，基本完整，字迹清晰，行文流畅，全文长达两万余字，对吴德振家族各方面情况，特别是财产状况做了非常详尽的记载。以分书为基本资料，结合存世典籍和谱牒文献，使得开展对这一明代中期徽州盐商个案研究成为可能。

一、吴德振家族经营盐业概况

明清时期的徽州是中国宗族势力最为强大的地区之一，相形之下，吴德振所属的休宁临溪③吴氏在明代并不怎么出名，休宁县志和徽州府志中对该家族

（接上页）丛编》第 2 辑（中国社会科学院历史研究所编，点校本，北京，中国社会科学出版社，1990 年），《徽州千年契约文书》（40 卷，中国社会科学院历史研究所编，花山文艺出版社，1991 年影印本），《徽州文书》第一、二、三辑（共 30 卷，刘伯山主编，广西师范大学出版社，2005、2007、2009 年影印本），《中国徽州文书》（黄山学院编，已出版 10 卷，清华大学出版社，2010 年影印本）。

① 上海图书馆收藏有明清徽州文书多件，细查此批文书，其尾页多粘有北京市图书出版业同业公会印制的中国书店标签，应为 20 世纪 50 年代从徽州流出，经北京中国书店收购后，再转售给上海图书馆的。《尚贤公分书》尾页亦有中国书店标签，扉页上则有一粘上的签条，其上书有"尚贤公分书福禄寿列阄照原本抄录"字样，共有 102 页，其中有文字抄录的共 82 页，玄、胤、弘等字皆不避清代帝讳，应该是明代的抄件。该件现藏上海图书馆古籍部，馆藏编号为线普 563500。

② 《尚贤公分书》。

③ 临溪在宋元时期属休宁县和睦乡方溪里，明清时期属休宁县十九都五啚，今为休宁县东临溪镇政府所在地。

明代人物的记载非常有限，成书于明代嘉靖年间的《新安名族志》中，对临溪吴氏的介绍也很简单。唯有成书于天启年间的《休宁名族志》中，对临溪吴氏作了较为详细的介绍，并提到了吴德振其人：

> 临溪，在邑南三十里。唐待御少微公之子曰巩，开元中为中书舍人，生子泉，泉生铨，铨生叔溱，叔溱生武昌太守矩，矩生明，明生三子：曰超，曰道隆。道隆生晋，唐咸通迁石田。晋生深之，深之生五，五生第大，第大生团，号八公，五代时迁临溪。……八公团后四世孙曰宗德，生四子：曰履元，曰师心，曰大和，曰师旦。而履元生士恭。恭十一世孙曰重兴，子曰德振，慕贤好古，隐德不仕。孙曰应昌，曰应大，输粟助赈，郡守旌曰"尚义"，荣授冠带。应大子曰宗望、宗浩，习经业，旁能医理，并授王府良医，郡守三石冯公赠扁曰"伯仲王臣"，创泉湖书院，授经教子。[①]

可见，临溪吴氏是出于吴少徽的左台吴氏的一支，始迁祖吴团是五代时人。从存世的临溪吴氏谱牒[②]中可以得知，吴团的四世孙吴宗德有四个儿子，长子吴履元自立门户，为苏圻门。苏圻门在元代即有人开始经营盐业，明代早期的吴重兴（1419—1497，吴德振之父）在盐业经营中获得相当大的成功[③]。

---

① （明）曹嗣轩：《休宁名族志》，胡中生、王巍点校本，黄山书社 2007 年版，第 469、471 页。

② 据《中国家谱总目》（王鹤鸣主编，上海古籍出版社 2008 年版），存世的休宁临溪吴氏谱牒共四种，上海图书馆都有收藏。据笔者查阅，明崇祯十四年（1641）刊刻的《临溪吴氏族谱》（馆藏编号 914996-97），损毁极为严重，已经重新装订过，只有目录和第一卷较完整，其余寥寥无几，且不包括吴德振所属苏圻门；民国二十五年（1936）钞本《临溪吴氏族谱》（馆藏编号 JP412）较完整，但也不包括苏圻门；明刻本《临溪吴氏墓谱》（馆藏编号 920351），应该是万历年间苏圻门所修的支谱，由于残缺特别严重，已经无法看出该谱的原貌，但它保存了吴德振的儿子、孙子和曾孙三代人的记录，包括几份传记资料，对于本文的论述特别有帮助；清代钞本《临溪苏圻吴氏谱集》（馆藏编号 922846），其封面上有"临溪苏圻门吴大公族谱"字样，这似乎是该谱的原名，应该是前述苏圻门支谱的钞本，但钞本中只有墓图部分，对本文的论述没有多少帮助。

③ 据吴德振曾孙吴文奎称"余家七叶举盐策"（吴文奎：《从兄文苑先生行状》，《苏堂集》卷八，《四库全书存目丛书》集部第 189 册，齐鲁书社 1997 年版，第 190 页），则吴重兴之祖父吴华童、父亲吴华助即已经营盐业，其时间当在元末明初，但是关于这一早期的盐业经营情况，由于资料匮乏，尚不能进行详细的描述。另，《四库全书存目丛书》中的《苏堂集》，是据中国国家图书馆所藏明万历三十二年（1604）刻本影印，由于该集出自吴德振后（转下页）

关于吴重兴的生平，汪循所作墓表有简要的介绍：

> 某游校时，闻朋辈评藻四乡隐德君子之贤云："临溪有重兴公者，孝弟孚洽于一家，才智雄长于一乡。"……某心识之。一日，偕同袍诣县大夫白事治前，遘止一伟丈夫，广颡丰颐，颀身胖体，容止闲暇，群聚仆从余百人，指挥唯诺，惟一人是瞻，类有执事者。怪而问之，同袍曰："子不识邪？是即所谓重兴公者也，今为大姓某与某有事于官，故为排难解纷而来也。"某曰："信斯人可以长一乡矣。"……
>
> 公曾祖讳汪，祖讳华童，父讳助善，皆隐不仕，母程氏，生公兄弟四人，公行二。公生才质不凡，长喜读书，尤熟史鉴。……家政户役独力营干，不以勤昆弟。好结纳俊髦，而嫉恶为甚，乡里豪梗者必折挫之，甚至讼诉之，必直于理，不少屈，因服焉。有不平者，公为平之，故乡无嚣讼。尝客吴越徐梁之间，所殖不赀，赀益雄阜。以有余，乐施予，好周给，无所吝，故乡里终公之世无颠连之人，无不杠之渡，无不治之途，皆公之赐也。生永乐己亥十二月廿五日，卒弘治丁巳十一月初一日，享年七十有九。子男四，文振、武振、德振、隆振。①

从上述记载看，吴重兴不但是一位经营成功的商人，而且热心公益，积极从事地方事务。汪循曾亲眼目睹吴重兴有仆从百余人，"指挥唯诺，惟一人是瞻，类有执事者"，俨然有地方领袖的气势。吴德振兄弟四人从年青时就在父

（接上页）裔之手，集中内容对了解该家族的历史非常有帮助。《四库全书总目》在《苏堂集》条下作："明吴文奎撰。文奎，字茂文，歙县人。是集凡诗六卷，杂文四卷。文奎受业于兴国吴国伦，故所作全效国伦之体，李维桢序亦称其渊源如是云。"（（清）纪昀：《四库全书总目》卷一百八十，四库全书研究所整理点校本，中华书局 1997 年版，第 2504 页）李维桢序言原文为："自汪司马伯玉以能言名天下，天下争附之，而新安人以司马重，即号能言者往往在在司马法中，吴太学茂文则不然。"此处之汪司马即歙县人汪道昆（字伯玉），四库馆臣以为吴文奎既是汪道昆的同乡，也应该是歙县人。实际上，包括歙县和休宁在内的徽州六县之人也可称为新安（徽州）同乡，汪道昆的新安同乡并非一定是歙县人。吴文奎是休宁临溪人，四库馆臣并未详查集中内容，就将他列为歙县人，显属疏忽。

① （明）汪循：《临溪吴处士墓表》，《汪仁峰先生文集》卷一九，《四库全书存目丛书》集部第47册，第 448、449 页。

亲率领下经商，也取得了一定的成功。吴德振的三子吴应大（1476—1539），
"甫弱冠，远游江淮荆襄，间隐于商，铮铮不凡"。[①] 吴应大的次子吴宗浩
（1513—1572）更成为扬州盐商中的领袖人物之一，盛稹所撰墓志称：（原文损
毁处以□代，以下引文同）

> 次公讳宗浩，字养之，以字行市，别字孟卿。……趣都会而贾荆襄间，
> 业大起。寿国王雅闻次公名，召见便殿，握手如平生欢，寻为入粟助边，
> 拜迪功郎，时时呼先生，不名，□□绝群臣也。……乃寿国除，例得外补，
> 次公不就也，"吾何辜先王知己恩，而逐逐贵人后也！"遂谢去，而治盐
> 笑维扬。群诸阳翟辈联车骑，饰冠剑，拥佳丽，富贵容翩翩未已也。每沾
> 醉作洛生咏，逸态横生，一时祭酒拥以为重。监盐使者至，每每从次公定
> 约法，次公条例事宜，井井不紊，使者屡赏之。盐权故用石，善沏，病下
> 商，次公倡议易以铜，上商病之，持不下，使者卒从次公议。是举也，内
> 重费□□无怨，次公独劳，绝口不言功。诸德次公者几薄南北省会，或酿
> 酒，或分设，献币帛，征歌伎优伶作剧，累月不休，一日几筵，以数十鼓
> 吹迎导，拥塞街衢。牧伯申公问，知为次公故，引舆避之。[②]

此处提及的寿国王，即明宪宗第九子、寿定王朱祐楎（1481—1545），弘
治四年（1491）受封，十一年（1498）就藩四川保宁，正德元年（1505）改就
湖北德安。吴宗浩应该是在湖北营商时结交上寿王的，有了王府这样的靠山，
对他的经营自然极有帮助。吴宗浩在扬州竟然让地方官"引舆避之"，其影响
力可见一斑。吴宗浩次子吴文奎称"余家七叶举盐笑，卯上贾淮海江汉间"[③]，
"承家七叶，薄有盖藏，臧获厮养常什佰数"[④]。

虽然明清徽州府志、休宁县志中没有关于吴德振家族的记载，但从文书、

---

① （明）宋大武：《泉湖处士吴公墓志铭》，《临溪吴氏墓谱》。
② （明）盛稹：《迪功吴次公传》，《临溪吴氏墓谱》。
③ （明）吴文奎：《从兄文苑先生行状》，《苏堂集》卷八，《四库全书存目丛书》集部第189册，
　　第190页。
④ （明）吴文奎：《先迪功逸事》，《苏堂集》卷八，《四库全书存目丛书》集部第189册，第
　　194页。

谱牒等文献中，可以判明：吴德振家族是明代初期兴起的徽商家族之一，其营商范围遍及长江中下游，在扬州盐业中的经营持续七代，一直维持到明代晚期，并出现过像吴宗浩这样的有一定影响的盐商领袖[①]。

二、吴德振家族盐业资本运营状况

《尚贤公分书》包含吴德振主持下的两次分家阄书，第一次是正德二年（1507）十一月二十五日，第二次是正德十三年（1518）三月十三日，两份阄书前都有吴德振的序言，回顾分家前后的情况，正德二年的序言中称：

> 方溪里吴德振，字尚贤，今□□□后事付三子，立遗言以勉，宜谨识之云。……吾家宗吴太伯之后，传六十一世少微公始居新安，七十世至深公自石田转迁临溪，曾大父韬光隐德，善行日新，致生吾父，雄才大度，志量宽容，赖吾母孺人程氏贤能克相，治家有方，开基拓业，家道日隆，生吾兄弟四人。吾居第三，娶油潭徐氏，生三子，长应昌，字符昌，娶汉川汪义公女；次应发，字符达，娶吾田程瓒公女；三应大，字符宽，娶闵川毕昌公女；女三，长史，适充山汪惟灿；次梅，适邑西汪世昌；三美，适榆溪程世泽，俱各依礼婚娶已毕。嗟，吾少年从商，饱历风霜，不辞劳苦，助佐父兄之志，得意三十五年，终始无失。成化乙巳年，不幸二兄客殁于吴，殡殓斋经银七十余两；弘治戊午岁，四弟又亡于徐，殡殓斋经银八十两，皆吾所费，不涉于侄身，亲扶柩归葬如礼。年五十五，不幸父母尽终，赍归田里，悉将二兄尚成、四弟尚德及从弟尚清原共买卖财本，凭

---

① 在《临溪吴氏墓谱》和《荪堂集》中尚有多位临溪吴氏商人的资料，和吴宗浩同辈的吴天楚在湖北经商，子孙定居汉阳，其玄孙吴正治在清代顺治年间中进士，康熙年间官至大学士、礼部尚书。（参见（清）彭定求：《光禄大夫太子太傅尚书武英殿大学士吴文僖公正治墓志铭》，钱吉仪辑《碑传集》卷一二，清光绪十九年（1893）江苏书局刻本）这些商人因与本文探讨主题没有直接关系，故不细述，但是可以看出临溪吴氏在明清时期的商业经营是相当成功的。

众面算本利明白，尽数付还各侄，另自生理。吾之外事，付三子经营，颇得遂意。内事悉赖孺人徐氏贤德，勤俭治家，助吾之志，资产日盛，弘治六年于祖居创造楼屋二重，紧固安身。弘治十六年，于祖居东畔鼎新屋宇一区，虽无华饰，宽雅得宜，又建东园八景亭池等处□□。所喜者，生逢之世，家业已成，夫妇偕老，上赖祖□□积德，下为子孙后世之规范，可谓足矣；所忧者，父母已丧，不能逮今日之欢，三子三媳未遂孙枝为慊耳。吾今年老，怠于勤事，于是请凭亲族，将承祖并续置田地山塘屋宇器物照依取便，肥瘦兼荅，并作三分均分，其支持门庭户役祭祀等事，议开条款，写立福禄寿阄书三本，拈阄为定，各执一本，永业为据。①

在第一次分家时，吴德振因经商"颇得遂意"、"资产日盛"，颇有心满意足之态。但此后十余年间，家中屡遭变故，因此在正德十三年序言中，他的口气发生了明显的改变：

父尚贤复立遗嘱，将家业后事重分三子为业。先于正德二年已将本户家业田地山塘及酒器什物兼荅，写立福禄寿阄书，作三分均分已讫。以后经今十年，为因人事不齐，以致关心。正德七年夏，前室徐氏殁，得寿七十四岁，不为憾矣。正德九年秋，不幸次男应发病故，遗子宗仪，年方六岁，又累于我。正德十一年春，身畔二妾不端，责罚遣讫，因是无人扶侍，又娶继室彭氏，年四十七岁，调理身家，颇得其宜，恐后不能善始令终，忧心常切念者，此二事耳。吾今七十五岁，日薄西山，虽有二子，未谙孝义之道，常拂吾意，惟恐弗堪。今喜长男应昌有子宗亮、宗荣，次男应发有子宗仪，三男应大有子宗望、宗浩，虽在孩童，器质可观，此皆积善之应也，吾所望哉。②

吴德振在十余年中先后遭受了次子、发妻之丧，两妾被遣，长子、三子"未谙孝义之道"也令他很不称心。现有资料中没有吴德振的卒年，由于他年

---

① ② 《尚贤公分书》。

事已高，心情又不好，应该在正德十三年之后不久就去世了。

分书内容揭示，吴德振家族盐业经营资本形态是典型的家族合伙经营。吴德振称五十五岁时（弘治十一年，1498）"将二兄尚威、四弟尚德及从弟尚清原共买卖财本，凭众面算本利明白，尽数付还各侄，另自生理"。此处的尚威即吴重兴墓表中的吴武振，死于成化乙巳年（成化二十一年，1485），尚德即吴隆振，死于弘治戊午年（弘治十一年，1498）。吴德振兄弟四人和从弟吴尚清的盐业资本原本是合伙共同经营的，吴武振去世之时，他的两个儿子年纪尚小①，因此兄弟间的合伙经营还持续了十三年，实际经营人则是吴德振。直至吴隆振去世时，诸侄皆已年长，因此，将吴武振和吴隆振的资本和获利"凭众面算，尽付诸侄，另自生理"，此时原有的四兄弟间合伙关系方正式解除。

吴德振本人和三个儿子的盐业也是合伙经营的，正德二年阄书中盐业资本的分配如下：

一、财本银两开：正德二年已前各人支过不计外，今将实在银两帐目俱各结算明白，应该分数批立于后（其各人私放人头小火银不在此限）：

一、大家实该本银五千令柒十六两（内仪真盐行本银三千二百五十陆两正，内北河并人头欠银一千八百二十两整）。

一、应昌实该本银一千五百三十三两九钱；

一、应发实该本银八百三十二两整；

一、应大实该本银八百二拾四两柒钱。

正德十三年阄书中盐业资本的分配如下：

正德十二年春，算清扬州盐行买卖各人实该本银开具于后：

一、大家实该本银五千三百六两五钱，作正德十二年春本，又家内约计一千两，以备终年之用；

一、应昌实该本银四千五百一十五两二钱八分；

---

① 《临溪吴氏墓谱》载吴武振长子吴应盛生于成化己丑年（成化五年，1469），次子吴应显生于成化戊戌年（成化十四年，1478），其父去世时分别为十六岁和八岁。

一、应大实该本银二千六百八十四两二钱八分；

一、宗仪实该本银二千五百六两三钱五分；

一、琨奇实该本银五百六十一两四钱；

一、禄侄实该本银二十九两；

六人共计本银一万五千六百三两二钱七分，俱付应大扬州买卖，务秉至公，毋许怀私盗放人头，刻剥孤幼者，天理昭然，悔过自新，父批为据。①

正德十三年阄书中明载"大家"合应昌、应大、宗仪、琨奇、禄侄共六人，则"大家"即是吴德振本人。正德十二年新增加的吴琨奇和吴禄应是吴德振的族人，由于其资本额较小，且缺乏正德二年的数据，因此在考察吴德振家族盐业经营状况时可以排除，综合两次分家时的资本状况，制作成表12-1：

表 12-1　吴德振家族盐业经营状况

	正德二年资本（两）	所占份额（%）	正德十二年资本（两）	所占份额（%）	资本增长（%）	年均增长（%）	份额变化
吴德振	5076	61.40	5306.5	35.35	104.54	0.49	−26.06
吴应昌	1533.9	18.56	4515.28	30.08	294.37	12.75	11.52
吴应发（吴宗仪）	832	10.06	2684.28	17.88	322.63	13.90	7.82
吴应大	824.7	9.98	2506.35	16.70	303.91	13.15	6.72
总额	8266.6	100	15012.41	100	181.60	6.85	0

正德二年的阄书立于当年十一月二十日，而正德十三年阄书所载为正德十二年春天的资本额，从正德二年十一月至正德十二年春，时间为九年稍长。这一时期内，吴德振父子的资本总额增长81.6%，年平均增长率为6.85%，这个速度已不算慢。但是，吴德振本人的资本，由于他年老而怠于勤事，不再从事经营，加上家产已分，因此他的资本额几乎没有发生变化。吴德振的三个儿子由于年富力强，其资本增值速度则很快，九年间增长两倍左右，年平均增长率在13%左右，这个速度是相当快的，因此他们在合伙资本所占的份额都有

---

① 《尚贤公分书》。

一定程度的增长。明代中期，在开中折色、边商内商分化等一系列盐业变革的推动下，徽商开始超过晋商，在两淮盐业中占优势，其发展势头相当兴盛，这一背景在吴德振家族的经营中表现得相当明显。

关于明代徽州盐商的资本规模，万历年间谢肇淛称："新安大贾，鱼盐为业，藏镪有至百万者，其它二三十万，则中贾耳。"[1] 宋应星也称："商之有本者，大抵属秦、晋与徽郡三方之人。万历盛时，资本在广陵者不啻三千万两，每年子息可生九百万两，只以百万输帑，而以三百万充无妄费，公私俱足，波及僧、道、丐、佣、桥梁、楼宇。当余五百万，各商肥家润身，使之不尽，而用之不竭。"[2] 吴德振家族的资本额，在当时属于小盐商之例。

从分书记载中还可以看出家族合伙经营的优势与缺陷：

家族合伙经营的最大优势在于有效扩大了资本总额，能够形成规模效应，获得竞争优势，增强抵御风险的能力。同一家族中在经营能力上必定各有长短，合伙共营，可以充分发挥有经商头脑的家族成员的专长，也可以使不具备经商能力而有资本入伙的家族成员共享其利。同时，家族成员有血缘亲情纽带维系，互相熟悉，容易形成合伙共营所必需的互相信任。因此，家族合伙成为徽商中最常见的经营方式，绝非偶然。吴德振家族的盐业得益于合伙经营，发展较快，而吴琨奇、吴禄等宗族成员资本有限，选择入伙吴德振的盐行以求发展，此即为合伙经营优势的体现。

但是，合伙经营也有其不可避免的缺陷。一方面，当合伙成员因为各种原因而主动或被动要求退伙时，必须得到所有合伙人的同意，这往往牵涉到复杂的人际关系，在财产清算时尤其容易引发纠纷。吴德振在两个兄弟去世后，为清算合伙财产，采取"凭众面算本利明白，尽数付还各侄"的做法，才有效避免了纷争。另一方面，合伙成员经商能力各有长短，一般由有专长的成员负责日常经营，类似今天企业中的执行长之类的角色，此类成员即有机会利用专长以损公肥私。吴德振正德二年立阄书时，尚无孙子，次子吴应发死于正德九

---

[1] （明）谢肇淛：《五杂俎》卷四，《续修四库全书》第1130册，上海古籍书店1995年版，第412页。

[2] （明）宋应星：《野议 论气 谈天 思怜诗》，上海人民出版社，1976年点校本，第35、36页。

年，儿子吴宗仪在他去世时最多不过七岁。吴宗仪虽然在祖父吴德振的主持下继承了父亲的合伙盐业资本，但他既孤且幼，完全不具备经营能力，对于负责经营事务的叔伯来说，是可以欺凌的对象。吴德振在正德十三年阄书中的批语要求负责扬州盐行经营的三子吴应大"务秉至公，毋许怀私盗放人头，刻剥孤幼者"，显见吴应大很可能有过"盗放人头，刻剥孤幼"一类的行为。所谓"盗放人头"，即挪用盐行资本，私自放高利贷；所谓"刻剥孤幼"，即是侵吞吴宗仪的财产。吴德振在分书序言中指责吴应昌、吴应大"未谙孝义之道，常拂吾意，惟恐弗堪"，显见这两人都可能有过"刻剥孤幼"的行为。在徽州分家书中，家长期盼分家之后子孙仍能团结和睦，对将来可能违背家长意愿的子孙以不孝论，此类记载常见，但像吴德振这样对儿子直截了当的痛批是非常少见的。批语的口气是如此严厉，"天理昭然，悔过自新，父批为据"，颇有赌咒发誓之态，反映出吴德振对自己去世后长子、三子能否"务秉至公"是极为忧虑的。在谱牒记载中，吴应大是一位舍己助人的恺悌君子："持躬以俭，不习艳丽，而丧葬吊祭，动□□□□□，贫不索偿。掌征区税，辄捐己助赋，或负之，□曰：'宁人负我耳。'若公道所在，则信己直行，毫无世所谓炎凉态也。"[①] 然而，吴德振留下的亲笔批语却表明实情绝非那样简单。此种第一手的记载，突出反映了宗族合伙成员之间的利益冲突有时可以完全不顾父子叔侄的骨肉亲情，宗族血缘温情脉脉的面纱往往会为贪婪者的刻剥侵吞彻底撕毁，这是家族合伙经营的重大缺陷。

正是因为认识到合伙经营有着上述优势和缺陷，徽商在长期经营实践中逐渐发展出一套合伙经营的模式，并形成了固定的合同格式，明末吕希绍所纂《新刻徽郡补释士民便读通考》中称为"同本合约格式"，其内容为：

> 立约人　　　　，窃见财从伴生，事在人为。是以两同商议，合本求利。凭中见，各出本银若干，同心揭胆，营谋生意。所得利钱，每年面算明白，量分家用，仍留资本，以为渊源不歇之计。至于私己用度，各人自备，不得动支店银，混乱账目。故特歃血定盟，务宜苦乐均受，不得匿私

---

① （明）宋大武：《泉湖处士吴公墓志铭》，《临溪吴氏墓谱》。

肥己。如犯此议，神人共殛。今欲有凭，立此合约一样两纸，存后照用。[①]

此合同中"财产伴生"、"合本求利"，即发挥合伙经营优势；"每年面算明白"、"私己用度，不得动支店银，混乱账目"，即防止合伙经营的缺陷。合同中对合伙人的权利义务都有明确而清楚的界定，还有较严密的财务管理制度，反映出徽商对合伙经营，力求兴其利而防其弊。

三、吴德振家族的土地经营活动

中国传统社会中商人往往兼营土地，司马迁称之为"以末致财，用本守之"[②]，明清时期的徽商也是如此[③]。《尚贤公分书》中详细记载了吴德振主持分家时家中所有财产的详细清单，其中数量最多、占据了分书 80% 以上文字篇幅的是各类土地财产，包括田、地、山、塘四大类，典型的记录格式如下：

> 器字一百四十五号一则，田一亩三分五厘，一稞租十四秤，佃人会保，弘治十八年买吴叔容田，土名柿花坵；
> 形字八百五号一则，山一分三厘三毫，土名小儿塘，东至路为界，西至降，南到降，北至塘下田头西上至降，弘治二年买吴彦通、程限员等；

---

① 谢国桢：《明代社会经济史料选编》下册，福建人民出版社 1980 年版，第 275 页。
② （汉）司马迁：《史记》卷一二九《货殖列传》，中华书局 1999 年版，第 2481 页。
③ 徽州土地关系是学术界研究的热点之一，成果丰硕，代表性的著述可参考章有义：《明清徽州土地关系研究》，中国社会科学出版社 1984 年版；刘和惠、汪庆元：《徽州土地关系》，安徽人民出版社 2005 年版。本文讨论涉及的徽商与土地关系以及田价、租额等问题，还可参考下列学者的研究成果：刘和惠、张爱琴：《明代徽州田契研究》，《历史研究》1983 年第 5 期；刘和惠：《明代徽州洪氏誊契簿研究》，《中国社会经济史研究》1986 年第 3 期；彭超：《休宁〈程氏置产簿〉剖析》，《中国社会经济史研究》1983 年第 4 期；彭超：《明清时期徽州地区的土地价格与地租》，《中国社会经济史研究》1988 年第 2 期；刘淼：《略论明代徽州的土地占有形态》，《中国社会经济史研究》1986 年第 2 期；李琳琦：《论徽商资本流向土地的特点及其规律》，《安徽师范大学学报》1988 年第 4 期；江太新、苏金玉：《论清代徽州地区的亩产》，《中国经济史研究》1993 年第 3 期；周绍泉：《试论明代徽州土地买卖的发展趋势——兼论徽商与徽州土地买卖的关系》，《中国经济史研究》1990 年第 4 期。

形字二百三十一、二、三号下地一亩三厘一毫，土名井亭下，承祖五分，本身合得继叔祖分数，成化九年买吴以昌、希贤各一分九厘，年同买吴远思、买吴思义一分二厘；

长字一千五百九十五号一则，塘三厘，弘治五年买本都程志和塘，土名乌沉塘。①

一条典型的记录包括字号、土地性质、面积、租额、佃人、购买的时间、卖主以及土名，共八项内容，但并非所有的记录都包括这八项内容，字号、土地性质和面积这三项在所有的记录都有，其余五项则往往有程度不同的缺省，山和塘的记录中没有关于佃人的记载。

依分书的记载，吴德振家族共有田230处、302.66亩，山73处、35.8亩，地24处、8.22亩，塘7处、1.55亩。应该注意到，土地交易往往是有买也有卖，很少有只进不出或只出不进的，分书中的土地应该是分家时尚存的部分，吴家曾经有过的土地交易应该多于分书所载，但从分书仍然可以看出吴家土地关系的主要情况。这些土地中，地和塘的数量有限，山虽有一定的数量，但徽州的山价比田价要低出甚多，因此，研究吴德振家族的土地关系应该以田为代表，田的数量大，价格高，是吴家主要的土地财产。将这些资料综合起来，制作成表12-2：

表 12-2　吴德振家族田产统计

时间	田产处	面积（亩）	租额（秤）	处数/年数	面积/年数	租额/年数	租额/面积
承祖	54	62.49	430.53				6.89
天顺年间（1457—1464）	2	2.9	23.5	0.29	0.41	3.36	8.10
成化年间（1465—1487）	42	66.57	458.6	1.83	2.89	19.94	6.89
弘治年间（1488—1505）	48	62.24	501.95	2.67	3.46	27.89	8.06
正德年间（1506—1516）	75	104.19	658.65	6.82	9.47	59.88	6.32
时间不明	9	4.27					
合　计	230	302.66	2073.23				

---

① 《尚贤公分书》。

在表 12-2 的田产统计中，有 54 处、62.49 亩是祖上留给吴德振的遗产，分书称为"承祖"或"承祖取得"，另有 9 处未记载购买时间，记载了购买时间有 167 处。

吴德振购买田产最早的记录是在天顺元年（1457），从十八都戴宏道处购得一亩七分田，当时他不过十五岁，按现代法律标准衡量，尚不具备完全民事行为能力，如此小的年纪即从事土地交易，有可能是在父母监护下进行的，也可能与徽商往往少年时期即从事生意有关，即吴德振所自称的"少年从商，饱历风霜"。但是此类少年时期的交易记录只有这两条，说明这毕竟是一种罕见的特例，而不是惯例。天顺年间的另一次交易是天顺八年（1464），吴德振已经二十二岁，是成年人了，他大规模购买田产是在这之后。从每年交易的处数、取得的面积和租额来看，吴德振的田产购买活动呈现不断递增的势头，频率和强度随时间推移都有了显著的增强，整个正德年间，年均取得田产面积是成化年间的 3.28 倍，是弘治年间 2.74 倍。即使是正德二年分家之后，吴家购买田产的次数和面积、租额仍在不断增加。

据周绍泉教授的研究成果，明代徽州田价在建文至天顺年间价格较低，每亩田均价在 0.7—2 两左右，成化年间急涨至为 15.257 两，弘治年间为 14.5 两，正德年间为 10.572 两，嘉靖以后田价下跌，在 7—8 两左右，直至明末均价亦未超过 10 两[①]。换言之，明代中期的成化、弘治、正德三朝，是徽州田价的高峰期。明代中期，徽商在两淮盐业中占据主导地位、势力迅速扩大，与徽州田价高峰期在时间段上重合，这一历史现象早为学者所关注，普遍认为两者之间存在密切关系。但是，对这种关系的性质看法却不完全相同，即究竟是由于徽商利润大量涌入土地市场导致田价高涨呢？还是由于徽州田价高涨激发了徽商对土地的投资热情？在徽商投资土地与田价高涨之间，究竟何者为因？何者为果？这一因果关系的论述在没有更多可以定量分析的证据下，极易演变成

---

① 周绍泉：《试论明代徽州土地买卖的发展趋势——兼论徽商与徽州土地买卖的关系》，《中国经济史研究》1990 年第 4 期。本文前引刘和惠、汪庆元、彭超、刘淼著述中都有关于明代徽州田价的研究，诸家的研究成果对明代田价在不同时期涨跌趋势的判断基本一致，但在具体价格上有一定出入，由于周绍泉参考了中国社科院历史研究所、经济研究所和安徽省博物馆收藏的多份明代徽州文书，资料引用最为全面，故本文对田价的叙述主要参考了周绍泉教授的研究成果。

类似"先有鸡还是先有蛋"的繁琐论证。分析吴德振家族的田产购买记录，有一个现象值得注意，即吴家购买土地的频率和强度与田价和租额之间并不存在正比关系。按周绍泉先生的研究，正德年间的田价比弘治年间要低出27%，而分书所载正德年间的每亩平均租额比成化、弘治都要低，正德年间比弘治年间要低出21.6%。单纯从投资回报率来看，无论田产转手的收益还是可以获取的租额，正德年间都不如弘治年间，显然没有必要加大投资力度，但正德年间恰恰是吴家购买田产数量最多、力度最强的时期。仅从这一个案分析，吴家的土地收购行为，"以末致财，用本守之"的传统观念发挥了主要作用，正德年间田价的相对降低还有可能进一步刺激了吴家的购买欲望，甚至可以不在乎购得田租额较低，而这一时期盐业经营的成功为其购田提供了充分的资金支持，投资回报则并非其考虑的主要方面。

吴德振家族土地经营中另一个值得注意的问题是官田的买卖。按分书所载，吴家拥有的官田和官山共十二处：

形字八百十二号，官山，内取五分，承祖山，土名下塘坞，东至坞心塘，西至降，南至降，北至；

信字三、四号，民田七分九厘二毫，官田四分□□□，共田一亩二分，上秧租十一秤，佃人程胜得，成化二十二年买□□□，土名远付；

器字一百六十二号，程掌书中水官田一亩五分，上秧租十五秤，弘治三年兑到许□盛田，土名石桥垅；

信字　　号，续认次下水官田二亩一分九厘一毛，一秧租二十二秤，弘治五年佃胡士友田，土名回堨头；

形字八百二十七号，程掌书官山四分三厘，承祖山，土名下坞，东至降分水为界，西至田坟地，南至塘垾直上尖为界，北至田及官山嘴下第一条垾上直上到降，南至降分水及吴玄振山，北至田，弘治五年买二十二都吴佛、程即员等山；

已字四千二百八十七号，次下水官田一亩二分五厘，上籼租十秤半，佃人添保，弘治八年买本都吴友成田，土名方山塘下；

形字二百三十号，掌书中麦官田一亩二分，上籼租九秤，弘治十年买胡思贤田，土名桑林；

形字八百十二号，掌书官山二分五厘，土名下塘坞，东到降，西至田，南至降分水，北至田坞心，直上至降，弘治十七年买二十二都洪宗成兄弟山；

器字　　号，书上水官田一亩五分八毫，上稞十六秤，正德六年买四图吴起信，土名方干百秤坵；

器字八十九号，书下水官田五分六厘，上稞六秤，正德七年买二十二都二图程道清，土名古言坵；

器字　　号，书上水官田一亩五分，上籼十五秤，正德七年买十六都三图郑义成贵成，土名方干瓦窑前；

短字一千五百二十八号，掌书官山五分，土名白石头，原买程思仕、程思义山。[1]

明代初期曾经有数量庞大的官田，学术界对它早有研究，比较一致的看法是：明初的官田除了继承元代的官田之外，主要来源于明太祖在明王朝建立前后抄没的蒙元、张士诚等敌对势力和江南大地主的土地，但在明代中叶以后，官田通过各种途径大规模私有化，万历九年（1581），一条鞭法实行之后，官田与民田同等课税，官田彻底民田化[2]。然而，现有的研究成果主要依据各类典籍文献和地方志，很少有利用官田交易留下的契约文书来进行分析的，这显然是由于存世资料的不足造成的。实际上，明代徽州也有一定数量的官田存在，但是在现有的明代中前期徽州文书中，涉及官田买卖的尚不多，因此吴德振家族留下的上述官田交易资料就有其研究价值。

从上述记载中，吴德振拥有的官山中有两处是承祖所有，至迟也是在其父吴重兴手上置办的。官山既可私有，则官田亦然，由此可见，官田私有起源甚早，

---

[1] 《尚贤公分书》。

[2] 明代官田问题的研究成果甚多，本文主要参考下列学者的论述：王春瑜、林金树、李济贤：《论明代江南官田的性质及私有化》，《晋阳学刊》1985 年第 5 期；林金树：《明代江南官田的由来、种类和科则》，《郑州大学学报》1987 年第 5 期；林金树：《关于明代江南官田的几个问题》，《中国经济史研究》1988 年第 1 期；唐文基：《明代江南重赋问题和国有官田的私有化》，《明史研究论丛》1991 年第 1 期。

276　　　　　　　　　　　　　　　　　　　　　　行走于黄山白岳之间：徽州研究论文选集

徽州早在明代前期，官田就开始为私人所有了。私有化的官田，其交易、经营与民田无异。分书中的官田与官山，其购买、转让和收租，未见与民田、民山有任何不同。

四、吴德振家族役使的火佃

《尚贤公分书》中还记载了与土地经营有密切关系的众多火佃。火佃，又称火儿，南宋歙县人吕午曾说："千金之家必有千金之产，火佃出力以得其半，而可赡其妻孥；主人端坐以收其半，而可足其用度。"[①] 说明火佃起源甚早。学术界在明清徽州佃仆制的研究中曾经对这一社会群体有过非常深入的分析[②]，但火佃和徽商的关系则尚未受到研究者的关注。《尚贤公分书》中记载了大量与火佃有关的内容：

> 各处承祖众坟山地，及众火佃屋地，并已置新坟、火佃山地，俱系三分存众管业。
>
> 器字七十号一则，田内取西头实计八分，见造地火屋五间，东住；
>
> 器字七十号内取东头田填地八分，造火佃儿屋七间，招得安定等住歇，东至洪以道田西至墙，南至横路田北至土墙，土名新居门前；
>
> 器字九十一号内取北边田填地合得西头四分（此号地与佤应盛对换六十九号田去讫），造火儿屋，冬俚住；
>
> 器字　号一则，田一亩，买吴祖德，上租十秤，土名打石，见造火儿屋；

---

① （宋）吕午：《左史谏草》，《文渊阁四库全书》第427册，上海古籍书店1987年版，第394页。

② 火佃和相关的徽州佃仆制研究成果丰硕，代表性的专著参见叶显恩：《明清徽州农村社会和佃仆制》，安徽人民出版社1983年版；关于徽州佃仆制学术研究的主要进展和存在问题，可参见邹怡：《徽州佃仆制研究综述》，《安徽史学》2006年第1期。

器字三百二号一则，田一亩二分一厘五毫，土名旧宅村，今填成地造屋，火佃易庆等住歇；

器字三百六号下地二分八厘四毫，土名孙祈，原火佃怀住基；

器字三百二十九号下地一分二厘五毫，土名孙祈，火佃程寿住；

器字四百六、八号下地一分六厘七毫，土名孙祈，火佃陈社记、陈舟右住；

器字三百四十八、九号下地五分八厘，土名保安堂后，承继训叔祖地，火佃　；

器字三百六十七、八号下地三分，土名古楼下，成化十年买许原真、吴远茂地，景祥住；

器字三百七十八、九号，地一亩四分二厘九毫，土名孙祈，景泰六年买潘云生三分，天顺三年买吴向荣一分四厘五毫，成化八年买潘以能八分五厘八毫，成化十年买程思远五厘，成化十年买程思和、程思震一分三厘三毫，火佃管山住；

器字三百八十号下地五十八步，土名孙祈，成化八年买潘以能地，火佃程九住；

器字四百十三号下地九厘，土名孙祈，原买吴兆兴地，火佃乞儿住；

覆字七十一、二号内取下地二分八厘，塘八毫，土名保安堂，正德元年买本都程胜朔、程凤等地，火儿屋三重，潘云宗八家住歇；

恃字九百二十四五号一则，田一亩二分一厘，正德十一年买曹武林，上租八秤，土名里考坑，并火儿屋；

恃字　号下，地七分五厘，造火佃屋五间在上，土名考坑陈寄员门前；

恃字九百二十四号一则，田一亩二分八厘，内取一半，上租八秤，正德三年买一图曹五万，土名考坑火佃屋前。

形字二百二十六号下地八分，土名井亭下，承继叔祖合得三分之一该二分七厘，火佃方俚住；

信字一千一百七十八号下地一分六厘八毫，土名请王坦，承继叔祖三分之一该五厘六毫，火佃胡童、胡马住；

已字　号下地一分，土名孙村石坦，成化元年买王舟赐地，火佃刘杏

等住;

新居东边火儿屋七间及鱼池亭地,其屋系是招得天保等住歇中。①

从上述资料中,可以看出吴德振家族拥有的火佃是相当多的。在 21 条资料中,有名可考的火佃有东、安定、冬俚、易庆、怀住、程寿、陈社记、陈舟右、景祥、程九、乞儿、潘云宗、方俚、胡童、胡马、刘杏、天保,共 17人,这显然远非吴家火佃的总数。吴家兴建的火佃屋中,有的规模较大,有五至七间,绝非一人所住,因此有些火佃屋作"××等"居住,显非一人,覆字七十一、二号即是由潘云宗八家居住。虽然资料中不能得出吴家的实际火佃人数,但即使按每处平均 5 人居住计算,总数也有 100 人以上。吴文奎称其家祖上"臧获厮养常什佰数",绝非虚语。

如此众多的火佃,主要为吴家提供哪些劳役呢?可考的有两类:

一类,守坟。恃字号三处,都在考坑,该处为吴家祖坟所在地,分书中称:"恃字一千七百十七、九、二十号,共山七分五厘,葬父坟在上,土名考坑","各家埋坟在上,不许砍斫侵犯"。② 因此,考坑的火佃是专门看守祖坟的。

二类,经营山林。器字三百七十八、九号下是给火佃管山住的,即为吴家经营山林的,该处土名孙祈,即吴德振所属荪圻门的荪圻,就在吴家住处,说明经营山场的火佃不必像看守坟山的一样住在山上。其余各处火佃,虽未载明具体劳役范围,但是经核对后,这些火佃中有名字可考的,无一人属于吴家田、地载明的佃人,而 73 处山场下又都没有佃人的姓名,因此,可以合理推测,除看守坟山之外,吴家的火佃主要是经营山林的。

从各类火佃屋地的取得时间来看,最早的一块地是景泰六年(1455)买的,当时吴德振才十三岁,这个时间比他买田的最早记录还要早。如果景泰年间购地后就有火佃居住,则吴德振役使火佃已经有六十多年。这些火佃住主屋、种主山,长期为吴家提供劳役,吴家的下一代还可以继承对他们进行役使的权利。从这些情况看,吕午所说的南宋时期佃主分成的火佃形态到明代中期已经发生了重大变化,火佃与通常所说的佃仆之间已经没有多少区别了,其人

---

① ② 《尚贤公分书》。

身依附色彩较为明显。

尤其值得注意的是，吴德振在分书中，对火佃做了一项特别规定："各处承祖众坟山地，及众火佃屋地，并已置新坟、火佃山地，俱系三分存众管业。"即遗产继承时，火佃屋地、山地及其劳役由三个儿子（及各自的继承人）各占三分之一的权利，但不进行像田地那样的具体分割，而是作为一个整体"存众管业"，即作为宗族集体的共有财产，由吴德振的后裔集体进行管理。吴德振之所以作出这样的规定，显然是为身后子孙着想。因为众多的后裔中，难免有因各种原因而衰微的[①]，甚至有因为无嗣而绝后的，一旦将火佃的劳役以及为完成劳役所必须的财产（如屋地、山地）进行具体分割，则随着世代的推移，每一后裔所继承的份额就会越来越小，一旦衰微或者无后，主仆之间的名分就很难维持乃至完全消失。因此，将火佃及其财产不进行分割，而是作为一个整体由宗族进行管理，即可避免这一情况的发生，以维持长期的主仆关系。这从一个侧面揭示了这样的事实：包括盐商在内的徽商将大量资金投入山林经营，役使大量火佃，是徽州佃仆众多的重要因素之一，而徽州强大的宗族势力则是佃仆制能够长期维持的重要原因。

五、结论

《尚贤公分书》提供了明代中期徽州盐商的丰富信息。结合分书和其他文献，可以看出吴德振家族是明代初期开始兴起的盐商家族之一。依据分书中正

---

① 吴德振的曾孙吴文林，因其父吴宗望经营盐业有年，分家时得到一笔不薄的财产，"基址得其爽垲者，釜钟得其腴者。"他的妻子出身于休宁县另一个富商家族古林黄氏，陪嫁也相当丰厚。但吴文林不善经营，沉迷于诗酒风流，加以各类开支颇大，以至家道中落："食指日繁，别鲜岁赋，数十年来嫁五女、婚三男，祭祀宾朋燕会往来，一切取办是。且也天性慈祥，知交告窘，不难舍己殉人。如母党某子甲称贷于钱家，先生代为立券，后收责者啧有烦言，先生破百金产为赎券归。质剂不已，遂至易宅，易宅不已，遂至市田，递负逋，递割产，筚路蓝缕，厘厘辟立。余家七叶举盐笑，明上贾淮海江汉间，逮伯父浸削，逮先生而贫。"（（明）吴文奎《从兄文苑先生行状》，《苏堂集》卷八，《四库全书存目丛书》集部第189册第189、190页）这可以视为盐商家族败落的典型事例。

德年间盐业资本的数据，可以发现其增值速度相当快，这是明代中期徽州盐商资本兴旺发展势头的生动体现，也符合这一时期徽商在两淮盐场开始占据优势的大趋势。吴家盐业是典型的合伙经营，此种经营模式扩大了资本规模，便于发挥合伙人的专长，能够形成规模效益，但也存在着财产清算复杂而困难等缺点。中国古代合伙制起源于先秦时期，汉代以后趋于成熟，家族色彩相当浓厚，合伙者之间主要靠宗族血缘纽带和个人信誉来维系①。然而，经营的实践表明，某些合伙人常常利用自身的优势地位侵吞弱势合伙人，即使是血缘关系也不能完全防止此类状况的发生，发生在吴德振家族中的兄弟子侄间的争端就是明显例子。因此，家族合伙经营在达到一定规模之后，就难以继续扩大，也难以维持长期稳定的经营，甚至会因为合伙人之间的各种争端而分崩离析。中国传统商帮中家族合伙制长期流行，而没有发展出近代的有限责任制和股份公司制，这是传统商帮发展的一大局限性。分书中包含了大量的土地关系方面的资料，从中可看出吴德振家族将大量资金用于购买土地，而且随着吴家在盐业经营中的成功，用于购地的资金也在不断膨胀，所购得土地数量之多，在徽州称得上是一户大地主。吴德振家族在土地经营中役使了大量的火佃，并通过宗族组织维持着长期的主仆关系。上述情况表明，徽州盐商身兼地主是一种常见的现象，商业资本与土地资本密不可分，并与宗族势力密切相关。"本富为上，末富次之，奸富最下"，②这样的古训对徽商影响极大。因此，徽州商帮从其形成之日开始，就具有浓厚的传统气息，这实际上加强和巩固了中国传统社会的基本结构，而没有从中产生足以瓦解这一结构的近代资本主义生产关系。

（原载《中国史研究》2012 年第 3 期）

---

① 关于中国古代合伙制的研究，可参见刘秋根：《中国古代合伙制初探》，人民出版社 2007 年版。

② （汉）司马迁：《史记》卷一二九《货殖列传》，中华书局 1999 年版，第 2474 页。

清代徽州玉米经济新探

梁诸英

内容提要：现有关于徽州棚民的研究大多注意到棚民垦殖玉米对当地生态的破坏以及地方社会的禁止性措施，但难见对清代徽州玉米经济实态的系统考察，对文书资料利用也很少。资料显示，在清代徽州农村社会，玉米种植并没有做到令行禁止，玉米实物租大量出现，反映出民众对玉米这一粮食种类的认可。清代徽州玉米垦殖的收益分配方式颇为多样，一些山主通过出租山场可获得大量玉米实物收益。此外，清代徽州地区玉米种植虽然对山地生态有所破坏，但也有促进林木种植的一面，这在以往研究中尚未受到关注。

关键词：徽州；棚民；玉米垦殖；徽学

迄今为止，关于清代棚民在山区种植玉米的研究，涉及商品经济性质、地域分布、生态破坏作用以及地方社会的禁止性规定，也有文章探讨了玉米种植的传播过程 [①]。不过，对山区外来棚民开垦作出禁止性规定并不等同于当地玉

[①] 关于清代棚民种植玉米的相关研究成果主要有：冯尔康：《试论清中叶皖南富裕棚民的经营方式》，《南开大学学报》1978 年第 2 期；刘敏：《论清代棚民的户籍问题》，《中国社会经济史研究》1983 年第 1 期；杨国桢：《明清土地契约文书研究》，人民出版社 1988 年版，第 134—155 页；叶显恩：《明清徽州农村社会与佃仆制》，安徽人民出版社 1988 年版，第 84—85 页；刘秀生：《清代闽浙赣皖的棚民经济》，《中国社会经济史研究》1988 年第 1 期；傅衣凌：《明清社会经济史论文集》，人民出版社 1989 年版，第 111—112 页；吕小鲜编：《嘉庆朝安徽浙江棚民史实》，《历史档案》1993 年第 1 期；赵冈：《清代的垦殖政策与棚民活动》，《中国历史地理论丛》1995 年第 3 期。玉米传播的相关研究成果主要有：陈树平：《玉米和（转下页）

米种植被禁止。有鉴于此，对清代玉米经济的实态仍有进一步考察的必要。笔者在检阅徽州契约文书资料时，发现有许多文书真实记录了清代徽州地区玉米垦殖的实际状况、对当地租佃形式的影响、收益分配以及对山林兴养的促进作用等方面的内容。这些，此前都很少为学界所关注。存世徽州契约文书具有数量多、时间跨度长、系统性强等特点，能据以更好地复原徽州民众的农业生产及生活实态，极具史料价值。本文以徽州契约文书为主要资料，对徽州玉米经济实态进行考察，期望通过徽州地区这一生动案例，考察清代一些禁止性规定在基层的实际执行情况，进一步认识玉米种植在清代的影响，并丰富徽学研究的内涵。

一、清代徽州玉米垦殖概况

清代徽州地区的玉米垦殖情况，在地方史料中常有概括性的记载。道光《徽州府志》记录了苞芦种植充斥山场的情况，指出"昔间有而今充斥者，惟苞芦"[①]；俞正燮也指出徽州"苞芦已植到山巅"[②]。实际上，徽州契约文书中也多有此类玉米垦殖的具体实例。

乾隆、嘉庆年间徽州地方社会对棚民种植玉米多有禁令，但在禁令实行的同时，也出现了徽州本地农民效仿棚民垦殖玉米的状况，这是一种伴随人口流动而导致的农业技术的传播。史载徽州府"乾隆年间，安庆人携苞芦入境，租山垦种，而土著愚民间亦效尤而自垦者"[③]。关于这一点，诸多契约也可佐证。徽州地区较早明确记载种植玉米的契约，据笔者检阅，是乾隆三十五年

（接上页）番薯在中国传播情况研究》，《中国社会科学》1980 年第 3 期；郭松义：《玉米、番薯在中国传播中的一些问题》，《清史论丛》第 7 辑，1986 年；曹树基：《玉米和番薯传入中国路线新探》，《中国社会经济史研究》1988 年第 4 期。

① 道光《徽州府志》卷五之二《食货志·物产》，江苏古籍出版社 1998 年版。"苞芦"是徽州对玉米的称呼。

② 同治《黟县三志》卷一六《艺文志·诗》，江苏古籍出版社 1998 年版。

③ 嘉庆《绩溪县志》卷三《食货志·土田》，江苏古籍出版社 1998 年版。

（1770）二月祁门县潘有乂所立的承佃山约。此约规定所租山场用于锄种苞芦，并以苞芦交租："立承佃人潘有乂，今承到程名下山壹号六保江祥坑土名外大弯，其山悉照老佃约，是身承去锄种苞芦，递年交纳苞芦壹佰陆十斤正，约至十月内付还，如过期加价行罚。"① 嘉庆年间，徽州也有垦殖玉米的契约，如嘉庆十八年（1813）三月张乂所立承寄佃田坦约："立承寄佃约人张乂，今承到程开垦名下七保庙下车田墩土名界方位坦壹备，计租五十秤，凭中自愿是身承来耕种苞芦。"② 此时期明文载明玉米种植的契约绝非个例，据笔者对已出版徽州文书的检阅，还有 11 则之多③。

道光年间及其后玉米种植仍然存在，道光、咸丰及光绪时期均有多则承佃山场的契约载明种植玉米事项。据咸丰三年（1853）十月初四日祁门县吴德侯等所立文约，在吴德侯等合伙承佃的汪慎德堂澄公祀名下的山地，并不禁种玉米："倘有本山锄种苞芦，亦照六股均种，毋许倚强混种，所有山价酒水钱，亦照六股均出。"④ 这就说明，种植玉米在当时已是默认的群体性行为。除了可以将山场佃给多人合伙种植玉米外，还可以将某山场佃给个人种植玉米，如光绪十六年（1890）六月二十日祁门吴德伏所立承山约："立承约人吴德伏，今承到吴广宪族侄名下坐落本都六保土名榛树窟山壹号"，在此山四至之内"是身承去开挖兴种苞芦"⑤。《陶甓公牍》也记载了清末休宁县四都源、瑶碣源之棚民以烧炭或种植苞芦为生的状况，而其时绩溪县已出现把苞芦之粉"制成食品为正餐者"⑥。

由以上介绍可知，清乾隆以后各个时期均有关于玉米种植的契约。这说明虽然官方对棚民种植玉米多有禁令，但徽州民间对玉米的种植没有随之禁止，也不是偷偷摸摸地暗中进行，将玉米种植明确写进契约即是明证。赵冈认为，

---

① 刘伯山主编：《徽州文书》第 1 辑第 7 册，广西师范大学出版社 2005 年版，第 154 页。
② 刘伯山主编：《徽州文书》第 1 辑第 8 册，广西师范大学出版社 2005 年版，第 168 页。
③ 刘伯山主编：《徽州文书》第 1 辑第 7 册，第 199、214、230、276、318、329、373、389 页；第 1 辑第 8 册，第 15 页；第 1 辑第 10 册，第 175 页。王钰欣、周绍泉主编：《徽州千年契约文书·清民国编》卷一一，花山文艺出版社 1993 年版，第 33 页。
④ 刘伯山主编：《徽州文书》第 2 辑第 2 册，广西师范大学出版社 2006 年版，第 74 页。
⑤ 刘伯山主编：《徽州文书》第 2 辑第 2 册，第 157 页。
⑥ 刘汝骥：《陶甓公牍》卷一二《法制》，《官箴书集成》第 10 册，黄山书社 1997 年版，第 588、617 页。

乾嘉道光年间政府禁止流民垦山种植玉米，"这些禁令虽非百分之百的生效，但在山区种植玉米的范围究竟大为减少"①。种植玉米范围大为减少的说法，若是针对棚民来论，是可信的；但若言山区玉米种植总体面积大为减少，则恐难以断定。

二、苞芦实物租：徽州民众对玉米的认可

清代徽州没有强行禁种玉米，这是清代徽州农业生产的真实形态。玉米种植对清代徽州的重要性有客观原因，即明清时期徽州地区粮食供应严重不足②，在此背景下玉米的功用更为突出："煮粥炊饭，磨粉作饼，无所不宜，救荒疗饥必需物也，亦可炒食。"③

随着玉米种植的发展，苞芦实物租这一新的实物租形式得以实现。苞芦实物租成为徽州地区稻、麦、豆等实物租之外一种主要的实物租形式，这是清代徽州租佃制度的一种新情况，学界此前极少注意。徽州契约文书对苞芦实物租有大量记载，下面择要介绍。

乾隆、嘉庆年间，有不少承种、租佃山地及山坦的契约载明，交租的实物种类是苞芦，说明玉米在当地的认可度及重要性。据笔者检阅，乾嘉年间徽州地区载明苞芦实物租的契约有 20 则之多④。在承佃山场种植玉米的契约里，承佃人与山主绝大多数是异姓，我们推测，可能是伴随着清代人口流动的频繁，系外地人进入徽州垦种玉米的情况。也有少量契约载明了承种人是徽州附近府

① 赵冈：《清代的垦殖政策与棚民活动》，《中国历史地理论丛》1995 年第 3 期。
② 吴媛媛：《明清徽州粮食问题研究》，《安徽大学学报》2009 年第 6 期；吴媛媛：《从粮食事件看晚清徽州绅商的社会作用》，《安徽史学》2004 年第 6 期；吴媛媛：《明清徽州的水旱灾害与粮食种植》，《古今农业》2007 年第 2 期；李琳琦：《明清徽州粮商述论》，《江淮论坛》1993 年第 4 期；柏家文、朱正业：《明清徽州社会救助体系浅论》，《江淮论坛》2012 年第 3 期。
③ 嘉庆《黟县志》卷三《地理·物产》，江苏古籍出版社 1998 年版。
④ 刘伯山主编：《徽州文书》第 1 辑第 7 册，第 156、198、210、230、305、316、318、434 页；第 1 辑第 8 册，第 26、29、39、42、83、87、93、149、168、183、213 页；第 1 辑第 10 册，第 175 页。

县的农民。比如乾隆四十二年三月徐成花所立承佃坦约即是此种情况。徐成花是皖南石埭县人，程加灿是祁门人，徐成花承佃"程加灿兄名下七保富村杨家巷口坦壹块，又占家坞坦壹块"，"迷年交纳租苞芦子贰十五斤，身不得短少"。照此看来，石埭县人徐成花到祁门开垦山坦种植玉米，属跨境垦种，当属棚民性质。乾隆四十五年十二月，祁门程笄艮将田坦出佃给石埭县徐永成耕种收取苞芦实物租①，也是这种情况。

此时期苞芦实物租交纳还出现一个值得注意的情况，即明明是佃田契约，却规定需要交纳苞芦实物租。兹举一例：乾隆五十三年十二月，朱相元承佃到程加灿名下之田，"计原租四秤"，"迷年硬交苞芦租子叁拾斤整"②。我们知道，根据玉米的作物特性和徽州山多田少的状况，清代徽州玉米是种在山地的，一般不种在田里。这种情况说明承佃人朱相元还有其他山地可种植玉米，以交纳苞芦租，或直接在此田块种植玉米。无论哪种情况，均说明玉米种植在当时的徽州不属罕见。

此时期不仅苞芦实物租绝非个例，而且和麦租等主要实物租种类类似，如果欠下苞芦实物租，也需要来年加利付还。据嘉庆元年十月祝天南所立欠山租字契约，祝天南"欠到程名下本苞芦蒲伍佰斤整"，要在来年秋收加利付还③。这也从侧面说明了苞芦实物租在当地被认可的情况。

道光、咸丰、光绪年间也均存在交纳苞芦实物租的诸多契约，这里不一一列举，仅举一则为例。道光二十四年（1844）祁门立承佃约人吴大柏，"今承到程彩祀、端培、端埭等七保罗家岭下熟田七坵、熟坦壹备，土名大厂坞、小八坞等处熟田坦，是身承去入地耕种，无论丰歉，迷年硬交玉子贰佰壹拾斤，其玉子务要晒干挑送上门，毋得拖欠斤两。如违，听凭另召他人"④。此契约要求承佃人将苞芦租"挑送上门"，并且"毋得拖欠斤两"。

从现有交纳苞芦实物租的文书看，一般都规定苞芦实物租的交纳需要"挑送上门"，并且"不得拖欠短少"，如果违反则"听凭另佃他人"。这些文书中，

①　刘伯山主编：《徽州文书》第 1 辑第 7 册，第 269、333 页。
②　刘伯山主编：《徽州文书》第 1 辑第 7 册，第 400 页。
③　刘伯山主编：《徽州文书》第 1 辑第 8 册，第 26 页。
④　刘伯山主编：《徽州文书》第 1 辑第 8 册，第 438 页。

有些载明所租地块种植的是苞芦，有些是说开种杂粮或花利。此"杂粮、花利"很可能包括玉米，或者就是种植玉米。很难想象契约里的佃民、承租人会购买玉米来交租。自乾隆至清末，徽州各时期均有交纳苞芦租的实例，甚至在个别租佃"田"的契约中也显示交纳租谷的种类是"苞芦"。这些苞芦实物租的大量实证说明玉米种植在清代徽州地区的发展以及民众对玉米的认可。

在清代徽州，玉米已出现在民间借贷或抵押关系中。徽州借贷米、麦并加利付还的契约不少，但借贷玉米的契约很难见到。所幸此类借贷文书仍有存世者，也足见其珍贵。据乾隆四十一年十二月祁门王之禄所立借字："立借字：王之禄，今借到陈艮兄名下苞芦九拾斤正，其苞芦言定来年秋收加利付还，不得短少，付青〔清〕取字，其字执留，今恐无凭，立此约存照。"① 在徽州人的买卖活动或集资活动中，还出现以玉米作价的情况。比如咸丰年间徽州水碓股份出卖时，即曾有以玉米作价而成交的情况，也可见玉米在徽州人日常生活中的重要性。咸丰八年十月吕邦闵所立卖碓契即是此类契约："立卖契人吕邦闵，今因欠少使用，自身情愿将传字号内土名外坑下石桥里水碓一只，十大股合身分法四股之一，并堨脑、水圳，尽行出卖与堂伯清海邦院名下经管，三面言定时值价钱苞芦一斗二升正，其苞芦当日收足，其水碓听凭随契经管，无得阻执。"② 将玉米作为借贷物及在市场交易中以玉米作价，也充分说明玉米在清代徽州被广泛认可。

玉米在清代徽州社会中被认可，还可以从徽州地区与玉米有关的民俗及民间歌谣中得到反映。据珍稀史料《应酬便览》，清代徽州猴子尤其是猕猴对农作物玉米的破坏很严重，它们"逐队成群"来到玉米地"空劳大嚼"，"或残或拔"，使得"一山苗物尽空虚"，农民"半岁勤劳，不了郡凶残耗"。于是，有人作《祈神驱猴狲疏》，试图以祈神手段应对猴狲的破坏③，希冀借助神灵驱赶猴狲以保护玉米生产，足见徽州百姓对玉米生产的重视。流传久远的歌谣也体现了传统时期徽州人民对玉米的喜爱。休宁县的歌谣《山里好》指出："手捧苞芦馃，脚踏硬炭火，除开皇帝就是我"；绩溪县也有《手捏苞芦馃》歌谣：

---

① 刘伯山主编：《徽州文书》第 1 辑第 7 册，第 265 页。
② 刘伯山主编：《徽州文书》第 3 辑第 4 册，广西师范大学出版社 2009 年版，第 218 页。
③ 王振忠：《清代徽州民间的灾害、信仰及相关习俗——以婺源县浙源乡孝悌里凰腾村文书〈应酬便览〉为中心》，《清史研究》2001 年第 2 期。

"手捏苞芦馃，脚踏树桩火；无忧又无虑，皇帝不抵我"①。馃是一种油炸食品，符合徽州人饮食重油的特点，"苞芦馃"被当作美食，体现了徽州人对玉米的认可和喜爱。

三、清代徽州玉米垦殖的收益分配

关于徽州的租佃形式，叶显恩指出，"从涉猎到的材料看，当时徽州地区绝大部分取额租制，少量取分成制"②。徽州玉米种植中是否也存在这种定额租和分成租呢？据清代徽州地区的承山、佃山契约，答案是肯定的。

根据对相关契约的分析，分成租常常是山主、佃户之间二八分配的水准，如果违反约定则要受到"见壹罚拾"等类的经济处罚。在道光二十四年祁门吴士发等所立出佃山约中，吴士发等将山出佃给他人锄种苞芦，规定苞芦分配方式是"迭年秋收之日眼全干分，言定贰八均分，佃得八，股得贰，无得私自采取，如违，见壹罚拾"③。晚清的承山契约对种植苞芦以及桐子也常常是二八分成。如光绪十六年祁门吴德伏所立承山约，吴德伏在所承之山四至之内"是身承去开挖兴种苞芦，主坌贰八监分，务要眼全登山采摘"④。也有少量契约是对半分配的情况，如嘉庆十八年三月张义承种程开垦的山场种植苞芦，"迭年秋收之日接坦主到坦干分对半"，并规定"佃人兴种苞芦，不得怠懈抛荒"⑤。

除分成租外，徽州地区还有交纳一定数量苞芦的形式，即定额租，规定佃户要将苞芦挑送上门，不得短少。如果违反，要受到经济处罚或夺佃处罚。乾隆四十年十一月祁门赵双声等承佃程元祯等的山场锄种苞芦，"言定迭年交纳苞芦子一百六十斤正，其租言定迭年十月内挑送上门，不得拖欠，如违，罚苞

---

① 吴兆民：《从民间歌谣看徽州人的观念世界》，朱万曙、卞利主编：《戏曲·民俗·徽文化论集》，安徽大学出版社 2004 年版，第 344 页。
② 叶显恩：《明清徽州农村社会与佃仆制》，第 75 页。
③ 刘伯山主编：《徽州文书》第 2 辑第 2 册，第 66 页。
④ 刘伯山主编：《徽州文书》第 2 辑第 2 册，第 157 页。
⑤ 刘伯山主编：《徽州文书》第 1 辑第 8 册，第 168 页。

芦伍十斤"。佃户违约除了受到"罚苞芦"的实物惩罚外，还有金钱处罚的手段。乾隆四十二年十一月，程天喜承到程元会、程加灿的山地以种植苞芦，契约规定递年交纳玉米八十斤，不得短少，"如违，听山主另招。其租言定十月初十日上门交付，过期行罚。定后二各无悔，悔者甘罚钱八百文公用，立此存照"。第三种违约惩罚方式，是"另佃他人兴种"，这种夺佃的处罚方式在契约里也较常见。乾隆四十五年六月，祁门程延芳承佃程加灿山地锄种苞芦，交纳120斤的苞芦实物租，"如违拖欠，听自另佃他人兴种，无得言说"①。

据契约文书记载，承种山地进行玉米垦殖还有少量交纳货币租的，主要是外地棚民租佃山地种植苞芦的情况。如嘉庆五年九月初二日安庆潜山人许正明承租祁门县凌凤鸣名下的山地，"开挖锄种苞芦，三面言定，递年交纳租银壹佰文，其银递年至冬至日交付，不致短少"②。这种交纳货币租的情况在清后期很少见，可能与嘉庆以后当地对外来棚民开垦的禁令有关。

在此背景下，一些山主靠出租山场获得大量玉米收益，这里举一个实例。程加灿是乾嘉年间当地的一个大地主，他除出租山场给人种植米、麦外，还有部分山场租给他人种植玉米，收取玉米实物租。据对系列契约的统计，程加灿在乾嘉年间年获玉米收益达1500斤以上③。

四、玉米种植对山地林木的兴养有一定促进作用

清代玉米种植对生态环境的破坏，学界有深入论述，此种研究主要是针对棚民的无序开垦来论述的。学者指出，"棚民对徽州山区的无序开垦和恶性开采，对徽州山区脆弱的生态环境造成了严重的破坏"④；在长期饱受生态环境恶

---

① 刘伯山主编：《徽州文书》第1辑第7册，第230、276、318页。
② 王钰欣、周绍泉主编：《徽州千年契约文书·清民国编》卷一一，花山文艺出版社1993年版，第331页。
③ 据程加灿收取玉米实物租的18则契约统计，契约出自刘伯山主编：《徽州文书》第1辑第7、8册。
④ 卞利：《明清徽州社会研究》，安徽大学出版社2004年版，第318页。

化之苦的情况下，"徽州山区社会采取了驱禁棚民与封山育林，调整产业种植结构相结合的标本兼治的应对措施"①。清代棚民玉米种植活动对山地生态的破坏是客观存在的，但需要指出的是，徽州契约的内容还显示了玉米种植的另一方面，即通过玉米、桐子种植促进松杉等林木的种植，这也是清代徽州玉米种植得以发展的重要原因之一。此层原因，为学界所未注意。

山主为了使承租人对荒山进行开发以种植松杉，常常允诺或同意承租人种植玉米、桐子等以获得额外收益。这种将种植松杉与垦种玉米结合起来的模式在清代徽州契约文书中多有体现。大量玉米垦种方面的文书显示，承山人、租山人负有"补插苗木"等兴养山林的义务，并且不得抛荒丈土，如果违反则要受到罚款或"不予力分"的经济处罚。以下择要予以介绍。

早在乾隆年间就有将锄种苞芦所获作为承山人、租山人补插苗木报酬的情况，合同还会规定承山人、租山人对于补插苗木、保养苗木所应承担的义务，即"通山养苗，不得懈怠"。兹举乾隆三十九年七月祁门程发秀等所立兴山合约为例：

> 立兴山合文人程发秀、汪嘉谟、程开警、叶之桂、汪时道、张成福，今有八保山场壹备，土名黄兵坑、合坞等处，眼企业主，内取逞坞宝山壹号，出典与汪时达名下前去砍拔，锄种苞芦，补插苗木，议定就台演戏壹台，加禁合坞松杉，以供国课。如有地方梗顽之徒入山盗砍，准许原佃投鸣山主，演戏加禁。如不遵守，众山主务要均照山分出费鸣官理治。如果生情不举、收钞卖放饮食，留情不报，守与盗伐之人同论。其合坞山场苗木成材议作三股均分，主得二股、利得一股，其利分务要凑便山主。如违，不与利分。②

嘉庆年间，也有不少享有垦种苞芦权利但负有兴养林木职责的山林契约，种植苞芦的权限常常为五年。据嘉庆三年六月汪光生所立承兴山佃约，汪光生

---

① 陈瑞：《清代中期徽州山区生态环境恶化状况研究——以棚民营山活动为中心》，《安徽史学》2003 年第 6 期。
② 刘伯山主编：《徽州文书》第 1 辑第 7 册，第 214 页。

承佃到山主程发秀、程嘉灿等人的山场，"锄种花利、栽扦苗木"。锄种花利要交纳苞芦租，"其山锄种五年为止"，同时负有兴山义务："其山栽扦苗木，毋得抛荒"，"日后苗木长大成材作贰八均分，主得八，力得贰"。有些契约还对兴养苗木作出更为具体的要求，比如"要丛密成林""壹丈三栽"等。据嘉庆九年正月鲍胜保、张成初立承兴山佃约，鲍胜保、张成初承到山主程加灿等四人山场，"准种五年"，交纳苞芦实物租，同时也负有"栽埊苗木"的义务，"其苗木务要丛密成林，壹丈三栽，毋得抛荒丈土"，如果违反，则罚银二两①。

嘉庆以后，此类将垦种苞芦与兴养林木捆绑在一起的契约仍有不少，也是明确规定承山、佃山人可在该山四至之内种植苞芦及桐子作为收益，但同时负有扦插苗木、兴养山林的义务。如光绪十六年祁门吴德伏在所立承山约中，吴德伏承种了吴广宪族侄名下的一块山地，规定若"苗荒不齐"，则吴德伏要受到经济处罚②。

栽植松杉之前种植玉米，是传统时期徽州山林开发的特点，一直到新中国建立初期都是如此。如休宁县花桥村：

> 地主经营林山的方法是这样的：凡林山在初期培植树苗时，必须经过开发荒山的过程，因此地主把占有的荒山首先租给农民开发种植苞谷，三年不收租（有的收租，但租额比田租为轻），但三年期满后要给地主培养好树苗，如杉、桐等，每亩山要栽三千棵左右。到期如数点缴给山主（地主）。这种方式看起来农民有三年苞谷收益，其实收益很小，而开发荒山、栽种树苗所耗的劳力很大，所以是极其严重的剥削，地主们不要花什么代价，而坐待收益。③

歙县长陔区南源村的情况类似："杉苗由栽种到长成为周围三尺粗的杉木要三十年，最肥沃的山也需二十年方能长成。杉木砍伐之后，放火烧山作肥料，第二年即开垦种苞芦，连种二三年后，土质渐瘦薄时，即栽植杉苗，过

---

① 刘伯山主编：《徽州文书》第1辑第8册，第39、83页。
② 刘伯山主编：《徽州文书》第2辑第2册，第78页。
③ 华东军政委员会土地改革委员会编：《安徽省农村调查》，1952年印，第208页。

二三十年再行砍伐。"①

五、小　结

在清代徽州农村社会，虽然各种力量对棚民种植玉米制订了诸多禁止性措施，但棚民种植玉米并未绝迹。而且，棚民玉米种植对当地居民产生一定的技术示范作用，即所谓的"土著愚民间亦效尤"。玉米种植对徽州民众生活产生不可忽视的影响，除了能缓解徽州地区粮食紧张的状况外，还使得玉米实物租大量出现，这反映出徽州民众对玉米这一粮食种类的认可。从遗存的徽州地区契约还可以看出，清代徽州玉米垦殖的收益分配方式是多样化的，一些山主通过出租山场可获得大量玉米实物收益。清代徽州地区玉米种植的发展还与徽州区域性种植结构有关，即徽州地区荒山在栽植松杉前常种植玉米。山主允诺或同意承租人种植玉米以使承种人获得额外收益，同时也起到了促进徽州林木种植的作用。

（原载《安徽大学学报》2014 年第 6 期）

---

① 华东军政委员会土地改革委员会编:《安徽省农村调查》，第 219 页。

晚清生员的技术性知识与传统乡村社会
——以胡廷卿家庭收支账簿为核心

董乾坤

内容提要：在传统乡村社会中，生员群体处于王朝体系中的最底层。他们数量众多，分布广泛，与当地普通民众的关系十分密切。出于谋生和求名的需要，他们往往将塾师当作首选职业，成为传授知识的重要载体和王朝权力深入乡村的媒介之一。除此之外，他们还会通过学习各种类书，从而掌握许多在乡村中有着广泛用途的"技术知识"，扩大了收入来源。而这些知识的运用与他们所处的地方社会密切相关。

关键词：晚清；徽州；生员；技术性知识；账簿 ①

对于取得进士、举人等高级功名的人来说，他们在地方社会中具有很高的威望，且在维持地方秩序中起着重要的作用，故而被称作"士绅"。自 20 世纪四五十年代以来，有关乡绅的研究已取得丰硕的成果 ②。纵观这些成果，有两

---

① 国家社科基金一般项目"晚清徽州塾师的生活实态研究"（17BZS117）。

② 具体可参见巴根：《明清绅士研究综述》，《清史研究》1996 年第 3 期；谢俊贵：《中国绅士研究述评》，《史学月刊》2002 年第 7 期；郝秉键：《日本史学界的明清"绅士论"》，《清史研究》2004 年第 4 期；《西方史学界的明清"绅士论"》，《清史研究》2007 年第 2 期；尤育号：《近代士绅研究的回顾与展望》，《史学理论研究》2011 年第 4 期；何炳棣：《明清社会史论》，徐泓译，台北：联经出版事业股份有限公司，2013 年；[英] 沈爱娣（Henrietta Harrison）：《梦醒子：一位华北乡居者的人生》，赵妍杰译，北京大学出版社 2013 年版；冯贤亮：《明清江南士绅研究疏论》，《中国高校社会科学》2014 年第 6 期。

个特点较为突出，其一，研究对象多集中于上层士绅，对于在乡村社会中地位不高、权力不大但数量众多的生员阶层着墨不多；其二，多从宏观层面讨论，而有关士绅个人的收入及其与传统社会的关系探讨较少。

在中国文学作品中，生员一般是被嘲笑的穷秀才。他们虽拥有功名身份，却没有跻身官场的资格，仅作为一般意义上的最低级士绅生活于山间乡村。在一个科举发达、官员辈出的地区，他们没有多少话语权，即便有，也很少留下可资利用的文献。但他们又大量存在于地方社会中，且与当地民众的生活密切相关，是一个不容忽视的群体。基于此，本文拟利用自光绪七年（1881年）至民国4年（1915年）的系列家庭收支账簿作为核心资料，探讨一名生员如何利用技术性知识来增加家庭收入、在当地社会中的作用及其与地方社会的关系[1]。

一、技术知识及其收入

"技术知识"源自费孝通先生的概括，他在对中国绅士的研究中，从自然与社会的角度探讨了技术与知识的关系。他认为在复杂的社会中，技术需要阅读文献才能获得，而这些文献只有那些水平较高的知识分子才能掌握，并指导民众进行生产、促进社会进步，从而获得社会权威和民众尊敬。如果统治者仅靠特权而不掌握技术，不仅其特权不保险，而且还无法推动社会的进步。显然，费先生的意图在于告诫掌权者要掌握必要的技术以实现更好的统治[2]。本文使用的"技术知识"与费先生讨论的既有联系，又有区别。其相同之处在

---

[1] 董乾坤：《晚清教育改革与乡村塾师的家庭生活——以祁门县胡廷卿为例》，《中国社会历史评论》第21卷，天津古籍出版社，2018年12月；《晚清徽州乡村塾师的土地经营——以"胡廷卿账簿"为核心》，《安徽大学学报》（哲学社会科学版）2019年第3期；王玉坤：《清末徽州塾师胡廷卿的乡居生活考察——以〈祁门胡廷卿家用收支账簿〉为中心》，《贵州师范学院学报》2015年第5期；马勇虎、李琳琦：《晚清乡村秀才的多重角色与多样收入——清光绪年间徽州乡村秀才胡廷卿收支账簿研究》，《安徽史学》2018年第3期。

[2] 费孝通：《中国绅士》第3章"绅士和技术知识"，惠海鸣译，中国社会科学出版社2006年版。

于二者指的皆是对规律总结的认知，是靠不断阅读文献和亲身实践而逐步掌握的某些特殊知识体系。这些技术在上古时期多由官方机构的某些专门人员所掌握。然而，随着社会的进步，私学的发展，许多技术知识逐渐向社会大众传播，相关的思想观念也随之下移，逐渐为民众所接受，如看日子、查八字、看病，等等。这些技术性知识广泛应用于乡村民众，多由地方社会中的知识分子掌握。宋代特别是明代以后，随着印刷、造纸技术的发展，许多应用型的类书被大量印刷、流通并深入乡村，为一些低级知识分子掌握。在识字率不高的地区，这些具有一定技巧和规律的知识为少数人掌握，颇具垄断性。对于大部分不识字的民众而言，对这些技术性知识既有着广泛的需求，却又无法掌握。因而，为乡村中的知识分子提供了赖以谋生的可能。但这些知识分子并没有进入官僚序列而无法获得政治权力，这一点是与费先生讨论的差别所在。

本文要探讨的胡廷卿，除担任塾师外，还通过不断学习，掌握了其他类型的技术性知识。这些知识从不同方面满足了乡村民众及宗族组织的需求。下面即从技术知识的来源、服务类型及其收入进行探讨。

（一）知识来源

刘伯山在探讨晚清黟县一位万氏乡村塾师的论文中指出，在万家所藏各种书籍中，包括"《论语（朱子集注）》（万五宝读本）、《礼记》、《孟子》、《孟子序说》（万五宝读本）、《诗经》、《诗经旁注》（万五宝读本）、《易经增订旁注》、《书经》、《书经旁注》、《通书备要》（咸丰二年抄本）、《文明尺牍教科书》（宣统二年石印本）、《唐著写信必读》、《中华民国应用商业写信必读》（民国石印本）、《命学大成》、《命学摘要》、《趋吉避凶》、《梅花神数》、《选择总要》、《算书（又名大九归读诀）》（宝记）、《二道同钞》（同治三年抄本）、《大清律例全纂集成》、《大清律例》（抄本）、《海陆军法规三十二种》（民国石印本）、《绘图百家姓读本》等。①"显然，《论语》《礼记》等书籍是为教授学生所用，而《命学大成》《趋吉避凶》《通书备要》等书则是实用之书，它们能为乡村民众提供

---

① 刘伯山：《晚清徽州乡村塾学教育的实态——以黟县宏村万氏塾学为中心》，《安徽大学学报》（哲学社会科学版）2013 年第 6 期，第 103 页。

各类技术性知识。相较于塾师使用的识字、启蒙等知识体系，技术性知识在乡村社会中有着更广泛的用途。这些知识并不在科考之列。因此，胡廷卿掌握的科举之外的其他知识，必然是通过这类书籍而获得。那么，胡廷卿具体是通过哪种书籍而获得的呢？在他的收支账簿中，有几次购买相关书籍的记录（见表14-1），据此可获得一些线索。

表 14-1　胡廷卿购（获）书统计

年	月	日	购（获）书记载	页码	卷数
光绪八年	腊月	十九	支钱 30 文，茶簿 1 本、新通书一本	48	十四
光绪十一年	十一月	初八	支钱 46 文，买通书，计米 1 升半，内棕索钱 36 文	227	十四
光绪十三年	十月	廿八	支钱十文，新时宪书	456	十四
光绪十四年	腊月	廿一	（邑中）支钱 12 文，买通书 1 本	48	十五
光绪十六年	腊月	十八	（邑中）支钱 10 文，通书	227	十五
光绪十九年	腊月	十九	支钱 12 文，通书，阳开手	1	十六
光绪二十二年	菊月	廿九	支钱 10 文，新通书一本	223	十六
光绪二十四年	十一月	廿八	（邑中）支钱 12 文，买通书 1 本	360	十六
光绪二十五年	腊月	廿六	收瑞记送花生二斤，香干二扎，广东通书一本	26	十七
光绪三十二年	腊月	廿四	收瑞记送鲜亥二斤，又花生二斤，广东菓子一包，四样；新通书一本，又蒲扇一把	140	十八
光绪三十四年	腊月	初十	收瑞记送广东菓子二包，约二斤（金橘、佛片、瓜条、枳饼）；蒲扇一把，广历一本	214	十八

注：表中不含胡廷卿所购其他种类书籍。

表14-1中的时宪书、通书即是我们今天所说的历书，但二者有别。时宪书为官方所颁定的官方日历，它的雏形在甲骨文中即已存在，目前存世最早的时宪书为西汉武帝七年（公元前 134 年）所颁布。清代统治者结合西方日历，由钦天监每年制作出一部时宪书颁行天下[1]。而通书不仅包含了时宪书中的内

---

[1]　荣孟源：《清宫时宪书》，《紫禁城》1981 年第 4 期。

容，还继承了先秦时期的术数、方技知识传统，将各种实用知识纳入其中。孔令宏认为："大致从唐代晚期开始，纯粹的星学著作、日书、历书也还有出现，但数量已经比较少。绝大多数与此相关的著作都是把这三者融合起来，并收纳了多种术数以及与社会和日常生活相关的诸多方面的知识，被称为通书①。"显然这是一种百科全书式的民间日用类书②，真正以通书命名的历书最早见于元代。至明代，这种通书又加入了日常生活知识，逐渐成为百科全书式的类书。"清代民间通书以官方时宪书为模板，极力拥护正统天文历法，同时又以民众生活为参照。基本内容沿袭以往通书中的节气时刻表、年神方位图、芒神春牛图、十二个月排序、每日宜忌、吉凶神煞等，也极大程度上延伸择吉和神煞内容，吸纳了明代民间通书中关于天文、地舆、时令、星学、相命等内容。少至几十页，多达数百页③。"

由此确知，胡廷卿为乡民服务时使用的技术性知识大多应来源于这类通书，且通过别人的赠送还获得了广东的通书。据学者研究，在南方流行的通书一般是福建泉州洪潮和系统及广东兴宁的罗家系统④，胡廷卿获得的广东通书，很有可能出自广东兴宁的罗家⑤。南宋以来，随着雕版印刷术和造纸术的进步，民间兴起了许多书坊，以编纂刊刻造价低廉并为下层民众所使用的实用性书籍为主，如福建的建阳即是这类书籍的刊刻中心之一⑥。从胡廷卿购买通书的花费可知，这类书价格低廉，仅铜钱十文左右，显然他所购买的通书出自这类书坊机构。从黟县万氏塾师和胡廷卿两人来看，这类价格低廉、用途广泛的类书在徽州乡村知识分子中十分流行。那么，通书在向乡村传播知识的过程中，为使用者带来怎样的知识类型呢？下面，即依据胡廷卿历年家庭收支账簿对此问题加以分析说明。

---

① 孔令宏：《民间通书的知识类型分析》，《文化艺术研究》2014 年第 3 期，第 28 页。
② 有关日用类书流变的研究，可参见吴惠芳：《明清以来民众知识的构建与传递》，台湾学生书局 2007 年版。
③ 陈秋：《近代以来民间通书文化变迁研究》，河南大学硕士学位论文，2018 年，第 11 页。
④ 孔令宏：《民间通书的知识类型分析》，第 30 页。
⑤ 有关广东兴宁罗家通书的详细情况，可参见钟林春：《兴宁罗家通书研究》，中山大学硕士学位论文，2011 年。
⑥ ［美］包筠雅：《文化贸易：清代至民国时期四堡的书籍交易》，刘永华、饶佳荣译，北京大学出版社 2015 年版。

（二）服务类别

笔者使用的账簿为胡廷卿家庭收支账簿中除茶叶账簿之外的各类账簿，其时间跨度自光绪七年六月至民国元年，中缺光绪二十三、二十八、二十九年，共计28年零7个月。由于光绪二十七、三十、三十一、三十三年，宣统元年、二年、三年及民国元年共计8年没有流水账，留下来的仅是"各项膳清"中有关现金收入的记载。因此，笔者统计的数据中，有一部分是不完整的。但由于光绪三十年后，这类收入的绝大部分为现金，所以，缺失的部分极少，并不影响结论。据此统计，胡廷卿提供的知识大致有六类（见表14-2）。

由此可知，六类服务隐含了乡村民众处理的婚姻（合八字、婚书、合婚、回书、娶亲、媒书）、商业（茶叶条、招牌、匾字）、家庭（关书、分单、移厝、建房）、宗族（礼生、对联、谱序、丁单）等几种社会关系以及与个人健康和生命相关的治病问题。它们涉及人生的各个重要场合，这些场合既需要特殊的仪式，又有约定俗成的格式。像合八字、择日子这种知识，满足了村民追求幸福生活的心理需求，而帮别人写茶叶条、招牌则与当地的茶叶经济密切相关（详下）。胡廷卿为村民治病的事例，在光绪三十年（1904）以前没有记载，全部是在此之后，且次数频繁，很快成了各项服务次数中最多的一项。据笔者统计，除治病一项外，其他各项次数在光绪三十年后皆迅速增加，其原因当与光绪三十年的分家有关：

> 光绪三十年七月初旬，因长男云青不幸弃世，自思年满六旬，家事难以总理，只得将我所该各位之账，特立分关簿二本，次男云鹄、长孙承启各收一本。账目各项各还。房屋，茶荈园地均已分扒，照据管业[①]。

笔者推测，分家后的胡廷卿已将土地分给儿孙，科举制度亦已取消，不再读书应考，为民众服务的时间已较为宽裕。当然，随着经验的累积，他对相关知识的运用也更为娴熟，水平更高，民众对他的信任度也随之增高，这应该也是增多服务次数和扩大服务范围的重要因素。而且，在光绪三十年后，获得的报酬基本是以现金作为支付方式，与最初以礼物作为报酬的情况有很大不同。

---

① 王钰欣、周绍泉主编：《徽州千年契约文书》（清·民国编）第17卷《光绪三十年祁门胡廷卿立收支账簿》，花山文艺出版社1991年版，第442页。

表 14-2　胡廷卿服务类型统计表

年	八字	合婚	礼生	笔资	择日子	治病	中人	未知喜包	总次数
光绪八年			1	1（对联）	1（未知）				3
光绪九年	1		1	1（对联）	1（架梁）				4
光绪十年	1		1	1（对联）	1（未知）				4
光绪十一年	1	1	2	1（对联）			1	2	8
光绪十二年			1	1（对联）	2（未知1，架梁1）			2	6
光绪十三年					3（未知）			2	5
光绪十四年			1	4（写书2，茶叶条2）			3		8
光绪十五年	1			3（对联1，茶叶条1，媒书1）					4
光绪十六年			1	2（回书1，写书1）	1（未知）			4	8
光绪十七年			2	6（未知1，对联2，回书1，书1，茶叶条1，丁单1）	6（未知5，做门楼1）		2		16
光绪十八年	2			3（对联1，回书1，茶叶条1）	1（未知）		2		8
光绪十九年	2		3	4（未知1，对联1，回书1，分单1）	1（未知）		2	3	15
光绪二十年	1		1	3（对联）				7	12
光绪二十一年	3	3	1	4（对联1，回书1，书2）	3（未知1，娶亲2）		1	2	17
光绪二十二年	1	3	1	3（对联1，回书1，书1）			4	2	14
光绪二十四年	1		1	2（谱序1，分单1）			4	3	11
光绪二十五年	1			5（对联1，回书1，书2，招牌1）	4（未知2，整门楼1，娶亲1）		1		11
光绪二十六年	2		2	6（回书3，招牌1，扁字1，对联1）	1（未知）			1	12
光绪三十二年	1	9	2	14（拼单4，对联2，回书3，婚书3，招牌1，扁字1）	4（未知2，娶亲1，架梁1）	16	1		47
光绪三十四年	1	14	4		10（未知3，娶亲4，架梁1，移屑1，分金1）	60	3	14	106
总次数	19	30	25	64	39	76	24	42	319

这一事实表明，技术性知识已成为胡廷卿除塾师以外的另一项重要收入。

（三）收入

由于对各种礼物的价格不明，无法折算其货币价值，且光绪三十年后，绝大部分为现金，因此笔者仅对他所获得的现金收入加以探讨。据此，笔者将光绪八年至民国元年（缺光绪二十三、二十八、二十九年）共计 28 年的收入统计如表 14-3。

表 14-3　胡廷卿历年技术性知识所收现金

年	八字	合婚	笔资	择日子	治病	未知喜包	总钱（文）	可购米数（升）
光绪十一年	200	100	200			400	900	30
光绪十二年			200			300	500	16.67
光绪十三年			500			600	1100	33.33
光绪十四年						500	500	15.15
光绪十六年	100					400	500	17.86
光绪十七年			7722	600			8322	320.8
光绪十八年	100						100	3.57
光绪十九年	400		600			400	1400	40
光绪二十年				200		700	900	30
光绪二十一年	200	200	200	600		300	1500	50
光绪二十二年	200	300				300	800	25
光绪二十四年	400					1100	1500	39.47
光绪二十五年			1642	1500		400	3542	104.18
光绪二十六年			995			300	1595	41.97
光绪二十七年						3879	3879	102.08
光绪三十年	600	1100	1882	200		200	3982	132.73
光绪三十一年		100	937	1137	1300	3300	6774	225.8
光绪三十二年	200	1400	1819	1719	2000	700	7838	174.18
光绪三十三年	100	1100	2192	3484	7120	3676	17672	327.26
光绪三十四年	200	1400	3144	840	7870	1572	15026	300.52
宣统元年	400	3900	1800	1000	10100	2930	20130	387.12
宣统二年		3565	6510	1500	10500	9960	32035	471.1
宣统三年		1300	1400	1481	11020	17234	32435	450.49
民国元年		600	2604	1402	4000	10670	19276	275.37

注：表中钱数个别年份是由所收洋元直接换算成铜钱相加所得[①]

---

① 表中洋、钱及钱、米之间的换算，见董乾坤：《晚清徽州乡村塾师的土地经营——以"胡廷卿账簿"为核心》表 4《胡廷卿账簿所记洋、钱比值及米价（光绪七年至民国元年，缺光绪二十三年）》，第 17 页。

据表 14-3 观察，胡廷卿的知识性收入在不同年份虽略有波动，但整体上呈增长趋势，光绪三十年以后尤为明显，收入远远超出他的个人消费。对于这些收入的去向，或是接济其长孙万育、儿子佛子，如："（光绪三十四年）四月廿三，支钱二十三个，籴米五升，付万育。廿六，支钱二十三个，籴米五升，付万育"①；或是将收入中的部分物品出售以换取货币，如："以上三日共收：亥十五斤，子六十元，饼十三包，内荤酥二斤。已用：佛子饼二包半，万育一包，平里二包，售一斤半"②。由此可知，晚年时期的胡廷卿，利用读书积累起来的各种技术知识，不仅让他在生活上衣食无忧，并有能力贴补儿孙。

（四）服务对象

从表 14-2 来看，晚年的胡廷卿为村民服务最多的是治病和合婚。合婚即是为别人牵线搭桥，撮合姻缘，即俗话说的"说媒"。如果不清楚四邻八家的家庭情况，他很难做到这一点。那么，在胡廷卿服务的对象中都有哪些呢？通过统计，可以确定的服务对象如表 14-4：

表 14-4　胡廷卿服务对象统计

	个　人	商　号	组　织	地　点
身份	伴当、裁缝、茶司、（木）雕匠、木匠、铁匠、铜匠、桶匠、银匠、竹匠、砖匠、锡匠	福和祥号、恒丰号、瑞馨祥号、永芳祥号、日顺号、森大号	崇本堂、崇德堂、俸祀、敬石祀、立本堂、仁和堂、三元会、尚义祀、神主会、慎徽堂、五福会、宅四公祀	白石坑东培、板潭、板溪、鲍望坑、本门、程家棚、大坑、大坑蓬、丁村塅、二甲、郭口（石岭）、郭基、湖口、九甲、凌村、六甲、茅岭山、奇岭、三甲、十甲、石壁滩、石坑、塔坊、炭棚、太湖、田坑、婺源、蟹形、新义、薛家坞、严潭、县城、英山
数量	329	6	12	33

表 14-4 涉及的服务对象包括个人、商号和组织三类，层次与空间的分布皆十分广泛。服务的商号全部是茶号，而且有些茶号在胡廷卿账簿中多次出

---

① 王钰欣、周绍泉主编：《徽州千年契约文书》（清·民国编）第 18 卷《光绪三十四年祁门胡廷卿立〈收支总登〉》，第 175 页。

② 王钰欣、周绍泉主编：《徽州千年契约文书》（清·民国编）第 18 卷《光绪三十四年祁门胡廷卿立〈收支总登〉》，第 198 页。

现，他们之间有着频繁的经济交往。对象中的组织皆是位于贵溪村内的宗族组织，胡廷卿为其服务的内容基本是在举行活动时担任礼生、撰写对联等。从服务对象的所在地看，除本村外，还包括板溪、石岭、奇岭等周边附近的村庄以及塔坊、祁门县城这些较远的市镇，甚至还包括祁门之外如婺源、太湖、英山及江西省湖口县等邻县、邻省区域。

二、晚清时期的徽州乡村

通过上述分析可知，像择日子、合婚、合八字这类服务，反映出中国传统社会中村民的共同需求。除此之外，也能体现出徽州自身的特点，比如写茶叶条、为商号写招牌以及行医等服务。相对于中国其他乡村而言，这些商业因素以及塾师兼任医生的现象非常特殊，这种特性与其生活的地方社会密不可分，必须将胡廷卿的这些活动嵌入他所生活的地方社会中方能作出合理的解释。对此，拟从两个方面加以探讨。

（一）祁门的茶业经济

有关徽州茶业特别是晚清茶业的研究，目前学界取得了一些成果[1]。然而对茶业与地方民众的生活、生计等问题研究很少[2]。从上面分析中可以看出，在胡廷卿为民众提供的服务类型中，有很多内容跟茶业相关。

首先从服务类型看，有两类与茶业有关：一是写茶叶条，二是为茶号写招牌。"茶叶条"应该是收购茶叶时写给售茶者的收据，因为在祁门当地，茶叶的买卖大多不是现金交易，故有收据出现。招牌则是茶号悬挂于茶号门面上，目

---

[1] 相关学术史回顾可参见康健：《近代祁门茶业经济研究·绪论·研究述评》，安徽科学技术出版社 2017 年版；陈艳君：《徽州传统手工业研究综述》，《洛阳工学院学报》（社会科学版）2018 年第 1 期；朱传炜、康健：《新世纪以来徽州茶商研究回顾与展望》，《农业考古》2019 年第 2 期。

[2] 有关此方面的研究仅有刘永华的一篇论文，见氏撰：《小农家庭、土地开发与国际茶市（1838—1901）——晚清徽州婺源程家的个案分析》，《近代史研究》2015 年第 4 期。

的是招揽顾客。据邹怡研究，在徽州一府六县中，中部的休宁和西部的婺源、祁门三县精茶产量较多，其中尤以婺源为最多，祁门县位列第三①。祁门茶叶的种植可追溯至唐代，据唐人杨晔的《膳夫经手录》载："祁门所出方茶、川源，制度略同（婺源），差小耳。②"显然，祁门茶叶在唐代时颇负盛名。从唐代歙州司马张途所撰《祁门县新修阊门溪记》中，可看出当时祁门茶叶种植以及买卖的盛况③。在祁门县内部，产茶区主要集中于西乡、南乡和东乡，总体上呈现出"西南多、东北少"的特点④。晚清时期，同村人胡元龙创办日顺茶号，利用自家的茶叶试制红茶并取得成功。据民国《农商公报》载："安徽改制红茶，权于祁、建，而祁、建有红茶，实肇始于胡元龙。胡元龙为祁门南乡之贵溪人，于前清咸丰年间即在贵溪开辟荒山五千亩，兴植茶树。光绪二年间，因绿茶销场不旺，特考察制造红茶之法，首先筹集资本六万元，建设日顺茶厂，改制红茶。⑤"又据胡元龙之父胡上祥撰写于光绪十七年的分家文书记载："戊寅，祁南红茶本号开创，至丙戌已历九载。⑥"这里的戊寅年即光绪四年（1878），而丙戌年即光绪十二年（1886）。胡上祥所言的"祁南红茶本号"即是表14-4中的日顺号，专制红茶。此时中国的红茶外销在印度和锡兰红茶的冲击下虽是强弩之末，但尚处于鼎盛期⑦，其价格仍然高于内销茶。据《时务通考》记载：

　　论茶叶一事，据英商天裕行所报情形，谓本年宁州头春红茶，在华历四月间即经华商运到九江，径行送往汉口者比平常之好茶较美。其最上之宁州茶，系专售与俄商，而俄商亦愿出价争相购买，每担给价八十两至八十八两

① 邹怡：《徽州六县的茶叶栽培与茶叶分布——基于民国时期的调查材料》，《历史地理》第26辑，上海人民出版社2010年版，第177页。
② （唐）杨晔撰：《膳夫经手录·歙州、婺源、祁门》，清初毛氏汲古阁抄本。
③ （清）董浩编：《全唐文》卷八○二《祁门县重修阊门溪记》，中华书局1983年版，第8403—8404页。
④ 康健：《茶叶经济和社会变迁》，安徽师范大学硕士学位论文，2011年，第24—25页。
⑤ 《农商公报》第20期《政事·奏请奖给安徽茶商胡元龙奖章由》，民国5年（1916），第9页。
⑥ （清）胡上祥：《光绪十七年岁次辛卯正月立遗嘱章程文》（义字领），手抄本，现藏于祁门县贵溪村胡松龄先生处。
⑦ 袁欣：《1868—1936年中国茶叶贸易衰弱的数量分析》表1，《中国社会经济史研究》2005年第1期，第92—94页。

之数。后到之祁门茶色，味稍逊于宁州，然其上等者若在本口出售，价值平平，及运之汉口，其价便高，有俄商愿出每担七十两之值。从前，此等祁门茶，俄商并无人过问，而本年则竟置买三四成之谱，此亦意料所不及者也①。

这里指的应该是光绪二十三年前两年的情形，但也表明祁门红茶在当时的国际市场上占有一席之地，其质量虽不如江西宁州红茶好，但由于俄国茶商的需求量大，在汉口的价格亦不低。因此，祁门红茶研制出来后，因其利润丰厚，很快引起祁门改制红茶的高潮。其中南乡和西乡是生产红茶的主要区域，而贵溪村即是南乡制作红茶的中心。至民国时期，贵溪村内尚有茶号12家②，由此可见一斑。一个山村竟麇集着如此多的茶号，跟其他地区的乡村显然有别。在此情形下，胡廷卿在光绪十一年至二十八年间，陆续购买了六块茶荍地，不断扩大种茶规模③。祁门县的茶叶采摘和制作分为两季：春茶与子茶（即夏茶）。据账簿所载，胡廷卿家的春茶全部制成红茶，卖给附近的茶号，而子茶则制成绿茶（也有少量制成红茶），出售给在村内的一些绿茶茶号。以光绪二十二、二十三两年为例，该年所产红、绿茶所销售的对象见表14-5：

表14-5　光绪二十二、二十三年胡廷卿所产茶叶销售商号一览

年　份	地点	商　号	种类	页码	卷数
光绪二十二年		恒丰号	红茶	259	十六
光绪二十二年	贵溪	恒丰分庄，文硏	红茶	263	十六
光绪二十二年		日盛号	枝茶	266	十六
光绪二十二年	平里	裕德祥庄	红茶	273	十六
光绪二十三年		福和祥	红茶	278	十六
光绪二十三年		恒丰	红茶	278	十六
光绪二十三年	贵溪	瑞记店	枝茶	287	十六

① （清）杞庐主人编纂：《时务通考》卷一七《商务·茶叶·九江》，光绪二十三年（1897）点石斋石印本。
② 毛新红：《"祁红"店业老字号调查辑录》，《徽学丛刊》第8辑，安徽学林印刷厂，2010年印，第57—58页。
③ 董乾坤：《晚清徽州乡村塾师的土地经营——以"胡廷卿账簿"为核心》，第13页。

表 14-5 中两年的红茶皆卖于恒丰、裕德祥、福和祥三个茶号，而枝茶（即绿茶）则卖于日盛号和瑞记店。之所以如此，与红、绿茶的消费群体有关。红茶作为一种外销茶，专为出口而制。而子茶所制绿茶，一是供本地人消费，二是销往广州。祁门民众习惯上只饮绿茶而不饮红茶，胡廷卿账簿中有多次将自家所制绿茶留存自用的记载，如："（光绪十二年五月十八日）共茶草十八斤，出洋茶五斤，自用①"，这里的"洋茶"即是绿茶。同时，绿茶一直是祁门改制红茶前的传统茶品，安茶是其著名品牌，其销售区域多运往广州。此时村内虽大部分是红茶茶号，但亦有少数经营绿茶的茶号。胡廷卿账簿中就有长子胡云青（乳名阳开）代替本村茶商胡俊明去广东贩茶的记载："癸卯，阳开今年往粤沽茶，代俊明叔"②。癸卯年即光绪二十九年（1903），说明该年胡云青为了售茶去了广东。又据记载："收俊明软枝号送广东白唐糕一包，计一斤。佛手片一包，十八两。③"由此说明，胡俊明所经营的茶叶是安茶（软枝茶）。因此，春茶所产红茶多售于专营红茶的茶号，然后再销往九江、武汉等地。而所产绿茶，除一部分留作自用外，其余卖给本村的绿茶茶号，然后销往广州，但数量不多。

根据账簿中胡廷卿多次向日盛号和瑞记店购买杂货的记载，可知日盛号和瑞记店皆位于本村，且兼营杂货。如"（光绪十五年五月初七）收日盛号菜油一斤（九六），平酒四两（一二），付干四块。④""（光绪二十年）中秋佳节，收瑞记膏粱酒四两，二四；硬付一板，三七。付钱六十一，讫⑤。"由于每年四、五月的子茶上市期间，附近的大量居民将子茶卖给村内的绿茶茶号（瑞记店为胡廷卿堂兄胡兆瑞所开），才会有胡廷卿及其长子帮瑞记店撰写茶叶条的服务。

---

① 王钰欣、周绍泉主编：《徽州千年契约文书》（清·民国编）第 14 卷《光绪十一年祁门胡廷卿立春茶总登》，第 270 页。
② 王钰欣、周绍泉主编：《徽州千年契约文书》（清·民国编）第 17 卷《光绪二十八年祁门胡廷卿立〈各项膳清〉》，第 309 页。
③ 王钰欣、周绍泉主编：《徽州千年契约文书》（清·民国编）第 17 卷《光绪二十六年祁门胡廷卿立〈收支总登〉》，第 122 页。
④ 王钰欣、周绍泉主编：《徽州千年契约文书》（清·民国编）第 15 卷《光绪十五年祁门胡廷卿立〈进出总登〉》，第 99 页。
⑤ 王钰欣、周绍泉主编：《徽州千年契约文书》（清·民国编）第 16 卷《光绪二十年祁门胡廷卿立〈进出总登〉》，第 51 页。

而且由于胡兆瑞会将绿茶运往广东销售，才能将购自广东的通书作为礼物赠送给胡廷卿，使其得以更好地学习相关知识。同时，由于大量茶号或茶庄在此地收购红茶，也为胡廷卿撰写招牌服务提供了可能。

其次，在他所服务的对象中，亦包含有操持各种技能的工匠和大量外乡人，这一点也与茶业经济相关。茶叶从采摘到出售，需要很多的劳动力和各类工匠。特别是春茶上市季节，茶叶采摘和制作必须及时迅速，才能卖出好价钱。而本地人力远远不够，需要从祁门县城、邻县，甚至邻省招募人手。所以每当茶季时，就会有大批外乡人在此采摘茶叶[①]。这一点通过胡廷卿家的采茶情况也可得到证实，具体情况见表14-6：

表 14-6　为胡廷卿家采摘茶草之外乡人统计

年　份	籍　贯	人　名	内　容	页码	卷数
光绪二十二年	九江	九江老	工钱	273	十六
光绪三十年	邑中	县里人	摘茶草	224	十七
光绪三十一年	乐平	董金登	摘茶草	23	十八
光绪三十一年	乐平	董姓	歇之，天雨	26	十八
光绪三十一年	邑中	城内妇女	摘茶草	27	十八
光绪三十一年	乐平	董金登	四月初十回去	29	十八
光绪三十二年	婺源	婺源人	摘茶草，万育家	50	十八
光绪三十三年	婺源	婺源人	摘茶草，万育家	36	十八
光绪三十三年	休宁	休宁人	摘茶草，万育家	33	十八
光绪三十三年	休宁	休邑女	摘茶草，万育家	37	十八

通过表14-6可知，为胡廷卿一家采茶的人员中，有些是外乡人，他们来自祁门县城、婺源、休宁等县，以及江西的乐平、九江等地。由此看来，在贵溪村谋生的外乡人肯定不少。

除摘茶外，众多茶号也需要大量劳动力。由于制作茶叶需要经历很长一段时间，因此，他们在这里生活的时间也会更久。如表14-4中的婺源，即是指在日顺茶号中工作的婺源人，胡廷卿指明他来自日顺号，必然是长期工作在此[②]。

---

① 梁诸英：《明清以来徽州地区农业地理研究》，方志出版社2018年版，第44—45页。
② 王钰欣、周绍泉主编：《徽州千年契约文书》（清·民国编）第18卷《光绪三十二年祁门胡廷卿立〈收支总登〉》，第95页。

同表的六安英山、安庆太湖也是如此，如被胡廷卿称为"英山老"的英山县人，即长期在胡兆瑞的茶号中打工之人 [1]。

除此之外，茶司最能说明与茶业的关系。茶司即是本村茶号聘请的红茶技师。在胡廷卿账簿中载有一则茶司合约，通过这则合约，可以窥视出当时茶司在茶厂工作中的一些状况。

茶司承约

立承做约人江右义宁州李树清，今承到祁南贵溪胡瑞记宝号名下红茶生理，计箱数四百四十个，言定包工包食做造熟茶装箱如式，每百斤引秤，计英洋一元二角扣算。所有茶师（是身承去包倩雇）：上手三十二名，中帮手十六名，下首四名，共计五十二名齐到，不得有误。自承之后，毋得增减异言，惟愿诸事顺遂，倘有天灾，茶师之内不测，亦是身一并承管，与号内无涉，不得寻衅生端。今欲有凭，立此承约存照 [2]

这则承约是胡廷卿的堂兄胡兆瑞与来自江西义宁州的茶司李树清所签。上述胡元龙在创制红茶时，也是在义宁州茶师的帮助下得以完成的 [3]。义宁州即修水县，历史上属九江府。义宁州制作红茶的时间较之祁门要早，且其质量亦在祁门红茶之上，这一点从前文引述的《时务通考》的记载中可兹证明。这些茶师往往是带着一个团队而来，招募的帮工大多是自己熟悉的亲戚朋友，因此，契约中的帮工亦是江西人，从上述承约来看，人数多达 52 人。

基于长期居住的原因，清中叶以后，大量来此谋生定居的外乡人在山间搭棚居住，形成著名的棚民，如表 14-4 中出现的炭棚人、程家棚之类。炭棚，即来此专以烧炭为生的人。在贵溪村每年茶叶收获之际，烘焙茶草需要大量木炭，他们便利用当地的木材在山间烧炭以供所需。程家棚的记载则说明此时棚

① 王钰欣、周绍泉主编：《徽州千年契约文书》（清·民国编）第 18 卷《光绪三十四年祁门胡廷卿立〈收支总登〉》，第 185 页。

② 王钰欣、周绍泉主编：《徽州千年契约文书》（清·民国编）第 17 卷《光绪二十六年祁门胡廷卿立〈收支总登〉》，第 162—163 页。

③ 安徽省地方志编纂委员会编：《安徽省志·人物志》，方志出版社 1999 年版，第 857 页。

民已有了以姓氏命名的棚区，看来迁来时间已经很长，形成了与村落类似的生活区。蟹形是位于距贵溪村8华里的山坳里，据现居于贵溪村内的程欣树先生介绍，他的祖父原来即居住于此，1949年以后，在政府统一安排下，他们才定居于贵溪村内。

（二）晚清徽州乡村的医疗体系

结合表14-2、表14-3可以发现，胡廷卿在光绪三十年分家后，无论是服务次数，还是由此获得的收入，治病一项所占比例最高。既有研究成果表明，传统乡村的塾师兼职其他职业较为普遍，但兼任医生者则不多见。因此，有必要将这一现象结合胡廷卿生活的社会环境作进一步探讨。

首先，通过对胡廷卿账簿的梳理可以发现，促使他究心医学的直接原因是其长子胡云青的体弱多病。胡廷卿育有两子，长子云青、次子云鹄。据其族谱载："云青，名阳开，字达程。生同治丙寅十一月十六子时，殁光绪甲辰六月廿四戌时。[1]"同治丙寅年即同治五年（1866），光绪甲辰年即光绪三十年（1904）。由此可知，胡云青在38岁时即因病去世。账簿中有关买药的68条记载中，跟他有关的达13次，另有为查五星和做禊各一次，详见表14-7。

表 14-7　阳开历年治病记载

年	月日	内　容	页码	卷数
光绪十一年	正月廿八	支钱一百十八，阳开吃药。收含清药一占，一一八，阳开吃	193	十四
光绪十一年	五月初一	支钱四百四十，阳开查五星	203	十四
光绪十二年	八月十八	收济之药一占，阳开吃，三六；药二占，计钱一百五十六，阳开吃	365	十四
光绪十二年	九月十七	收含清叔药二剂，四六，阳开吃。初十，又药一占	366	十四
光绪十八年	十二月十九	药一占，阳开吃	344	十五
光绪十九年	二月廿四	（收焰文先）又药二占，五二，阳开手，扣钱三百二十，阳开生疮服	463	十五

---

[1]　（民国）胡承祚编修：《贵溪胡氏支谱·愿公图七时慎派下》，民国13年（1924）刻本，第80页右，现藏于祁门县贵溪村胡恒乐先生处。

年	月日	内　　　容	页码	卷数
光绪二十二年	正月廿七	支钱三十六文，廿九，又钱三十六，水药二剂，阳开吃，含青单	186	十六
光绪二十五年	八月廿六	支英洋一元，交济贤塔坊买布各物，阳开做裸用	388	十六
光绪二十九年	二月十一	支英洋一元，阳开往邑治病，轿力	337	十七
光绪二十九年	二月廿四	支英洋一元，阳开复往邑改单，轿力	337	十七
光绪二十九年	三月初四	邑中大生宝号，癸三月初四药三剂，阳开吃，八二	374	十七
光绪二十九年	十一月十七	支英洋一元，阳开手，往邑治病换钱用	384	十七
光绪三十年	四月十二	支英洋一元，邑中大生水药，阳开服，礼卿先单	400	十七
光绪三十年	五月十六	支洋一元，交阳开治病用	401	十七
光绪三十年	六月	支英洋四元（除收回），阳开手用治病	402	十七

表14-7表明，至少从光绪十一年正月开始，云青即生病问药。从当年五月初一查五星来看，此次病情不轻，此时他尚不到20岁，此后数年不断有抓药的记载。而且从光绪二十五年为云青做裸一事来看，病情并未好转，且很有可能在加重，否则不会为他举行被裸的仪式。除查五星、被裸之外，胡廷卿一家有几年往附近区域的道观和佛寺进行烧香祈愿：

> （光绪十年八月三十）阳开往齐云山朝拜，去洋一元，又钱一百[1]。
> （光绪十六年）初四支钱一百，齐云山乐输。十八，支钱一百文，九华山乐输[2]。
> （光绪十八年）十八，支大钱二百，齐云山搭香[3]。
> （光绪二十一年九月十七）支钱二百文，朝齐云搭香[4]。

---

[1] 王钰欣、周绍泉主编：《徽州千年契约文书》（清·民国编）第14卷《光绪九年祁门胡廷卿立〈收支总登〉》，第144页。

[2] 王钰欣、周绍泉主编：《徽州千年契约文书》（清·民国编）第15卷《光绪十六年祁门胡廷卿立〈进出总登〉》，第182、185页。

[3] 王钰欣、周绍泉主编：《徽州千年契约文书》（清·民国编）第15卷《光绪十七年祁门胡廷卿立〈进出总登〉》，第350页。

[4] 王钰欣、周绍泉主编：《徽州千年契约文书》（清·民国编）第16卷《光绪二十一年祁门胡廷卿立〈进出总登〉》，第144页。

齐云山位于休宁境内，是一个著名的道教中心，其信仰网络十分广泛。而九华山则以佛教圣地更为出名，是皖南、江浙地区的信仰中心①。胡廷卿一家在这几年中去齐云山、九华山朝香的行为是否与生病有关，我们不得而知，但从记载看，它并非一种习惯性的常规行为，而是有选择、有目的的活动。因为光绪二十一年后，再未见到此类记载，可能与没有多少效果有关。至光绪二十九年，云青的病情似乎已经很严重，至光绪三十年六月止，有阳开先后七次看病的记载，其中六次是往祁门县城，且花费不菲。特别是最后一次，一次花费英洋达 4 元之多。但已无力回天，他于本年六月去世，这给胡廷卿带来巨大的打击，并于当年进行了分家。除云青罹病去世外，光绪二十九年，胡廷卿的妻子汪氏亦因病去世，且云青妻子冬桃也在同年生病②。由此表明，疾病是胡廷卿一家面临的重要威胁，这一点应是激发他学习医术的直接原因。

　　从胡廷卿长子及其家庭医病的经历来看，疾病对当地民众的威胁非常大，对民众生活产生了重要影响。唐力行、苏卫平对徽州府与江南地区的瘟疫的发生频率对比后发现，徽州府每县发生瘟疫的频率为每年 116.5 次，而江南地区则为 22.7 次，前者是后者的五倍之多，表明徽州地区疾病的死亡率远高于江南③。以贵溪村为例，据笔者统计，同村的胡元龙及其兄弟的九个孙子中，有六个在青少年时即相继死亡④，这种情况在胡廷卿家族中也是如此。以胡廷卿的祖父胡思诚为标准，他 15 个孙子中有两位幼殇，死亡率为 13.33%；31 个重孙中，幼殇者 13 位，青年早逝者 1 位，死亡率高达 45.16%；而玄孙一代，至胡承祚编修支谱的民国 12 年（1923）止，32 个玄孙中包括胡廷卿的长孙万育在内已有 6 个幼殇⑤。据胡承祚的儿子胡景晃老人介绍，胡承祚亦在编修支谱

---

① 王振忠：《华云进香：民间信仰、朝山习俗与明清以来徽州的日常生活》，《地方文化研究》2013 年第 2 期。

② 如"（二月）十五，支英洋一元，冬桃往邑治病，轿力。"见《徽州千年契约文书》（清·民国编）第 17 卷，第 337 页；"（九月）十七，支英洋一元，室人往邑医病，轿力。"同前，第 381 页。

③ 唐力行、苏卫平：《明清以来徽州的疾疫与宗族医疗保障功能——兼论新安医学兴起的原因》，《史林》2009 年第 3 期，第 45 页。

④ 这一数字来自对胡元龙后人胡毓琼女士的访谈，特此致谢。

⑤ （民国）胡承祚编修：《祁门贵溪胡氏支谱·愿公图七》，第 72 页 b—83 页 a。

后的两年因病去世，时年不到四十岁。如果将不被族谱记载的女孩算入的话，死亡率将会更高。

这一极高的死亡率，不能不引起当地知识分子的忧虑，进而钻研医术。据同村胡益谦先生回忆：

> （胡廷卿）因刻苦钻研儿科专著，对小儿辨症认真，用药特效，因此名闻遐迩，求诊者日不暇接。年过古稀，犹远道出诊，从不畏苦，更不计诊金。遇有贫困之家，每将自备之救急良药施与之，不索真值，所以村民多志之[1]。

这表明胡廷卿在医术方面主要是针对幼儿，不能不说与本地的幼儿高死亡率有关。又据其回忆，其伯曾祖"胡标，号宝芝。……以医能济人，为农村所需，乃弃学从医。[2]"胡标是因"农村所需"才"弃学从医"的，也说明了乡村民众对医生的迫切需求。胡益坚，祁门贵溪村人，又名益谦，生于民国5年（1916），卒于公元1999年，生前亦是一名医生。他是胡元龙的曾长孙，爱好文史。据笔者在田野调查中发现，两家住宅相距不远。胡廷卿在1923年去世时，胡益谦已七岁，到了记事的年龄，对胡廷卿应有印象。

其次，面对乡村对医生的迫切需求，地方政府并未建立起相应的官方医疗体系。明朝建立后，朱元璋曾在各省、各府设医学正科一员，各州设医学典科一员，各县设医学训科一员，且在各地还设有惠民药局，专门供应药材，从而建立起全国性的官方医疗体系。然而，由于这些医官数量太少，远远不能满足民众的需求，作用有限。特别是嘉靖朝以后，这些地方的医疗机构形同虚设，地方民众只能依靠乡村医生应付疾病。为此，徽州各宗族专设族医以满足族人的需要，这些族医进而形成世医[3]。因此之故，徽州医学在传统时代就十分发

---

[1] 胡益谦：《儿科名医胡兆祥》，手稿，现藏于美国胡芳琪女士处。
[2] 胡益坚：《儒医胡宝芝荷记》，手稿，现藏于美国胡芳琪女士处。
[3] 万四妹等：《明清新安地方医官探析》，《北京中医药大学学报》2017年第7期；《明清新安世医探析》，《北京中医药大学学报》2018年第4期。

达，形成了别具一格的"新安医学"①，仅祁门县就有明代的汪机、徐春甫和王
琠三位重要医学家。当然，这一传统应该很早就已产生，据元末明初的祁门士
人汪克宽所载：

> 医之为言，意也。意苟至诚，则病之浅深加减，证之阴阳表里，脉之
> 浮洪、微沈、弦紧、缓濇，荣卫之盛若衰，根本之坚固若虚惫，调摄之或
> 过或不及，吾心之虚明以照之，如睹龙镜，如饮上池水，了然不失秋毫。
> 于是酌剂饵之温凉，审针砭之补泻，厥效奇妙，如有神助；其不诚者，反
> 是。《传》有之曰"至诚如神"，其信矣夫。虽然，诚者，两间之实理。斯
> 人禀两间之气以生，钧赋是理，而能存之者盖鲜。业医而存诚者，尤加
> 鲜焉。
>
> 同邑徐宗吉，自其上世攻岐黄之学，暨其大父仁斋翁，益精其艺，驰
> 声州里间。宗吉克绍祖、父业，辟堂蓄善药以救人，而持心信实，曰丸曰
> 散，制和不懊于心，不以予人也。扁其言曰"存诚"，而微说于余。余喟然
> 曰："存诚以视证，尽诚以用药，其有不中者几希。"吾知宗吉推是心，以
> 追踪祖若父，青于蓝，咸于盐，不难也。乃书是说，以贻之。
>
> 至正十有五（1355）祀七月甲申进士汪克宽②。

由此可见，徐氏为医学世家。通过汪克宽对中医的评论，可知他对医学也
很了解。明代地方医官制度的推行，虽影响甚微，但经过明清两朝七百年的推
行，对于地方医学知识的发展势必带来积极影响。因此，至晚清时期，像胡廷
卿、胡宝芝这样的乡村知识分子，既非官方的医官，也非宗族专设的族医，只
是因为自己所居乡村对医生的大量需求，才求学于他人或自学于书籍，在不断
探索、实践中，形成自己的医学理论。就胡廷卿而言，他虽然在光绪三十年以

---

① 王乐匋主编：《新安医籍考》，安徽科学技术出版社 1999 年版；张玉才：《新安医学》，安徽人
民出版社 2005 年版；王键：《新安医学的主要特色》，《中医药临床杂志》2008 年第 6 期；唐
力行、苏卫平：《明清以来徽州的疾疫与宗族医疗保障功能——兼论新安医学兴起的原因》。

② （明）黄汝济主纂：《祁阊志》卷八《邑文·存诚堂说》，祁门县地方志办公室据明永乐九年
（1411）整理，2004 年印，第 117 页。

后才给别人开方治病，但实际上在光绪八年时，就有过开药方的记载："（正月廿五）支钱四十八文，道生堂，自己开单①"显然，此时他已经对医学略知一二，并试着开单，但可能效果不好，在光绪三十年以前再未开过药方。光绪三十年后很快就有了出诊的记载，且频次迅速增加。由此看来，在几十年的时间里，他始终不断地学习、积累医学知识，否则不会马上就能给人看病，且第一年就取得了不俗的成绩。

三、余论

本文讨论的胡廷卿在担任塾师的同时，利用所掌握的技术性知识在乡村社会中扮演着多重角色，承担着多重功能。

首先，作为一名生员，在很多时候他作为王朝官方意识的表征而活跃于乡村民众中，其表现之一是担任礼生。明清时期的乡村社会中存在着大量的礼生，他们在各个重要场合发挥着重要作用②。在科举极度衰落的晚清徽州乡村，进士、举人之类的高层知识分子十分缺乏，如在乡村中灌输王朝意识这类重大任务，只能由胡廷卿这些仅具生员身份的低级知识分子来承担。而在徽州，王朝礼仪早已通过宗族这个文化符号在各种祭祀活动中进入乡村，形成一种乡风民俗而内化于村民的日常生活中，这就为礼生的存在提供了可能。表现之二是对通书的学习和运用。通书因脱胎于王朝所颁布的时宪书而蕴含的王朝意识十分明显，特别是清代时更是如此③，葛兆光就认为这种通书是思想传播到民众中的一条重要途径④。他所说的思想即是指"王朝正统思想"，特别是其中每年更新的皇帝纪年、年号就是一种王朝意识的表达。这一思想在通书的大量出版

---

① 王钰欣、周绍泉主编：《徽州千年契约文书》（清·民国编）第 14 卷《光绪七年祁门胡廷卿立〈收支总登〉》，第 21 页。

② 详见刘永华：《礼仪下乡：明代以降闽西四保的礼仪变革与社会转型》，生活·读书·新知三联书店 2019 年版。

③ 王元崇：《清代时宪书与中国现代统一多民族国家的形成》，《中国社会科学》2018 年第 5 期。

④ 葛兆光：《时宪通书的意味》，《读书》1997 年第 1 期。

流通中，被乡村知识分子所熟知，从而传递给普通民众。因此陈进国认为，"从'奉正朔'的皇历到'民间所用'的通书之发展，毋宁说官方与民间在文化传统上更为强烈的连结，官民共信的风水习俗无疑是这种文化整合过程中的重要象征资源。[①]"胡廷卿作为这一文本的阅读者和接受者，在日常为乡民提供服务的活动中，有意无意地传递了王朝的各类信息。

其次，通过对胡廷卿为村民服务类型来看，与全国相比既有共性，又有差异。由于茶业在地方经济中的重要意义，乡民的很多日常生活皆与此相关。受此影响，胡廷卿的服务类型中也多了一些与此相关的内容。从服务民众的范围来看，相当广泛，这与当地的茶业亦密切相关。茶叶的采摘、制作与销售，皆需大量人力，在当地民众严重不足的情况下，大量外乡民众前来谋生，使得当地社会中生活着很多外来人口。这一点不仅为胡廷卿扩大了交往对象，也扩大了服务范围、增加了家庭收入。另一方面，徽州乡村医疗资源的匮乏与民众大量需求之间的矛盾，以及自家的遭遇，让胡廷卿刻苦钻研医学，并在晚年成为一名当地颇为知名的医生，从而增加了数量可观的收入。这一情形提醒我们，在对诸如贵溪村这类乡村的探讨中，乡村经济结构产生的商业因素、传统社会环境带来的社会问题以及它们与当地民众生活之间的关系，需要加以细致的剖析。

（原载《中国社会经济史研究》2021年第1期）

---

① 陈进国：《事生事死——风水与福建社会文化变迁》，厦门大学博士学位论文，2002年，第91页。

近代上海徽馆业的变迁

周炫宇

内容提要："无徽不成镇"是明清以来民间对江南地区徽商群体势力的形象概括，以盐、典、茶、木四大行业经营为主的传统徽商，其活动范围遍及长江三角洲。绩溪徽馆业也随着徽商势力的扩张而渗透到上述地区，并依托庞大的血缘、地缘和业缘组织迅速发展壮大，因此有了"无绩不成街"之说。以上海为例，近代旅沪徽馆业经历了由小而大、由盛而衰的变迁，徽菜的入沪不仅影响了上海餐饮业市场及饮食观念习俗，还在一定程度上促成了城市多元文化空间的形成。本文拟运用民国时期《申报》和《徽音月刊》等报纸杂志中有关上海徽馆的文字史料，来探讨近代上海徽馆业的变迁。

关键词：徽馆业；上海；城市空间；变迁

饮食是人类最为基础的社会生活方式之一，是传统中国民俗文化的重要组成部分。饮食行业的发展和饮食文化之变迁，是一个地区社会经济、生活方式和大众文化的综合反映和体现。自 1843 年上海开埠，随着城市空间的拓展和城市功能区的完善，饮食行业的规模数量随之壮大，不断从各地涌入的人口带来了各自不同的饮食观念和方式。徽馆[①]作为较早入沪的商业群体势力之一，在城市空间的发展演变过程中，实现了空间扩张和分布的调整；在与各帮菜馆

---

① 徽馆是徽面馆和徽菜馆的统称，也有称其为"馆店"。

的竞争与交流中，徽帮自身在经营观念和菜品创新等方面出现了新的变化。除此之外，从徽馆在上海的盛衰变迁也可以窥见近代徽商势力起伏变化的一个侧面。本文根据所见史料，结合上海都市空间变迁的时空背景，就近代旅沪徽馆业的发展过程、空间分布及其所产生的社会影响展开分析讨论。

一、早期旅沪徽馆的发展及分布（1850—1909）

徽馆的出现最早可以上溯至清康乾时期。根据王振忠教授考证，在乾隆年间，扬州的徽馆业已经十分兴盛，并从一开始就与徽商，特别是两淮盐商在扬州的活动密切相关，当时以"大连""徽包"等为特色的徽州饮食在扬州颇为流行。[1] 徽馆最初以经营面食的徽面馆形式存在，虽然一般铺面很小，本利轻微，但却经营灵活，容易立足，数量亦不在少数，在江南地区的市镇中尤为众多，"无市无镇不有徽馆之存在"。[2] 由于徽商偏爱家乡风味，特别是有嗜面的饮食习俗，所以徽面馆起初针对的消费群体主要是徽人群体。并且这些徽面馆所售面食价格低廉，较符合徽人克勤克俭的饮食风气，"家居务为俭约，大富之家，日食不过一脔，贫者盂饭盘蔬而已。城市日鬻仅数豕，乡村尤俭"。[3] 而正因其价廉味美，也受到了当地人的青睐，"徽馆一般价格低廉，吃一碗火鸡面（火腿与鸡片）只要六文钱，四五个人吃甩水锅面，连每人喝二两白玫瑰不出两角钱。红烧甩水过桥面，只要二十文钱，清汤虾仁面三十文钱"。[4]

上海的徽面馆出现于 19 世纪前、中期，"在上海开辟为通商口岸之前，便有徽馆之设立，此盖由于徽馆之传播最早"，[5] 但或因规模不大，存续时间不

---

① 王振忠：《清代、民国时期江浙一带的徽馆研究——以扬州、杭州和上海为例》，载熊月之、熊秉真主编：《明清以来江南社会与文化论集》，上海社会科学院出版社 2004 年版，第 128 页。

② 毕卓君：《本埠徽馆之概况》，《申报》1927 年 4 月 21 日。

③ 许承尧：《歙事闲谭》卷一八《歙风俗礼教考》，黄山书社 2014 年版，第 606 页。

④ 吴振寰：《旧上海商业中的帮口》，上海市文史馆编：《上海地方史资料》（三），上海社会科学院出版社 1984 年版，第 56 页。

⑤ 毕卓君：《本埠徽馆之概况》，《申报》1927 年 4 月 21 日。

长，鲜有相关的文字记录。较早有店名，且具有一定规模的徽州面馆，开设于 19 世纪 50 年代。1924 年邵石友和程本海所编的调查资料显示，该馆出资人为绩溪仁里的程树鹤，"在西历一千八百五十余年时期，约前清咸丰初年，有程君树鹤首先在杭州创设一绩溪面馆，馆名长和馆。程君是安徽绩溪县十一都仁里人当时在浙江办盐务，颇阔绰，因为考究饮食，所以创设这个面馆。该馆开了三年余收歇"。① 也正是程树鹤此人，开办了上海首家徽馆，"同年程君又集资到上海首先创设一馆，叫做松鹤楼，资本钱五百千文，设在十六铺盐码头。初开办时，由杭州聘请司夫十七人到申，每人赏给黑羔马褂一件，毯子一条，定雇几艘大民船，抵申时，声势煊赫，靠乃东势力，颇横霸一时，该馆订出一条很奇怪的店规：店伙与外人争斗，打胜于人由店中赏肉四两，被人打败则辞退生意，以致惹起一般人的不平，但以店东有权势，亦无可如何，约二年余收歇"。②

作为初来乍到的徽馆经营者，不仅需要数额不小的资金投入，还要面对纷乱复杂的社会环境与行业竞争。店家之所以要大摆排场，壮大声势，营造氛围，其实是源于对陌生行业环境的未知和担忧，愈是这样耀武扬威，背后则愈是体现出内心的缺乏自信和不安。该馆制定出这一鼓励与外人争斗的奇葩店规，看似野蛮横霸，其实一方面是在警惕设馆初始遭受同行的恶性欺压和好事者的骚扰，另一方面则是摆出誓与外帮菜等餐饮业同行竞争的强硬姿态，以求得在都市丛林中的生存之道。由此可以想见，徽馆打入上海餐饮市场的过程是十分艰难的，相比于传统徽商所经营的盐、典、茶、木四大业，徽馆经营的历史、规模、资金和从业人数远不及前者，并无优势可言。

但随着早期徽馆经营者打入市场并初步立足之后，随后入沪的徽馆和徽馆业从业人员数量则开始迅速增长，并逐渐形成规模。至民国成立以前，在沪设立的有一定规模的徽馆数量已经达到近 30 家，兹将其店名、店址、开设时间、店本和出资人列于表 15-1：

---

① 邵石友、程本海：《绩溪面馆业的历史》，《微音月刊》1924 年第 17—18 期，第 37 页。
② 邵石友、程本海：《绩溪面馆业的历史》，第 37 页。

表 15-1 1864—1909 年沪上开设徽馆之统计

开设时间	出资人	店名	店址	店本
1864 年	胡君（名不详）	集贤楼	陆家石桥下	不详
		杏花天	小东门	不详
	许老海、胡连和兄弟三人	大醹楼	洪昇码头如意街口	九百千文
1866 年	凌老仲	其莘楼	法租界吉祥街	不详
1869 年	李架山	醉白园	小东门外	不详
1873 年	邵运家	海华楼	浙江北路	不详
1877 年	柯金虎	升阳楼	棋盘街	不详
1881 年	邵运家	丹凤楼	老西门	不详
1884 年	程湘舟	聚乐园	四马路荟芳里口	九百千文
1892 年	朱有林	醉乐园	小东门	不详
		聚宝园	四马路	不详
	章名正	醉月楼	北泥城	不详
	章丽堂、汪余彰、冯太森等	鼎新楼	盆汤弄	九百九十元
1894 年	薛永伯	聚宾楼	四马路	不详
1896 年	程颂南	海月楼	十六铺大码头	三千元
	许启梅、程敬安	宴乐园	抛球场	二千五百元
1897 年	路文彬、郎士元、程怀邦、朱有林	聚和园	四马路	三千元
	邵修三	聚贤楼	法大马路	不详
1898 年	洪开泰	大兴园	三茅阁桥	不详
	柯金虎	春阳楼	棋盘街	不详
1900 年	张仲芳、章渭栋	聚乐园	英租界新闸酱园弄	二千元
	章莘夫、汪元立、唐廷闳	醉乐园	小南门外豆市街	一千五百元
1901 年	张仲芳、路文彬、章社和	天乐园	棋盘街	一千七百元
	柯伯青、张仲芳、程裕良、邵芝望	鼎丰园	盆汤弄	一千五百元
	章老丞、柯伯青	湘源楼	四马路胡家宅	不详
1904 年	路文彬、汪柏荣、郎士元、章社和等	长乐园	法租界大自鸣钟对面	一千五百元
1909 年	汪定祥、金君（名不详）	醉芳园	南京路浙江路口	一千元

资料来源：邵石友、程本海：《绩溪面馆业的历史》，《微音月刊》1924 年第 17—18 期，第 37—39 页。

从时间上看，旅沪徽馆业第一个快速发展阶段出现在19世纪60年代以后，恰逢上海近代第一次人口大量增长的时期。1862年太平天国进军上海，大量周边地区难民涌入上海，导致出现一个短时期的人口陡增。据邹依仁统计，上海公共租界人口从1855年的20243人增加到1876年的97335人，净增7万余人，法租界也约增加了4万余人，[①]随着上海小刀会起义的镇压和太平天国运动的平息，社会秩序趋向稳定，客观上为商业的发展提供了一个相对安定的环境。从19世纪中后期到20世纪初这段时间内，有记载的徽馆开设数量增加至28家，除去被焚毁或歇业的门店外，根据1909年版的《上海指南》记载统计，上海当年营业的且有一定规模的徽馆数量为17家。[②]而此时的外帮菜馆，宁波馆9个，广东馆9个，扬州馆3个、天津馆2个、无锡馆2个、南京馆1个，[③]徽馆的数量占菜馆总数的三分之一以上，已经占据绝对市场优势。民国学者曹聚仁也对此表示认同："本来独霸上海吃食业的，既不是北方馆子，也不是苏锡馆子，更不是四川馆子，而是徽州馆子。"[④]

从这一时段徽馆的分布上来看（见图15-1），新开设的徽馆主要集中在四片区域，即小东门——十六铺码头一带；法租界大马路（今金陵东路）；四马路（今福州路）南京路一带；苏州河沿岸商区。这些区域虽然都是人口和商业相对集中的地段，但其形成的时间存在先后顺序。最早一批开设的徽馆主要分布在小东门——十六铺码头一带，是旅沪徽州人群活动较为频繁的区域。早期徽馆业作为依附于徽人旅外经商而新兴的行业，自然是围绕着徽人聚集的区域分布，因此而较早集中出现在华界南市区域。随着租界区域人口的增加，徽馆开始向法租界大马路和英租界四马路迁移扩散，其中又以四马路一带分布最为密集。四马路在当时已经成为上海最为繁华的商业和娱乐消费场所，"上海

---

① 邹依仁：《旧上海人口变迁的研究》，上海人民出版社1983年版，第3、90页。
② 1909年版《上海指南》原文统计为18家，分别为：杏花楼、新申楼、聚宾园、聚和园、聚元楼、九华楼、来元楼、春申楼、善和馆、同乐园、德元楼、同庆园、其萃园、长乐园、九华楼、醉白园、大醺楼、醉乐园，其中开设英租界四马路509号的杏花楼，实际上是一家广东馆，1912年版的《上海指南》对此作了修正，将其列入广东馆。参见《上海指南》卷八《游览食宿》，1909年版；《上海指南》卷五《食宿游览》，1912年版。
③ 商务印书馆：《上海指南》卷八《游览食宿》，商务印书馆宣统元年（1909）版。
④ 曹聚仁：《上海春秋》，三联书店2007年版，第307页。

极繁华之区，以四马路为最。其中茶榭烟寮书楼戏馆林立如云……其他如酒食之馆服用之物无不充纫于中……一夕所费不知几千百万。真一中国绝大游戏之场也"，① 棋盘街、荟芳里和胡家宅一片区域是徽馆分布最为密集的地段，共有7家之多，占当时徽馆总数量的四分之一以上，并且其经营状况相对较好，开设的时间也较长。此间徽馆经营者也尝试向更远地区延伸，如法租界西部和苏州河以北，但从经营结果上看，多半由于市面未兴、生意不旺等原因而闭门歇业。

徽馆分布的空间变化，也是上海华界与租界之间人口和商业流动趋势的一种反映，从1843年到1910年这段时间内，华界的人口年均增长率仅为0.3%，而法租界和公共租界的人口年均增长率则分别为360%和1500%，② 反差巨大。华界由于直接遭受社会动荡的扰乱，居住和商业环境的提升空间受限，长期处于人口外迁的状态。随着租界区内一些工厂、银行的设立，国内的地主、官僚和买办将目光聚焦于此，人口和资本的汇集极大地促进了商业的繁荣，也创造出了相当大的消费市场，由此促使包括徽馆在内的各式商业类型向租界靠拢。

旅沪徽馆早期的发展，与这一时期徽商的经营活动是密切相关的。五口通商之后，以茶商为中坚力量的徽州商帮在上海、汉口等地的经营活动日趋频繁，大量的徽州人汇聚到上海从事茶业加工及出口业务，特别是绩溪和歙县两邑的商人，"清末民初，仅绩溪一县在上海开设的茶号就有33家。抗日战争前夕，歙人在沪经营茶叶贸易的商号更是数以百计"。③ 就绩溪上庄胡氏一族，来沪经商者亦不在少数，"族人列肆上海者，又有万字招牌十三肆，皆兆孔派也。鼎字招九肆，皆志俊公派，而余派（元美公）亦称是。同光之际，则上海有贞海公之鼎茂，玉庭公之万生端，贞春公之松茂……又吾族旅食以上海一带为最多，率常数百人，闻始商上海者兆孔公，然则今沪地族侨，宜祀公为哥伦布矣"。④ 当时徽商认为"俗云'无徽不成镇'，然徽人之商战武器仅有三事，

① 《本馆迁居四马路说》，《游戏报》1897年10月2日。
② 邹依仁：《旧上海人口变迁的研究》，第8页。
③ 王廷元：《徽商与上海》，《安徽史学》1993年第1期。
④ （清）胡祥木等纂修：《上川明经胡氏宗谱》下卷之下《拾遗》，清宣统三年（1911）木活字本。

图 15-1 1864—1909 年上海徽馆分布

资料来源：底图采用《上海历史地图集》所载《上海道路 光绪二十七年（1901 年）》，上海人民出版社，2001 年；图中数据来源于邵石友、程本海：《绩溪面馆业的历史》，《微音月刊》1924 年第 17—18 期，第 37—39 页。

茶商、当铺、菜馆而已"，[①] 同治光绪年间沪上开设的徽馆，虽然规模不大，但其相对较低的准入门槛和高额的商业回报吸引了不少投资者的目光，徽馆一般以每股几十至几百元招股，在经营得法的情况下，每年分红利所得就可达数百元，"聚元楼，由张千懋君经理，苦心经营，生意甚佳，有两年每股一百元分红至三百元之多"，"生意甚佳，年终结账每股派红利三百元之多"。[②] 清光绪十一年（1885 年），绩溪上庄的胡善增为首集资每股收银 100 元，胡适的父亲胡铁花也参与到经营中，并一举取得成功，很快便增开"东大酺楼"和"南大酺楼"两家分店。[③] 除徽州本土人士以外，外籍商人也开始注资徽馆业，如嘉

---

① 大雄：《裕且新》，载《茶叶分类品目》，上海程裕新茶号，1929 年 10 月印，第 2 页。
② 邵石友、程本海：《绩溪面馆业的历史》，第 38 页。
③ 石秉根：《徽菜馆始祖》，载《徽商史话》，黄山书社 1992 年版，第 166 页。

兴人薛永伯在光绪二十年（1894年）开设了聚宾楼，这正说明徽馆行业作为一种商业投资选择，在上海的资本市场逐步获得认同。

二、业缘关系的困境：徽馆派别分化与同业公所的对峙

在徽馆业内部，存在着以地缘空间为界线的划分，其中以绩溪帮和歙县帮两派占馆业的多数。民国时期毕卓君认为，徽馆中绩溪帮实力要强于歙帮，绩溪帮才是徽馆的正源，"绩帮为徽馆之先河，歙帮则为后起者耳，以实力言，则歙帮不如绩帮，以绩帮原缩徽馆之专业，其历史甚为悠久，歙帮乃脱胎于绩帮，仅得自树旗帜于徽馆之下而已"。[1]

沪上绩帮徽馆的数量和从业人数确实要多于歙帮，但"绩帮为徽馆之先河，歙帮则为后起者耳"的说法，放在整个徽馆业历史源流中看是有待商榷的，王振忠教授认为最早以开设徽馆为业的应属歙县人。[2]康乾时期是歙县盐商如日中天的阶段，而此时的绩溪仍未成规模的旅外商人出现，[3]民国《绩溪县志》提到："烹调业也是吾绩新兴事业之一。此业创始于何时不可考，其始仅创始于徽州府、屯溪、金华、兰溪、宣城等县市；继则扩展及于武汉三镇、芜湖、南京、苏州、上海、杭州等大都市，则是随近百年来海禁大开，工商业的发展而日臻发达。"[4]县志的记载是以籍贯为区分，而唯独未提及扬州的徽馆业，这恰恰说明在乾隆初年扬州的徽馆业中，应该没有绩溪籍商人的参与。

在清道光年后，绩溪商人开始形成一定规模，特别是在徽馆业上的迅速崛起，与歙帮一起构成经营徽馆业的主要力量，并都将眼光投向了上海这座新兴

---

[1] 毕卓君：《本埠徽馆之概况》，《申报》1927年4月21日。

[2] 王振忠教授在《清代、民国时期江浙一带的徽馆研究——以扬州、杭州和上海为例》一文中指出，《扬州画舫录》所载"因仿岩镇街没骨鱼面，名其店曰'合鲭'，盖以鲭鱼为面也"，而这家面馆的主人正是歙县人徐履安，徐履安的族叔就是著名的大盐商徐赞侯。

[3] 范金民认为："其县在嘉庆时期农业仍是主业，外出经商之风形成相当晚。"参见范金民：《明代地域商帮的兴起》，《中国经济史研究》2006年第3期。

[4] 台北市绩溪同乡会编：《绩溪县志》，1963年印，第715页。

城市。在早期的旅沪经营中，绩、歙两帮多以协同合作的方式共同打入市场，其中有不少绩、歙两地商人共同出资和经营的案例，如光绪二十七年（1875）绩溪六都章老丞与歙人柯君合开湘源楼；宣统元年（1909）绩溪十三都人汪定祥与歙人金某合开醉芳园。① 随着时间的推移，徽菜迅速占领上海大部分的饮食市场，利润的扩大可能导致利益分配上出现矛盾纠纷。绩帮凭借其实力优势掌控着行业的话语权，歙帮不甘屈就，渴望独立经营，于是便逐渐分离出去，但在脱离绩帮之后，绩、歙两帮的实力并不均衡。至 20 世纪 20 年代，绩帮徽馆有复兴园、天丰园、民乐园、第一春、畅乐园、醉白园、中华楼、惠和园、聚元楼、亦乐园等六十余家，而歙帮仅有大庆楼、三阳楼、共和春、申江春等十余家，数量上歙帮徽馆仅为绩帮的六分之一，相较悬殊。虽然绩歙两帮对外都称以徽菜馆，但一般彼此互不来往，有时甚至发生相互打压，抢夺市场的行为。

民国以后，尽管徽菜馆的数量在增加，然而整个上海餐饮市场都在扩大，京帮菜、粤菜、宁波菜、川菜、苏锡菜，还有西餐相继进入并发展壮大，1909年版《上海指南》统计的徽菜馆数量为 17 家，外帮菜馆数量为 26 家，1912年版《上海指南》列出的徽菜馆为 19 家，而外帮菜馆则增至 43 家，② 徽菜馆在餐饮行业中所占之比重呈现出下行的趋势。行业经营者逐渐意识松散式的经营在同业竞争上无法取得优势，有必要成立一个公会组织来管理数量庞大的徽馆。规范彼此经营，1922 年 10 月 15 日，由路文彬率先发起提议建立同业公所：

> 本埠菜馆林立，向无公所，昨晚经该业发起人路文彬等，联络各帮菜馆经理，假座宝善街大庆园开筹备会，讨论组织公所方法，到者以徽馆经理为最多，路文彬主席说明发起原因，略谓吾业迩来日臻发达，惜无同行规则，在营业上只图竞争，不顾存本，卒至外强中干，前途颇为危险。补救之计，其惟组织公所，划一规例，藉资遵守。讨论结果，先征求会员，

---

① 邵石友、程本海：《绩溪面馆业的历史》，第 39—40 页。
② 商务印书馆辑：《上海指南》卷五《食宿游览》，商务印书馆民国元年（1912）。

次筹特别捐，当场认捐者，颇为踊跃，一有整数，尚须购地建筑云。^①

1922年10月18日，《申报》上再次刊登关于成立旅沪绩溪馆业公所的声明：

> 启者，吾华阳旅沪馆业，自昔称盛，近益发达，惟无群力团体，恐不足以持久远。今由路文彬等发起，创立公所，建设医院，以维馆业同人幸福为宗旨，并无股东、伙友阶级之分别，深恐人众或有不知其中详细者，发生误会，特此登报声明，凡吾同人，如有意见发表，尽可致函讨论或面商建议，经众认为理由充足，无不容纳。至于本所职员尚未选定，须征同业多数人赞成，方为合格。条例一层，我谊东伙蝉联，如不逾越范围，尽可修改，同人不敏，敬希卓裁。华阳旅沪馆业公所筹备处启，筹备处暂设聚乐园。^②

从以上两则告示中可以窥见，徽馆经营者对于当时徽馆经营中存在的如行业规范缺失、恶性竞争、组织松散等问题和缺陷已有较为清醒的认识，也表达了创立公所，建设医院、为馆业同仁谋福祉的美好愿望。然而，这个由路文彬牵头成立的旅沪绩溪馆业公所，只是面向绩帮开设的，其收纳的悉是绩溪籍人士，不但未能消除绩、歙两帮的隔阂，反而激化了彼此的对抗。在旅沪绩溪馆业公所建立之后，歙县人朱志卿等也发起建立了所谓的馆业公益会，实为歙帮的同业公所，^③以抗衡绩帮。

近代以来，同业公所这样的组织形式，由于缺乏民主性和办事公正性，效率低下，已经呈现出衰落的趋势，^④旅沪绩溪馆业公所和馆业公益会成立后，其所发挥的作用"除一致要求馆主改良待遇外，几无所事事"，"仅为沟通声气

① 《菜馆业谋组公所》，《申报》1922年10月15日。
② 《旅沪绩溪馆业公鉴》，《申报》1922年10月18日。
③ 毕卓君：《本埠徽馆之概况》，《申报》1927年4月21日。
④ 宋钻友：《从会馆、公所到同业公会的制度变迁——兼论政府与同业组织现代化的关系》，《档案与史学》2001年第3期。

之机关而已，至于如何联络，以遂馆业之扩充，如何救济失业员役，以敦该业之风化，惜当局未遑顾及，不无缺憾"。① 在处理店内纠纷、维护馆店权益方面，多是向更高一级的安徽旅沪劳工会或是徽宁旅沪同乡会等地缘组织寻求沟通和解决的渠道。关于这一点，从 1925 年发生的一起地痞滋事的地方治安事件处理上，可以窥其一斑：

> 沪南三角街三星楼徽菜馆，前遭徐正福硬用劣角不遂，纠众捣毁，由警拘送法庭，讯究在案。兹悉旅沪华阳菜馆业，前晚假沪城公所开会，讨论对付办法。同业到者五十余人，公推路永江主席报告此事实情。嗣经到会同业讨论之下，佥以该徐正福等系当地流氓，三星楼被若辈捣毁以来，不能开市营业，若不请求官厅究惩，后患堪虞，且与同业营业前途大有关碍，遂公决，除函请徽宁旅沪同乡会援助外，一面具状地检厅，请求秉公究办，以儆凶横而维商业云。②

三星楼徽菜馆属于绩帮，在事件发生之后，旅沪绩溪馆业公所作为其直管的同业组织，由其出面向地检部门申诉的同时，还向徽宁旅沪同乡会请求援助。从这一细节可以看出，旅沪绩溪馆业公所在处理有较大社会影响的地方纠纷上，还是需要依靠更高一级的地缘组织来帮助实现其诉求。传统同业公所设置的初衷便是为了维护其群体的利益，联合同业与损害本行业利益的行为作斗争，而旅沪绩溪馆业公所连这最基础的一项也尚未有能力实现，深层次的利益诉求更是无从谈起。从三星楼事件的后续发展情况来看，起到主要的协调和沟通作用的还是徽宁旅沪同乡会：

> 沪南三角街三星楼徽菜馆，在地检厅状诉流氓徐正福、董瑞宝、董连生等，纠众行凶，将店捣毁，损失银洋等情，并经徽宁旅沪同乡会等各团体代抱不平，函呈到厅，要求秉公澈（彻）究。前日午后，由该厅张检察

① 毕卓君：《本埠徽馆之概况》，《申报》1927 年 4 月 21 日。
② 《申报》1925 年 3 月 26 日。

官开庭，审理原告方面投案。①

又讯，日前**徽宁同乡会**为三星楼菜馆被流氓捣毁等情，曾致函各路商界总联合会请求援助，兹得其复函表示赞同。②

徽人旅沪经商过程中建立的以地缘、业缘为纽带的公所或会馆，其初衷多数是为了联络感情，力谋桑梓商业之共同利益。但在时代的变迁中，随着旧式的公所、会馆之存续和新式同业公会的建立，便形成了各种新老地缘、业缘组织交织林立的局面。彭南生认为这种现象反映了社会经济尚未达到更高的水平，③ 更深一步讲，同业、同乡组织的存在，确实可以为其所属的商帮群体谋取利益，建立竞争优势，但在狭隘的乡族宗法观念之下，同业公所则会转化为帮派争斗的附属工具，也背离了共谋利益的初衷。绩溪帮和歙帮各自成立的沪绩溪馆业公所和馆业公益会，在实际的运作过程中并未能够履行一个同业公所应有的基本职能，却更像是一种不同群体身份的表征，从而形成彼此对峙的局面，由此造成的业缘关系困境，也为日后徽馆的衰落埋下伏笔。

三、民国时期徽馆的分布变化和改良调整

1. 民国以后徽馆的分布及变化趋势

民国成立之初的前十余年，上海相对较为安定。随着人口规模的扩大，城市空间得到快速扩展，功能区的划分也进一步明确。在此期间，徽馆业在沪地的发展到达顶峰，1922 年前后，上海的徽菜馆数量一度多达百余家，从业人数也达 2000 余人。④ 相比较前期徽馆的发展，这一时期徽馆不仅在数量上大为增加，而且分布也呈现新的变化。对比整理几份有关徽馆的调查资料，将其大致

---

① 《申报》1925 年 3 月 30 日。
② 《申报》1925 年 4 月 3 日。
③ 彭南生：《行会制度的近代命运》，人民出版社 2003 年版，第 26 页。
④ 邵石友、程本海：《绩溪面馆业的历史》，第 39—40 页。

信息兹列于表 15-2：

表 15-2　20 世纪 20 年代上海各区徽馆数量统计

地区	数量	徽 馆
闸北	8	大庆楼、复兴园、宾华楼、永乐天、新宾园、同义园、大吉楼、凤凰楼
南市	20	丹凤楼、第一春南号、最乐园、沪南春、大酺楼、新民园、太和春、新中华、畅乐园、第一楼、福庆园、大庆园、江南春、三星楼、大华楼、七星楼、吉庆楼、荣华楼、太白园、醉白楼、正和馆
公共租界	32	三阳楼、申江春、凤记、共和春、聚丰园、申江楼、鼎新楼、聚华楼、新华园、间春园、宴宾楼、沪江春、同乐春、惠和园、善和春、民和楼、民乐园、重华楼、兆丰楼、海国春、民华楼、万家春、四而楼、聚元楼、亦乐园、同华春、同庆楼、天乐园、四海楼、虹江春、海华楼、杏花楼、大中楼、正兴馆
法租界	11	中华楼、八仙楼、胜乐春、南阳春、富贵春、鸿华楼、一家春、华庆园、西华春、新中华、重华楼

资料来源：程本海、邵亦群：《绩溪面馆业的历史》，《微音月刊》第 19 期，第 31—35 页；毕卓君：《本埠徽馆之概况》，《申报》1927 年 4 月 21 日。

除开 19 世纪开设的几家老字号徽菜馆外，新增徽菜馆 54 家，从其分布的状况来看（见图 15-2），呈现出由中心地带向外围辐射的趋势。其大致可以分为南北两个方向，一为华界的南市区域，另一为苏州河以北的公共租界和闸北地区。早期旅沪徽馆业分布于华界的地点主要集中于徽州人活动频繁的小东门——十六铺码头一带，民国以后，在南市方面新增的徽菜馆开始向更靠近中心区域的老上海县城内延伸分布，主要包含老西门、城隍庙和小北门三个地段，数量由原先的 6 家增至 20 家，占当时徽菜馆总数的 28%。英租界和闸北成为这一时期另一个新增徽菜馆的集中区域，这主要得益于城市的区域开发。在 20 世纪前曾有经营者尝试在苏州河以北开馆营业，但由于人流量少，市面冷清而闭门歇业。民国成立不久，第一次世界大战爆发，中国民族资本主义迎来短暂的发展契机，集中于公共租界东区和北区的上海轻工业发展迅速，工厂的建立吸引了大量工人及其家属的迁入，人口随之猛增。据统计，1925 年东、北二区人口总数为 432291 人，较 1890 年的 46408 人净增 385883 人，[①]35 年间的增幅达 89.26%。人口的迁入带动了餐饮等服务业的兴盛，闸北和公共租界

---

① 邹依仁：《旧上海人口变迁的研究》，第 93 页。

区徽馆数量的增幅与人口增长率呈现出正相关的联系。

图 15-2　20 世纪 20 年代上海徽馆分布图

资料来源：底图采用《上海历史地图集》所载《上海道路　民国 2 年（1913）》，上海人民出版社，2001 年，图中数据来源于程本海、邵亦群：《绩溪面馆业的历史》，《微音月刊》第 19 期，第 31—35 页；毕卓君：《本埠徽馆之概况》，《申报》1927 年 4 月 21 日。

相比于前期徽菜馆向英、法租界中心商业区靠拢的趋势，民国以后开设的徽菜馆则更倾向于选择华界地区。徽馆最初是以售面食起家，主要消费群体是来自中下层市民，"徽帮筵席，则以中下社会为多"。[1] 尽管后来徽菜馆也在自我调整，开始向高端筵席餐饮发展，但无论徽面馆还是徽菜馆，廉价的火鸡面、划水面、虾仁面等面食仍是最大的经营特色，相对高档餐饮，面食类的绝对利润要低得多，难以承受租界中心区域高昂的地价租金。从晚清开埠以来到民国成立这段时期内，徽菜馆数量增长相对较少的区域便是法租界，最初只有新中华、中华楼、南阳春等少数几家资金雄厚的老字号徽菜馆立足于该些地段，

---

[1]　杨德惠、董文中编：《上海之工商业》，中外出版社 1941 年版，第 110 页。

而在社会中下层阶级较为集中的闸北和南市，则成为后期徽菜馆分布较多的地区，"旧上海的酒楼中，恐怕要数徽菜馆数量最多了。尤其是南市、闸北，到处可见徽菜馆的踪影，几乎每条街上都可找到一两家"。[1]

2. "馄饨鸭潮"——徽馆业的短暂中兴

虽然徽菜馆的数量在不断增加，规模也有所扩大，但是到了20世纪20年代以后，徽菜馆在上海的口碑渐失，甚至一度沦为最坏。这很大程度上是因为其菜色老旧，口味单一，从时人笔下的片语间，便可有所体会，"你走上去，不看菜头，只向堂倌问有什么好吃的，他必定回答你红烧甩水、炒虾仁、炒四件、虾子蹄筋、粉蒸肉、血汤、细汤这几类"，[2]徽馆的经营者也逐渐意识到这一点，遂开始改良和创新菜品，其中最具代表性的便是馄饨鸭。

馄饨鸭由大中楼创始，最初只在宴席上使用，每只大砂锅一只全鸭，配以馄饨40个，后来为满足顾客需求，视食客多寡，分中砂锅（鸭半只或小鸭一只，馄饨24—36个）和小砂锅（鸭半只，馄饨12个）。[3]自大中楼之后，沪地徽馆竞相效尤之，并各取雅名，如"暖水馄饨""凤凰馄饨鸭""和合馄饨鸭""大同馄饨鸭""一品馄饨鸭"等，[4]上海徽馆中便由此引发了一场"鸭馄饨潮"，不少酒馆甚至刊登广告，宴请媒体名流以扩大宣传：

> 四马路锦里口老民乐园菜馆……以重金聘调名厨数位，精烹佳肴，无论全席小吃，味都适口，又特制佳，神仙馄饨鸡、和合馄饨鸭及民乐菜，风味之佳，较之他家，有过之无不及……来宾甚为热闹，泰半宁绍名流。前晚邵君约请沪上新闻记者，前往尝试由吴企业君署名代邀。是夕到者共有四十余人之多，跻跻跄跄。[5]

---

[1] 吴承联：《旧上海茶馆酒楼》，华东师范大学出版社1989年版，第101页。

[2] 开末而：《对于吃徽馆的意见》，《大常识是指南针》1928年第1期。

[3] 邵之惠、洪璟、张脉贤：《徽菜》，安徽人民出版社2005年版，第66页。

[4] 徽馆的鸭馄饨与苏州馆的鸭馄饨则不属同一道菜，据李慈铭《越缦堂日记》记载，鸭馄饨就是苏州人所称的喜蛋，是一种孵育没有成熟的鸭蛋，馄饨是混沌的谐声。并不像徽州馆所制的，把馄饨和鸭同煮在一器的意思。参见烟桥：《徽州馆与广东馆》，《时事汇报》1934年，第14页。

[5] 《老民乐园开幕宴客》，《申报》1928年9月11日。

新闸路梅白格路口宴宾楼京徽菜馆……复别出心裁，发明神仙馄饨鸡、品馄饨鸭，味极可口。①

四马路浙江路口老聚元楼菜馆……营业甚为发达，而以新发明一品馄饨鸭，最受各界人士热烈欢迎，每至华灯初上，来宾纷至沓来，座无余地。②

云南路大里界北首申江春徽菜馆，自发明凤凰馄饨以来，每晚必满座，后至者多抱有向隅之憾。③

北四川路崇明路口同春园徽菜馆……更添一种徽州点心，厥名为大同馄饨鸭、长春馄饨鸡，味之佳美，得未曾有，加以定价十分公道，故日来该园门庭如市云。④

虽然几乎每家徽菜馆都有馄饨鸭售卖，名目花哨繁多，实则大同小异，"其实所卖的馄饨鸭，不过名目各异，仍是一样的东西。换句话说，也不过是水饺变相。所不同的，多些鸭肉和汤，若问到底哪一家最好，也是半斤八两，难分高下"。⑤此外，大量的徽馆对这一新品的进行效仿滥用和过度开发，有的还借此机会开发了所谓的"神仙鸡"，即馄饨鸡，"其他徽菜馆也挖空心思，发明'神仙鸡'，名称虽然好听，但由于纯粹为了牟利，薄薄几片鸡，售价却不便宜。顾客初见名目逗人，尝试一下，连呼上当不迭。牌子做塌，嗣后问津者寥寥。不仅如此，连'馄饨鸭'也牵连遭殃"。⑥这阵由馄饨鸭引发的风潮确实为徽馆挽回了些许人气，一度使得徽馆的热度又升了上去，然而这一"中兴"的局面却未能维持多久，又很快平息了下去，"虽有一二家创馄饨鸭等号召，吸引食客后，不久又失败了"。⑦抗战爆发之后，随着上海沦陷，大批徽馆倒闭，这道菜便从视野中消失了。事实上市民对于馄饨鸭的热衷程度并没有像

---

① 《宴宾楼扩充营业》，《申报》1928 年 9 月 12 日。
② 《老聚元楼徽菜之改革》，《申报》1928 年 9 月 15 日。
③ 《申江春顾客拥挤》，《申报》1928 年 10 月 3 日。
④ 《同春园菜馆举行纪念后之盛况》，《申报》1928 年 10 月 18 日。
⑤ 《上海问答》，《上海常识》1928 年 11 月 2 日。
⑥ 吴承联：《旧上海茶馆酒楼》，第 103 页。
⑦ 王定九编著：《上海顾问》，中央书店 1934 年版，第 223 页。

表面宣传的那么夸张，即使是曾受邀品鉴这味菜的媒体记者，对此也是颇有微词，1928年新眉在《红玫瑰画报》上发表《大嚼徽菜记》，文中这样写道：

> 近来徽馆之势力，渐渐扩张，而利用宣传之事，亦颇了解，每逢新开，必宴报界，余先后得尝徽味，次数至多……凤凰馄饨鸭，为一大砂锅，在席者食且饱矣……平心而论，徽馆之菜，吾人不配胃口，询之苕狂，当表同情，馄饨鸭则尚有一吞之价值，然多食生厌，久食且无味矣。第一春即革除此馄饨，但啖者以不得馄饨，亦有呼负负者。①

作者文中对话的赵苕狂，原名泽霖，字雨苍，号苕狂，浙江吴兴人。他曾出任大东书局的第一任总编，由他主编的《红玫瑰》杂志是当时沪上极具影响力的通俗文学刊物。站在徽菜馆的角度，宴请赵苕狂这样的媒体名流，本是希望通过其所办刊物的"吹捧"，以扩大知名度。然而在品尝该馆新式徽菜——馄饨鸭的过程中，作者新眉与苕狂却不约而同地透露出对这道菜，甚至于当时徽菜馆的负面情绪色彩。由此而见，徽菜馆尽管在菜品的调整和改良方面做了一些主动的尝试，但徽菜馆和徽菜被接受程度的下降不是单靠一味馄饨鸭就能够扭转的，"久食且无味矣"的评价，字面上是针对这道菜，而实际上是对其载体——徽菜馆整体印象的反馈，也预示出其终将衰落的命运。

四、时代终结：城市文化空间变迁下徽馆的衰落

1. 衰落的过程及表现

徽馆的衰落肇始于20世纪20年代，1927年毕卓君在所撰写的《本埠徽馆之概况》中指出，"今日驾徽馆而上之闽帮、粤帮、京帮等，尔时不足以抗衡之，至若今日如火如荼之西菜社，尤非当时之敌手"。其衰落的主要表现在所占

---

① 新眉：《大嚼徽菜记》，《红玫瑰画报》1928年第10期。

市场份额的减少和整体地位的下滑，而不能仅从徽馆的数量和从业人数上来判断，20世纪以前，尽管上海徽馆的数量不到20家，但却占据了上海大部分的市场份额，而到民国后，徽馆数量虽在一直增长，一度多达一百余家，但在上海餐饮市场的地位却大不如前了，胡祥翰在1930年所著的《上海小志》如是形容："（徽馆）因牢守旧习，不知发展，今日几不能列于酒肆之林。"[①]外帮菜，尤其是粤菜冲击最大，1926年至1928年国民革命军的北伐，使得广东人在上海的数量大增，同时也开设了为数不少的粤菜馆，"喜新厌旧，也是人之常情，吃惯了徽州馆的菜，偶然换换广东的菜，在口味上也举得新鲜些"。[②]但在数量上，当时粤菜馆还不足以与徽馆抗衡，"内地除了本地风光的菜馆意外，还是徽州馆居多数，广州馆并不多，说不定将来也要转变呢。像首都广州馆已有了地位，不过还没有上海的盛况而已"。[③]谁料想到竟然一语成谶，徽菜馆在上海的市场份额从此就逐渐被粤菜馆等外帮菜馆挤占了。20世纪30年代以后，徽馆衰落的迹象更为明显，"到了抗战前几年，大家已经忘记这一类菜馆了。川菜时行，徽菜衰歇，这也是一种风尚。"[④]1937年八一三事变，日军对上海进行了轮番轰炸，特别是虹口和闸北一带，大量的徽馆建筑被炸或焚毁，致使大批徽馆经营者和员工逃往他处，能够在上海继续维持营业的徽馆已成孤岛之势，为数寥寥。

在动荡的时局之下，一部分徽菜馆选择与外帮菜馆合并，以外帮菜馆的名义继续营业，其中较多的是加入了上海本帮菜馆。比如四马路上的四时新和二马路山东路上的正兴馆，虽然菜馆已改头换面，但从其所列的菜品中，如炒圈子、清炒鳝背、炒划水、三丝汤[⑤]等，明显的带有浓郁的徽菜风味特色。"老正兴变成本帮菜的代名词了……拆穿来说，还是徽馆底子，加几味扬州、无锡菜"，[⑥]在徽厨进入本帮菜馆之后，也将徽菜"重油、重色"的烹饪特点融入本

---

① 胡祥翰著，吴健熙标点：《上海小志》，上海古籍出版社1989年版，第39页。

② 烟桥：《徽州馆与广东馆》，《时事汇报》1934年，第14页。

③ 烟桥：《徽州馆与广东馆》，第14页。

④ 曹聚仁：《上海春秋》，三联书店2007年版，第307页。

⑤ 当徽馆全盛时代，沪人宴客，不用全翅，而以三丝三鲜为主菜。三丝刀锋齐整，汤汁浓鲜，略加鱼翅者称为翅丝，价较昂贵，配置则特别精致。参见《徽菜在没落途中》，《申报》1947年1月16日。

⑥ 前揭曹聚仁：《上海春秋》，第308页。

帮菜，有学者研究指出，上海菜"浓油赤酱"的特色，主要是从徽菜承袭过来。① 也有徽馆融入宁波菜馆，比如有家名为天香楼的菜馆，"牛庄路的天香楼，原来是徽馆底子，后来添上宁绍菜……天香楼既然是徽馆底子，所以他家的鸭馄饨，仍旧用锡暖锅上菜"；② 另外还有并入闽菜馆或者时下较为流行的川菜馆。③ 到 1947 年，《大上海指南》中所载的徽馆已经只剩 8 家，④ 同年《申报》上刊登了一篇名为《徽菜在没落途中》的文章，文中如是评论，"一般经营徽馆的，大都不思改遘，因此营业日趋衰落，其势力已不如从前之盛了。现存徽馆，较著名的有大富贵，老大中华及鼎新楼三家"，⑤ 其衰落的程度可见一斑。

2. 内外交困：徽馆衰落的原因解析

纵观整个旅沪徽馆发展历程，其衰落是由内因和外因共同作用所导致的。所谓内因，即徽馆自身的弊端和局限，主要有以下几个方面：

首先，市场定位错乱和模糊。最早期的徽馆主要是以贩售面食起家的面馆，其人数、资金和规模都比较小，且多分散于一些市镇之中，而在进入上海市场之后，随着旅沪徽商的聚集及其资金的投入，徽面馆逐渐发展成为能够烹调京苏大菜的酒菜馆。按理，酒馆经营模式的改良和档次的提升本是有助于其占据更多的市场份额，然而其在"升级"后对于低、中、高不同消费市场定位的混淆杂糅，直接导致其口碑的下降和客源的流失。

对于中高端餐饮市场而言，菜品档次、用餐环境和服务质量最为关键，然而徽馆在这几个方面的表现都不尽如人意，特别是用餐环境，最遭人诟病。一般上海的酒楼，共分楼上楼下两层，楼下称外堂，楼上称内堂，提供雅座和包厢，价格也自然略贵，用以针对不同的消费人群，然而徽馆却不加以区分开来，"惟有徽馆，只卖楼上，吃到楼上的人，也明知价钱比楼下贵，无非落一

---

① 江礼旸：《"浓油赤酱"从何而来——徽菜是上海本帮菜的源头》，《食品与生活》2008 年第 6 期。
② 唐鲁孙：《中国吃》，广西师范大学出版社 2013 年版，第 112 页。
③ 《申报》在 1929 年刊登一则广告："三马路大新楼之开设，系在去年由沪上名公巨子集资所创立，为海上著名徽菜馆，嗣以无意经营，出盘于和记，改为川闽菜馆。"参见《申报》1929 年 8 月 1 日。
④ 这 8 家为：大中国、大有利、大富贵、大新楼、中南楼、海华楼、富贵楼和鼎新楼。参见王昌年：《大上海指南》，东南文化服务社 1946 年印，第 125—126 页。
⑤ 《徽菜在没落途中》，《申报》1947 年 1 月 16 日。

个写意而已，岂知吃徽馆楼上，却万万没有惬意的余地，因为正席和菜小酌都是挤在一个坐场里吃的，这并不成问题，最使得吃正席和菜小酌难堪的，是那些吃三鲜面、火鸡面、爆鱼面的人们，试思这三种面的吃客，会上流社会得了么，要惬意而结果与一班短打赤脚人济济一堂"。[①] 而且与其他酒馆相比，徽菜馆的座位狭小，卫生状况差，尽管徽菜馆拿手的清炒鳝背，炒划水，炒虾腰，炒鸡片，醋熘黄鱼，煨海参，走油拆炖，红烧鸡，三丝汤等菜肴皆属精品，然而却始终难登大雅之堂。以徽州本土人士胡适为例，他的故事也许更具有说服力。胡适非常嗜吃徽州菜，特别是那道"一品锅"，早年他请朋友吃饭一般都会选择徽馆。而据胡适同乡老友石原皋回忆，后来他家请客总是会到忠信堂和庆林春，这两家则分别是福建馆和四川馆，最耐人寻味的是胡适在操办自己四十寿宴时，他没选择去饭馆，而是请饭菜馆派厨师来家中做的，且做的也不是徽州锅。[②] 可见在胡适心中对徽菜馆的地位档次有着客观的判断，尽管平日喜爱，但在一些重要的场合节点上，徽菜馆并不是首选对象。

而对于低端市场，徽馆的应对也不尽如人意。徽面馆是依靠价廉味美打入上海市场的，味美是其次的，最关键的还是价格优势。然而一些徽面馆却在价格上做起了文章，一方面是定价凌乱，"徽馆老早就卖大洋，若是真的大洋，倒也罢了，无奈又是以七分为一钱的，于是有时叫三钱二，有时叫两角二分四，点菜的价钱，还有整数，面与过桥的价钱，简直没有一样有整数，都是几角几分一大连串的"。[③] 掌柜在结账时，对于几分的零头却是算进不算出，使得吃客生厌与怀疑；另一方面是缺斤短两，徽馆的热炒一般分三种规格，过桥、小盆和大盆，而对于大、小盆分量的标准则完全掌握在店家手里，难免有小盆充当大盆卖的嫌疑，"倘然吃客向别人问了价钱来吃，问的恰是小盆价钱，堂倌见他皮子胖胖叫，落得叫一盆大盆的，多赚他些，等到付起账来，恰巧他是算定了钱来吃的，临时付不出，这怎么，他说这家徽馆卖野人头，徽馆说是大盆，各执一词"，[④] 这些经营细节上的瑕疵正如磨刀之石，年长日久便会慢慢磨

---

① 开末而：《对于吃徽馆的意见》，《大常识是指南针》1928 年第 1 期。
② 石原皋：《闲话胡适》，人民大学出版社 2011 年版，第 178 页。
③ 开末而：《对于吃徽馆的意见》（续），《大常识是指南针》1928 年第 2 期。
④ 开末而：《对于吃徽馆的意见》（续）。

蚀徽馆在上海饮食界中的形象和口碑。

其次，资本短缺。根据程本海、邵亦群的调查统计（见表 15-3），民国以后仍维持经营的徽馆，除几家老店已积有富厚的资金外，其余新开的徽馆资金都不是十分充裕，在所选取的 49 个样本中，店本在 6000 元以下的占总数的一半以上，最小的大庆园仅有 850 元的店本，与 20 世纪以前徽馆的资金规模相差无几。在酒馆行业中，存在一种名为"放盘"的经营习俗，即在新店开张之初，店家通过打折减价的形式来促销经营，吸引人气，此种模式本身并不存在大的问题，但是需要有充足的资金来支撑这样的"烧钱"行为。而对于原本资金就不甚充裕的徽馆来说，代价是相当高昂的，"徽馆惯例开张期内，必须放盘，所以靡费极巨，甚有因此而耗去资本之半数者"，[①] 比如同新楼，"始创于民国四年，二月开张，因推相邻同行生意妒忌，是乃实不得已，同新楼放盘市售，当年虚亏本甚巨"。[②]

徽馆的资金问题，不仅体现在绝对资本数量上的有限，还有资金结构上的不合理。在徽馆业中，存有大量的一店多董和一董多店的杂乱交错局面。一般徽馆在设立之初，店本一般不大，大约在千元左右，而且多为几人合伙出资，"徽馆颇少个人单独投资，几乎完全为合股办法"，[③] 在经营一段时间之后，则会视情况增资来扩大规模，一般是以招股的形式，每股从几十至几百元不等，店伙和经理均可入股。笔者所见几份徽馆立约合同中，股东人数一般少则十余人，多则二三十人，如一份立于民国 6 年（1917）的《同新楼立合约议据》中所列出的股东多达 31 人，[④] 作为徽馆的经营者往往拥有不止一家菜馆的股份，如名厨张仲芳，其一人便有三十五家之股本，[⑤] 而路文彬拥有的股份则更多，"至民国 15 年（1926），他在经营徽馆的 54 年中，先后参股上海小东门大醺楼、五马路的聚宝园、法大马路的老中华楼、福州福的民乐园、曹家渡的大鸿运酒楼、苏州的万源馆等达 80 家"，[⑥] 投资方和股东这样的做法实则是为了分

---

① 邵石友、程本海：《绩溪面馆业的历史》，《微音月刊》1924 年第 17—18 期，第 37 页。
② 邵之惠、洪璟、张脉贤：《徽菜》，第 149 页。
③ 毕卓君：《本埠徽馆之概况》，《申报》1927 年 4 月 21 日。
④ 邵之惠、洪璟、张脉贤：《徽菜》，第 150 页。
⑤ 邵石友、程本海：《绩溪面馆业的历史》，《微音月刊》1924 年第 17—18 期，第 38 页。
⑥ 邵之惠、洪璟、张脉贤：《徽菜》，第 190 页。

表 15-3　1924 年沪上徽馆店本统计

店本数额	馆　名	数量
3000 元以下	万春楼、一家春、同春园、聚丰园、三星楼、东大酺楼、大庆园、大华园、万家春、宴宾楼、大统园、复兴园、同义园、虬江春	14
3000—6000 元	南阳春、聚宝园、中华楼、海华楼、民乐园、第一春、宝华楼、永乐天、申江春、同乐园、第一楼、江南春、新民园、大白楼、聚华楼、大和楼、新宾楼、惠和楼、鸿运楼、民和园、海国香	21
6000—10000 元	新中华、八仙楼、重华楼、丹凤楼、胜乐春、大和春、沪江春、善和春、西华春、四而楼	10
10000 元以上	第一春、民华楼、吉庆楼	3

资料来源：程本海、邵亦群：《绩溪面馆业的历史》，《微音月刊》第 19 期，第 31—35 页。

摊和规避风险，不至于多头套牢，然而频繁的资金流动却并不利于长期经营，特别是对于资金不足的小店来说，股东一旦撤股抽资，很可能就闭关歇业了，资料显示，新开徽馆在三年内倒闭的情况有相当一部分，[1] 这其中大多是由于在经营亏损后资金无法得到补充而造成的。

第三，组织制度守旧和乡族观念狭隘成为徽馆经营的双刃剑。徽馆内部的组织结构一般比较固定，长期以来没有太大的变化，从规模上看，"无论馆之大小，至少亦须十八九人，多则三十四十人不等"，[2] 大部分的店，员工在二十人左右，虽然店员不多，但是等级秩序森严，刚进店的伙计需从学徒打杂做起，"凭其智慧经验，逐渐提升为二刀、二炉，以至于大司务的职务。柜台上的学徒，必须经过三年以上的实习经验，始可正式担任写堂簿的工作"。[3] 学徒制的存在一方面为徽馆源源不断地提供了廉价劳动力，扩大了从业人数和徽馆规模，维持着徽馆的正常运作，而另一方面，它作为一种非良性的人才补充渠道，变相地降低了徽馆的服务质量和档次水准，最终成为徽馆行业自身的掘墓人。一般从徽州来沪做学徒的年纪较小，且受教育程度低，从绩溪当地流行着的歌谣《徽馆学生意》中便可以体会一二，"前世不修、生在徽州。十三四岁，往外一丢。吃碗面饭，好不简单。一双破鞋，踢踢踏踏。一块围裙，像块

---

① 邵石友、程本海：《绩溪面馆业的历史》，《微音月刊》1924 年第 17—18 期，第 38 页。

② 毕卓君：《本埠徽馆之概况》，《申报》1927 年 4 月 21 日。

③ 台北市绩溪同乡会编：《绩溪县志》，1963 年印，第 717 页。

纥褙"。① 由于学徒涉世年龄尚小，因而其自我约束能力较弱，"盖为堂倌者，多属血气未定之少年，对于积蓄一道，从未梦及，故每有早上拿钱，日中用尽者，馆业中俗语云：'五日工钱，一次输塌，信客一到，就要急煞'"。② 在生活中，他们不仅要遭受掌柜和业主的经济剥削，还要忍受言语行为上的侮辱，种种负面情绪渗入平日工作中则会转化为消极懈怠的服务态度，就连基本的清洁工作都敷衍怠慢，"太不重清洁，吃客既至，再行抹桌，即此一端可以知其概矣"，③ 也难怪徽馆在上海的口碑逐年下降。

就外因而言，徽馆的衰落表面上是被外帮菜馆和番菜所排挤和淘汰的过程及结果，而本质上是城市文化空间的多元性趋势与徽馆自身发展滞后的矛盾冲突，具体来看体现在饮食习惯上的差异和消费观念上的脱节。

饮食习惯是自然和人文因素在其各自地理区域上的表现，徽菜"重油、重盐、重火功"的特点，是对其本土的地理环境和社会文化的一种映射。徽州多山，特别是绩溪，有"宣歙之脊"之称，民间"七山一水一分田，一分道路和庄园"是对这一地形的形象概括。山民的劳作要比江南平原地区耗费更多的体力，需要补充大量盐分，因此盐重。徽菜中的重油，指的是猪油，在绩溪流传着"多吃一斤油，少吃一斗米"的说法，一方面猪油可以使菜肴增香提鲜，另一方面当地水土中矿物质含量高，可以起到分解油脂的作用。在徽州本地，猪油作为高消耗的生活必需品是较为短缺的，以至于往徽地内销猪油成为专门一种生意，当时一首《收猪油》的竹枝词如是描述："两只竹节收猪油，每日派人肉铺兜，猪肉收来作何用？装入桶内销徽州……"。④ 徽人嗜油，因此猪油放得多寡成为徽人待客的标准之一，梁秋实回忆他与胡适一起吃徽菜的经历，便印证这一点，"我们落座之后，胡先生问我们是否听懂了方才那一声吼的意义。我们当然不懂，胡先生说：他是在喊，'绩溪老馆，多加油啊'，原来绩溪是个穷地方，难得吃油大，多加油即是特别优待老乡之意。果然，那一餐的油不在少。"⑤

---

① 转引自王振忠：《新安江》，江苏教育出版社 2010 年版，第 92 页。
② 邵石友、程本海：《绩溪面馆业的历史》，《徽音月刊》1924 年第 17—18 期，第 40 页。
③ 毕卓君：《本埠徽馆之概况》，《申报》1927 年 4 月 21 日。
④ 转引自王振忠：《新安江》，第 91 页。
⑤ 梁实秋：《梁实秋怀人丛录》，中国广播电视出版社 1991 年版，第 191—192 页。

但是这种"重油"和"重盐"的烹饪特色，与上海本地的饮食习惯格格不入，特别是对于"重油"，一般本地人难以接受。上海既不存在像徽州这样特殊的地理环境因素，也没有嗜油的传统风俗，"上海人不像徽州人那样欢喜吃油，每个菜面上，临时端上桌还浇上一批油水，浮在上面，叫人先要倒胃。然而菜馆并不是不曾出过风头，因为那时候馆子少，不像现在的多，吃客一比较，便认徽馆的菜不值得一吃，所以近年来一家少一家"。[①] 早期的徽馆在上海饮食市场处于独霸的地位，而且消费人群也多为徽州人，几乎处于垄断的地位，所以徽菜"重油"的特点保留得较为明显，而在民国以后，上海的城市规模迅速扩大，外来人口大量涌入，在城市文化空间得到开拓的同时，粤菜、川菜、江浙菜、京菜及番菜的相继进入市场，对徽菜的地位形成极大的挑战和威胁，吃久了徽馆的食客，在档次更高、品种更丰富、口味更多样的外帮菜前，自然更愿意去尝试新的味觉体验。

　　近代上海作为中国最繁华的城市之一，汇集了从流亡难民到富商名流社会各阶层中的人士，对于不同层次的消费水平，酒菜馆业也逐渐分化出各种档次的种类形式，"饮食之事，若不求之于家而求之于市，则上者为酒楼，可宴客，俗称为酒馆是也。次之为饭店，为酒店，为粥店，为点心店，皆有庖，可热食。欲适口欲果腹者，入其肆，辄醉饱以出矣"。[②] 饮食作为一种重要的社会身份认同形式，随着经济发展和社会进步，饮食消费观念也在不断更新和提升，特别是作为上流社会的社交方式之一，高档的就餐环境和餐饮消费已成为上海这个商业社会中彰显财富和身份的主要途径。以粤菜馆为例，在 20 世纪 30 年代以后，几乎成为高端餐饮的代名词，从其酒店装潢到菜色品种，都极为奢华，"在旧上海的酒楼中，粤菜馆的陈设布置最称富丽堂皇，连一些完全欧化的西菜馆亦自叹不如。一些著名的粤菜馆中，一桌一椅，都于我国富丽的古式中参以玲珑的西式，一箸一匙，也都精致不群，四周装潢考究，置身其中，不啻皇宫……抗战前夕一色海味，从二、三元起至四、五十元，当时十余元已足可置办一桌酒席，而粤菜馆名贵的'中山筵席'，竟达千元一席"。[③] 相比而

---

① 吴健熙、田一平编：《上海生活：1937—1941》，上海社会科学院出版社 2006 年版，第 264 页。
② （清）徐珂：《清稗类钞》第 13 册，中华书局 1984 年版，第 6232 页。
③ 吴承联：《旧上海茶馆酒楼》，第 81—82 页。

下，徽馆仍然停留在中低端的饮食市场，"三十年代，徽菜馆和菜自半元起至四、五元止。半元钱的和菜，也有两炒一汤，两人就食，已足可果腹"，[①] 低端的市场定位不仅流失了相当一部分消费客源，致使本已薄利的价格难有上涨的利润空间，"上海生活程度，日高一日，物价逐涨，不待智者言之，徽馆菜价未能提升几何，即其所提升者，亦不敷补逐涨之物价"，[②] 同时这也意味着退出了对于高端饮食市场的争夺，以至于后来竟逐渐淡出了人们的视野。

徽馆业在上海的衰落，是多元城市文化空间变迁下，城市对于行业、商帮和文化一种优胜劣汰的选择，无论是徽馆自身的因素还是外界的影响，都不存在绝对的是非对错。更直接地讲，一个地区性行业能否存续和发展，取决于在时代的浪潮之中，它是否能融入于千帆竞渡，万舸争流的城市和市场大环境。从这一角度出发，上海徽馆业黄金时代的终结，也正是上海多元市场经济和文化格局初步形成的标识。

小　结

从上海开埠到新中国成立的百余年间，旅沪徽馆业的发展历程几乎贯穿了整个上海的近代历史，既是近代上海城市空间开拓过程中的一条线索，又是旅沪徽商盛衰变迁的一个缩影。在上海租界和华界的地理空间拓展中，城市社区的划分逐渐明晰，先后形成洋人生活社区和华人生活社区。华界与租界之间人口和商业的流动，成为早期徽馆业分布变迁的主要影响因素。伴随着上海城市地理空间的变化，其包括大众消费空间和公共休闲娱乐空间在内的城市文化空间也在不断多元化，这种多元化在餐饮业和饮食文化上体现得尤为明显，"沪上酒肆，初仅苏馆、宁馆、徽馆三种，继则京馆、粤馆、南京馆、扬州馆、西餐馆纷起焉"。[③] 在民国后期，上海已经初步形成一个丰裕多元的庞大餐饮市

---

① 吴承联：《旧上海茶馆酒楼》，第 102 页。
② 毕卓君：《本埠徽馆之概况》，《申报》1927 年 4 月 21 日。
③ 胡祥翰著，吴健熙标点：《上海小志》，第 39 页。

场，将现代与传统、高雅与低俗、中国与西方多种不同的文化形态融于一地，最终形成了一个多元性的城市文化格局。徽馆最初以经营面食的徽面馆打入上海，徽菜也一度独霸了上海的餐饮市场，但后来随着京菜、闽菜、鲁菜、粤菜、川菜、苏锡菜、宁波菜等外帮菜的进入，挤占了徽馆的市场份额，其一头独大的格局被打破，徽馆逐渐退出了在租界中心商业区的市场争夺，转而向中下社会阶层聚集的华人生活社区延伸分布。另外，西餐的引入提升了食品卫生标准和食品结构的合理性，[①] 进一步拉开了其与徽馆在饮食观念和消费档次上的差距，徽馆狭小、嘈杂的就餐环境和徽菜中"重盐、重油"不健康且不因地适宜的烹饪方式逐渐被市场淘汰。一些徽馆，通过转型、融入外帮菜馆的方式维持营业，使徽州饮食中部分徽式风味得以保存和流传，不至于完全消失于上海饮食业之林。

通过徽馆业盛衰变迁这个窗口，也能够窥见近代以来徽商群体及其所经营行业的变化趋势。上海作为一个典型的移民城市，从四方涌入的外来者携带着各自的乡土饮食习惯和文化汇聚于一地，各地人群通过品尝家乡风味这种最直接的方式寄寓思乡之情，而后来随着各帮菜馆的陆续开设，地方菜馆成了不同区域人群获得其身份认同的主要场所，"各帮菜馆，凡在热闹市区，随处可见。其店号招牌上均有帮派注明"，[②] 各帮酒菜馆为其所对应的区域人群提供了请客吃饭、聚会闲聊、商讨会议等活动的公共生活空间，因此在某种意义上，各帮菜馆的数量规模大小，也是其对应商帮势力强弱的间接反映，"旧上海的酒楼中，势力最大的要数粤菜馆。在旧上海经商的，以宁波人和广东人居多。自上海开埠以来，买办多为广东人"，[③] 广东商帮与粤菜馆的势力呈现出正相关的联系，那么上海徽馆业的盛衰变迁过程，实际上也体现了近代以来旅沪徽商整体式微的一个侧面。

（原载《历史地理》2017 年第 2 期）

---

① 邹振环：《西餐引入与近代上海城市文化空间的开拓》，《史林》2007 年第 4 期。
② 萧剑青：《上海向导》，上海经纬书局 1937 年版，第 82 页。
③ 吴承联：《旧上海茶馆酒楼》，第 80 页。

一位大家闺秀的守节生活
——以《民国歙县节妇汪宝瑜往来书信》为中心

陶良琴

内容提要: 民国初年,徽州闺秀汪宝瑜在夫亡后选择守节,这一选择是"国家旌表制度的提倡""徽州社会氛围的舆论控制""书香门第的家风熏陶""闺秀对儒家道德理想的追求"四个方面共同促成的结果。据《民国歙县节妇汪宝瑜往来书信》和口述调查显示,汪宝瑜在长达25年的守节生活中勉力践行了侍上、抚下、勤做女红、经理家业等为妇之道,并通过归宁、写信、游玩、织毛巾等方式排遣生活。汪宝瑜也曾遗憾于未能继续求学,并寄托于佛、道哲学寻求精神慰藉。尽管当时的有识之士提倡解放、婚姻制度也逐渐发生了变革,但在深受程朱理学浸淫的徽州乡土社会,旧礼教依然顽固存在,汪宝瑜难以凭借个人的意愿谋求解放,于是守节至死。

关键词: 民国;徽州;闺秀;守节;书信

节妇是指夫亡后不再改嫁的妇女。清代学者方苞指出:"尝考正史及天下郡县志,妇人守节死义者,周、秦前可指计,自汉及唐,亦寥寥焉。北宋以降,则悉数之不可更仆矣。盖夫妇之义,至程子然后大明。"[①]柏清韵、张彬村、费丝言、柯丽德、杜芳琴等学者从不同角度分析了孀妇普遍守节死义现象

---

① (清)《方苞集》上册,上海古籍出版社2008年版,第105页。

背后的原因。① 至于节妇的家庭出身与家人观念如何影响其守节行为？节妇守节的日常生活是怎样的？节妇在守节过程中有着何种心态？诸如此类的重要问题，由于资料的限制，学界一直鲜有专论，具有深入探讨的学术空间。

业师王振忠教授主编的《徽州民间珍稀文献集成》第12册② 收录了民国歙县节妇汪宝瑜（1897—1943）与其夫家众人的343封往来书信，通信时间起自汪宝瑜成婚的1917年，迄至汪宝瑜去世的1943年，这批共计126000余字的书信，内容丰富，为系统研究节妇的生活实态与思想情感提供了弥足珍贵的原始个案资料。有鉴于此，本文即以《民国歙县节妇汪宝瑜往来书信》为核心史料，并结合汪宝瑜娘家的家族文书和笔者对其夫家后人的口述调查③，考察出身于书香门第的歙县闺秀汪宝瑜的守节原因、守节生活与内心世界，进而从性别史的视角去管窥时代变革之际的徽州社会。

一、汪宝瑜的家庭背景与信件资料概述

清人钱泳指出："宋以前不以改嫁为非，宋以后则以改嫁为耻，皆讲道学者误之。总看门户之大小，家之贫困，推情揆理，度德量力而行可也，何有一

---

① 参见［美］柏清韵：《元代的收继婚与贞节观的复兴》，伊佩霞、姚平主编：《当代西方汉学研究集萃·妇女史卷》，上海古籍出版社2012年版，第79—110页；张彬村：《明清时期寡妇守节的风气——理性选择（rational choice）的问题》，《新史学》（台北）第10卷第2期，1999年6月；［美］费丝言：《由典范到规范：从明代贞节烈女的辨识与流传看贞节观念的严格化》，台湾大学出版社委员会1998年版；［美］柯丽德：《明中期江南的祠堂、统治阶层特点及寡妇守节的流行》，伊佩霞、姚平主编：《当代西方汉学研究集萃·妇女史卷》，上海古籍出版社2012年版，第111—146页；杜芳琴：《明清贞节的特点及其原因》，《山西师大学报》（社会科学版）1997年第4期。

② 王振忠主编：《徽州民间珍稀文献集成》第12册，复旦大学出版社2018年版。

③ 承蒙鲍义来先生的牵线，笔者在2023年4月采访汪宝瑜夫家的后人罗来宁女士（呈坎人罗会坦生有四子：长子罗时铸，即汪宝瑜丈夫；次子罗时镕，所生独生女罗来良（1924—2018）与汪宝瑜共同生活多年，罗来良在汪宝瑜去世不久后出嫁，后随丈夫许克宣赴台湾生活；三子罗时铭；四子罗时镂，所生幺女即笔者访谈对象罗来宁女士。罗来良晚年时，每年都从台湾回到呈坎居住数月，在此期间曾告知过罗来宁诸多汪宝瑜生活的细节），从而补足了书信资料在相关问题上的未尽之处。谨向鲍义来先生和罗来宁女士致以谢忱！

定耶？"① 这表明，孀妇的自身阶层和生存环境对其守节行为有着重要的影响，故此，在行文之前，有必要对汪宝瑜（1897—1943）的家世门第进行考察：

祖父汪宗沂（1837—1906），字仲伊，号弢庐，歙县西溪人。光绪六年（1880）进士，光绪二十一年（1895）保举学行，赏五品卿衔。曾任直隶总督李鸿章幕僚，辞归后主讲敬敷书院、中江书院、紫阳书院，一生著述颇多，有"江南大儒"的美誉。②

父亲汪福熙（1860—1943），字吉修，号芙蓉屋主。郡庠廪膳生，曾供职天津北洋大学堂，精四体书，擅古文诗词，乃知名的书法家。

外祖父章洪钧（1842—1887），字梦所，号琴生，绩溪人。同治十年（1871）进士，改翰林院庶吉士，散馆授编修。光绪七年（1881）为直隶总督李鸿章奏调赴津办海防并中外交涉事。十一年以知府留直隶补用，次年补宣化府。诰授中宪大夫，晋封通议大夫。③

母亲章恒益（1860—1939），字圭芗。生三子一女：长子夭折；次子汪采白（1887—1940），字孔祁；三子汪嵩祝（1895—1979），字岳年；幺女汪宝瑜。

由上可见，汪宝瑜出身于徽州的书香门第，是典型的大家闺秀。汪宝瑜幼时曾在族人四爷处读书，自 11 岁时起与两位表姐及嫂子宋玉芝（汪嵩祝之妻，当时尚未过门）一同就读于芜湖女校。汪宝瑜 15 岁时，父母经亲友黄昂青做媒，替她与歙县呈坎人罗时铸定亲。1917 年暑假，汪宝瑜与罗时铸（1897—1918）在呈坎完婚，暑假结束后，罗时铸返回北京法政学校继续读书，而汪宝瑜则留在呈坎与罗时铸的祖母同住。

《民国歙县节妇汪宝瑜往来书信》收录的即为汪宝瑜自成婚后至去世前这 26 年间保存的 350 封通信④，其中，汪宝瑜为收信人的 336 封信件的基本情况

---

① （清）钱泳撰，张伟点校：《履园丛话》，中华书局 1979 年版，第 612 页。
② 参见许承尧撰，李明回等点校：《歙事闲谭》，黄山书社 2001 年版，第 468 页。
③ 参见绩溪县地方志编纂委员会编：《绩溪县志》，黄山书社 1998 年版，第 876 页。
④ 《徽州民间珍稀文献集成》第 12 册《民国歙县节妇汪宝瑜往来书信》共收录 350 封信件：汪宝瑜为收信人的信件有 336 封；汪宝瑜为写信人的信件共 7 封，即 5 封汪宝瑜致祖父罗凌轩的信，2 封汪宝瑜致姒娌宋恭蕙的信；汪宝瑜既非写信人也非收信人的信件共 7 封，即 4 封罗时铸婚后于北京写给岳父母和内弟的信，1 封罗凌轩写给内人姚氏的信，1 封罗凌轩写给次孙罗时镕的信，1 封罗复萱写给二媳宋恭蕙的信。另外，需要说明的是，该批 350 封信件中只有少部分标明了写信的具体日期，大部分信件的落款中缺乏年份信息而只有月、日信息，还有一些信件落款中的年、月、日信息俱未写明。

见表 16-1。

表 16-1 汪宝瑜为收信人的信件基本情况

寄信人/信中称呼	人物身份的关键信息介绍	寄信地	寄信数量
祖翁罗凌轩/太爷（约1846—1933）	字凤翥。同治九年（1870）入县学，第七名入泮（武举），光绪七年（1875）贡成均，任呈坎文会会长，是呈坎溧川两等小学堂创办者之一。自1912年起在扬州的吴竹如商号任高管，80岁时，即1926年春季卸任回呈坎居住。	扬州	103封
祖姑姚氏/太太（约1864—1929）	罗凌轩续弦之妻，常年居住呈坎，与汪宝瑜同住。在汪宝瑜归宁西溪汪府或同罗家人外出在汤溪、杭州等地游玩时，太太会寄信给汪宝瑜。	呈坎	14封
公公罗会坦/老爷（1872—1948）	字履平。公派日本留学时曾任孙中山的日语翻译。光绪钦点"农科举人"，授"内阁中书"。历任浙江省教育厅主任秘书、汤溪县知事、歙县教育局局长。1934年眼部手术失败，双目失明后辞官回呈坎居住。与原配有二女罗巽持、罗榴姊以及二子罗时铸、罗时镕。在原配因病去世后续娶陈氏。	北京、杭州、汤溪、屯溪、呈坎	66封
婆婆陈氏/奶奶	湖北人，官员之女，文化水平较高，一直随夫居住。亲生二子罗时铭、罗时镂，亲生女罗兑金。		
四姑母罗复萱	罗凌轩之女，即罗会坦四妹。与长侄罗时铸同岁。嫁入昌溪首富吴竹如家，后随夫家迁居北京。丈夫吴阜生是北京大学生，自身亦为知识女性，但夫家家规甚严，难以归宁，常年思念家乡与母亲。生育女儿丽琪、奇光、瑾光，儿子荫荣。	北京	79封
堂叔公罗会镛	罗会坦堂弟，曾留学日本学医。时行医武汉。	武汉	8封
大姊罗巽持	罗会坦之女。嫁给许承尧长子许家栻，随丈夫在甘肃、上海等地生活。因生育子女众多且照料不便，将女儿许念婉交给汪宝瑜做义女。读书不多，写信多找人代笔。	上海	13封
二弟罗时镕（1902—1934）	罗会坦前妻所生次子，即罗时铸胞弟。幼年居住在呈坎，成年后随祖翁罗凌轩在扬州读书、经商。居扬时常写信给汪宝瑜。1934年猝死。	扬州	31封
妯娌宋恭蕙/丽芬	罗时镕之妻。父亲宋蕴中祖籍歙县上丰，常年在扬州经商。宋恭蕙和丈夫常住扬州宋宅，生有独女罗来良。夫死后与女儿常住呈坎，后与女儿女婿赴台湾生活。	扬州	1封
表妹许汉玉	罗时铸表妹。出嫁后随夫家居武汉。	武汉	3封

寄信人／信中称呼	人物身份的关键信息介绍	寄信地	寄信数量
五姑母	罗凌轩之女。许汉玉之母。居于歙县城中，常回呈坎与太太和汪宝瑜同住。	歙县城中	4 封
表妹瑛	汪宝瑜娘家的亲戚，称呼汪宝瑜为"表嫂"。	上海	2 封
程王锦云	常年在汪宝瑜娘家汪府中帮忙做事，与汪宝瑜情同姐妹。	西溪	12 封

资料来源：王振忠主编：《徽州民间珍稀文献集成》第 12 册，复旦大学出版社 2018 年版；许承尧：民国《歙县志》，成文出版社 1975 年版，第 226 页；罗哲文：《徽州文化古村呈坎》，2005 年版，第 167—168、182—183 页。

由表 16-1 可见四点重要信息：其一，呈坎罗家与西溪汪家门当户对，罗家有数位男性曾出洋留学；而罗家的女性则普遍通晓文墨、识文断字，整体良好的家族受教育水平实为家庭成员间可以频繁鱼雁往来的先决条件。其二，从通信频率来看，汪宝瑜的社交网络体现了费孝通所言的"差序格局"，她与祖翁祖母、公公婆婆、四姑母和二弟等人的来往最为密切，而与堂叔公、表妹、姒娌等人的通信则不多。其三，从通信成员的性别构成来说，汪宝瑜与多位女性互通尺素，彼此倾诉所见所闻并抒发心中情感，女性成员间通过交流"心底的声音"，得以获得情感支持与精神慰藉。其四，从通信的地域范围来看，通信人的寄信地址遍布全国各处，这使得汪宝瑜可以在一定程度上了解外界见闻。

二、汪宝瑜的守节原因

汪宝瑜的丈夫罗时铸在成婚后数月，左膝关节便长出结核，行动不便，四处求医却遍治无效，于 1918 年 6 月 13 日凌晨 5 时病逝于祖翁罗凌轩位于扬州的住处。当罗凌轩将长孙离世的消息写信告知家人后，汪宝瑜立刻向罗家众人表明了自己守节的意愿，但这并非她一时冲动的决定。由于汪宝瑜与家人间通信频繁，在与罗家人的书信往来中，对丈夫的病程了然于心，心中早已作出最坏的打算，可以说，守节是她深思熟虑后的选择，而这一选择是国家、社会、家庭、个人四个层面因素交织的结果。

（一）国家旌表制度的提倡

明、清政府均十分重视旌表各类节妇，明洪武三年（1370），朱元璋诏令："凡民间寡妇，三十以前夫亡守制，至五十以后不改节者，旌表门闾，除免本家差役。"① 清承明制，继续旌表各类节妇。及至民国初年，有识之士提倡妇女解放，但政府依然不遗余力地表彰贞洁烈妇。

1914 年 3 月，袁世凯公布《褒扬条例》，规定"妇女节烈贞操可以风世者"得受褒扬，该条例的施行细则对"节妇"的定义为："褒扬条例第一条第二款所称之'节妇'，其守节限自三十岁以前守节至五十岁以后者，但年未五十而身故、其守节已及六年者同。"② 1917 年 11 月，冯国璋颁布《修正褒扬条例》，规定呈请褒扬的节妇"以年在三十以内守节至五十岁以上者为限，若年未五十而身故，以守节满十年为限"③。在政府旌表制度的提倡下，这一时期仍有大量女性选择守节。但是，并非所有满足守节年限条件的节妇都能获得旌表，据1917 年《民国日报》的一则题为《褒扬节妇之骈文——玉洁冰清阃懿足式　一般文明女子看看》的新闻显示，徽州绩溪县节妇汪鲍氏的家人在呈请褒扬时递交了注册费 6 元④，实际上，节妇寻求旌表的名额还需由家人层层打点关系，金钱、人脉往往缺一不可。《二刻拍案惊奇》中的徽州小商人李方哥劝妻子委身徽商程朝奉时说道："而今总是混账的世界，我们又不是什么阀阅人家，就守着清白，也没人来替你造牌坊，落得和同了些。"⑤ 清代徽州的一份盐商档案显示，自下而上通过"活动"而批准的"节孝事件"，需银多达五十五两。⑥ 申

① 《大明会典》卷二〇《户口二·黄册》，明万历内务府刻本。
② 袁世凯：《褒扬条例》，政府公报，1914 年 3 月 12 日。
③ 内政部年鉴编纂委员会：《内政年鉴》第 4 册《礼俗篇》，商务印书馆 1936 年版，第 68 页。
④ 《褒扬节妇之骈文——玉洁冰清阃懿足式　一般文明女子看看》，上海《民国日报》1917 年 1月 5 日，第 6 版。
⑤ （明）凌濛初：《二刻拍案惊奇》，中华书局 2009 年版，第 323 页。
⑥ 王振忠：《牌坊倒了？日出而作》，《读书》1999 年第 2 期。

请旌表所需的费用与人脉关系使得贫穷的节妇难以获得国家制度层面的褒扬，却大大增加了上层女性获得旌表的机会。

呈坎罗氏节烈成风，建有专门的女祠供奉族中节妇，祠堂内悬挂多块"节烈""节孝"的匾额，使节妇显身荣亲，彼时的汪宝瑜完全可以相信自己在选择守节后，将来能够获得国家的旌表，从而流芳百世。

（二）徽州社会氛围的舆论控制

许承尧在民国《歙县志》卷一一《烈女传》的序言中写道："歙为山国，素崇礼教，又坚守程朱学说，闺闱渐被，砥砺廉贞，扇淑扬馨，殆成特俗。"[1]在礼教控制下的传统社会，宗族通过上谱、入祠等手段鼓励孀妇守节。[2]能够被谱传记载或神主入祠永享祭祀，是女性所能获得的莫大荣耀，及至民国时期也依旧如此，兹举 1923 年 6 月 5 日《大公报》一则关于节妇入祠的报道：

> 本埠节妇刘孙氏，于光绪三十三年尽节。由县署依据《褒扬条例》褒扬，并颁发旌表节孝牌坊，于日前上午入祠，由孙君程九承办一切。是日有劝学所社会教育办事处人员及绅商学各界恭送者，约三百余人，其秩序：一谒圣，二女位，三来宾行礼，四家属致谈。不仅一时之盛况，实亦两姓之老荣也。[3]

与守节能够给孀妇带来莫大荣誉所相对的是，若孀妇选择改嫁，将会为乡人所鄙视，遭受莫大的耻辱。徽州方志有云："彼再嫁者必加以戮辱，出必不从正门，舆必勿令近宅，至家墙乞路，跣足蒙头，群儿且鼓掌掷瓦而随之，故贞烈之多，良以山水所钟，亦习尚然也。"[4]在安徽怀宁，孀妇改嫁时，媒证需用假名，"盖以孀妇再醮为极不详之事，故于婚约内避用真姓名"[5]。在这种社会氛

---

① 石国柱修，许承尧纂：民国《歙县志》卷一一《人物志·烈女》序言，（台湾）成文出版社1975 年版，第 1751 页。
② 胡中生：《礼教渗透下徽州家谱控制女性的模式》，《徽学》2011 年总第 6 卷。
③ 《节妇入祠》，天津《大公报》1923 年 6 月 5 日，第 6 版。
④ （清）周溶修，汪韵珊纂：《祁门县志》卷五《风俗》，清同治十二年（1873）刊本。
⑤ 前南京国民政府司法行政部编，胡旭晟等点校：《民事习惯调查报告录》下册，中国政法大学出版社 2000 年版，第 867 页。

围中，缙绅之家更是不容许女子失节，《儒林外史》第四十八回"徽州府烈妇殉夫　泰伯祠遗贤感旧"中便有秀才王玉辉逼劝女儿殉夫以光耀门楣的描写。①

及至民国时期，乡里环境也根本无法容忍上层孀妇再嫁，正如民国杂志《礼拜六》所载，丽贞在表明自己的守节原因时说道："寡妇再嫁，终觉得于礼不合，而况我们累代书香，倘若做出这等事来，岂不给人家笑话，丢了祖宗的面目么！"②而对于汪宝瑜而言，遑论再嫁，单是夫亡后乡人对她的克夫闲言就让她难以承受：由于罗时铸在与汪宝瑜成婚不到一年后便撒手人寰，因此乡人将罗时铸之死归咎于汪宝瑜，认为这是罗时铸与汪宝瑜"旧岁成婚不利"所导致的悲剧。③汪宝瑜向身处外地的婆婆陈氏和四姑母罗复萱等人吐露了此事，这其实表明，她的内心难以禁受乡里的舆论压力。尽管罗家众人在宽慰汪宝瑜时反复说出"此皆祖翁与汝翁等德薄有以致之"④以及"天数早定，无可挽回，乃无法之事"⑤等类似之语，但这恰恰说明他们都在一定程度上相信命运之说。由此，可以想见，年轻的汪宝瑜在午夜梦回时，极有可能亦在痛苦中怀疑过自己克夫，她身处此种舆论环境和心理压力之下，很难不作出从一而终的决定。

（三）书香门第的家风熏陶

作为出生于清末年间的闺秀，汪宝瑜自幼在家中接受的便是传统的儒家女教，熟读《女儿经》《列女传》《女诫》《孝经》等闺训。汪宝瑜的祖父汪宗沂曾创作《后缀蒙南曲》宣扬儒家女性美德，并在写给汪福熙的一封家信中提及自己"生平最敬怜节"，但他也同时强调对于族中节妇只能暗中相帮，不能在明面上给每位节妇都按月发钱，否则"房头人多，难以开端"⑥，从中可见，守节是西溪汪家孀妇的普遍选择。

汪宝瑜的外祖父家作为名门望族，族中妇女的节烈之风亦颇为浓厚。光绪十四年（1888），汪宝瑜的舅母在夫亡后，甚至选择绝食殉烈，并因此作为儒

---

①　（清）吴敬梓：《儒林外史》，中华书局 2009 年版，第 324—327 页。

②　张碧梧：《未亡人》，《礼拜六》1921 年第 121 期。

③　王振忠主编：《徽州民间珍稀文献集成》第 12 册，第 161、283 页。

④　王振忠主编：《徽州民间珍稀文献集成》第 12 册，第 8 页。

⑤　王振忠主编：《徽州民间珍稀文献集成》第 12 册，第 279、280、283 页。

⑥　王振忠主编：《徽州民间珍稀文献集成》第 10 册，复旦大学出版社 2018 年版，第 114 页。

家道德典范受到了国家旌表。①

汪宝瑜与哥哥们自幼便在这样的家庭环境中耳濡目染。当汪宝瑜自 11 岁起就读于芜湖女校后，其哥哥汪采白②还常常写信叮嘱她要规范言行。例如，汪采白在一封宣统二年（1910）的来信③中谈及，希望妹妹谨慎用钱，不可奢侈浪费④；需努力做到不妄言、不妄动的女子美德；同时，向汪宝瑜强调应当学好文法、字法、算术、绣花等，而这些实则为闺秀将来出嫁后管理家事、襄助夫家、作为一位贤妻良母应当掌握的技能。

汪福熙在一封 1917 年写给妻子章恒益的信中，谈及其二弟⑤认为汪宝瑜应读古文一事，但汪福熙却认为："瑜女不必读古文等，只要明白大礼大义，到人家去孝顺上人，相夫教子，便是莫大学问，再能忠厚待人，勤俭刻苦，那就妇德俱全，故不在于弄文嚼字也。"⑥这反映了汪福熙希望即将出嫁的女儿汪宝瑜能够成为妇德俱全的贤妻良母的心愿。

清代一位节妇曾向子孙诉说："我居寡时，年甫十八。因生在名门，嫁于宦族，而又一块肉累腹中，不敢复萌他想。"⑦成长于深受礼教熏陶家庭中的汪宝瑜，作出守节的决定亦在情理之中。

（四）闺秀对儒家道德理想的追求

清代歙县节妇江孺人在年老时曾向族人自叙守节的原因：其一出自对亡夫的"情"；其二出自对夫家长辈的"义"；其三出自对践行儒家道德理想的

---

① 参见（清）继昌：《行素斋杂记》卷上，上海书店出版社 1984 年版，第 14—15 页。
② 汪采白（1887—1940），名孔祁，字采白，号洗桐居士。5 岁从学于黄宾虹，后入南京两江师范学堂，师从李瑞清。曾先后任武昌高等师范学校、北京师范学校、南京中央大学、北京艺术专科学校教授。在南京与北京执教期间，与徐悲鸿、张大千、齐白石、黄宾虹等共事，并多有交往，是中国近代美术教育事业的重要奠基者之一。
③ 鲍义来：《瑜娘留痕——一位徽州女人的书法收藏》，《文人画研究》2012 年 11 月刊，总第 4 期，第 50 页。
④ 汪宝瑜读书时每月零用钱为 3 元，而同一时期，徽州人方与严就读于歙县紫阳师范学堂时，除了学费和膳食费外，全年的零用钱仅为 6 元，这 6 元用来置办灯油、几本书和两套旧的白操衣。参见方与严：《我的师范生活》，《方与严教育文集》，四川教育出版社 1995 年版，第 831 页。
⑤ 汪福熙的二弟即汪律本（1867—1931），字鞠卣，号旧游。光绪举人。曾任教南京两江师范学堂。
⑥ 王振忠主编：《徽州民间珍稀文献集成》第 11 册，复旦大学出版社 2018 年版，第 159 页。
⑦ （清）沈起凤：《谐铎》，新文化书社 1933 年版，第 131—132 页。

向往。① 而这也是作为书香门第中受过"诗礼之教"的女性的共同点，她们对"节""情""义"往往有着比普通女性更为强烈的追求。②

从"情"的角度来看，罗时铸是汪宝瑜的父母精心挑选的女婿③，罗时铸的家人及好友④对其评价皆为"样貌、天赋、秉性俱佳，前途无量，后进之秀"等，这虽不免是生者对亡者的溢美之词，但应当也反映了大部分的实情。汪宝瑜与罗时铸同岁，二人自15岁时订婚，20岁时完婚，虽于新婚燕尔、情意正浓之际分开，真正相处的时间只有短暂的几个月，但汪宝瑜与青年俊秀的丈夫间是互相欣赏和满意的⑤。而出于对罗时铸的情感和责任，汪宝瑜需要完成替他立嗣的使命。罗家长辈曾向汪宝瑜许诺，待将来罗时铸的弟弟们有了儿子，便过继给汪宝瑜作为嗣子。⑥民国初年，沿用大清律例中关于立嗣的规定："妇人夫亡无子守志者，合承夫分，须凭族长择昭穆相当之人继嗣。"⑦彼时，为亡夫立嗣是节妇的权利，通过立嗣，节妇可以获得对亡夫财产的监管权，并可期待日后嗣子有所成就后回报自己，使自己终身有靠；同时，立嗣也是节妇的义务，惟此才可使亡夫宗祧不绝，得享后人香火祭祀。

从"义"的角度来看，罗时铸的祖父罗凌轩在扬州经商，其生母在他7岁时病亡，其父罗会坦又带着后母常年在外为官，而留在呈坎的祖母和弟弟罗时镕都需要有亲人陪伴和照顾。因此，汪宝瑜选择守节也有强烈的责任感使然之故，正如她在告诉罗家表姊的信中所说："祖姑及外祖姑均康健，妹备承欢爱，深愧愚拙，无所报称，唯兢兢自持，仰答高厚，无他念也。"⑧汪宝瑜矢志代夫

---

① 参见（清）汪洪度著，董家魁校注：《新安女史征》，安徽师范大学出版社2018年版，第207页。
② 参见卢苇菁著：《矢志不渝：明清时期的贞女现象》，江苏人民出版社2010年版，第167页。
③ 从笔者掌握的资料来看，汪宝瑜的父母曾为汪宝瑜考虑过的议婚对象中，有绩溪胡铁花的族侄、许村许献延的次子，因为他们出身书香门第且家境较好。汪宝瑜的母亲曾否定了与徽商里万生之子议婚的提议，原因是对方门第不够高。
④ 罗时铸（字慕农）在南开就读时的同学程纶在罗时铸下葬之前曾写下情真意切的悼文，悼文中交代了罗时铸从南开毕业后考取北京政法学校、两人的交往细节以及罗时铸的病程等事件。参见程纶：《哭乡友罗慕农文》，《南开思潮》1920年第5期。
⑤ 罗家人的来信中提及，罗时铸曾向家人称赞汪宝瑜的贤淑。
⑥ 王振忠主编：《徽州民间珍稀文献集成》第12册，第8、157页。
⑦ 马建石、杨育棠主编：《大清律例通考校注》，中国政法大学出版社1992年版，第409页。
⑧ 鲍义来：《瑜娘留痕——一位徽州女人的书法收藏》，《文人画研究》2012年11月刊，总第4期，第59页。

养亲的行为，也受到了罗家众人的称赞与感激。

乾隆帝指出："守节本闺门庸行，多出于殷实之家，足衣食而惜颜面，自不肯轻易改适。"[1] 汪宝瑜作为自幼受过儒家理念熏陶的年轻女性，当她对于"情"的向往同对于"义"的追求相交融，兼之具备良好的守节物质条件时，就很容易促使她作出"节"的选择。

三、汪宝瑜的守节生活

当汪采白获悉妹妹汪宝瑜决定守节的消息后，曾写一信劝慰妹妹，在信中，汪采白首先以佛教箴言开解妹妹，希望妹妹淡然接受命运；其次强调妹妹的守节行为得到了太公太婆的怜爱以及乡人的推崇尊敬，那么妹妹便只有践行为妇之道；最后替妹妹设想了几种在守节生活中排遣的方式，一是阅读佛学、道学之书，二是栽花、作画、写字，三是写信与家人交流所见所闻。[2] 汪宝瑜在漫长的守节岁月中，遵循了哥哥的规划。

（一）践行为妇之道

第一，侍上。由于祖翁罗凌轩、公公罗会坦、婆婆陈氏皆常年在外，汪宝瑜便承担了照顾祖母姚氏的职责，虽然罗家常年雇佣一到两名女妈做事，但每当祖母咳疾发作时，主要依赖汪宝瑜照料，祖翁在给汪宝瑜的信中写道："时过小雪，气候日寒，祖姑咳症连日加甚，夜难安卧，侍应细心，非赖汝不可。"[3] 贤孝的汪宝瑜时常得到祖翁的称赞："知太太饮食复旧，夜睡能安，服伺勤劳，多赖孙媳仰体，无微不至，祖翁在远，闻之尤慰。"[4]

---

[1] 《清实录》第 22 册《高宗实录（一四）》卷一〇五一，乾隆四十三年二月下，中华书局 1986 年版，第 48 页。

[2] 参见鲍义来：《汪采白致小妹信》，《新安画派论坛》2010 年第 1 期，第 93 页。

[3] 王振忠主编：《徽州民间珍稀文献集成》第 12 册，第 90 页。

[4] 王振忠主编：《徽州民间珍稀文献集成》第 12 册，第 87 页。

第二，抚下。由于罗会坦的长孙罗来汤，也即汪宝瑜的长侄，迟至1941年才出生，而汪宝瑜于1943年逝世，所以罗家并未给汪宝瑜的丈夫罗时铸立嗣 [1]，但汪宝瑜却在生前尽心照顾了多位侄子侄女。大姊罗巽持因子女众多，照料不便，将女儿许念婉交由汪宝瑜代带数年，汪宝瑜在收养许念婉为义女后，为她做衣鞋、诊治头疮、送她去上学、敦促她温习功课。罗巽持在信中对汪宝瑜深表感激："婉女承吾妹细心照应，在下学期插入读书，足见吾妹热心恳切，铭刻五中，容当叩谢。" [2] 另外，在公公罗会坦由浙江省教育厅主任秘书改任汤溪县知事时，由于罗会坦与续弦陈氏所生的孩子罗时铭和罗兑金仍须在杭州读书，汪宝瑜便从呈坎前往杭州照顾罗时铭和罗兑金的生活起居，直至数月后婆婆陈氏安顿好汤溪的事务回到杭州。 [3] 此外，当侄女罗来良从扬州回到呈坎居住时，也由汪宝瑜帮忙照料。当汪宝瑜归宁娘家西溪汪府时，罗来良还时常前往汪府与汪宝瑜同住，并在西溪结交了若干好姐妹。 [4]

第三，勤做女红。书信中有大量汪宝瑜替罗家弟弟妹妹和侄子侄女做衣、鞋的记录。汪宝瑜时常在信中主动向罗家长辈要来小孩的鞋样，例如，在婆婆陈氏的来信中提及，"屡接贤媳来信，请剪兑、铭、镂等之鞋样，姑甚感贤媳之好心，故不能却贤媳敬意，兹特剪一份，交裕寿表叔公带上，望做青粗布鞋，甚好" [5]，汪宝瑜根据鞋样亲手做好鞋子后再交由邮局或亲友、信足带出，"日前秉文公到杭，带来贤媳手书，并制给兑女、铭、镂鞋子各四双，均收到。惟所制花鞋真费事，儿女等均欢领谢。" [6]

第四，经理家业。罗家家业浩繁，祖翁与公婆又常年在外，而年事已高的祖母时常抱恙，因此，当贤淑能干的汪宝瑜嫁入罗家后，便成为了罗家的小管家婆。在汪宝瑜写给祖翁的信件中，皆会详细汇报家中诸事，即是否收到祖翁或公公所汇银钱、经济款项的安排、祖母的身体状况、家人的情况、家乡

---

① 此据罗来宁女士口述。
② 王振忠主编：《徽州民间珍稀文献集成》第12册，第401页。
③ 王振忠主编：《徽州民间珍稀文献集成》第12册，第129页。
④ 此据罗来宁女士口述。
⑤ 王振忠主编：《徽州民间珍稀文献集成》第12册，第241页。
⑥ 王振忠主编：《徽州民间珍稀文献集成》第12册，第236页。

近来发生之事、乡人所托办之事、人情往来的应酬等。① 在这批信件中还可见汪宝瑜操持家中晒谷、煮烘茶笋、做米粉干等琐碎之事。② 此外，当祖翁或祖母过寿时，身处外地的罗家亲友还会写信托汪宝瑜代办寿鞋、寿茶等礼物。③ 当祖母逝世后，汪宝瑜又于清明节替四姑母罗复萱在祖母坟前焚烧锡箔。④ 当公公婆婆赶不及于清明节前返回呈坎时，汪宝瑜还替他们在祖先坟前挂纸钱。⑤

（二）排遣生活的方式

第一，归宁。呈坎与西溪同属歙县，距离并不遥远。罗家长辈是开通之人，且是真心爱护汪宝瑜，在汪宝瑜的守节生活中，约有一半的时间是在西溪娘家度过。汪宝瑜归宁时，先由罗家派轿夫送她回西溪汪府，在她每次盘桓一到二月后或是罗家有事时，罗家再派轿夫按照信中商定的日期接她回呈坎。书信中有大量汪宝瑜归宁西溪汪府的记录，尤其是每逢年节，或是汪宝瑜的父母过寿时，祖母都让汪宝瑜回娘家陪伴父母，例如，四姑母罗复萱的来信中提及，"知尊大人本月吉日六十大寿，侄媳奉命归宁叩贺"⑥ 以及"前闻侄媳回府贺年，近日已复返呈坎"⑦。身处北京的罗复萱虽然婚姻幸福，但常年思念家乡的娘家亲人，曾多次在信中表达了对汪宝瑜可以常常归宁与至亲团聚的羡慕之情："客腊两位令兄暨令侄等均回府省亲，至亲欢聚一堂，令人欣羡。"⑧

第二，写信。汪宝瑜在嫁入罗家之前，虽然读书明理，但对写信之事却不甚熟悉，而在她成为罗家的媳妇后，祖翁罗凌轩便叮嘱她勤加练习写信，"汝初习写信，尚属通顺，后望多寄"⑨，祖翁在一封辛酉年（1921）二月的来

---

① 王振忠主编：《徽州民间珍稀文献集成》第 12 册，第 92、88、219 页。
② 王振忠主编：《徽州民间珍稀文献集成》第 12 册，第 505—511 页。
③ 王振忠主编：《徽州民间珍稀文献集成》第 12 册，第 167、213、305 页。
④ 王振忠主编：《徽州民间珍稀文献集成》第 12 册，第 379 页。
⑤ 王振忠主编：《徽州民间珍稀文献集成》第 12 册，第 171 页。
⑥ 王振忠主编：《徽州民间珍稀文献集成》第 12 册，第 287 页。
⑦ 王振忠主编：《徽州民间珍稀文献集成》第 12 册，第 253 页。
⑧ 王振忠主编：《徽州民间珍稀文献集成》第 12 册，第 389 页。
⑨ 王振忠主编：《徽州民间珍稀文献集成》第 12 册，第 109 页。

信中，还纠正了汪宝瑜信中的笔误，"汝来禀内有'主持'二字，'持'误作'特'，后握笔宜细心。"[1] 祖翁还曾让汪宝瑜教粗通文墨的二弟媳宋恭慧写信。[2] 当时的大多数女性须托人代笔写信，十分麻烦，大姊罗巽持便"苦于不会写信"导致与家人沟通不便[3]，而汪宝瑜具备熟练写信的能力，无疑能够方便与异地家人之间的家事沟通与情感交流。四姑母罗复萱牵挂家乡人事，常常拜托汪宝瑜多寄平安信告诉她罗家之事："此后望侄媳每月寄一平安信，以慰远地悬念，是所至盼。"[4] 汪宝瑜与祖翁的通信最为频繁，当汪宝瑜需要禀明的家事繁多时，甚至在半月内共寄给过祖翁四封信，"新岁以来，叠接芜湖转来去腊二十一日回信，及二十二、二十六日与元旦后二日三次邮禀。"[5] 汪宝瑜不仅与罗家人保持频繁的通信，也常写信给身处外地的娘家人，汪宝瑜的父亲汪福熙曾于1922年至1926年客居北京，并每日写下日记，根据这部分日记[6]可知，汪宝瑜在这期间几乎每月都会寄一至两封信给父亲。频繁的写信不仅使汪宝瑜得以了解外界的状况，也促使她练得一手好字，其书法水平也随着年龄的增长有了较大的提高。

第三，游玩。1922年3月，汪宝瑜曾前往杭州照顾罗时铭和罗兑金，6月，罗家人带着汪宝瑜前往上海和当地的亲友一同游览风景名胜，之后汪宝瑜前往汤溪县公婆处住至当年11月底，随后返回呈坎。[7] 另外，汪宝瑜还时常随家人一起，观看呈坎的保安会和香会、许村的五猖庙会、灵山的雷祖会以及嬉灯、嬉龙、演戏、放焰火等娱乐活动[8]。此外，由于歙县雄村岑山小南海处风景优美且菩萨灵验，所以游览者众、香火旺盛，徽州竹枝词对此描述道，"观音大士著慈悲，诞日烧香远不辞。逐队岑山潜口去，相随女伴比丘尼"[9]，汪宝瑜曾

---

① 王振忠主编：《徽州民间珍稀文献集成》第12册，第32页。
② 王振忠主编：《徽州民间珍稀文献集成》第12册，第26页。
③ 王振忠主编：《徽州民间珍稀文献集成》第12册，第54页。
④ 王振忠主编：《徽州民间珍稀文献集成》第12册，第346页。
⑤ 王振忠主编：《徽州民间珍稀文献集成》第12册，第28页。
⑥ 王振忠主编：《徽州民间珍稀文献集成》第11册，第195—405页。
⑦ 王振忠主编：《徽州民间珍稀文献集成》第12册，第129、323、361页。
⑧ 王振忠主编：《徽州民间珍稀文献集成》第12册，第34、36、111、260、286、295、312、364、507、512页。
⑨ 许承尧撰，李明回等点校：《歙事闲谭》，黄山书社2001年版，第207页。

数次随祖母前往小南海游玩和烧香①。

第四，织毛巾。结合信件内容和对罗来宁女士的口述调查可还原汪宝瑜人生最后阶段的状况：1929 年前后祖母逝世；1933 年前后祖翁逝世；公公罗会坦在 1922 年至 1934 年任歙县教育局局长期间，与婆婆陈氏大多数时间住在屯溪，1934 年辞官后回到呈坎居住；二弟罗时镕在 1934 年不幸逝世，此后二弟媳宋恭蕙带着罗来良从扬州回到呈坎常住；三弟罗时铭和四弟罗时镂也陆续娶媳，三弟媳和四弟媳都住在呈坎家中帮忙打理家事；义女许念婉和侄女罗来良也日渐长大……也就是说，从 20 世纪 30 年代初开始，汪宝瑜逐渐完成了侍上抚下和襄理家业的重责，得以开始拥有大量属于自己的闲暇时间，并且绝大多数时候都可以住在西溪娘家陪伴父母。汪宝瑜的母亲章恒益于 1939 年逝世，父亲汪福熙于 1943 年逝世，汪宝瑜于是回到呈坎夫家常住，但此时汪宝瑜已患严重的咳症②，并在父亲汪福熙逝世的几个月后，也于某日下午的睡梦中死于呈坎夫家。那么，汪宝瑜在人生最后较为清闲的十年中是如何打发时间的呢？汪宝瑜自少女时代起便喜爱购买各类毛线绳用以编织毛衣、手套、花篮、作为头饰的线网等，自她出嫁后，汪、罗两家的亲友也经常赠送或替她代购花线③、土耳其线④等。据口述调查可知：20 世纪 30 年代初，罗会坦为了让儿媳妇汪宝瑜心情舒展，曾从外地购买了一台手摇织机放在汪宝瑜的娘家，供她闲暇时和其娘家府中自幼帮忙做事的好姐妹王锦云一同织毛巾打发时间，但她并非将织毛巾作为一项事业⑤，其所织毛巾有些拿来当作回礼送人，有些给家人用，还有一些放在周边店铺里售卖⑥。1934 年及之后数年里婆婆陈氏来信中的四则内容佐证了这一点：

---

① 王振忠主编：《徽州民间珍稀文献集成》第 12 册，第 298 页。
② 罗家后人认为其病可能是肺结核。
③ 王振忠主编：《徽州民间珍稀文献集成》第 12 册，第 253 页。
④ 王振忠主编：《徽州民间珍稀文献集成》第 12 册，第 542 页。
⑤ 原话是："她织毛巾只是为了开心，作为兴趣爱好织着玩，打发时间。"
⑥ 汪宝瑜当时虽常住西溪娘家，通过卖毛巾也获得零星收入，但公公罗会坦依旧每月给她较高的生活费，还专门请了一人在汪府为她做菜，汪宝瑜每次从西溪坐轿回呈坎时，替她做菜的佣工也会随往。

（其一）毛巾有便望带一打，因回山里，表叔等用。①

（其二）昨日闻五娘云，支公店要买汝等之毛巾，大、小各一打；五娘又云，天顺现在乐济桥摆摊，欲卖毛巾，欲购汝等之毛巾，大、小各半打；再予亦欲购小号毛巾一打，望交便人带下，予因山内之人本月廿四有人来，上灵山，拜菩萨，带物来以便作回礼之用也。②

（其三）前存毛巾一打，五娘送往前街南家卖，钱尚未交来。余四条，怀仍拿二条，谦益家卖钱三条，下余二条，予买下作回礼用。益表嫂去岁十月交还贤媳小洋二角，予已代收，屡次忘告，其钱尚存予手中。③

（其四）金香店钱已交来洋五元，尚欠一元七角，前街毛巾钱尚未交来。④

从中可见，婆婆陈氏及其贴身女妈"五娘"积极地帮助汪宝瑜推销毛巾，不仅买下她的毛巾用作回礼，还帮忙将她的毛巾拿给熟人或放在呈坎的店铺售卖，并且会及时将毛巾的售出数量与收入转告汪宝瑜。当时罗家所请女妈的月薪为一至二元，而汪宝瑜售卖毛巾一次就能得到数元钱，不算低廉。但据信中可知，罗家每年的家用约千元⑤，曾经一次花费约 1800 元购地⑥，因此，公公罗会坦与婆婆陈氏不厌烦劳的举动确实只是为了让汪宝瑜开心，使她通过做喜爱和擅长的事情打发时间，并从中获得价值感。

四、汪宝瑜的内心世界

在以男性为主的历史记载中，女性一直被视为"空白之页"，因此，妇女史研究者一直致力于追寻女性的声音，揭示"她们"也曾是能动的、鲜活的、

---

① 王振忠主编：《徽州民间珍稀文献集成》第 12 册，第 175 页。
② 王振忠主编：《徽州民间珍稀文献集成》第 12 册，第 176—177 页。
③ 王振忠主编：《徽州民间珍稀文献集成》第 12 册，第 178 页。
④ 王振忠主编：《徽州民间珍稀文献集成》第 12 册，第 230 页。
⑤ 王振忠主编：《徽州民间珍稀文献集成》第 12 册，第 29、105 页。
⑥ 王振忠主编：《徽州民间珍稀文献集成》第 12 册，第 448 页。

具有主体性的一群。① 相较于对于节妇千篇一律、模式化叙事的精英文本，书信和口述资料有助于我们还原汪宝瑜的内心世界。

（一）遗憾于未能继续求学

堂叔公罗会墉曾留学日本，后行医于武汉，在汪宝瑜从 1918 年守节后的数年中，曾数次来信鼓励汪宝瑜前往湖北师范女校求学，希望汪宝瑜学成后能够成为女界人才，为徽州的女学兴起作出贡献。② 尽管罗会墉言辞恳切且考虑详密，但此事最终未能落实。在新、旧交替的时代中，女子能否有机会接受高等教育几乎完全取决于父亲的能力与观念。开明、进步的罗会墉一直鼓励女儿罗颖华求学，认为女子也可以成就一番事业，在父亲的支持下，罗颖华在湖北师范女校毕业后，又继续前往北京高等女师读书，学成后回到母校湖北师范女校担任幼稚班的教员。而在罗颖华就读于北京高等女师时，四姑母罗复萱曾从北京寄给汪宝瑜一信："侄媳前在芜湖肄业时，有鲍毓华者，闻与侄媳同校，颇甚要好，现时已进北京女子高等师范（与颖华同班）保姆科，彼欲与侄媳通讯，因不知地址，故由颖华转言，萱方知也。侄媳如得暇，望写一信寄伊为要。"③ 鲍毓华曾是汪宝瑜在芜湖女子师范学校就读时的同窗好友，却因缘际会又成了罗颖华在北京高等女师的同学，汪宝瑜的心中，大概很难不受触动。汪宝瑜在致父亲汪福熙的一封贺年信中，曾抱怨并发牢骚，后悔自己前几年没能到外地读书，乃至错失了人生机遇。汪福熙则回复女儿说，作为罗家的管家婆应当低调行事，并向女儿传授了自己的人生哲学："人生在世虽不可十分看空，然亦不可过于看实，当为者为之，其顾不过来或无须为者，即可不必理他，省得累及身心也。"④ 汪福熙没有积极落实女儿的求学之事，大概是因为他认为女儿应该在婆家孝顺上人，遵循妇德。

歙县著名乡绅许承尧的女儿许悦音曾在《微音月刊》上发布《敬告徽属女

---

① 马勤勤：《历史无声却有痕——评魏爱莲教授〈美人与书：19 世纪中国的女性与小说〉》，《妇女研究论丛》2018 年第 4 期。
② 王振忠主编：《徽州民间珍稀文献集成》第 12 册，第 402 页。
③ 王振忠主编：《徽州民间珍稀文献集成》第 12 册，第 298 页。
④ 王犁曾阅读鲍义来私人收藏的此贺年信与回信。参见王犁：《排岭的天空》，广西师范大学出版社 2015 年版，第 38 页。

师范生》的言论，她指出："徽属女子进女师的目的，非真的求学问，只为在女师里混个一年半载，卜个虚名，抬高声价，以便异日易于择配（这多半是父母的意思）。请问，这就是你们进女师的目的吗？就是'女子师范'四个字的意义吗？……对于诸君并没有高远的希望，只求一个最低的限度：一要了解自己是立在一个'人'的地位……二要负改良社会的责任——教育不是抬高人家声价的，不是做人家择配的广告的，受了教育，要使自己做一个完人。受了师范教育，要养成一个好的师资，同时还要负着改良旧社会的责任（就是小范围内的）。乡里中的教育如何，你们是要负普及之责的。乡里中的婚姻制度如何，你们是要负改良之责的……。"① 许悦音嫁给了呈坎的罗纯夫，她在婚后随夫居住在开风气之先的上海，也得以成长为具备自由观念的进步女性。由于汪福熙与许承尧是挚友②，兼之大姊罗巽持写信给汪宝瑜时，有时会拜托夫妹许悦音代笔③，因此可以判定，许悦音和汪宝瑜二人相识。然而，作为具备家学渊源的女师范生汪宝瑜，却始终未能突破家庭的藩篱，未能如许悦音那般积极投身于改良社会的事业，亦未能如堂叔公罗会镛所鼓励与期待的那般为家乡女学作出贡献。

（二）寄托于佛、道哲学

1934 年末，二弟罗时镕获悉家人被匪徒绑架的电报后，受到刺激当场猝死。④ 汪宝瑜在次年初得知此事后曾写信给二弟媳宋恭蕙：

> 去腊吾乡匪乱，风鹤频惊，吾家受害尤深，更非意料所及。然自匪乱发生后，以至元宵左近，姊并未接一详信，望眼欲穿，焦急已极。乃于日昨忽接北京姑母来书，始惊悉叔弟忽遭凶变，阅信之下，哀痛万分，瞻念前途，不胜寒栗。回忆吾家自舅尊大人失明以后，家运之坏，惨不堪言，乃不意又发生此意外大变。姊与丽妹之命苦，竟同一辙，天命厄人，胡乃

---

① 许悦音：《敬告徽属女师范生》，《微音月刊》1925 年第 21—22 期。
② 许承尧是汪福熙父亲汪宗沂的得意门生，许承尧日记中时常有与好友汪福熙聚会的记录。
③ 王振忠主编：《徽州民间珍稀文献集成》第 12 册，第 429 页。
④ 王振忠主编：《徽州民间珍稀文献集成》第 12 册，第 503 页。

至极！姊书至此，不忍言矣。遥想丽妹之哀痛，尤更有甚于姊者，自在意中。不过人生在世，朝露秋云，万事皆空，岂有实在？姊以惨切哀痛之忱，力劝吾妹节哀顺变，从事达观，不必过于哀伤，以保身体，庶几可使堂上衰亲少舒哀痛，叔弟遗志，可以少慰于地下耳。吾妹素性聪明，姊所深悉，谅必能俯听愚忱也，至盼至切。①

在此信中，汪宝瑜以惨切哀痛之忱劝慰与自己同命相怜的宋恭蕙。汪宝瑜认为丧夫的苦难是"天命厄人"，但却以"人生在世，朝露秋云，万事皆空，岂有实在"的佛教箴言开解妯娌，如同当初自己的哥哥汪采白以"人生如朝露，言数十年光阴，亦不过顷刻之时间耳"以及父亲汪福熙以"人生在世虽不可十分看空，然亦不可过于看实"的人生哲学开解自己的那般。"佛入中国久，潜移默化，几乎无地无禅林。歙多名山，昔又最富，故各处有寺观，谈佛法者惟妇女居多，间有茹素诵经者。"②书信中可见，罗家的女性每每遇事便会四处烧香拜佛、求神问卜，汪宝瑜在罗家人遇事时也曾在瑶村老菩萨前祈祷③，而汪宝瑜父亲汪福熙作为士绅，亦颇为迷信，他曾在儿子生病时，"心中许过小南海及梁下观音菩萨"④。综上，可以断定，汪宝瑜在守节生活中，必定也时常寄托于佛、道之学寻求精神慰藉。但是，汪宝瑜越是通过认同此种人生哲学来排解苦闷以及合理化自己的命运，就越会屈从于她所认为的因果宿命，从而彻底失去挣脱命运枷锁的动力。

（三）拒绝再嫁的提议

孀妇因种种因素一时作出守节的决定相对容易，但长年累月坚持守节则颇为艰难。而在汪宝瑜守节的 25 年中，社会也发生了急剧变革：五四新文化运动中，新知识分子热烈讨论男女平等、婚姻自由、家庭革命诸问题，对传统贞

---

① 鲍义来：《瑜娘留痕——一位徽州女人的书法收藏》，《文人画研究》2012 年 11 月刊，总第 4 期，第 58 页。
② （清）刘汝骥编撰，梁仁志校注：《陶甓公牍》，安徽师范大学出版社 2018 年版，第 224 页。
③ 王振忠主编：《徽州民间珍稀文献集成》第 12 册，第 134 页。
④ 王振忠主编：《徽州民间珍稀文献集成》第 11 册，第 84 页。

操、节烈观开展了猛烈抨击；1929 年至 1931 年陆续颁布的《新民法》，秉持男女平等、一夫一妻、婚姻自由的原则，规定了结婚、离婚、监护、扶养、财产权、继承权等问题。那么，随着社会的进步和婚姻制度的变革，汪宝瑜的守节思想是否发生过动摇呢？当国家不再旌表节妇、孀妇的主婚权在法律层面由父母或祖父母手中转移到孀妇自己手中、儒家伦理受到批判与抨击、侍上抚下的重责已然完成，汪宝瑜是否认真考虑过再嫁呢？罗家后人提供了这一问题的答案：罗会坦作为曾经留学日本并且四处为官、见多识广的开明绅士，受到了时代进步风气的熏陶，在 20 世纪 30 年代，罗会坦与陈氏曾告诉儿媳汪宝瑜，若她能够遇到合适的男子，也可以选择再嫁，他们会将汪宝瑜视作亲生女儿，并为她准备嫁妆。然而，汪宝瑜本人看不上任何一个说媒对象①，遂终身守节。

撰诸史实，彼时，徽州的高门大户绝不会娶一个不再年轻的寡妇。汪宝瑜的父亲汪福熙于 20 世纪 20 年代中期身处北京时，曾在参加完朋友迎娶续弦的婚礼后，在日记中记录了北京与徽州两地婚姻风俗的不同："礼在饭庄举行，晚始回住宅，第二日回门。最奇者，此间风俗，未经回门已于昨日成礼后会亲，可见南、北之绝对不同，回门之前须先报喜以明其贞，否则女家引为大耻。"②由此可见，当时的徽州社会依然极为重视女性贞操，"旧礼教的势力较他处更甚"③。在深受程朱理学浸淫的保守、闭塞的徽州乡土社会，观念从制度层面的革新到实践层面的落实是极其缓慢的，如罗会坦一般深受欧风美雨的熏陶、思想开明之人实则罕见，以罗会坦之父罗凌轩为例，他在生前虽对孙媳汪宝瑜疼爱有加并时时夸赞，但他在获悉族人的填房傅氏在夫亡后并未选择返回呈坎守节而是返回娘家洋岸守节后，他在写给汪宝瑜的信中由衷感慨"傅氏对不住亡夫"④，这表明其内心深处认为妇女在夫家守节、侍奉夫家长辈乃天经地义之事。汪宝瑜长期身处此种社会氛围中，实则缺乏凭借个人的意愿谋取自身解放的动力和能力，正如时人鲍剑奴在《徽州妇女问题》一文所指出的："从

---

① 罗来宁女士告诉笔者，罗来良晚年向她回忆说："当时，汪宝瑜的眼光非常高，凡是看中汪宝瑜的男子，汪宝瑜皆不满意，而汪宝瑜能看中的男子，绝不会娶一个寡妇。"
② 王振忠主编：《徽州民间珍稀文献集成》第 11 册，第 301 页。
③ 进生：《改造与改良》，《微音月刊》1924 年第 17—18 期。
④ 王振忠主编：《徽州民间珍稀文献集成》第 12 册，第 113 页。

十八层地狱里所放出来的一大群的妇女,原都散住在江浙文明各省,徽州的妇女,还在一十八层地狱底下替小鬼挖煤!普通的一切,尚谈不着,什么'妇女职业''妇女参政'等大问题要想办到,简直比去三十三天在玉皇上帝头上盖瓦还难上一个百千万亿兆京垓!"①

五、结语

毛立平认为:对于妇女史、性别史的研究而言,尤须将各类史料作为具有客观而复杂背景的"文本"进行深入细致的分析,了解女性史料记载的个人和家族因素,探查史料背后的社会文化背景,才能真正做到"将妇女还给历史"。② 本文所利用的书信资料,还原了方志、文集等史料所无法展现的节妇在日常生活中的生存境遇、社会交往、休闲方式等诸多细节,同时,一封封家书中还蕴含了女性最真挚和私密的情感,从中可探查孀妇在守节过程中具体的悲哀与喜乐、顺从与迷惘等被正史遮蔽的心声。汪宝瑜作为大家闺秀和知识女性,徽州乡土社会的旧礼教和晚清民国的时代新风气同时在其身上起着作用,她在守节岁月中,面对着传统的束缚与新潮的冲击以及理性与欲望的交织,其内心和行为也充满了矛盾与挣扎。但需要指出的是,本文对于汪宝瑜内心复杂情感的考察,一部分是从她对其父未能让她继续求学的抱怨和她常常归宁、织毛巾赚取收入以及口述资料所显示的她曾思考过再嫁等行为中捕捉。这是因为,汪宝瑜与夫家人通信中的言语,正如夫家长辈所评价的"句句言词,深明大义"③。须知闺秀本身就是儒家社会的一分子,也是儒家文化的产物④,在儒家妇德对妇言的要求下,闺秀的文本书写不可能完全属于"她们自己",与汪宝

---

① 鲍剑奴:《徽州妇女问题》,《微音月刊》1924 年第 17—18 期。
② 毛立平:《妇女史还是性别史?——清代性别研究的源流与演进》,《妇女研究论丛》2018 年第 2 期。
③ 王振忠主编:《徽州民间珍稀文献集成》第 12 册,第 159 页。
④ 高彦颐:《闺塾师:明末清初江南的才女文化》,李志生译,第 19 页。

瑜年龄相仿且互为知心人的四姑母罗复萱曾在来信中说道："贤侄媳素性淑德，一切付之达观，当此之时，犹仰体长上之心，不为己甚之举，即此一端，足见侄媳之贤孝矣。使萱闻之，钦羡无既，今侄媳于晨昏定省之际，勉抑哀思，而背地饮泣，恐仍不免，我所虑者，即此是也，盖私心郁闷者，久必有损身体，将若之何！"[①] 此信表明，罗复萱深知，作为闺秀的汪宝瑜的个体表达根本无法全然真实地言其所欲言。这也提示我们，在研究儒家精英阶层的女性文本时，要注意到这背后往往存在她们难以直接言明的悲苦与郁闷。

出身于书香门第的汪宝瑜的个人守节经历，也在一定程度上呈现了国家制度、士人文化、乡里社会的三种再生产机制的复杂性和内在张力。[②] 关于妇女人生的历史虽"小"，意义却不可低估，它能够折射出大历史的发展曲线，是大历史的具体生动补充，有助于我们从以个人或家庭为起点的新角度审视清末民国时期民间社会的秩序、运作及变动。从本文个案来看，以汪宝瑜为代表的徽州女性的家庭和社会地位在变动时局中并没有质的改变，影响因素有很多，其中最为主要的因素是封建礼教及家长制：汪宝瑜家族是一个传统家族，其父尤其是其兄对其守节的反应和一系列的建议等，让人感受到了冰冷而残酷的现实，一个女子在此环境中是毫无反抗之力的，这揭示了女性主体性的缺失在时局变动中的困窘。但也要关注不同女性群体之间的共性与差异，与之形成对比的是，许承尧的女儿许悦音似乎就是完全不同的一类，这也说明在变动时局中，徽州女性的社会角色在分化，一部分固守传统，一部分则已破茧成蝶与传统逐渐分道扬镳了。总的来看，汪宝瑜家族及罗氏家族受到清民易代的冲击不大，尽管在一些物质的生活细节中出现了新的时代气息，但根本上缺少革故鼎新的实质性反应，其内部社会秩序和对女性的社会定位延续了宗法性传统，从汪宝瑜个体命运中即可管窥一幅近代徽州地方社会徘徊不前的景象。

---

① 王振忠主编：《徽州民间珍稀文献集成》第 12 册，第 281 页。
② 参见［美］费丝言：《由典范到规范：从明代贞节烈女的辨识与流传看贞节观念的严格化》，（台北）台湾大学出版社 1998 年版，第 351 页。

作者简介

　　王振忠，1964 年生于福建福州。1982 年考入复旦大学历史系，1986 年考入该校中国历史地理研究所，1989 年、1992 年分别获历史学硕士、博士学位。1995 年破格晋升副教授，1998 年破格晋升教授，翌年起受聘担任历史地理专业博士生导师。曾兼任复旦大学历史系博士生导师、上海社会科学院历史研究所硕士生导师，2018 年起担任安徽大学讲席教授，兼任该校徽学研究中心研究生导师。主要从事历史地理、明清以来中国史、域外文献与东亚海域史研究，近期出版有《区域社会史脉络下的徽州文书研究》等"王振忠著作集"8 种。

　　邹怡，1980 年生于浙江海宁。1998 年考入复旦大学历史学系，2001 年 9 月至 2007 年 1 月，在该校中国历史地理研究所攻读硕士、博士学位，博士学位论文为《明清以来的徽州茶业与地方社会（1368—1949）》。2007 年 3 月起留校任教，现为中国历史地理研究所副教授，主要从事历史地理与社会经济史研究，出版专著《明清以来的徽州茶业与地方社会（1368—1949）》（复旦大学出版社，2012 年版），在《"中央研究院"近代史研究所集刊》《历史地理》《中国历史地理论丛》等学术期刊发表论文数十篇。

　　吴媛媛，女，安徽阜阳人。2001 年 9 月考入复旦大学中国历史地理研究所，先后于 2004 年、2007 年分别获得硕士、博士学位，2014—2015 年赴伦敦国王学院（King's College London）访学一年。2007 年起任职于江南大学商学院，现为市场营销系副教授，硕士生导师，江苏省"品牌战略与管理创新研究基地"副主任。在《中国历史地理论丛》《地域研究与开发》《安徽史学》Journal of Business Research, International Journal of Advertising, Journal of Advertising Research 等国内外学术期刊发表论文 40 余篇,出版《明清徽州灾害与社会应对》(安徽大学出版社 2014 年版)等著作 2 部。

何建木,1978 年生于福建安溪。2003 年 9 月至 2006 年 7 月,在复旦大学历史学系攻读博士学位,博士学位论文为《商人、商业与区域社会变迁——以清民国的婺源为中心》。现任中国(上海)自由贸易试验区陆家嘴管理局党群工作处处长等职。先后发表学术论文数十篇,出版有《多元视角下的徽商与区域社会发展变迁研究——以清代民国的婺源为中心》(安徽大学出版社 2020 年版)等著作。

陶明选,1967 年生于江苏东海。2004 年 9 月至 2007 年 6 月在复旦大学历史系学习,以《明清以来徽州民间信仰研究》为博士学位论文选题,2007 年通过答辩并获历史学博士学位。现为江南大学马克思主义学院副教授兼历史研究院研究员,主要从事徽学、明清史、区域社会文化等研究,发表学术论文 20 余篇,出版有《明清以来徽州信仰与民众日常生活研究》(光明日报出版社 2014 年版)等专著 3 部。

叶舟,1972 年生于江苏常州。2002 年考入复旦大学历史学系,2008 年 1 月获历史学博士学位,博士学位论文《清代常州城市与文化:江南地方文献的再发掘及其阐释》。现为上海社会科学院历史研究所副研究员、古代史研究室主任、上海地方史志学会副会长等。主要研究方向为江南社会文化史。近年来在《史林》《社会科学》等刊物发表多篇论文,出版专著《繁华与喧嚣:清代常州城市社会》(南京大学出版社 2012 年版)等 6 部,古籍点校 4 部,译著 2 部,并担任新修《上海通史》"上海建县至明代"分卷主编、《中华大典历史典》清总部主编、《常州通史》副主编等。

张小坡,1979 年生于安徽蒙城。2005 年 9 月至 2008 年 6 月在复旦大学中国历史地理研究所攻读博士学位，论文题目为《清代江南公共教育资源筹措配置的历史地理学分析（1644—1911 年）》。现任安徽大学徽学研究中心副主任、研究员、博士生导师，主要从事徽学、明清社会经济史研究，发表学术论文 30 余篇，出版专著《旅外徽州人与近代徽州社会变迁研究》（中华书局 2018 年版）。

李甜，1985 年生于安徽广德。2006 年至 2013 年在复旦大学中国历史地理研究所攻读硕士、博士学位，2013 年 6 月获历史学博士学位。现任安徽大学徽学研究中心副研究员，主要研究领域为历史地理学、明清社会经济史、皖南区域社会史。已发表论文十数篇，出版专著《明清宁国府区域格局与社会变迁》（首届"复旦博学文库"，复旦大学出版社 2016 年版）。

黄忠鑫，1985 年生于福建福州。2007 年 9 月至 2013 年 7 月在复旦大学中国历史地理研究所硕、博连读，博士学位论文题目为《在政区与社区之间——明清都图里甲体系与徽州社会》，2013 年 6 月答辩通过。现为暨南大学历史学系副教授，主要从事历史地理学、明清史、徽学等方面的研究，发表论文十数篇，并著有《明清民国时期皖浙交界的山区社会——歙县廿五都飞地研究》（华中师范大学出版社 2018 年版）等。

刘道胜，1972 年生于安徽怀宁，文学博士。2007 年 3 月至 2010 年 10 月在复旦大学历史地理研究中心从事博士后研究工作。现任安徽师范大学教授、历史学院院长，主要从事民间历史文献与徽州社会研究，在《中国史研究》《学术月刊》《中国经济史研究》等期刊发表论文 50 余篇，出版《明清徽州宗族文书研究》《徽州方志研究》《徽州文书稀俗字词例释》《民间历史文献与徽州社会研究》等著作。

陈瑞，1973 年生于安徽天长。2008 年 3 月至 2011 年 9 月在复旦大学历史学博士后流动站从事研究工作，出站报告题为《明清徽州保甲组织与地方社会》。现为安徽大学徽学研究中心研究员，博士生导师。主要从事明清社会经济史、徽学等领域的研究，在《中国农史》《中国社会经济史研究》《中国社会历史评论》《史学月刊》《史学史研究》等刊物发表学术论文数十篇，出版专著《明清徽州宗族与乡村社会控制》（安徽大学出版社 2013 年版），另合著有《徽州古书院》《安徽通史》《合肥通史》和《徽学概论》。

冯剑辉，1971 年生于安徽休宁，山东大学历史学博士。2010 年 3 月至 2013 年 3 月在复旦大学历史地理研究所从事博士后工作，出站报告为《徽州家谱宗族史叙事冲突研究》。现为黄山学院教授、安徽省徽学研究会会员，主要从事徽学、近代史等领域的研究，先后发表各类论文 30 余篇，出版专著《近代徽商研究》（合肥工业大学出版社 2009 年版）、《徽州家谱宗族史叙事冲突研究》（2014 年版）、《徽州移民文化研究：以篁墩为例》（2017 年版）、《徽州文献探微》（安徽大学出版社 2020 年版）等。

梁诸英，1974 年生于安徽南陵。2011 年至 2014 年在复旦大学中国历史地理研究所中国史专业博士后流动站从事研究。现为安庆师范大学人文学院教授，校学术委员会委员，主要从事徽学、农业史、环境史等领域的研究，发表学术论文十数篇，出版专著《明清以来徽州地区农业地理研究》（方志出版社 2018 年版）、《晋唐时期生态环境史》（黄山书社 2022 年版），另合著有《近代淮河流域自然灾害与乡村社会研究》（安徽大学出版社 2018 年版）等。

董乾坤，1981 年生于安徽亳州。2012 年 9 月进入复旦大学中国历史地理研究所攻读博士学位，学位论文题目为《传统时代日常生活的空间分析：以晚清胡廷卿账簿为中心的考察》，2016 年 10 月通过答辩。现为安徽大学历史学院副教授、博士生导师，主要从事明清社会经济史、社会文化史和徽学等领域的研究，在《民俗研究》《史林》《中国社会经济史研究》等学术期刊发表学术论文十多篇，并出版专著《晚清乡绅家庭的生活实态——以胡廷卿账簿为中心的考察》（安徽大学出版社 2020 年版）。

周炫宇，1989 年生于浙江诸暨。2014 年考入复旦大学中国历史地理研究所，2018 年 1 月获得博士学位。现为绍兴文理学院马克思主义学院思想政治教育（师范）专业主任，讲师，绍兴市鉴湖青年社科学者，主要研究领域为历史人文地理，出版学术专著《历史社会地理视野下的徽商及徽州社会———以清民国时期的绩溪县为中心》（安徽大学出版社 2020 年版）。

陶良琴，女，安徽芜湖人。2018 年 9 月至 2021 年 6 月期间就读于安徽大学徽学研究中心，硕士学位论文题目为《民国时期徽州女性生存实态之管窥——以〈民国歙县节妇汪宝瑜往来书信〉为中心》，通过答辩时间为 2021 年 5 月 24 日。现为安徽师范大学历史学院博士研究生，主要研究领域为徽学、社会史。

图书在版编目(CIP)数据

行走于黄山白岳之间:徽州研究论文选集/王振忠,
刘道胜主编. —上海:上海人民出版社,2024
ISBN 978-7-208-18864-8

Ⅰ.①行… Ⅱ.①王… ②刘… Ⅲ.①文化史-研究
-徽州地区-文集 Ⅳ.①K295.42-53

中国国家版本馆 CIP 数据核字(2024)第 075569 号

责任编辑 马瑞瑞 杨 清
封扉设计 人马艺术设计·储平

安徽省高校协同创新项目"明清徽州地方文献与乡村治理研究(GXXT-2020-031)"

行走于黄山白岳之间:徽州研究论文选集
王振忠 刘道胜 主编

出　　版　上海人民出版社
　　　　　(201101　上海市闵行区号景路 159 弄 C 座)
发　　行　上海人民出版社发行中心
印　　刷　上海盛通时代印刷有限公司
开　　本　720×1000　1/16
印　　张　23.75
字　　数　371,000
插　　页　17
版　　次　2024 年 4 月第 1 版
印　　次　2024 年 4 月第 1 次印刷
ISBN 978-7-208-18864-8/K·3370
定　　价　128.00 元